मैनेजर पाण्डेय

आलोचना का आलोक

मैनेजर पाण्डेय

आलोचना का आलोक

सम्पादक

अरुण देव

वाणी प्रकाशन

प्रकाशन के उत्कृष्टतम 60 वर्ष

vaniprakashan.com

सजिल्द प्रथम संस्करण : 2023

वाणी प्रकाशन

4695, 21-ए, दरियागंज, नयी दिल्ली-110 002

फ़ोन : +91 11 23273167, 23275710

शाखाएँ

अशोक राजपथ, पटना-800 004, बिहार

कॉफ़ी हाउस कैम्पस, महात्मा गांधी मार्ग, इलाहाबाद-211 001, उत्तर प्रदेश

महात्मा गांधी अन्तरराष्ट्रीय हिन्दी विश्वविद्यालय, वर्धा-442 001, महाराष्ट्र

36/ए, शेक्सपियर सरणी, रानी बिरला गर्ल्स कॉलेज के पास, कोलकाता-700 017, प. बंगाल

sales@vaniprakashan.in
vaniprakashan@gmail.com

Manager Pandey : Alochana ka Alok
Edited by Arun Dev

ISBN : 978-93-5775-354-8
Criticism

मूल्य : ₹ 675

आर. टेक ऑफ़सेट प्रिंटर्स, दिल्ली-110 032 में मुद्रित

वाणी प्रकाशन का लोगो मक़बूल फ़िदा हुसेन की कूची से

भूमिका

आलोचना आधुनिक विधा है। हिन्दी में यह मध्यकालीन कविता की सम्पदा पर विकसित हुई। इसके निकष आधुनिक हैं पर उस निकष पर उसने मध्यकालीन कविता की कला और उसके विचार के औचित्य, कहीं-कहीं अनौचित्य की जो व्यावहारिक और सैद्धान्तिक कोशिशें कीं, उसके अन्तर्विरोध आज भी हिन्दी आलोचना में विद्यमान हैं।

आचार्य रामचन्द्र शुक्ल जिस समय आलोचना लिख रहे थे, उस समय तक प्रसाद और प्रेमचन्द का श्रेष्ठ आ चुका था। निराला की 'सरोज स्मृति', 'राम की शक्ति पूजा' और 'तुलसीदास' शीर्षक लम्बी कविताएँ भी प्रकाशित हो चुकी थीं। पर सूर, तुलसी और जायसी उनकी आलोचना के केन्द्र में आद्योपान्त रहे। आदिकाल और कबीर को आचार्य हजारीप्रसाद द्विवेदी ने समझा और आलोचना के परिसर में इस तरह से एक काल का अपने बदले नाम और एक कालजयी कवि का प्रवेश हुआ। प्रमुखता से आधुनिक साहित्य को रामविलास शर्मा ने अपनी आलोचना का आधार बनाया और आलोचना को भी अद्यतन किया। भारतेन्दु, प्रेमचन्द, निराला, और नवजागरण हिन्दी आलोचना के केन्द्र में आये।

यह परम्परा आगे बढ़ी और इसने अपनी सैद्धान्तिकी में मार्क्सवादी वैश्विक दृष्टि की अधुनातन वैचारिकता अर्जित की और उसका व्यावहारिक प्रयोग उसने आधुनिक कृतियों को भी समझने के लिए करना शुरू किया। इसी सिलसिले का सघन सैद्धान्तिक और प्रतिबद्ध व्यावहारिक रूप मैनेजर पाण्डेय की आलोचना दृष्टि में देखने को मिलता है। उनकी प्रतिबद्धता उनके विश्वबोध से जुड़ी है जो जीवनानुभवों और समाज-अध्ययन के विभिन्न अनुशासनों से पुष्ट होती रही है।

मैनेजर पाण्डेय आधुनिक आलोचकीय निकष और उसके मध्यकालीन आधारों के अन्तर्विरोधों को समझते हुए उनके बीच न्यायसंगत सम्बन्ध निर्मित करते हैं। वह सूर पर लिखते हुए उनमें किसान जीवन खोजते हैं, प्रश्न के महत्त्व को कबीर में

रेखांकित करते हैं और धार्मिक कट्टरता की व्यर्थता जायसी में तलाशते हैं। मीरा सामन्ती समाज में स्वाभिमानी ख़ुदमुख़्तार स्त्री की तरह सामने आती हैं जिसका वैश्विक स्त्री-दृष्टि से गहरा सम्बन्ध बनता है। संरचनावाद, उत्तर-संरचनावाद और उत्तर-आधुनिकता से उन्होंने हिन्दी आलोचना को जोड़ा है। दलित लेखन की स्वानुभूति के प्रबल समर्थक रहे मैनेजर पाण्डेय की 'राख ही जानती है जलने का मर्म' उक्ति प्रसिद्ध है।

आलोचना लक्ष्य-पाठ के अन्दर-बाहर के विश्लेषण से अपनी सामाजिक भूमिका पुष्ट करती है। साहित्य से समाज-अध्ययन ख़ासकर समाजशास्त्र के रिश्ते को समझने के क्रम में 'समाजशास्त्र की भूमिका' लिखी गयी थी जो अब भी हिन्दी में इस विषय पर एकमात्र पठनीय पुस्तक है। लोकप्रिय साहित्य के सामाजिक अध्ययन की ज़रूरत को समझते हुए उसके अध्ययन की भी सम्भवत: यह पहली कोशिश थी।

मैनेजर पाण्डेय ने साहित्य के इतिहास-दृष्टि की विवेचना के क्रम में सभी बड़े आलोचकों की आलोचना-पद्धति और इतिहास-लेखन की गम्भीर पड़ताल अपनी पुस्तक 'साहित्य और इतिहास-दृष्टि' में की है। इससे उन्हें आलोचकों का आलोचक समझा गया। जिससे यह ध्वनित हुआ कि वे आलोचना की सैद्धान्तिकी में रमे हुए आलोचक हैं, उनकी रुचि व्यावहारिक आलोचना में नहीं है। जबकि उनके व्यावहारिक आलोचना के अनेक सबल उदाहरण स्पष्ट ही हैं।

व्यक्तिगत जीवन की भीषणतम त्रासदी से बाहर निकलने का रास्ता भी उन्होंने पढ़ने-लिखने के कर्ममय जीवन में ही तलाशा। 'अनभै साँचा' ख़ुद मैनेजर पाण्डेय का अपना जीवन-दर्शन है। इसमें ख़ूँख़ार पूँजीवाद के कारण संकटग्रस्त अस्तित्व की तीक्ष्ण पहचान है।

सामाजिक और सियासी बदलावों के बीच कविता पीड़ित जनसमुदाय की यातना की अभिव्यक्ति बनकर और उससे मुक्ति का विवेक पैदा कर अपनी रचनाधर्मिता सिद्ध करती रही है। इसकी पहचान और पुष्टि उनकी आलोचना में निरन्तरता लिये हुए है। भक्तिकाल से लेकर समकालीन कविता तक सामाजिकता और सार्थकता की उनकी अनथक तलाश और विवेचना की यात्रा पाँच दशकों तक फैली हुई है।

आधुनिक युग के महाकाव्य कहे जाने वाले उपन्यास को राष्ट्र राज्य की उत्पत्ति से जोड़कर देखा जाता है। भारतीय उपन्यास के उदय, उसकी भारतीयता और लोकतन्त्र से उसके सम्बन्धों पर उन्होंने विस्तार से लिखा है। इसके साथ ही कुछ महत्त्वपूर्ण उपन्यासों की भी उन्होंने विवेचना की है।

हिन्दी नवजागरण का विचार मैनेजर पाण्डेय की आलोचना का मुख्य सरोकार रहा है। उन्होंने आचार्य महावीरप्रसाद द्विवेदी पर लिखा है। सुचिन्तित भूमिका के साथ 'सम्पत्तिशास्त्र' प्रस्तुत किया है। सखाराम गणेश देउस्कर के अनुवाद की भूमिका के साथ उसकी पुनर्प्रस्तुति की है। माधवराव स्प्रे पर उनका लेख है। डी.डी. कोसाम्बी और समाजशास्त्री श्यामाचरण दुबे पर उन्होंने लिखा है। इसके साथ ही अंग्रेजी से हिन्दी में कुछ अनुवाद भी किये हैं जिनमें मार्क्स, लूकाच, इवान क्लिमा आदि के साक्षात्कार और रेमण्ड विलियम्स रिचर्ड हागर्ट आदि के लेख हैं जिनका संकलन 'संकट के बावजूद' में है।

पाँच दशकों तक विस्तृत इस आलोचकीय मेधा पर केन्द्रित सम्पादित पुस्तक की एक योजना पर काम करते हुए इसे उनके अस्सीवें जन्मदिन पर प्रकाशित होना था। इसमें 'समालोचन' पर प्रकाशित उनके लेख और साक्षात्कार हैं, उन पर कुछ संस्मरण, एक स्मृति-लेख और कुछ आलेख हैं।

प्रसिद्ध आलोचक रविभूषण रामविलास शर्मा की आलोचना-परम्परा में आते हैं और उसका विस्तार करते हैं, मैनेजर पाण्डेय के गहरे अध्येता हैं। उनके तीन आलेख इसमें शामिल हैं जो मैनेजर पाण्डेय के महत्त्व और उनकी आलोचना-दृष्टि की विशिष्टता को सामने रखते हैं। आलोचक प्रणय कृष्ण ने मैनेजर पाण्डेय के अध्ययन पर आधारित सखाराम गणेश देउस्कर, महावीरप्रसाद द्विवेदी और माधवराव सप्रे के उपनिवेशवाद विरोधी दृष्टि की तीक्ष्ण विवेचना की है। इतिहासकार और लेखक हितेन्द्र पटेल ने मैनेजर पाण्डेय के इतिहास-बोध में सामाजिक दृष्टि की भूमिका को अपने आलेख में रेखांकित किया है।

आलोचना श्रमसाध्य कार्य है। अपार अध्ययन, सूक्ष्म दृष्टि, राजनीतिक-सामाजिक जागरूकता और सहृदयता इसके लिए आवश्यक तत्त्व हैं। मैनेजर पाण्डेय की आलोचना इसी तरह की है। उनकी आलोचनात्मक-यात्रा पर आलोचक कमलानन्द झा का लेख है। मैनेजर पाण्डेय की भक्तिकाल की आलोचना-दृष्टि पर विनोद शाही ने कुछ असहमतियों के साथ लिखा है। रवि रंजन, राजाराम भादू, रणेन्द्र और दयाशंकर शरण के आलेख हैं।

असहमत को मैनेजर पाण्डेय ने शत्रु नहीं समझा। इसका प्रमाण वरिष्ठ लेखक अशोक वाजपेयी का संकलित स्मृति-लेख 'एक उजला कोना अँधेरे में डूब गया' है जो उनके अवसान के बाद लिखा गया है।

परितोष मणि, प्रवीण कुमार, प्रज्ञा पाठक, दयाशंकर शरण और अमरेन्द्र नाथ के संस्मरण हैं जो मैनेजर पाण्डेय की जनप्रिय छवि का कुछ एहसास कराते हैं जो

उनके सम्पर्क में आने वालों पर कुछ इस तरह से घटित होते थे कि स्मृति में रह जाते थे। और उनकी कई प्रतिलिपियाँ चलन में आ जाती थीं। मारक, सटीक और अर्थगर्भित इन छोटी टिप्पणियों में जो व्यंग्य है, उसकी घातकता कबीर से और आलोचकीयता आचार्य शुक्ल से जुडती है।

मैनेजर पाण्डेय आलोचक और लेखक के साथ अध्यापक भी थे और अध्यापक के योगदान का मूल्यांकन उनके शिष्यों से भी होता है। उनके शिष्य अलग-अलग जगहों पर सक्रिय रहकर उनके आलोचना के आलोक को ही फैला रहे हैं। इस खाकसार को भी उनसे पढ़ने और उनके निर्देशन में शोध करने का अवसर मिला है। इस संकलन में शामिल सभी लेखक मूर्धन्य हैं। उनके प्रति आभार प्रकट करना उनके अवदान को छोटा करना है। मैनेजर पाण्डेय पर लिखते हुए उन्होंने अपने को भी लिखा है। यह उन पर भी है। पुस्तक के निर्माण में डॉ. चन्द्रा सदायत, डॉ. रेखा पाण्डेय, वाणी प्रकाशन के श्री अरुण माहेश्वरी और अदिति माहेश्वरी-गोयल तथा श्री अशोक मिश्र जी के सहयोग को विस्मृत नहीं किया जा सकता है।

यह पुस्तक गुरुवर की स्मृति में है, उन्हें ही समर्पित है। आज वह होते तो इसे देखकर न जाने क्या कहते।

अनुक्रम

संवाद

दृष्टि

स्मृति

शब्द

आचार्य महावीरप्रसाद द्विवेदी और उनका अभिनन्दन

मैनेजर पाण्डेय

आचार्य महावीरप्रसाद द्विवेदी आधुनिक हिन्दी भाषा और साहित्य के युगद्रष्टा और युगस्रष्टा लेखक थे। ज्ञान और सृजन के क्षेत्रों में युगद्रष्टा वह व्यक्ति होता है जो अपने कर्मक्षेत्र के वर्तमान की वास्तविक स्थिति को देखता है और उसके भविष्य की सम्भावनाओं को पहचानता है। यह गम्भीर दायित्व वही व्यक्ति पूरा कर सकता है जिसकी समझ और सोच का दायरा व्यापक हो और समग्रतापरक भी। युगस्रष्टा वह व्यक्ति होता है जो ज्ञान या सृजन के क्षेत्र में नयी दृष्टियों और प्रवृतियों का निर्माता, प्रेरक और मार्गदर्शक हो। आचार्य महावीरप्रसाद द्विवेदी अपने समय के हिन्दी समाज, हिन्दी भाषा और हिन्दी साहित्य की वर्तमान स्थितियों को देख रहे थे और उसकी समस्याओं और सम्भावनाओं को पहचान भी रहे थे, इसीलिए वे उसकी प्रगति के प्रेरक और मार्गदर्शक बन सके।

वे युगस्रष्टा भी थे क्योंकि उन्होंने खड़ीबोली हिन्दी का नया सुव्यवस्थित स्वरूप निर्मित किया, खड़ीबोली को गद्य और काव्य की भाषा बनाने का अथक प्रयत्न किया, हिन्दी कविता को नयी दिशा और नयी राह दिखाने का मार्गदर्शन किया और हिन्दी साहित्य के पाठकों को साहित्य की सीमित दुनिया से निकालकर व्यापक हिन्दी समाज में दिलचस्पी लेने, उसके बारे में सोचने, उसकी दशा पर विचार करने के लिए समाज-विज्ञानों के ज्ञान से जुड़ने के लिए प्रेरित तथा प्रोत्साहित किया।

इस प्रक्रिया को मूर्तरूप देने के लिए उन्होंने स्वयं समाज-विज्ञान के विभिन्न विषयों पर निबन्ध और पुस्तकें लिखने के साथ ही अनेक मानक ग्रन्थों का हिन्दी में अनुवाद भी किया। द्विवेदी जी के सम्पादन में निकलने वाली पत्रिका 'सरस्वती' में प्रकाशित प्रत्येक निबन्ध और कविता की भाषा को सुधारने और परिष्कृत करने का कठिन काम उन्होंने पूरे मनोयोग और परिश्रम से किया। ऐसे युगद्रष्टा और युगस्रष्टा

के नाम से उनका युग जाना जाता है, इसीलिए द्विवेदी-अभिनन्दन ग्रन्थ की प्रस्तावना में नन्ददुलारे वाजपेयी ने द्विवेदी जी के समय के हिन्दी साहित्य को द्विवेदी युग का साहित्य कहा है।

द्विवेदी जी की साहित्य की धारणा अत्यन्त व्यापक थी। वे केवल कविता, कहानी, उपन्यास, नाटक और आलोचना को ही साहित्य नहीं मानते थे। उनके अनुसार किसी भाषा में मौजूद सम्पूर्ण ज्ञानराशि साहित्य है। साहित्य का यही अर्थ वाङ्मय शब्द से व्यक्त होता है। अपनी इसी धारणा को ध्यान में रखकर उन्होंने कविता, कहानी और आलोचना के साथ अर्थशास्त्र, भाषाशास्त्र, इतिहास, पुरातत्त्व, जीवनी, दर्शन, समाजशास्त्र, विज्ञान आदि के ग्रन्थों और निबन्धों का लेखन किया। उनके साहित्य निर्माण की प्रक्रिया जितनी व्यापक है, उतनी ही विविधतामयी भी। साहित्य के लेखन की ऐसी व्यापक प्रक्रिया वाले लेखक हिन्दी में बहुत कम हैं।

डॉ. रामविलास शर्मा ने 'महावीरप्रसाद द्विवेदी और हिन्दी नवजागरण' नामक अपनी पुस्तक में ठीक ही लिखा है कि "द्विवेदी जी का गद्य-साहित्य आधुनिक हिन्दी साहित्य का ज्ञान-काण्ड है। जो साहित्यकार स्वत: स्फूर्त भावोद्गारों से सन्तुष्ट नहीं हो जाते, उनके लिए यह ज्ञान-काण्ड सदा महत्त्वपूर्ण रहेगा। द्विवेदी जी सबसे पहले राजनीतिज्ञ और अर्थशास्त्री हैं। इसका प्रमाण यह है कि उनकी जो एकमात्र बड़ी पुस्तक है, वह राजनीति और अर्थशास्त्र की पुस्तक 'सम्पत्तिशास्त्र' है। भारत के सन्दर्भ में ब्रिटिश साम्राज्यवाद की वैसी आलोचना उस समय तक अंग्रेज़ी में भी प्रकाशित नहीं हुई थी। हिन्दी में अब भी उसके टक्कर की दूसरी पुस्तक नहीं है।" (पृ.सं. 381)

रामविलास शर्मा ने द्विवेदी जी के ज्ञान सम्बन्धी लेखन का स्वरूप स्पष्ट करते हुए लिखा है : "द्विवेदी जी ने समाजशास्त्र और इतिहास के बारे में जो कुछ लिखा है, उससे समाजविज्ञान और इतिहास-लेखन के विज्ञान की नवीन रूप-रेखाएँ निश्चित होती हैं। इसी दृष्टिकोण से उन्होंने भारत के सामाजिक और सांस्कृतिक विकास का नवीन मूल्यांकन किया। एक ओर उन्होंने इस देश के प्राचीन दर्शन, विज्ञान, साहित्य तथा संस्कृति के अन्य अंगों पर हमें गर्व करना सिखाया, एशिया के सांस्कृतिक मानचित्र में भारत के गौरवपूर्ण स्थान पर ध्यान केन्द्रित किया! दूसरी ओर उन्होंने सामाजिक कुरीतियों, धार्मिक रूढ़ियों का तीव्र खण्डन किया, और उस विवेक-परम्परा का उल्लेख सहानुभूतिपूर्वक किया जिसका सम्बन्ध चार्वाक और वृहस्पति से जोड़ा जाता है। आध्यात्मवादी मान्यताओं, धर्मशास्त्रों की स्थापनाओं को उन्होंने नयी विवेक दृष्टि से परखना सिखाया।" (वही, पृ.सं. 381-382)

द्विवेदी जी के सम्पादन में निकलने वाली पत्रिका 'सरस्वती' ज्ञान की पत्रिका थी। डॉ. रामविलास शर्मा ने 'सरस्वती' के बारे में स्वामी सत्यदेव परिव्राजक की यह राय उद्धृत की है : "जनता को आवश्यकता थी नवीन ज्ञान की, स्वाधीनता की पहचान की और आधुनिक ज्ञान-स्नान की। 'सरस्वती' द्वारा वे उस पुनीत कार्य को भले प्रकार कर सकते थे। वे थे कुशल सम्पादक और कर्तव्य-परायण। उन्हें पता था कि मासिक पत्रिका ज्ञान-प्रचार के लिए अत्यन्त उपयोगी अध्यापिका बन सकती है और वे उसके द्वारा दूर ग्रामों में बैठे हुए देहातियों तक ज्ञान का दीपक जला सकते हैं। उन्होंने 'सरस्वती' को ऊँचे दर्जे की ज्ञान-पत्रिका बनाने का दृढ़ संकल्प किया और वे थे धुन के पूरे।" (वही, पृ.सं. 373)

इसी संकल्प और साधना के माध्यम से द्विवेदी जी ने सरस्वती को हिन्दी नवजागरण की प्रतिनिधि पत्रिका बनाया। उन्होंने हिन्दी समाज और सम्पूर्ण भारत के अतीत, वर्तमान और भविष्य की समस्याओं और सम्भावनाओं के बारे में सोचने और लिखने के लिए लेखकों को प्रेरित और प्रोत्साहित किया।

द्विवेदी जी ने 'सरस्वती' को नये ज्ञान के साथ-साथ नये सृजन की पत्रिका के रूप में भी विकसित किया। द्विवेदी युग का शायद ही कोई कवि या कहानीकार हो जिसकी रचनाएँ 'सरस्वती' में न छपी हों। इस तथ्य के बारे में डॉ. शर्मा ने ठीक ही लिखा है कि "उस समय का कोई ऐसा लेखक नहीं जो बाद में प्रसिद्ध हुआ हो और पहले उसकी रचनाएँ 'सरस्वती' में न छपी हों। प्रसिद्ध हो, चाहे अज्ञात नाम, द्विवेदी जी अपना ध्यान इस बात पर केन्द्रित करते थे कि वह लिखता क्या है। इसलिए 'सरस्वती' में रचना छपने का मतलब यह था कि वह एक निश्चित स्तर की है। बहुत-से लोग अपने या दूसरों के बारे में प्रशंसात्मक लेख आदि छपवाना चाहते थे, उनका विरोध करने में द्विवेदी जी ने दृढ़ता का परिचय दिया। साथ ही 'सरस्वती' का उपयोग उन्होंने कभी भी व्यक्तिगत ख्याति के लिए नहीं किया।" (वही, पृ.सं. 365)

हिन्दी कविता के क्षेत्र में मैथिलीशरण गुप्त, द्विवेदी जी की प्रेरणा, प्रभाव और मार्गदर्शन की उपलब्धि हैं। रामविलास शर्मा ने यह भी लिखा है कि "द्विवेदी जी ने अतुकान्त छन्द रचना के लिए जो आन्दोलन चलाया, उसकी पूर्ण सिद्धि निराला का मुक्त छन्द है।" (वही, पृ.सं. 386)

हिन्दी नवजागरण को जैसे भारतेन्दु हरिश्चन्द्र ने बंगाल नवजागरण से जोड़ा था, वैसे ही महावीरप्रसाद द्विवेदी ने हिन्दी नवजागरण को महाराष्ट्र के नवजागरण से जोड़ा। द्विवेदी जी ने 'सरस्वती' में मराठी के प्रसिद्ध लेखक विष्णु शास्त्री चिपलूनकर, संस्कृतज्ञ वामन शिवराम आपटे, प्रसिद्ध मूर्तिकार म्हातरे, गायनाचार्य

विष्णु दिगम्बर, रायबहादुर रंगनाथ नृसिंह मुधोलकर, लोकमान्य बालगंगाधर तिलक और इतिहासवेत्ता विश्वनाथ काशीनाथ राजवाड़े आदि के साथ ताराबाई, झाँसी की रानी लक्ष्मीबाई, कुमारी गोदावरी बाई, सौभाग्यवती रख्माबाई जैसी स्त्रियों पर लेख लिखकर उनके विचार, व्यवहार, कला-साधना और संघर्ष से हिन्दी पाठकों को परिचित कराया। इस प्रक्रिया में उन्होंने हिन्दी नवजागरण को अधिक व्यापक और समावेशी बनाया।

पिछले कुछ दशकों से हिन्दी में स्त्री-विमर्श का विकास हो रहा है। स्त्री-विमर्श पर विचार के प्रसंग में हिन्दी के पुराने लेखकों-आलोचकों के स्त्री सम्बन्धी दृष्टिकोणों की भी छानबीन हो रही है लेकिन आज तक किसी ने स्त्री-विमर्श में महावीरप्रसाद द्विवेदी के स्त्री सम्बन्धी लेखक और दृष्टिकोण की चर्चा नहीं की है। महावीरप्रसाद द्विवेदी के सामाजिक चिन्तन का एक महत्त्वपूर्ण पक्ष है उनकी स्त्री सम्बन्धी दृष्टि। आचार्य द्विवेदी स्त्री-पुरुष समानता के प्रबल समर्थक थे। वे समाज और जीवन के प्रत्येक क्षेत्र में स्त्रियों की उपस्थिति और सक्रियता के हिमायती थे। उन्होंने मराठी नवजागरण के निर्माताओं पर लिखते हुए उस नवजागरण के प्रमाण के रूप में अनेक प्रबुद्ध मराठी स्त्रियों पर भी लेख लिखे हैं। द्विवेदी जी ने ताराबाई, रखमाबाई, झाँसी की रानी लक्ष्मीबाई और पण्डिता गोदावरी बाई की साधना और संघर्षों का विवेचन किया है।

महावीरप्रसाद द्विवेदी भारतीय स्त्रियों की शिक्षा के पक्षधर थे। सन् 1914 ईस्वी में स्त्री-शिक्षा के समर्थन में उनका एक लेख छपा था, जिसका शीर्षक था 'स्त्री-शिक्षा के विरोधी कुतर्कों का खण्डन'। यह लेख उस समय की पत्रिकाओं में प्रकाशित स्त्री-शिक्षा विरोधी लेखकों का जवाब था। इस लेख का आरम्भ इस तरह होता है : "बड़े शोक की बात है, आजकल भी ऐसे लोग विद्यमान हैं जो स्त्रियों को पढ़ाना उनके और गृह-सुख के नाश का कारण समझते हैं। और, लोग भी ऐसे वैसे नहीं, सुशिक्षित लोग–ऐसे लोग जिन्होंने बड़े-बड़े स्कूलों और शायद कॉलेजों में भी शिक्षा पायी है, जो धर्मशास्त्र और संस्कृत के ग्रन्थ साहित्य से परिचय रखते हैं, और जिनका पेशा कुशिक्षितों को शिक्षित करना, कुमार्गगामियों को सुमार्गगामी बनाना और अधार्मिकों को धर्मतत्त्व समझाना है।" (महावीरप्रसाद द्विवेदी रचनावली-7, पृ.सं. 153)

इसी लेख में द्विवेदी जी पुरातन-पन्थियों को ललकारते हुए कहते हैं : "मान लीजिए कि पुराने ज़माने में भारत की एक भी स्त्री पढ़ी-लिखी न थी। न सही। उस

समय स्त्रियों को पढ़ाने की ज़रूरत न समझी गयी होगी। पर अब तो है। अतएव पढ़ाना चाहिए। हमने सैकड़ों पुराने नियमों, आदेशों और प्रणालियों को तोड़ दिया है या नहीं? तो, चलिए, स्त्रियों को अपढ़ रखने की इस पुरानी चाल को भी तोड़ दें। हमारी प्रार्थना तो यह है कि स्त्री-शिक्षा के विपक्षियों को क्षण भर के लिए भी इस कल्पना को अपने मन में स्थान न देना चाहिए कि पुराने ज़माने में यहाँ की सारी स्त्रियाँ अपढ़ थीं अथवा उन्हें पढ़ने की आज्ञा न थी। जो लोग पुराणों में पढ़ी-लिखी स्त्रियों के हवाले माँगते हैं, उन्हें 'श्रीमद्भागवत', 'दशम स्कन्ध' के उत्तरार्ध का त्रेपनवाँ अध्याय पढ़ना चाहिए। उसमें रुक्मिणी-हरण की कथा है। रुक्मिणी ने जो एक लम्बा-चैड़ा प्रेम-पत्र एकान्त में लिखकर, एक ब्राह्मण के हाथ, श्रीकृष्ण को भेजा था वह तो प्राकृत में न था।" (वही, पृ.सं. 155)

पुरातन-पन्थी कह रहे थे कि स्त्रियाँ पढ़कर अनर्थ करती हैं। द्विवेदी जी उनसे कहते हैं : "स्त्रियों का किया हुआ अनर्थ यदि पढ़ाने ही का परिणाम है तो पुरुषों का किया हुआ अनर्थ भी उनकी विद्या और शिक्षा ही का परिणाम समझना चाहिए। बम के गोले फेंकना, नरहत्या करना, डाके डालना, चोरियाँ करना, घूस लेना, व्यभिचार करना—यह सब पढ़ने-लिखने ही का परिणाम हो तो ये सारे कॉलेज, स्कूल और पाठशालाएँ बन्द हो जानी चाहिए।" (वही, पृ.सं. 155)

द्विवेदी जी की स्पष्ट राय है कि "पढने-लिखने में स्वयं कोई बात ऐसी नहीं जिससे अनर्थ हो सके। अनर्थ का बीज उसमें हरगिज़ नहीं। अनर्थ पुरुषों से भी होते हैं। अपढ़ों और पढ़े-लिखों, दोनों से। अनर्थ, दुराचार और पापाचार के कारण और ही होते हैं और वे व्यक्ति-विशेष का चाल-चलन देखकर जाने भी जा सकते हैं। अतएव स्त्रियों को अवश्य पढ़ाना चाहिए। जो लोग यह कहते हैं कि पुराने ज़माने में यहाँ स्त्रियाँ न पढ़ती थीं अथवा उन्हें पढ़ने की मुमानियत थी, वे या तो इतिहास से अभिज्ञता नहीं रखते या जान-बूझकर लोगों को धोखा देते हैं। समाज की दृष्टि में ऐसे लोग दण्डनीय हैं। क्योंकि स्त्रियों को निरक्षर रखने का उपदेश देना समाज का अपकार और अपराध करना है—समाज की उन्नति में बाधा डालना है।" (वही, पृ.सं. 156)

द्विवेदी जी का 1903 ईस्वी का एक लेख है 'गुजरातियों में स्त्री-शिक्षा'। इस लेख में द्विवेदी जी ने गुजरात में स्त्री-शिक्षा के प्रचार का ब्यौरा देते हुए अन्त में लिखा है कि "पुरुषों के समान इस देश की स्त्रियाँ भी सब प्रकार की शिक्षा ग्रहण करने के योग्य हैं। उनके लिए केवल अवकाश, अवसर और सुभीते की आवश्यकता है।" (वही, पृ.सं. 161)

द्विवेदी जी का 1905 ईस्वी का एक लेख है 'जापान की स्त्रियाँ'। इस लेख में उन्होंने लिखा है : "जापानी लोग स्त्रियों को उच्च शिक्षा देने के बड़े पक्षपाती हैं। स्त्री-शिक्षा का वहाँ बहुत प्रचार है। इस देश में यदि 100 में से 1 लड़की मदरसे पढ़ने जाती है तो जापान में 100 में से 20 लड़कियाँ मदरसे जाती हैं। स्त्रियों में वहाँ अनेक कवि, चित्रकार, अध्यापिकाएँ और सम्पादक हैं। हज़ारों पुस्तकें स्त्रियों ने बनायी हैं। जापान में पुरुष जैसे समाज का सुधार करने में संकोच नहीं करते वैसे स्त्रियाँ भी संकोच नहीं करतीं। जो पुरानी रीतियाँ हानिकारिणी अथवा निरर्थक हैं, उनको वे छोड़ देती हैं और नयी-नयी अनुकूल रीतियों को स्वीकार कर लेती हैं। जापान के बड़े-बड़े प्रतिष्ठित पुरुष और अधिकारी अपनी-अपनी स्त्रियों के साथ बाहर निकलते हैं, सभाओं में जाते हैं, और योरप तथा अमेरिका वालों से भी सस्त्रीक मिलते हैं।" (वही, पृ.सं. 162-163)

द्विवेदी जी जहाँ कहीं स्त्री की पराधीनता देखते थे, तो वे उसकी कड़ी आलोचना करते थे। 'जापान की स्त्रियाँ' लेख में उन्होंने लिखा है : "जापान यद्यपि योरप वालों की सभ्यता की नक़ल प्रतिदिन करता जाता है तथापि वहाँ की स्त्रियाँ स्वतन्त्र नहीं हैं। वे अपने पति के कुटुम्बियों का बड़ा आदर करती हैं। पति को तो वे स्वामी क्या देवता समझती हैं। हमारे देश के समान जापान में भी स्त्रियों को हर अवस्था में दूसरों के प्रति अधीन रहने की शास्त्राज्ञा है। लड़कपन में वे अपने माता-पिता की आज्ञा में रहती हैं। विवाह हो जाने पर वे पति की आज्ञा में रहती हैं। और विधवा जो जाने पर वे पुत्र की आज्ञा में रहती हैं। वे अपने पति की हृदय से सेवा करती हैं। पति जब घर से कहीं बाहर जाता है, तब मस्तक झुकाकर उसको वे प्रणाम करती हैं और भोजन के समय सदा उसके पास वे उपस्थित रहती हैं।" (वही, पृ.सं. 163)

द्विवेदी जी का एक और लेख है, 'जापान में स्त्री-शिक्षा'। इस लेख में उन्होंने लिखा है कि "आजकल तो जापान में स्त्री-शिक्षा ने बहुत ही ज़ोर पकड़ा है। बौद्ध धर्म के प्रचार के पहले स्त्रियों की जो स्थिति वहाँ थी, उससे भी उनकी आजकल की स्थिति ऊँची हो गयी है। जापानियों का अब यह ख़्याल है कि जिसकी स्त्री शिक्षित नहीं, उसे पूरा-पूरा सुख कदापि नहीं मिल सकता; उसका जीवन आनन्द से नहीं व्यतीत हो सकता; उसे गृहस्थाश्रम का मज़ा हरगिज़ नहीं प्राप्त हो सकता। वहाँ के राजा ने क़ानून जारी कर दिया है कि सात वर्ष की उम्र होने पर लड़कियों को मदरसे भेजना ही चाहिए। न भेजने से माँ-बाप को दण्ड दिया जाता है।" (वही, पृ.सं. 165)

द्विवेदी जी कला के क्षेत्र में, विशेष रूप से संगीत में भारतीय स्त्रियों की प्रगति के पोषक थे। उनका 1903 ईस्वी का एक लेख है, 'स्त्रियाँ और संगीत'। उस लेख

में द्विवेदी जी ने दु:ख व्यक्त किया है कि आजकल संगीत के क्षेत्र में स्त्रियों की प्रवीणता और भागीदारी पर आपत्ति की जाती है। उन्होंने लिखा है : "इस समय इस देश में गाने-बजाने की कला स्त्रियों के लिए प्राय: अनुचित समझी जाती है और नाचने की तो महा ही निन्द्य मानी जाती है। इन कलाओं को लोग वार-वनिताओं का व्यवसाय समझते हैं और यदि किसी कुलीन कामिनी के बिना ताल-स्वर के ढोलक पीटने के सिवा गायन और वादन में कुछ भी अधिक उत्साह दिखाया, तो लोग उसके और उसके आत्मीयों की ओर बुरी दृष्टि से देखने लगते हैं।" (वही, पृ.सं. 158)

स्त्री-पुरुष समानता के बारे में द्विवेदी जी का द्वन्द्वरहित दृष्टिकोण उनके एक लेख 'स्त्रियों का सामाजिक जीवन' (1913 ईस्वी) में इस रूप में व्यक्त हुआ है : "कितने ही सभ्य और शिक्षित देशों में स्त्रियाँ ऐसे सैकड़ों काम करने लगी हैं जिन्हें पुरुष अब तक अपनी ही मिलकियत समझते थे। कचहरियों में, कारख़ानों में, दुकानों में लाखों स्त्रियाँ तरह-तरह के पेशे करती हैं। कितनी ही स्त्रियाँ तो अपने काम से पुरुषों के भी कान काटती हैं। विद्या, विज्ञान, आविष्कार और पुस्तक-रचना में भी स्त्रियों ने नामवरी पायी है।" (वही, पृ.सं. 150-151)

द्विवेदी जी के समाज सम्बन्धी चिन्तन के प्रत्येक पक्ष का एक अन्तरराष्ट्रीय सन्दर्भ होता था। उनके स्त्री सम्बन्धी चिन्तन और लेखन में भी यह सन्दर्भ मौजूद है। जापान की स्त्रियों के बारे में उनके दृष्टिकोण का उल्लेख हो चुका है। उसके साथ ही उन्होंने स्त्री-जीवन के कुछ और अन्तरराष्ट्रीय सन्दर्भों पर लिखा है। उनका 1907 का एक लेख है 'एक तरुणी का नीलाम'। इस लेख में द्विवेदी जी ने अमेरिका की एक युवती की नीलामी का ब्यौरा दिया। जुलाई 1903 ईस्वी का द्विवेदी जी का एक लेख 'कुमारी एफ़.पी. काव' के बारे में है, जो आयरलैंड की थीं। द्विवेदी जी ने उनके संघर्षशील जीवन के बारे में लिखा है। उन्होंने लम्बे समय तक स्त्रियों के मताधिकार के लिए राजनीतिक संघर्ष किया था। द्विवेदी जी ने कुमारी काव के एक और स्त्री-संघर्ष के बारे में यह लिखा है : "विलायत में जो लोग अपनी स्त्रियों को निर्दयता से मारते-पीटते थे और उन्हें नाना प्रकार के दु:ख देते थे, उनसे विवाह-सम्बन्ध तोड़ने का अधिकार स्त्रियों को पहले न था। इससे उन स्त्रियों की बड़ी दुर्दशा होती थी। परन्तु कुमारी काव के उद्योग से पार्लियामेंट ने अब यह नियम कर दिया है कि ऐसी स्त्रियाँ अपने पतियों से अलग हो सकती हैं। अतएव हर साल सैकड़ों सुशील स्त्रियाँ अपने मद्यप, दुर्व्यसनी और दुष्ट पतियों के हाथ से छूटकर नीति-मार्ग का अवलम्बन करते हुए समय बिताती हैं।" (महावीरप्रसाद द्विवेदी रचनावली-4, पृ.सं. 203)

आचार्य द्विवेदी ने 1904 ईस्वी के एक लेख में लेडी जेन ग्रे के दुखद अन्त की करुण-कहानी लिखी है, जिससे आचार्य की सहृदयता का पता लगता है।

(दो)

सन् 1933 ईस्वी में आचार्य महावीरप्रसाद द्विवेदी को काशी नागरीप्रचारणी सभा की ओर से यह अभिनन्दन ग्रन्थ भेंट किया गया था। यह एक विशाल ग्रन्थ है। इस ग्रन्थ के बारे में कुछ भी कहने से पहले इससे जुड़ी दो विडम्बनाओं की बात करना ज़रूरी है। पहली विडम्बना यह है कि अभिनन्दन ग्रन्थ में जो प्रस्तावना प्रकाशित है, उसके अन्त में श्यामसुन्दर दास और कृष्ण दास के नाम हैं, जिससे लगता है कि प्रस्तावना इन्हीं दोनों व्यक्तियों की लिखी हुई है। लेकिन सच्चाई यह नहीं है। इस प्रस्तावना के लेखक श्यामसुन्दर दास और कृष्ण दास नहीं हैं। इसके वास्तविक लेखक नन्ददुलारे वाजपेयी हैं। नन्ददुलारे वाजपेयी की पुस्तक 'हिन्दी साहित्य : बीसवीं शताब्दी' में यह प्रस्तावना श्री महावीरप्रसाद द्विवेदी शीर्षक से शामिल है। अपनी पुस्तक में वाजपेयी जी ने निबन्ध के आरम्भ में यह टिप्पणी दी है : "लेखक का यह निबन्ध सन् 33 के आरम्भ में लिखा गया था, जब द्विवेदी जी जीवित थे। यह लेख सर्वप्रथम 'द्विवेदी-अभिनन्दन ग्रन्थ' की प्रस्तावना के रूप में प्रकाशित हुआ था, किन्तु कारणवश वहाँ लेखक का नाम न दिया जाकर उसके स्थान पर ग्रन्थ के सम्पादकों का नाम दे दिया गया था। यहाँ यह पहली बार लेखक के नाम से प्रकाशित किया जा रहा है।" (पृ.सं. 37)

अभिनन्दन ग्रन्थ में शामिल प्रस्तावना और वाजपेयी जी के निबन्ध में अन्तर केवल इतना है कि प्रस्तावना के अन्त में चार-पाँच वाक्य ऐसे जोड़े गये हैं जो मूल लेख में नहीं हैं।

दूसरी विडम्बना का सम्बन्ध प्रस्तावना के इस कथन से है : "साहित्य और कला की स्थायी प्रदर्शनी में उनकी कौन सी कृतियाँ रखी जायेंगी? क्या उनके अनुवाद? 'कुमारसम्भव-सार', 'रघुवंश', 'हिन्दी-महाभारत'; अथवा 'बेकन-विचार-रत्नावली', 'स्पेंसर की ज्ञेय और अज्ञेय मीमांसाएँ', 'स्वाधीनता' और 'सम्पत्तिशास्त्र'? किन्तु ये सब तो अनुवाद ही हैं, इनमें द्विवेदी जी की भाषा-शैली स्वयं ही परिष्कृत हो रही थी–क्रमशः विकसित हो रही थी–और आजकल की दृष्टि से उसमें और भी परिवर्तन किये जा सकते हैं। इन सबमें भाषा-संस्कार के इतिहास की प्रचुर सामग्री मिलेगी; किन्तु इनमें द्विवेदी जी का वह व्यक्तित्व बहुत कुछ ढूँढ़ने पर ही मिलेगा जो इस समय हम लोगों के सामने विशद रूप में आया है।" (पृ.सं. 1)

आश्चर्य की बात यह है कि द्विवेदी जी के विख्यात अनुवादों के साथ उनकी मौलिक पुस्तक 'सम्पत्तिशास्त्र' को भी रखा गया है और उसको भी अनुवाद ही कहा गया है। अगर वह अनुवाद है तो किस भाषा की किस पुस्तक का? द्विवेदी जी ने अपनी पुस्तक की भूमिका में 'सम्पत्तिशास्त्र' के लेखन की ज़रूरत, तैयारी और प्रक्रिया के बारे में विस्तार से लिखा है। फिर भी प्रस्तावना लेखक उसे अनुवाद कह रहे थे। इससे यह साबित होता है कि प्रस्तावना लेखक ने न 'सम्पत्तिशास्त्र' की भूमिका पढ़ी है न मूल पुस्तक। इसी बात को ध्यान में रखकर डॉ. रामविलास शर्मा ने महावीरप्रसाद द्विवेदी और हिन्दी नवजागरण में व्यंग्य और आक्रोश के साथ लिखा है : "इसे ('सम्पत्तिशास्त्र' को) लिखने में द्विवेदी जी ने घोर परिश्रम किया था। उनकी सबसे मौलिक और महत्त्वपूर्ण कृति यही है। इसके बारे में उन्होंने आत्मकथा वाले निबन्ध में लिखा था–'समय की कमी के कारण मैं विशेष अध्ययन न कर सका। इसी से 'सम्पत्तिशास्त्र' नामक पुस्तक को छोड़कर और किसी अच्छे विषय पर मैं कोई नयी पुस्तक न लिख सका।' इस 'सम्पत्तिशास्त्र' को अपने अभिनन्दन वाले ग्रन्थ में अनुवाद बताया देखकर द्विवेदी जी के मन की क्या दशा हुई होगी, इसकी कल्पना की जा सकती है।" (पृ.सं. 378)

प्रस्तावना के आरम्भ में यद्यपि द्विवेदी जी के स्थाई साहित्य या उनके साहित्य के स्थायित्व के बारे में असमंजस ही अधिक है, फिर 'सरस्वती' के माध्यम से उनके युगद्रष्टा और युगस्रष्टा रूपों और कार्यों का महत्त्वपूर्ण मूल्यांकन है। प्रस्तावना में लिखा गया है कि "वे ऐसे-वैसे सम्पादक नहीं थे, सिद्धान्तवादी और सिद्धान्तपालक सम्पादक थे। जान पड़ता है कि वे निश्चित नियम बनाकर उनके अनुसार अपनी रुचि के लेख मँगाते और वही छापते थे। संस्कृत-साहित्य का पुनरुत्थान; खड़ीबोली कविता का उन्नयन, नवीन पश्चिमीय शैली की सहायता से भावाभिव्यंजन; संसार की वर्तमान प्रगति का परिचय; साथ ही प्राचीन भारत के गौरव की रक्षा–जो कुछ उनके लक्ष्य थे, उनकी प्राप्ति अपनी निश्चित धारणा के अनुसार 'सरस्वती' के द्वारा करना उनका सिद्धान्त था; अत: द्विवेदी-काल की 'सरस्वती' में केवल द्विवेदी जी की भाषा की प्रतिमा ही गठित नहीं है, उनके विचारों का भी उसमें प्रतिबिम्ब पड़ा है। उन्होंने किसी संस्था की स्थापना नहीं की, परन्तु 'सरस्वती' की सहायता से उन्होंने भाषा के शिल्पी, विचारों के प्रचारक और साहित्य के शिक्षक–तीन-तीन संस्थाओं के संचालक–का काम उठाया और पूरी सफलता के साथ उसका निर्वाह किया।" (पृ.सं. 2)

प्रस्तावना में यह भी कहा गया है कि द्विवेदी जी ने खड़ीबोली के गद्य और पद्य में जो लेखनी चलाई, वह इतिहास में 'द्विवेदी-क़लम' के नाम से प्रचलित होगी। प्रस्तावना की निम्नलिखित मान्यताएँ मननीय हैं और माननीय भी :

(क) गद्य और पद्य की भाषा एक करके जनता तक नवीन युग का सन्देश पहुँचना उनका उद्देश्य था।

(ख) उन्होंने उदात्त और लोक-हितैषी विचारों के पक्ष में शक्तिशाली प्रेरणा उत्पन्न की थी।

(ग) स्वभाव की रुखाई, कपास की भाँति निरस होती हुई भी गुणमय फल देती है। द्विवेदी जी ने हिन्दी साहित्य के क्षेत्र में कपास की खेती की–निरस विशद गुणमय फल जासू।

(घ) द्विवेदी जी अपने युग के उस साहित्यिक आदर्शवाद के जनक हैं जो समय पाकर प्रेमचन्द जी आदि के उपन्यास-साहित्य में फूला-फला।

(ङ) द्विवेदी युग को साहित्य के कर्म-योग का युग कहना चाहिए।

(च) द्विवेदी जी की साहित्य-शैली का भविष्य अब तक यथोचित प्रकाश में नहीं आया है। हिन्दी प्रदेश की जनता ने उसे अपने समाचारपत्रों की भाषा में अच्छी मात्रा में अपना लिया है और हिन्दी के प्लेटफॉर्म पर भी उसकी तूती बोलने लगी है।

(छ) व्यावहारिक, राजनीतिक, सामाजिक तथा धार्मिक विवेचन और देशव्यापी विचार-विनिमय जब खड़ीबोली का आधार लेकर चलने लगेंगे, तब द्विवेदी जी की भाषा को भली-भाँति फूलने-फलने का मौक़ा मिलेगा।

इस अभिनन्दन ग्रन्थ में भूमिका और प्रस्तावना के बाद मुख्य भाग में निबन्ध, कविताएँ, श्रद्धांजलियाँ, विदेशी विद्वानों और लेखकों के सन्देश के साथ एक चित्रावली भी है। निबन्धों के विषयों और श्रद्धांजलियों की विविधता चकित करने वाली है। इसमें अंग्रेज़ी में रेव. एडविन ग्रीब्स, पी. शेषाद्रि, प्रो. ए. बेरिन्निकोव और सन्त निहाल सिंह के लेख हैं। श्रद्धांजलि के अन्तर्गत एक ओर महात्मा गांधी के साथ भाई परमानन्द हैं तो दूसरी ओर अनेक विदेशी विद्वानों और लेखकों के सन्देश हैं। उस युग के अधिकांश कवियों की कविताएँ इस अभिनन्दन ग्रन्थ में हैं।

इस ग्रन्थ में जो चित्रावली है, उसका एक विशेष महत्त्व यह है कि अभिनन्दन ग्रन्थ के आज के पाठक आधुनिक हिन्दी साहित्य के ऐसे लेखकों-कवियों का रूप-दर्शन कर सकेंगे, जिनका वे केवल नाम जानते हैं।

विभिन्न भाषाओं, समाजों, साहित्यों और परम्पराओं के बारे में महावीरप्रसाद द्विवेदी के दृष्टिकोण में जैसी व्यापकता और उदारता थी, वैसी ही व्यापकता और उदारता इस ग्रन्थ के निबन्धों में है। इसके निबन्ध-लेखक उत्तर भारत के लगभग सभी क्षेत्रों के हैं और कुछ यूरोप के प्रसिद्ध विद्वान् भी हैं। इन निबन्धों में संस्कृत, हिन्दी, गुजराती और अंग्रेज़ी भाषा तथा साहित्य का प्रतिनिधित्व है। इसके निबन्ध-लेखक दार्शनिक, संस्कृतज्ञ, इतिहासकार, हिन्दी के आलोचक, पुरातत्त्ववेत्ता, पत्रकार, भाषा-वैज्ञानिक, काव्यशास्त्री, चित्रकला के पारखी, वास्तुकलाविद्, समाज-वैज्ञानिक, वैज्ञानिक और अरबी-फ़ारसी-उर्दू के विद्वान् हैं।

इस ग्रन्थ के कुछ निबन्ध आज भी पठनीय हैं और वे अन्यत्र शायद ही मिलें। ऐसे दो निबन्ध विशेष रूप से उल्लेखनीय हैं। उनमें एक निबन्ध मुंशी महेश प्रसाद मौलवी-आलिम-फाज़िल का है। निबन्ध का शीर्षक है 'प्राचीन अरबी कविता'। इस निबन्ध में जिस अरबी कविता का विवेचन है, वह अरब में इस्लाम के पैदा होने के पहले की कविता है। इस निबन्ध से यह भी ज़ाहिर होता है कि प्राचीन अरबी में पुरुषों के समानान्तर स्त्रियाँ भी कविता करती थीं। निबन्धकार ने लिखा है : "स्त्री-मण्डल के कविता-क्षेत्र में सबसे अधिक प्रसिद्धि 'तुमाजिर' नामक स्त्री की है, जो प्राय: 'खंसा' के नाम से विख्यात है। यह प्राचीन काल की कवयित्रियों में सर्वश्रेष्ठ मानी जाती है। इसकी कविताओं का एक संग्रह छप चुका है। अनेक लोगों ने इसकी कवित्व-शक्ति की भूरि-भूरि प्रशंसा की है।" (पृ.सं. 214)

निबन्धकार ने बाद में यह भी लिखा है : "यह बात निर्विवाद रूप से सिद्ध है कि प्राचीन-कालीन अरब में शिक्षा-प्रसार नहीं था। फिर भी वहाँ के लोगों में दैवी कवित्व-शक्ति थी। इसी कारण पुरुषों के सिवा अनेक स्त्रियाँ भी कवि हुई हैं। उन स्त्री-कवियों की कविताएँ केवल करुण-रसात्मक ही नहीं, बल्कि अन्य काव्य-रसों से भी युक्त हैं। इतिहासकार इस बात से सहमत हैं कि अरबी भाषा के कवि-सम्राट, 'इमरूल क़ैस' और अन्य कवियों के बीच में एक कविता सम्बन्धी वाद-विवाद हुआ था, जिसे एक स्त्री ने ही बड़ी योग्यता के साथ निपटाया था।" (पृ.सं. 215)

दूसरा निबन्ध मौलाना सैयद हुसैन शिबली नदवी का है, जिसका शीषर्क है 'उर्दू क्योंकर पैदा हुई'। इस निबन्ध के आरम्भ में शिबली साहब ने लिखा है कि हिन्दुस्तान में हमेशा भाषाओं की बहुलता रही है। उन्होंने यह भी लिखा है कि अमीर ख़ुसरो हर जगह अपनी ज़बान को हिन्दवी कहते हैं। इस निबन्ध के अन्त में शिबली साहब ने हिन्दी-उर्दू की बुनियादी एकता पर ध्यान दिया है। उन्होंने लिखा है : "देहलवी हिन्दी तो अपनी जगह पर रह गयी; लेकिन इस हिन्दी में उस वक़्त के

नये ज़रूरियात के बहुत-से अरबी, फ़ारसी और तुर्की के वह अलफ़ाज़ आकर मिले जिनके मानी और मुसम्मा उन मुल्कों से आये थे। दूसरा फ़र्क़ यह पैदा हुआ कि वह हिन्दी अपने ख़त में और यह उर्दू फ़ारसी ख़त में लिखी जाने लगी। रफ्त:-रफ्त: एक और फ़र्क़ भी पैदा हुआ कि पुरानी हिन्दी के बहुत-से लफ़्ज़ों में, जो ज़बान पर भारी और सकील थे, ज़मान: और ज़बान की फितरी तरक़्क़ी के असूल के मुताबिक, हल्कापन और ख़ूबसूरती और ख़ुशआवाज़ी पैदा करने की कोशिश की गयी। इसी तरह अरबी और फ़ारसी और तुर्की के लफ़्ज़ों में भी अपनी तबीयत के मुताबिक़ इसने तब्दीलियाँ पैदा कीं।"

इस ग्रन्थ का केवल ऐतिहासिक महत्त्व नहीं है। इसके निबन्ध 'ज्ञानराशि के संचित कोश' होने के कारण आज भी पठनीय और मननीय हैं।

रामविलास शर्मा और हिन्दी नवजागरण

मैनेजर पाण्डेय

हिन्दी में राष्ट्रीय स्तर पर जन-जागरण सम्बन्धी सोच और धारणा का इतिहास लम्बा है। 1939 ई. में शिवदान सिंह चौहान ने एक निबन्ध लिखा था– 'छायावादी कविता में असन्तोष भावना'। इस निबन्ध के आरम्भ में उन्होंने लिखा है : "भारत के नवोत्थित पूँजीवाद द्वारा प्रेरित राष्ट्रीय जागरण की प्रथम स्वाभाविक प्रतिक्रिया साहित्य में भारतेन्दु काल से द्विवेदी काल तक की इतिवृत्तात्मक कविता के रूप में व्यक्त हुई। कतिपय राजनीतिक और सामाजिक सुधार ही मुक्ति-भावना के चरम लक्ष्य थे। सामाजिक जीवन के संगठन में आमूल परिवर्तनों और उनके अनुकूल ही समाज चेतना के नूतन संस्कार की आवश्यकता का अनुभव अभी तक स्पष्ट रेखाएँ नहीं बना पाया था।" ('भारत में प्रगतिशील साहित्य की आवश्यकता', सम्पादित, पृ. 42)

शिवदान सिंह चौहान के इस कथन में दो बातें ध्यान देने लायक़ हैं। एक तो यह कि वे राष्ट्रीय जागरण का प्रेरणा स्रोत नवोदित पूँजीवाद को मानते हैं, जिसका तात्पर्य यह है कि भारत में चूँकि पूँजीवाद का आगमन अंग्रेज़ी राज के कारण हुआ, इसलिए राष्ट्रीय जागरण के मूल में अंग्रेज़ी राज है। दूसरी बात यह कि चौहान जी राष्ट्रीय जागरण की हिन्दी साहित्य में प्रथम अभिव्यक्ति भारतेन्दु युग में देखते हैं, लेकिन वे राष्ट्रीय जागरण से अलग हिन्दी नवजागरण की बात नहीं करते। शिवदान सिंह चौहान ने 1952 में एक निबन्ध लिखा था 'साहित्य के इतिहास की समस्या', जिसमें उन्होंने लिखा है : "सभी जानते हैं कि देश की अन्य प्रमुख भाषाओं के आधुनिक साहित्यों की तरह हिन्दी का आधुनिक साहित्य भी हमारे राष्ट्रीय जागरण के युग की पैदावार है या कहें कि राष्ट्रीय जागरण ही आधुनिक युग में भारतीय सांस्कृतिक नवजागरण (रिनेसां) की अन्त:प्रेरणा बना है।" ('भारत में प्रगतिशील साहित्य की आवश्यकता', सम्पादित, पृ. 242)

हिन्दी साहित्य के आधुनिक युग को नवजागरण युग सबसे पहले राहुल सांकृत्यायन ने कहा था, 1944 ई. में. राहुल जी की पुस्तक 'हिन्दी काव्य-धारा' 1945 में छपी थी। उसकी भूमिका उन्होंने 1944 में लिखी थी। उस भूमिका में राहुल जी ने हिन्दी साहित्य के इतिहास का एक नया काल विभाजन किया है, जो इस प्रकार है—पहला, सिद्ध-सामन्त युग; दूसरा, सूफ़ी-युग; तीसरा, भक्त-युग; चौथा, दरबारी-युग और पाँचवा, नवजागरण-युग। राहुल जी ने 'हिन्दी काव्य-धारा' में केवल सिद्ध-सामन्त युग के बारे में विस्तार से लिखा है परन्तु उन्होंने शेष चार युगों के बारे में कुछ नहीं लिखा। इसलिए नवजागरण से उनका आशय क्या है, यह बहुत स्पष्ट नहीं है। फिर भी यह मानना चाहिए कि वे आधुनिक युग को नवजागरण युग कहने वाले पहले व्यक्ति हैं।

हिन्दी में नवजागरण की बात करने वाले एक और आलोचक हैं प्रकाशचन्द्र गुप्त। उनकी एक पुस्तक है–'साहित्य-धारा', जो 1956 ई. में छपी थी। उसमें एक निबन्ध है 'हिन्दी कविता में नवजागरण'। पुस्तक में इस बात का उल्लेख नहीं है कि यह निबन्ध पहली बार कब और कहाँ छपा था। इस निबन्ध में गुप्त जी ने लिखा है : "हिन्दी में राष्ट्रीय भावना भारतेन्दु युग से मिलती है।" इस निबन्ध में वे यह भी लिखते हैं कि "अंग्रेज़ी शासन के साथ औद्योगिक क्रान्ति का भारत में प्रवेश हुआ।" इसका अर्थ यह है कि अंग्रेज़ी राज के कारण भारत में राष्ट्रीय चेतना का उदय हुआ और राष्ट्रीय जागरण का भी। प्रकाशचन्द्र गुप्त यह भी मानते हैं कि "इस नयी व्यवस्था के विरुद्ध जो विप्लव सन् सत्तावन में हुआ, उसमें हम भारतीय सामन्तों की प्रमुखता पायेंगे। मध्यवर्ग की सत्ता भारतीय राष्ट्र के निर्माण के साथ मिलेगी।" इसका अर्थ यह भी है कि 1857 का विद्रोह सामन्तों का विद्रोह था और भारत का उस समय का मध्यवर्ग अंग्रेज़ी राज के साथ था जो भारतीय राष्ट्र का निर्माण कर रहा था।

हिन्दी नवजागरण की धारणा, उसकी ऐतिहासिक विकास-प्रक्रिया, उसके स्वरूप, उसकी विशेषताओं और भारत के अन्य क्षेत्रों के नवजागरणों से उसकी स्वतन्त्र पहचान का सुचिन्तित, सुव्यवस्थित तथा विस्तृत विवेचन रामविलास शर्मा ने किया है। उन्होंने 'महावीरप्रसाद द्विवेदी और हिन्दी नवजागरण' (1977) नाम की पुस्तक में हिन्दी नवजागरण के स्वरूप के बारे में विस्तार से लिखा है। इस पुस्तक का पहला वाक्य यह है : "हिन्दी प्रदेश में नवजागरण 1857 ई. के स्वाधीनता संग्राम से शुरू होता है।" इस कथन में दो स्थापनाएँ हैं–पहली यह कि हिन्दी नवजागरण का आरम्भ 1857 के महाविद्रोह से होता है और दूसरा यह कि 1857 का महाविद्रोह

भारत का स्वाधीनता संग्राम था। इससे यह मान्यता भी सामने आती है कि हिन्दी नवजागरण अंग्रेज़ी राज के कारण नहीं बल्कि उसके विरुद्ध विकसित हुआ।

डॉ. शर्मा ने इसी पुस्तक में लिखा है कि "सन् 1857 का स्वाधीनता संग्राम हिन्दी प्रदेश के नवजागरण की पहली मंज़िल है। दूसरी मंज़िल भारतेन्दु हरिश्चन्द्र का युग है। तीसरी मंज़िल महावीरप्रसाद द्विवेदी और उनका युग है तो चौथी मंज़िल छायावाद और निराला का साहित्य।" उन्होंने यह स्पष्ट लिखा है कि "जो नवजागरण 1857 के स्वाधीनता संग्राम से आरम्भ हुआ, वह भारतेन्दु युग में और व्यापक बना, उसकी साम्राज्य-विरोधी, सामन्त-विरोधी प्रवृत्तियाँ द्विवेदी युग में और पुष्ट हुईं। फिर निराला के साहित्य में कलात्मक स्तर पर तथा उनकी विचारधारा में ये प्रवृत्तियाँ क्रान्तिकारी रूप में व्यक्त हुईं।" ('महावीरप्रसाद द्विवेदी और हिन्दी नवजागरण', पृ.19)

रामविलास जी ने 1984 ई. में हिन्दी नवजागरण सम्बन्धी अपने चिन्तन को और अधिक व्यापक तथा सुस्पष्ट बनाते हुए 'भारतेन्दु हरिश्चन्द्र और हिन्दी नवजागरण की समस्याएँ' नाम की पुस्तक में लिखा है : "भारतेन्दु युग उत्तर भारत में जनजागरण का पहला या प्रारम्भिक दौर नहीं है; वह जनजागरण की पुरानी परम्परा का एक ख़ास दौर है। जनजागरण की शुरुआत तब होती है जब यहाँ बोलचाल की भाषाओं में साहित्य रचा जाने लगता है, जब यहाँ के विभिन्न प्रदेशों में आधुनिक जातियों का गठन होता है। यह सामन्त विरोधी जनजागरण है। भारत में अंग्रेज़ी राज क़ायम करने के सिलसिले में पलासी की लड़ाई से 1857 के स्वाधीनता संग्राम तक जो युद्ध हुए, वे जनजागरण के दूसरे दौर के अन्तर्गत हैं। यह दौर पहले से भिन्न है, मुख्य लड़ाई विदेशी शत्रु से है। यह साम्राज्यविरोधी जनजागरण है।" (पृ. 13)

हिन्दी समाज, हिन्दी भाषा और हिन्दी साहित्य के आधुनिक काल से सम्बन्धित रामविलास शर्मा के सम्पूर्ण चिन्तन और लेखन के केन्द्र में है उनकी हिन्दी नवजागरण की अवधारणा। चाहे 1857 ई. का स्वाधीनता संग्राम हो या हिन्दी जाति की धारणा, चाहे हिन्दी में आधुनिकता के उदय का सवाल हो या हिन्दी-उर्दू के सम्बन्ध का, चाहे देश में राजनीतिक चेतना के जागरण का प्रश्न हो या समाज सुधार का; इन सभी प्रश्नों पर विचार करते हुए वे हिन्दी नवजागरण सम्बन्धी अपनी मान्यताओं को ध्यान में रखते हैं।

रामविलास शर्मा की हिन्दी नवजागरण की अवधारणा मूलतः और मुख्यतः साम्राज्यवाद-विरोधी है; क्योंकि उसका मूल स्रोत वे 1857 के महाविद्रोह को मानते हैं और वे उसे प्रथम राष्ट्रीय स्वाधीनता संग्राम भी कहते हैं। निश्चय ही 1857 ई. के

स्वाधीनता संग्राम का केन्द्र हिन्दी प्रदेश था। वह आमतौर पर भारतीय जनता और ख़ासतौर पर हिन्दी जनता के साम्राज्यवाद-विरोध की उदात्त अभिव्यक्ति था। जो लोग हिन्दी नवजागरण की दूसरी, तीसरी और चौथी मंज़िल के साहित्य में 1857 के विद्रोह की अभिव्यक्ति या अनुगूँज न पाकर 1857 के संग्राम को हिन्दी नवजागरण की पहली मंज़िल होने पर संदेह करते हैं, उन्हें भगत सिंह के साथी भगवानदास माहौर के शोधग्रन्थ '1857 के स्वाधीनता संग्राम का हिन्दी साहित्य पर प्रभाव' (1976) को पढ़ना चाहिए। इस पुस्तक में 1857 ई. के महाविद्रोह के हिन्दी साहित्य के साथ ही हिन्दी क्षेत्र की लोकभाषाओं के साहित्य पर प्रभावों का विस्तृत विवेचन किया गया है, जिससे यह साबित होता है कि सन् 1857 ई. के संग्राम का हिन्दी साहित्य और हिन्दी भाषी जनता के मानस पर कितना व्यापक असर था। डॉ. माहौर ने हिन्दी और उसकी लोकभाषाओं के अलावा उर्दू, मराठी, बांग्ला और गुजराती में प्रकाशित तथा अप्रकाशित विभिन्न विधाओं की असंख्य रचनाओं का उल्लेख किया है। इस सबसे यह साबित होता है कि हिन्दी और अन्य भारतीय भाषाओं के साहित्य में 1857 का व्यापक प्रभाव मौजूद है।

जो लोग भारतेन्दु युग से छायावाद तक के हिन्दी साहित्य में 1857 ई. के महाविद्रोह का मनचाहा उल्लेख न पाकर उस काल के लेखकों की निन्दा करते हैं। वे या तो यह नहीं जानते या जान-बूझकर भूल जाते हैं कि 1857 के संग्राम के बाद अंग्रेज़ी राज के प्रेस और प्रकाशन सम्बन्धी दमनकारी क़ानूनों के कारण 1857 के विद्रोह के पक्ष में कुछ भी लिखना और प्रकाशित करना कितना कठिन था। ख़ासतौर से 1878 के दमनकारी क़ानून के बाद कुछ भी ऐसा लिखना और छपना असम्भव हो गया जिससे सरकार सहमत न हो। प्रेस और प्रकाशन सम्बन्धी दमन और पाबन्दी की प्रक्रिया क्रमशः कठोर हुई। यहाँ तक कि देशभक्ति और स्वाधीनता के पक्ष में लिखना-छपना मुश्किल हो गया। इसी प्रक्रिया के परिणामस्वरूप प्रेमचन्द के दो कहानी-संग्रहों पर पाबन्दी लगी। भगत सिंह और उनके साथियों ने 1933 ई. में 1857 से सम्बन्धित दो पुस्तिकाएँ प्रकाशित करायीं। इन दोनों पर पाबन्दी लगा दी गयी। 1857 ई. के संग्राम पर लिखी अनेक साहित्यिक, ऐतिहासिक और राजनीतिक पुस्तकों तथा पुस्तिकाओं पर पाबन्दी लगी। यहाँ तक कि झाँसी की रानी पर छपे एक ऐसे पोस्टकार्ड पर पाबन्दी लगी जिसके एक ओर झाँसी की रानी का चित्र था और दूसरी ओर क्रान्तिकारी चुनौती।

वैसे तो रामविलास शर्मा का साम्राज्यवाद-विरोधी दृष्टिकोण उनकी प्रत्येक पुस्तक में मौजूद है लेकिन उसका प्रखरतम रूप उनकी पुस्तक 'सन् सत्तावन

की राजक्रान्ति और मार्क्सवाद' में प्रकट हुआ है। उन्होंने उस पुस्तक में लिखा है कि "सन् सत्तावन का संघर्ष एक महान जनक्रान्ति था। वह जनक्रान्ति इसलिए भी था क्योंकि उसमें जनता ने सक्रिय रूप से भाग लिया था।" (पृ. 299) इस क्रान्ति की मूलधारा अंग्रेज़ी राज के विरुद्ध थी। इसका मूल उद्‌देश्य राजनीतिक था–अंग्रेज़ों को निकालकर देश में अपनी सत्ता क़ायम करना। इस राजनीतिक उद्‌देश्य के अन्तर्गत और भी सामाजिक उद्‌देश्य थे।" (पृ.299)

हिन्दी में और हिन्दी के बाहर भी ऐसे अनेक व्यक्ति हैं जो यह मानते हैं कि भारत में आधुनिकता और प्रगति का आगमन अंग्रेज़ी राज के साथ हुआ। इसके ठीक विपरीत रामविलास शर्मा भारतीय समाज और संस्कृति के विकास में अंग्रेज़ी राज की कोई सार्थक भूमिका नहीं मानते। दुनिया भर के पिछले 500 वर्षों का साम्राज्यवाद का इतिहास यह साबित करता है कि साम्राज्यवाद ने जिन देशों पर क़ब्ज़ा किया, वहाँ के समाज, संस्कृति और जनता का विनाश किया है। यही नहीं वहाँ अपनी भाषा, संस्कृति और सभ्यता का प्रभुत्व स्थापित किया है। भारत में ब्रिटिश साम्राज्यवाद इस प्रवृत्ति का अपवाद नहीं प्रमाण है। अंग्रेज़ों ने भारत पर क़ब्ज़ा करने के बाद क्या-क्या किया, यह रामविलास शर्मा के शब्दों में देखिए : "अंग्रेज़ों ने हिन्दुस्तानियों को राजभक्ति सिखाई, उनके अन्दर फूट की आग सुलगाई, उन्हें एक-दूसरे का खून बहाना सिखाया, यहाँ की संस्कृति और भाषाओं को पैरो तले रौंदा और यहाँ से जितना धन लूटकर ले गये, उतना अपने बाक़ी विश्वव्यापी साम्राज्य से न ले गये।" (भारतेन्दु हरिश्चन्द्र, पृ.24)

रामविलास शर्मा वर्षों से यह कहते और लिखते रहे हैं कि भारत में अंग्रेज़ी राज के आरम्भ के बहुत पहले से, लगभग बारहवीं सदी से, बोलचाल की भाषाओं में साहित्य की रचना के साथ ही आधुनिकता का उदय होता है। सुखद आश्चर्य की बात यह है कि अब सेन पोलक और गेल आम्बिड जैसे अंग्रेज़ी में लिखने वाले लोग भी यह मानने लगे हैं कि भारत में बोलचाल की देशी भाषाओं के उत्थान के साथ ही आधुनिकता या आरम्भिक आधुनिकता का उदय होता है।

अब यह भी अनेक व्यक्ति मानने लगे हैं कि दुनिया भर में साम्राज्यवाद जिन देशों पर क़ब्ज़ा करता है, वहाँ दलाल संस्कृति निर्मित करता है और उसके सहारे अपना राजकाज चलाता है। भारत में ब्रिटिश साम्राज्यवाद देशी दलाल संस्कृति के सहारे चलता था–यह बात हिन्दी नवजागरण के लेखक और रामविलास शर्मा पहचानते हैं। अंग्रेज़ी राज अपने दलालों को तरह-तरह के ख़िताब, पदवी, सम्मान

और सनद देता था–यह भारतेन्दु हरिश्चन्द्र भी जानते थे। रामविलास शर्मा ने 'भारतेन्दु हरिश्चन्द्र' पुस्तक में लिखा है : "ख़िताब पाने के लिए हिन्दुस्तानियों को किस तरह आत्मसम्मान बेचना पड़ता था, इस पर सबसे सुन्दर और तीखी टिप्पणी 20 जुलाई, 1874 की 'कवि वचनसुधा' में छपी है। शीर्षक है, 'खिताब का भाव बहुत उतरैगा।' नीचे लिखा है :

"बंगाल में अकाल पड़ा है, इससे इसके समाप्त होने पर खिताब का भाव निस्सन्देह बहुत सस्ता हो जायेगा, यहाँ तक कि टके सेर बिकै तो आश्चर्य नहीं, हम ग्राहकों को समाचार देते हैं कि वे प्रस्तुत हो रहैं। केवल थोड़ा-सा काग़ज़ रँगने, झूठी-मीठी रिपोर्ट कर देने पर ख़िताब मिल जायेगा पर ढंगबाज़ी की शर्त है रायबहादुर राजा नौव्वाब स्टार सब बाज़ार में आवेंगे ग्राहक लोग मियानी खोल रक्खें।" (भारतेन्दु हरिश्चन्द्र, पृ.27)

इस प्रसंग के अन्त में रामविलास जी ने लिखा है कि "अंग्रेज़ों ने सम्मान की एक कसौटी बना रखी थी–जनता से दग़ा करो, हमारी सेवा करो।" (पृ.27)

रामविलास शर्मा ने महावीरप्रसाद द्विवेदी के साम्राज्यवाद-विरोधी दृष्टिकोण का विवेचन करते हुए लिखा है : "साम्राज्यवाद का अर्थतन्त्र क्या है, उसके राजनीतिक दाँव-पेंच क्या हैं, विश्वसाम्राज्यवादी व्यवस्था में भारत का स्थान क्या है, इस व्यवस्था में भारत पराधीन कैसे बना, अंग्रेज़ी राज क़ायम होने से पहले यहाँ के अर्थतन्त्र की क्या दशा थी, भारतीय इतिहास को देखते हुए अंग्रेज़ी राज की भूमिका क्या थी, साम्राज्यवाद द्वारा विजित और शासित भारत में मुख्य प्रश्न किस वर्ग का था, खेतिहर देश में किसानों की भूमिका क्या थी, भारत में पूँजीवाद की विशेषता क्या थी, इस विशेषता को देखते हुए मज़दूर वर्ग कौन सी भूमिका निभा रहा था, इस सारी परिस्थिति में मध्यवर्गीय बुद्धिजीवियों के कर्तव्य क्या थे, इस विश्वसाम्राज्यवादी व्यवस्था के विरुद्ध लोग कहाँ-कहाँ लड़ रहे हैं, भारत को अपने अन्तरराष्ट्रीय सम्बन्ध किन देशों से क़ायम करने चाहिए, साम्राज्यवादी घेरा कहाँ टूट रहा है और उससे हमें क्या सीखना चाहिए, स्वयं अपने इतिहास से स्वाधीनता-संग्राम के लिए कैसे प्रेरणा लेनी चाहिए, इन सभी और ऐसी ही अन्य समस्याओं की ओर द्विवेदी जी और उनके सहयोगियों ने ध्यान दिया और साम्राज्य-विरोधी दृष्टि से उनका विवेचन किया।" ('महावीरप्रसाद द्विवेदी और हिन्दी नवजागरण', पृ.106)

अंग्रेज़ी राज ने जो दलाल संस्कृति विकसित की थी, उसकी और उसके सरदारों की जैसी अचूक पहचान प्रेमचन्द को थी, वैसी उस युग के किसी अन्य लेखक को नहीं थी। रामविलास शर्मा ने ठीक ही लिखा है कि "हिन्दुस्तान की

सामन्ती ताक़तें विदेशी प्रभुत्व का आधार थीं, इसलिए प्रेमचन्द के लिए आज़ादी का मतलब था, इस आधार को खत्म करना।" ('प्रेमचन्द और उनका युग', पृ.46)

ज़मींदार अंग्रेज़ों के दलाल हैं, इस बात को बहुत ही स्पष्ट शब्दों में प्रेमचन्द ने 'प्रेमाश्रम' में राय कमलानन्द से कहलाया है। कमलानन्द कहते हैं : "यह जायदाद नहीं है, इसे रियासत कहना भूल है, यह निरी दलाली है। इस भूमि पर मेरा क्या अधिकार है। मैंने इसे बाहुबल से नहीं लिया। नवाबों के ज़माने में किसी सूबेदार ने इलाक़े की आमदनी वसूल करने के लिए मेरे दादा को नियुक्त किया था। मेरे पिता पर भी नवाबों की बड़ी कृपादृष्टि रही। इसके बाद अंग्रेज़ों का ज़माना आया और यह अधिकार पिता जी के हाथ से निकल गया। लेकिन राजद्रोह के समय पिता जी ने तन-मन से अंग्रेज़ों की सहायता की। शक्ति स्थापित होने पर हमें वही पुराना अधिकार फिर मिल गया। यही इस रियासत की हक़ीक़त है।" (पृ.46)

यही वह दलाल समुदाय है जिसकी मदद से अंग्रेज़ों ने 1857 ई. के संग्राम में भारतीय विद्रोहियों को हराया था। विश्वास न हो रहा हो तो एक अंग्रेज़ इतिहासकार विलियम केई की गवाही पढ़िए, "यह 'ग़दर-युद्ध' की एक अद्भुत विशेषता थी कि हालाँकि अंग्रेज़ स्थानीय नस्लों के विरुद्ध लड़ रहे थे, पर उन्हें वास्तविकता में इसी देश के स्थानीय लोगों ने समर्थन दिया। ये समर्थक जिन्हें हम अपना राष्ट्रीय शत्रु मानते थे, उनकी सहायता के बिना हम एक दिन भी जीवित नहीं रह सकते थे।" ('जासूसों के ख़तूत', पृ.33)

रामविलास शर्मा ने हिन्दी नवजागरण की चौथी मंज़िल के कवि और लेखक निराला के साम्राज्यवाद-विरोधी दृष्टिकोण के बारे में लिखा है : "निराला के चिन्तन की विशेषता यह थी कि उन्होंने ब्रिटिश साम्राज्यवाद की आर्थिक नीति, उसके राजनीतिक दाँव-पेंच, सांस्कृतिक मामलों में उसके हस्तक्षेप को पहचाना, गहराई से उसका विश्लेषण किया, देश की राजनीतिक और सांस्कृतिक प्रगति के लिए एक मार्ग निश्चित किया।" ('निराला की साहित्य साधना'-2, पृ.14)

स्वयं निराला ने साम्राज्यवाद का स्वरूप स्पष्ट करते हुए लिखा है : "साम्राज्यवाद इंग्लैंड की राजनीति का मूल है। पूँजी के द्वारा वणिक् शक्ति की वृद्धि के इतिहास के साथ-साथ साम्राज्यवाद का इतिहास इंग्लैंड के साथ गुँथा हुआ है। पूँजी की ही तरह यह हृदयहीन है। अंग्रेज़ों की शक्ति का समस्त संसार पर प्रभाव है। साथ-साथ अपनी वृत्ति या जातीय साम्राज्यवाद-जीवन के कारण इंग्लैंड संसार भर में बदनाम है। इतिहास के जानकार जानते हैं कि इंग्लैंड की सरकार पूँजीपतियों

की सरकार है और साम्राज्यवाद उसकी जीवनी-शक्ति, मूल आधार।" ('निराला की साहित्य साधना'-2, पृ.15)

'निराला की साहित्य साधना-2' में ही रामविलास जी ने एक बार फिर दलाल संस्कृति को याद करते हुए लिखा है : "1857 में भारतीय जनता के संघर्ष को दबाने में अंग्रेज़ों को कश्मीर, पंजाब, हैदराबाद, बंगाल आदि प्रदेशों के राजाओं और ज़मींदारों से बड़ी सहायता मिली। 1858 के बाद अंग्रेज़ों ने अपनी नीति में परिवर्तन किया कि देशी रियासतों को ब्रिटिश भारत में मिलाने के बदले वे उनके मालिकों को अपने सहायक के रूप में पालने लगे। साधारणतः इन रियासतों में उद्योग-धन्धों का विकास ब्रिटिश भारत की तुलना में भी कम हुआ, यहाँ निरक्षरता और निर्धनता का प्रसार ब्रिटिश भारत से भी अधिक था, यहाँ निरंकुश अत्याचार, सामाजिक उत्पीड़न, धार्मिक अन्धविश्वास ब्रिटिश भारत से भी अधिक थे। लड़ाई के दिनों में ये राजा अंग्रेज़ी फ़ौज में रंगरूट भर्ती कराते थे, शान्ति के समय गोलमेज सम्मेलनों में अपने प्रतिनिधि भेजकर स्वाधीनता-आन्दोलन का विरोध करते थे। भारत में अंग्रेज़ी राज के प्रमुख सहायक थे यहाँ के राजा और नवाब। साम्राज्यवाद के इस देशी आधार को ढहाये बिना भारतीय स्वाधीनता की लड़ाई पूरी न हो सकती थी।" (वही, पृ.20)

1

हिन्दी नवजागरण के बारे में रामविलास शर्मा के सम्पूर्ण चिन्तन और लेखन से कुछ समस्याएँ पैदा होती हैं, जिन पर विचार के बिना हिन्दी नवजागरण की पूरी और बेहतर समझ नहीं बन सकती। पहली समस्या तो यही है कि रामविलास शर्मा ने हिन्दी नवजागरण की विशिष्टता पर इतना ज़ोर दिया है कि देश के दूसरे क्षेत्रों के नवजागरण से हिन्दी नवजागरण के सम्बन्ध का बोध उपेक्षित हो गया है। हिन्दी नवजागरण पर विचार करने वाले अधिकांश व्यक्ति यह जानते हैं कि हिन्दी नवजागरण के एक अग्रदूत भारतेन्दु हरिश्चन्द्र का बांग्ला नवजागरण से कितना गहरा सम्बन्ध था। भारतेन्दु इतनी बांग्ला जानते थे कि वे बांग्ला में कविताएँ लिखते थे, उन्होंने अनेक बांग्ला नाटकों का हिन्दी में अनुवाद भी किया था। यही नहीं उनकी अनेक रचनाएँ बांग्ला रचनाओं से प्रभावित हैं। भारतेन्दु के अतिरिक्त बांग्ला नवजागरण से निराला का भी गहरा सम्बन्ध था। यह भी ध्यान देने की बात है कि बांग्ला में उपन्यास का उदय और विकास हिन्दी से पहले हुआ था, इसलिए आरम्भिक दिनों में बांग्ला के उपन्यासों के अनुवाद हिन्दी में छपे, जिनका हिन्दी

उपन्यासों के विकास में महत्त्वपूर्ण योगदान है। यही नहीं 'जाति' शब्द हिन्दी में बांग्ला से ही आया है, भारतेन्दु के माध्यम से।

हिन्दी नवजागरण के दूसरे निर्माता है महावीरप्रसाद द्विवेदी। उनका मराठी नवजागरण से गहरा सम्बन्ध है। द्विवेदी जी ने मराठी नवजागरण से सम्बद्ध दस से अधिक लेखकों, विचारकों, कलाकारों, आन्दोलनकारियों, गायकों, पुरुषों और स्त्रियों की जीवनियाँ लिखी हैं। द्विवेदी जी ने महाराष्ट्र की अनेक तेजस्वी और संघर्षशील स्त्रियों की भी जीवनियाँ लिखी हैं, जिनमें ताराबाई, रख्माबाई, झाँसी की रानी लक्ष्मीबाई, कुमारी गोदावरी बाई मुख्य हैं।

नवजागरण काल में एक भारतीय भाषा की रचनाओं के दूसरी भारतीय भाषाओं में जो अनुवाद हुए उनसे विचारों के आदान-प्रदान की एक प्रक्रिया विकसित हुई। उन सब पर ध्यान देने से विभिन्न नवजागरण के आपसी रिश्तों की पहचान हो सकती है। 1904 ई. में बांग्ला में एक क्रान्तिकारी किताब लिखी गयी थी, जिसका नाम था 'देसेर कथा'। उसका पहला हिन्दी अनुवाद 1908 में छपा और नाम था 'देश की बात'। उसका दूसरा हिन्दी अनुवाद 1910 में छपा। यह किताब हिन्दी क्षेत्र में इतनी लोकप्रिय थी कि हिन्दी में इस पर एक कविता भी लिखी गयी। हिन्दी क्षेत्र में उसके व्यापक प्रभाव का एक प्रमाण यह भी है कि सत्यभक्त ने अपने एक साक्षात्कार में यह स्वीकार किया है कि उन्हें देशभक्ति की प्रेरणा 'देश की बात' पुस्तक से मिली। क्या इस व्यापक प्रभाव की उपेक्षा करके हिन्दी नवजागरण को समझा जा सकता है?

2

रामविलास शर्मा के नवजागरण सम्बन्धी लेखन से जुड़ी दूसरी समस्या यह है कि हिन्दी नवजागरण कितना मूलगामी है और कितना मध्यमार्गी। हिन्दी नवजागरण की दो धाराएँ हैं, एक है मूलगामी धारा और दूसरी मध्यमार्गी। मूलगामी धारा के प्रतिनिधि भारतीय समाज में मूलगामी परिवर्तन चाहते थे, केवल अंग्रेज़ी राज से मुक्ति ही नहीं बल्कि तरह-तरह की पराधीनताओं से भारतीय जनता की मुक्ति और मध्यमार्गी वे थे जो समझौते के रास्ते से सुधार और विकास की कोशिश करते थे। हिन्दी नवजागरण की मूलगामी धारा के प्रतिनिधि हैं राधामोहन गोकुल जी, सत्यभक्त, प्रेमचन्द और राहुल सांकृत्यायन। ये सभी साम्राज्यवाद की भारत से मुक्ति के साथ ही देशी सामन्तवाद से स्त्रियों और दलितों की मुक्ति के भी पक्षधर थे। यही नहीं, ये किसानों तथा मज़दूरों के संघर्षों के साथ थे। रामविलास शर्मा ने राधामोहन गोकुल जी,

सत्यभक्त और प्रेमचन्द पर लिखा तो है पर उन्हें वे हिन्दी नवजागरण के प्रतिनिधि के रूप में स्वीकार नहीं करते। हिन्दी नवजागरण की प्रक्रिया में एक प्रवृत्ति ऐसी भी रही है जो इतिहास के प्रसंग में अतीतवादी, भाषा के प्रसंग में अलगाववादी, संस्कृति के प्रसंग में संस्कृतवादी और मानसिकता के प्रसंग में आध्यात्मवादी-रहस्यवादी। यद्यपि यह कभी भी हिन्दी नवजागरण की मुख्यधारा नहीं बन पायी परन्तु उसका प्रभाव तो था ही।

3

तीसरी समस्या यह है कि रामविलास जी ने हिन्दी नवजागरण की विचारधारा का तो विस्तृत विवेचन किया है, लेकिन टेक्नालाजी से उसके सम्बन्धों पर ध्यान नहीं दिया। यहाँ टेक्नालाजी से मेरा आशय प्रेस और प्रकाशन की प्रक्रिया से है। इस प्रक्रिया के परिणामस्वरूप हिन्दी साहित्य की और आधुनिक भारतीय साहित्य की भी पूरी संस्कृति बदल गयी। एक तो पुस्तक बाज़ार के अस्तित्व में आने और पत्र-पत्रिकाओं के प्रकाशित होने के कारण पाठ और पाठक का सम्बन्ध बदला। पुराने सारे विधि-निषेध ध्वस्त हो गये। पुस्तक पढ़ने पर किसी प्रकार का भेदभाव क़ायम न रह सका। इस तरह साहित्य की दुनिया में लोकतन्त्र आया। पत्र-पत्रिकाओं के प्रकाशन के कारण साहित्य का स्वरूप बदला और अनेक नयी विधाओं का जन्म हुआ। यही कारण है कि स्वयं रामविलास शर्मा ने 'महावीरप्रसाद द्विवेदी और हिन्दी नवजागरण' में लिखा है कि "आधुनिक साहित्य का जन्म उन्नीसवीं शताब्दी में हुआ। समाचारपत्र, मासिक पत्रिकाएँ, उपन्यास, नाटक, जीवन-चरित्र और समालोचना, इन सबका विकास इसी समय हुआ।" (पृ. 321) इस कथन को पढ़ने के बाद मन में एक सवाल आता है कि ऐसा क्यों और कैसे हुआ कि भारत में आधुनिकता तो आयी बारहवीं सदी में लेकिन आधुनिक साहित्य पैदा हुआ उन्नीसवीं सदी में।

4

रामविलास शर्मा के नवजागरण सम्बन्धी लेखन से जुड़ी चौथी समस्या यह है कि हिन्दी नवजागरण के किन निर्माताओं का किसानों तथा मज़दूरों के आन्दोलनों से क्या और कितना सम्बन्ध था। यह ज़ाहिर है कि राधामोहन गोकुल जी, सत्यभक्त और राहुल जी का किसानों तथा मज़दूरों के आन्दोलनों से सम्बन्ध तो था परन्तु रामविलास शर्मा के अनुसार हिन्दी नवजागरण के निर्माताओं–भारतेन्दु हरिश्चन्द्र, महावीरप्रसाद द्विवेदी और निराला का किसानों और मज़दूरों के आन्दोलनों से विशेष सम्बन्ध नहीं था।

5

पाँचवीं समस्या यह है कि रामविलास जी ने हिन्दी नवजागरण की चौथी मंज़िल के प्रतिनिधि के रूप में निराला को रखा, प्रेमचन्द को क्यों नहीं। रामविलास जी का जितना लगाव निराला से था, लगभग उतना ही प्रेमचन्द से भी था। प्रेमचन्द पर भी उन्होंने दो आलोचनात्मक पुस्तकें लिखी हैं। अगर रामविलास जी प्रेमचन्द को हिन्दी नवजागरण की चौथी मंज़िल का प्रतिनिधि मानते तो भारतीय समाज, हिन्दी समाज, हिन्दी जाति और हिन्दी संस्कृति से जुड़ी अनेक समस्याओं और अन्तर्विरोधों का विवेचन सम्भव होता। प्रेमचन्द का लेखन एक तो हिन्दू-मुस्लिम सम्बन्ध, दूसरे भारतीय जाति व्यवस्था, तीसरे हिन्दी-उर्दू के अन्तर्विरोध और चौथे भारतीय स्त्री की पराधीनता और स्वाधीनता के प्रश्नों से जुड़ा हुआ है। इन सभी समस्याओं और सवालों पर प्रेमचन्द के लेखन के माध्यम से सोच-विचार करना सम्भव होता और समाधान खोजना भी। प्रेमचन्द हिन्दी नवजागरण की चिन्ताओं के विकास की लगभग चरम परिणति भी हैं।

बेढब जी बेढब नहीं थे

मैनेजर पाण्डेय

सन् 1959 में जब मैंने प्रथम श्रेणी से मैट्रिक पास किया तो मेरे सामने आगे पढ़ने की समस्या थी। मैट्रिक की पढ़ाई पूरी करने के बाद हमारे यहाँ के छात्र आगे की पढ़ाई के लिए या तो पटना जाते थे या बनारस। क्योंकि गाँव के आसपास उच्च शिक्षा की कोई व्यवस्था नहीं थी। मेरे एक सम्बन्धी बनारस में रहते थे, एक बार वह मुझसे मिलने मेरे घर आये तो मैंने अपनी समस्या बताई। उनका नाम हृदयानन्द था। उन्होंने मुझसे कहा कि "अच्छी पढ़ाई के लिए आपका बनारस चलना ज़रूरी है। आपकी साहित्य और संगीत दोनों में विशेष रुचि है और काशी उसका केन्द्र है। मैं वहाँ हूँ ही, इसलिए आपके सामने कोई समस्या नहीं आयेगी।"

हृदयानन्द की प्रेरणा और प्रोत्साहन से मैंने तय किया कि आगे की पढ़ाई के लिए मैं काशी ही जाऊँगा।

हृदयानन्द बनारस के डी.ए.वी. डिग्री कॉलेज में बी.ए. की पढ़ाई कर रहे थे। मैं जुलाई 1959 में बनारस आ गया और उनके साथ ही डी.ए.वी. कॉलेज के हॉस्टल में रहने लगा। उनकी मदद से डी.ए.वी. डिग्री कॉलेज में इण्टरमीडिएट में मेरा एडमिशन हो गया। हॉस्टल का नाम मनोहर भवन था। डी.ए.वी. कॉलेज और हॉस्टल के बीच एक अन्य इमारत थी जिसमें उत्तर प्रदेश शिक्षा बोर्ड का कॉलेज चलता था। मैंने जिस डी.ए.वी. कॉलेज में प्रवेश लिया, वह बनारस हिन्दू विश्वविद्यालय से सम्बद्ध था। हॉस्टल से जब हम कॉलेज जाते थे तो यू.पी. बोर्ड वाले कॉलेज से होकर गुज़रना पड़ता था। एक बार हृदयानन्द ने मुझसे कहा कि आपने मैट्रिक की हिन्दी की पाठ्य-पुस्तक में 'बनारसी इक्का' नामक निबन्ध पढ़ा होगा, उसके लेखक कृष्णदेव प्रसाद गौड़ 'बेढब बनारसी' इस इंटर कॉलेज के प्रिन्सिपल हैं। यह सुनकर मुझे अच्छा लगा और बेढब जी से मिलने की अभिलाषा जागी।

मैंने हृदयानन्द से कहा कि मैं बेढब जी से मिलना चाहता हूँ। हृदयानन्द बेढब जी से परिचित थे, उन्होंने कहा कि ठीक है, किसी दिन आपको उनसे मिलवाने ले चलूँगा। अपनी पाठ्य-पुस्तक में शामिल किसी लेखक से मिलने की इच्छा हर छात्र में होती है।

एक दिन हृदयानन्द मुझे लेकर बेढब जी के पास गये। बेढब जी का व्यक्तित्व जितना सुदर्शन था, उतना ही प्रभावशाली भी था। हृदयानन्द ने मेरा परिचय कराते हुए कहा कि ये डी.ए.वी. डिग्री कॉलेज के छात्र हैं। साहित्य और संगीत में इनकी रुचि है और हिन्दी तथा भोजपुरी में कविताएँ लिखते हैं। यह सुनकर बेढब जी बहुत प्रसन्न हुए और कहा कि कभी-कभी मुझसे मिल लिया करो। उन्होंने मुझसे पूछा कि रहते कहाँ हो? मैंने कहा कि आपके कॉलेज के निकट ही मनोहर भवन हॉस्टल में रहता हूँ। उन्होंने अपना फ़ोन नम्बर दिया और कहा कि आने से पहले फ़ोन कर लेना। मैं जब ख़ाली रहूँगा, तुम्हें बुला लूँगा। बेढब जी ने जिस आत्मीयता से बात की और मिलने की स्वीकृति दी, वह मुझे अच्छी भी लगी और आश्चर्य भी हुआ। वे कॉलेज के प्रिंसिपल भी थे और हिन्दी के बड़े लेखक भी, फिर भी मेरे जैसे साधारण इण्टर के एक छात्र से जिस सहज भाव से व्यवहार किया, वह मेरे लिए बहुत सुखद था।

एक बार तुलसी जयंती के अवसर पर उनके कॉलेज में एक समारोह आयोजित हुआ, जिसमें तुलसीदास के महत्त्व पर बोलने वालों में मैं भी एक था। मेरा भाषण बेढब जी को बहुत पसन्द आया। समारोह के बाद चाय-पान के समय मुझे बुलाकर उन्होंने मेरे भाषण की प्रशंसा की और आशीर्वाद भी दिया। उसके बाद गौड़ जी के मन में मेरे प्रति और अधिक सद्भाव पैदा हुआ और बाद में मैं उनसे लगातार मिलने लगा।

गौड़ जी बनारस शहर के एक प्रभावशाली सांस्कृतिक व्यक्ति थे। शहर के अधिकांश साहित्य, संगीत और नृत्य आदि समारोहों के वे अध्यक्ष हुआ करते थे। वैसे तो काशी हमेशा से साहित्य, संगीत और विविध कलाओं की केन्द्र रही है। उन दिनों भी इन सबका केन्द्र थी। उन दिनों साहित्यकारों में रुद्र काशिकेय, लक्ष्मीनारायण मिश्र, नामवर सिंह, शिवप्रसाद सिंह, कृष्णनाथ, काशीनाथ सिंह, धूमिल आदि थे तो संगीत और नृत्य से जुड़े कलाकारों में बड़े रामदास जी, गोपीकृष्ण, सितारा देवी, गिरिजा देवी, गुदई महाराज, कंठे महाराज, बिस्मिल्लाह ख़ाँ, अनोखेलाल आदि सक्रिय थे। काशी में एक परम्परा यह रही है कि संगीत और नृत्य से वहाँ के जुड़े कलाकार सावन और भादों माह में शहर से बाहर नहीं जाते थे।

इसलिए शहर में ही संगीत और नृत्य से जुड़े विभिन्न कार्यक्रम होते रहते थे। यह परम्परा किसी-न-किसी रूप में आज भी क़ायम है। बेढब जी उन दिनों प्राय: ऐसे कार्यक्रमों में सम्मान सहित आमन्त्रित किये जाते थे। वे मुझे भी पूछते थे कि अमुक कार्यक्रम में तुम्हारी दिलचस्पी है क्या? मैं हाँ कहता था तो मुझे भी लेकर जाते थे। ऐसे बड़े कार्यक्रमों में कभी-कभी उस दौर के मशहूर फ़िल्मी कलाकार भी बुलाये जाते थे। ऐसे कार्यक्रमों में बेढब जी के साथ मैंने बैजन्तीमाला, वहीदा रहमान और रागिनी-पद्मिनी का नृत्य देखा है। ऐसे बड़े कलाकारों के जो समारोह होते थे, उनका टिकट ख़रीदकर देखने या सुनने जाना मेरे जैसे साधारण विद्यार्थी की जेब के बस की बात नहीं थी। बेढब जी की कृपा से मुझे देखने का मौक़ा मिला। वे आज भी मेरी स्मृति में मौजूद हैं। उन्हीं के सान्निध्य के कारण मुझे संगीत और नृत्य के विभिन्न रूपों और पक्षों को जानने और समझने का मौक़ा मिला और इन कलाओं के बारे में मेरी चेतना विकसित और परिष्कृत हुई।

बेढब जी अपने समय के बनारस के प्रमुख और प्रतिष्ठित साहित्यकार थे। वे मुख्यत: व्यंग्य-लेखन के लिए जाने जाते थे। बेढब जी हिन्दी और भोजपुरी दोनों भाषाओं में लेखन करते थे। उनका व्यंग्य-लेखन दोनों में मौजूद है। उनकी मुख्य रचनाएँ हैं–'लेफ्टिनेन्ट पिग्सन की डायरी' (उपन्यास); 'बेढब की बैठक', 'बनारसी इक्का', 'गांधी का भूत', 'हुक्का-पानी', 'धन्यवाद', 'जब मैं मर गया' (व्यंग्य निबन्ध); 'काव्य-कमल' (कविता संग्रह); 'अभीनीता' (नाटक) आदि। उन्होंने अनेक पत्रिकाओं के साथ-साथ 'काशी नागरीप्रचारिणी पत्रिका' का सम्पादन भी किया।

उस समय बनारस में व्यंग्य-काव्य के चार कवि मौजूद थे–बेधड़क बनारसी,भैयाजी बनारसी, चोंचजी, और बेढब बनारसी। इन सबमें विख्यात थे–बेढब बनारसी। बेढब जी ने अपना परिचय देते हुए 'मैं' नाम से एक कविता लिखी थी, जो मुझे आज भी याद है। कविता यह है–

काशी अविनाशी का अदना निवासी एक
नाम कृष्णदेव पर रंग नहीं काला है,
सेवक सरस्वती का दास दयानन्द का हूँ
टीचरी में निकला दिमाग़ का दिवाला है।
काव्य लिखता हूँ नहीं हँसने की चीज़ निरी
रचना में व्यंग्य और विनोद का मसाला है

पावन प्रसाद 'दीन' जी का मिला 'बेढब' है
सूर हूँ न तुलसी पन्थ मेरा निराला है।

'दीन' जी=लाला भगवान दीन)

उन्होंने सम्भवत: अपनी व्यंग्य कविताओं के बारे में यह कहा है–

कहीं कोकिल की करुणामय कुहुक है
कहीं दिल से निकलती एक दहक है
चले इस युग में हँसने और हँसाने
ज़रा देखो यह कैसी बहक है।

उनकी व्यंग्य कविताओं के कई रंग और रूप हैं। कभी वे कबीर की तरह दोहे कहते हैं तो कभी निराला की तरह मुक्त छन्द में कविता करते हैं। अकबर इलाहाबादी के अन्दाज़ में भी कई शेर कहे हैं। उन दिनों पैरोडी लिखने की प्रवृत्ति थी जो आज प्राय: नहीं है क्योंकि तब पैरोडी पढ़कर मूल कवि नाराज़ या दुखी नहीं होते थे। वे उसे विनोद के भाव से स्वीकार करते थे। बेढब जी ने जैसी पैरोडी की है, वैसी हिन्दी में किसी अन्य कवि ने नहीं की। उनकी पैरोडी में केवल हास्य-व्यंग्य नहीं है, जीवन की वास्तविकताएँ भी हैं। उन्होंने हिन्दी के अनेक कवियों की कविताओं की पैरोडी की है। उदाहरण के लिए मैथिलीशरण गुप्त की कविता 'बहुजन हिताय, बहुजन सुखाय' की पैरोडी की कुछ पंक्तियाँ पेश हैं–

अर्पित है मेरा मनुज काय
भोजन हिताय,भोजन हिताय
व्रत का मैंने कर बायकाट
पूरी-हलवे से उदर पाट
देखा भोजन में ही विराट
जितने जग में हैं सम्प्रदाय
भोजन हिताय, भोजन हिताय...

जयशंकर प्रसाद के प्रसिद्ध गीत 'बीती विभावरी जाग री' की पैरोडी करते हुए उन्होंने लिखा–

बीती विभावरी जाग री!
छप्पर पर बैठे काँव-काँव करते हैं कितने काग री

तू लम्बे ताने सोती है, बिटिया माँ-माँ कह रोती है
रो-रोकर गिरा दिये उसने आँसू, अब तक दो गागरी,
बीती विभावरी जाग री!....

बेढब जी की ऐसी कविताओं को पढ़ते हुए यह भी ज्ञात होता है कि छन्द पर उनका अद्‌भुत अधिकार था। पैरोडी के साथ-साथ उन्होंने जो व्यंग्य कविताएँ लिखी हैं, उनमें गहरी राजनीतिक चेतना है। उदाहरण के लिए 'चुनाव हो गया' शीर्षक कविता देखी जा सकती है–

बहुतों ने वोट दिया, कितनों ने नोट दिया,
कुछ को तालियाँ मिली; कुछ को गालियाँ मिलीं,
हारने वाले रोये, वोटर मौज से सोये।
देश कहाँ जाना है किसी को पता नहीं,
सब यही कहते हैं हमारी ख़ता नहीं।

बेढब जी ने 'उनकी शान देखेंगे' शीर्षक कविता में अकबर इलाहाबादी के अन्दाज़ में यह लिखा है–

न काशी से रहा मतलब न काबे से ग़रज़ कुछ है,
हर एक दिल में इच्छा है कि इंगलिस्तान देखेंगे।

———

दुआ देंगे बहुत ख़ुश होकर भावी वंश आज के
जब अमेरिका के हाथों बिका हिन्दुस्तान देखेंगे।

इन पंक्तियों में उनकी दूरदर्शी राजनीतिक दृष्टि दिखाई देती है।

बेढब जी एक रचनाकार के रूप में ही नहीं व्यक्तिगत बातचीत में भी व्यंग्य-विनोद का प्रयोग करते थे। जब वे डी.ए.वी. इंटर कॉलेज के प्रिंसिपल थे तब उनका कमरा कॉलेज की सबसे ऊपरी मंज़िल पर था। वहाँ से पूरा कॉलेज दिखाई देता था और सामने का मैदान भी दिखाई देता था। कॉलेज की बग़ल में धोबियों का मोहल्ला था। उन धोबियों के गदहे चरने के लिए कॉलेज के मैदान में आ जाया करते थे। एक बार एक सज्जन बेढब जी से मिलने आये और उन्होंने देखा कि मैदान में गदहे चर रहे हैं। आगन्तुक सज्जन ने गौड़ जी से कहा कि, "बेढब जी, आपके कॉलेज में बहुत गदहे हैं।" बेढब जी ने तत्काल जवाब दिया, "ये गदहे क़ॉलेज के नहीं हैं कभी-कभार बाहर से आ जाते हैं, जैसे अभी आप आये हैं।"

एक बार होली के दिन हम लोग गौड़ जी के साथ काशी नागरीप्रचारिणी सभा में बैठे थे, तभी किसी ने आकर बताया कि सम्पूर्णानन्द जी काशी आये हुए हैं। सम्पूर्णानन्द जी काशी के ही थे और उस समय उत्तर प्रदेश के मुख्यमन्त्री थे। वे बेढब जी के मित्र भी थे। बेढब जी ने कहा कि क्यों न सम्पूर्णानन्द जी से होली के मौक़े पर कुछ गपशप हो जाये। इस बात पर सबने सहमति व्यक्त की तो गौड़ जी ने सम्पूर्णानन्द जी को फ़ोन लगाया। उधर से सम्पूर्णानन्द जी की आवाज़ आई कि आप कहाँ से बोल रहे हैं? गौड़ जी ने कहा कि मैं तो मुँह से बोल रहा हूँ। आप कहाँ से बोल रहे हैं? बेढब जी के साथ बैठे लोगों ने उनके व्यंग्य को समझ लिया और देर तक हँसते रहे।

ऐसे सरल, सहज और विनोदी स्वभाव के थे कृष्णदेव प्रसाद गौड़ 'बेढब बनारसी'। वे उसी वर्ष बनारस में पैदा हुए जिस वर्ष भारतेन्दु हरिश्चन्द्र स्वर्गीय हुए, यानी सन् 1885 में। सबको हँसाने वाले बेढब जी सबको रोता छोड़कर सन् 1968 में इस दुनिया से विदा हो गये। उन्होंने अपने बारे में ठीक ही लिखा है–

लोग हमें कहेलन 'बेढब' हौ,
बात ढब के मगर कहीला हम।

कर्म

मैनेजर पाण्डेय और मेरे बाबू जी तथा कुछ और क़िस्से

प्रवीण कुमार

लगभग पन्द्रह साल पहले '1857 की क्रान्ति और वीर कुँवर सिंह' विषय पर व्याख्यान देने के लिए बड़े भाई साहब ने नामवर जी और पाण्डेय जी दोनों को निमन्त्रित किया था। याद है कि कॉन्स्टिट्यूशन क्लब ठसाठस भरा हुआ था। तिल रखने की भी जगह ना थी। दर्जन भर सांसद और विधायक मंच के नीचे अनुशासन में बैठकर उन दोनों विद्वानों को सुन रहे थे। उस साल बाबू जी भी गाँव से आये हुए थे। सब हो हवा गया तो अपने बाबू जी से मैंने पूछा, "नामवर जी के बोलल पूरा देश सुनेला। अपने के कइसन लागल उनकर व्याख्यान?"

सवाल पूछते वक़्त मैं पाण्डेय जी के व्याख्यान को किनारे कर बैठा था। और उसकी वजह थी कि नामवर जी ने दो ऐसी बातें कहीं जो मुझे बिल्कुल पता न थीं। पहली कि 1857 की क्रान्ति के समय गवर्नर जनरल लार्ड कैनिन ने पूर्वांचल और बिहार की क्रान्तिकारी गतिविधियों को लेकर अपनी डायरी में बहुत सारी चिन्ताएँ दर्ज की थीं। नामवर जी के अनुसार 1858 के सितम्बर तक पूर्वांचल और बिहार क्रान्तिग्रस्त था। नामवर जी ने दूसरी बात कही कि कार्ल मार्क्स ने वीर कुँवर सिंह का ज़िक्र किया था अपनी रिपोर्टिंग में। ये दो नयी जानकारियाँ मेरे दिमाग़ पर चढ़ी हुई थीं।

पर बाबू जी मेरे सवाल के बाद थोड़े सोचने लगे। (वैसे भी वह कम ही बोलते थे, गम्भीर बहुत रहते थे) थोड़ी देर के मौन के बाद बाबू जी बोले, "नामवर जी ठीके बोलले, लेकिन हई पाण्डेय जी त गजीब वक्ता बाड़े, भाई! अईसन अईसन लोकगीत नोट करके लाइल रहन जोन हम आपन बचपन में सुनले रही। गीत के आधार बनाके हातना बात भी कहल जा सकेला! हम बाड़ा ताज्जुब में बानी। पाण्डेय जी के एक-एक बात हमरा समझ में आइल ह।"

मैं बता दूँ कि बाबू जी दसवीं तक भी नहीं पढ़े थे। लेकिन अख़बार का अक्षर-अक्षर पढ़ते थे। जब गाँव में सड़क नहीं थी बढ़िया तब भी अख़बार मँगवाते थे।

उस दिन के बाद जब भी नामवर जी की चर्चा घर में होती तो बाबू जी पाण्डेय जी को ज़रूर याद करते थे और कहते थे, "देहिए छोट बा पाण्डेय जी के बाक़ी नामवर जी से कम ज्ञानी हम ना मानम उनका के"।

यह थे मेरे बाबूजी और यह थे हमारे मैनेजर पाण्डेय। दोनों अब इस दुनिया में नहीं। क्षण भर के लिए यदि हम मान लें कि मरने के बाद एक दूसरी दुनिया भी होती है तो मुझे पक्का यक़ीन है कि यदि वे आपस में मिलेंगे कभी, तो मेरे बाबू जी पाण्डेय जी से वही बात दुहराएँगे, "पाण्डेय जी रऊआ बहुत ज्ञानी आदमी बानी। आईं, रउआ सबसे ऊंच आसन पर बइठीं"।

जब पाण्डेय जी ने मुझे डाँटा

पाण्डेय जी को कई बार सुना पर आज तक परिचय नहीं हुआ। वे भूल भी जाते हैं। जेएनयू के बाहर वालों को तो कुछ ज़्यादा ही भूलते हैं। ख़ैर, बात उन दिनों की है जब मैं भगत सिंह कॉलेज में एड-हॉक पढ़ाता था। साहित्य सभा में बुलाना था। पता नहीं किस ससुरे से उनका फ़ोन नम्बर लिया, फ़ोन नम्बर लेकर उससे पूछा भी कि वे कब फ्री होते हैं? उसने कह दिया कि कभी भी बात कर लो...और भाई साहब, उत्साह में मैंने भरी दोपहरी में उनको फ़ोन लगाया, लगभग दो या तीन बजे। पहले रिंग में उठाया नहीं पाण्डेय जी ने, फिर दूसरी बार में फ़ोन उठा।

पाण्डेय जी बैठे हुए गले से गरजे "कौन बोल रहा है जी? ऐं?"

"जी मैं प्रवीण कुमार, भगत सिंह कॉलेज से"

"तो...?"

"ऐं...???...जी सर, हम कॉलेज में आपको आमन्त्रित करना चाहते हैं, व्याख्यान के लिए"

"तो अभी आ जाऊँ??"

मैं टेंशन में आ गया, "जी सर, मैं समझा नहीं।"

"फ़ोन रखो, रखो फ़ोन। कौन बोला तुमको ई दू-पहर में फ़ोन करने के लिए जी, रखो फ़ोन?"

पाण्डेय जी ने फ़ोन पटक दिया। तब समझ में आया कि बाबा सो रहे थे भोजन करके। मैंने सोचा कि बाबा को फ़ोन ही नहीं करना। ना बुलाना है। पर उस आदमी का बहुत कुछ पढ़ रखा था। कोई भी लेख उठा लो, कभी भी सुन लो, हर बार

लगा है कि कुछ नया सीखने को मिला। उसी शाम कुमार भास्कर के कहने पर फिर फ़ोन किया।

इस बार मिज़ाज ठण्डा था, याद दिलाया कि दोपहर में फ़ोन करने वाला वही ग़ुस्ताख़ हूँ। वे प्यार से बोले, "देखो, तुमने जिससे भी नंबर माँगा है, वह तुमसे दुश्मनी निभा गया, यह कहकर कि पाण्डेय को कभी भी फ़ोन कर लो, मैं दोपहर में खाकर सोता हूँ, ए जी, मैं भी तो मनुष्य हूँ।"

तो पाण्डेय जी कॉलेज के कार्यक्रम में पधारे, कश भी लगाया बोलने से पहले और बहुत अच्छा बोला उन्होंने। विषय गद्य और समाज को लेकर था। बहुत कम लोग हैं विश्वविद्यालयों में जो पढ़ रहे हैं। पाण्डेय जी मिसाल हैं। हमारे लिए तो वे कभी भी रिटायर नहीं हुए।

कुछ मित्रों के आग्रह पर पाण्डेय जी का एक क़िस्सा और

2004 की बात है। तब मैं हिन्दू कॉलेज में एम.ए. अन्तिम वर्ष का छात्र था। पाण्डेय सर 'रचना और राजनीति' पर बोलने आये। तर्क और हास्य-व्यंग्य से भरपूर बोला। जब वे जाने लगे तो हम सभी उनको कार तक छोड़ने गये। हम दो-चार विद्यार्थियों के अलावा हिन्दी के चार-पाँच शिक्षक साथ में थे। रामेश्वर राय सर और रचना मैम तो थे ही वहाँ। कॉलेज के एक ग़ैर-विभागीय 'क्रान्तिकारी' शिक्षक भी हमारे साथ हो लिए थे। इधर पाण्डेय सर पाइप सुलगा चुके थे और उधर वह शिक्षक बातचीत में अनावश्यक हस्तक्षेप करने लगे।

जब पाण्डेय सर कार में बैठने लगे तो ग़ैर-विभागीय शिक्षक ने पाण्डेय सर से कहा, "चलिए सर, बहुत अच्छा बोला आपने। आप सब के बीच में मैं ही एक 'साहित्येतर' श्रोता था"।

पाण्डेय जी ने पाइप से राख को झाड़ा और कार में बैठते हुए साहित्येतर शिक्षक को दबे गले से जवाब दिया, "अच्छा है कि आपने ख़ुद को 'मनुष्येतर' नहीं कहा।"

और पाण्डेय सर ने कार का दरवाज़ा धड़ाम से बन्द कर लिया। तब तक हिन्दू कॉलेज का पूरा लॉन ठहाके से गूँज गया था।

'मनुष्येतर'....?

बात मेरे पल्ले नहीं पड़ी पर सब हँस रहे थे तो मैं भी हँसा। बाद में मैंने रामेश्वर राय सर से पूछा कि पाण्डेय जी ने बैठते वक़्त क्या कहा 'उन' सर को। राय सर रहस्यमयी मुद्रा में मुसकुराये और जवाब दिया "धोकर चले गये"।

मैंने पूछा, "कैसे?"

राय सर ने उसी चिर-परिचित दार्शनिक अन्दाज़ में उत्तर दिया, "उनका कहना था कि जो व्यक्ति साहित्येतर होगा, वह लगभग मनुष्येतर भी होगा।"

एक बौद्धिक रंगबाज़

तो हुआ यह था कि दिल्ली के राजेन्द्र भवन में कोई बड़ा साहित्यिक जलसा था। राजेन्द्र यादव, नामवर जी, नित्यानन्द तिवारी, प्रभाष जोशी (सम्भवत: प्रभाष जी भी} के साथ-साथ अपने पाण्डेय जी भी वहाँ मौजूद थे। कुछ और भी साहित्यकार मौजूद थे वहाँ पर नाम याद नहीं आ रहा है अभी। दिल्ली विश्वविद्यालय के कुछ नवोदित प्रोफ़ेसर भी पहुँचे थे। कार्यक्रम के पहले ही अल्पाहार शुरू हुआ। मेरे एक मित्र के हाथ में मैनेजर पाण्डेय की एक किताब थी, सम्भवत: साहित्य और समाजशास्त्र वाली (साहित्य के समाजशास्त्र की भूमिका) थी। उसे ख़रीदकर ही वह वहाँ पहुँचा था। तब तक हम लोग एम.फिल. के प्रथम वर्ष में आ चुके थे।

किताब उस मित्र के हाथ में ही थी। कोई झोला बस्ता रखने की तब आदत नहीं पड़ी थी हम लोगों को। वह मित्र उस किताब को काँख में दबाये समोसे चट कर रहा था। एकाध प्रोफ़ेसरों ने उसकी काँख में किताब को दबा हुआ देखा भी। शायद मेरा मित्र भी दिखाना ही चाहता था ताकि दुनिया को लगे कि वह भी पढ़ता है। हम तीन-चार शोधार्थी एक साथ थे और अपने नाश्ते चट कर रहे थे।

बहरहाल,

जहाँ हम जान-बूझकर खड़े थे, ठीक वहीं पास में साहित्यकारों की चौकड़ी जमी हुई थी। सीढ़ियाँ चढ़कर राजेन्द्र भवन सभागार में जाने वाला जो रास्ता हैं न, उसी की बग़ल में। मैं चुपचाप उन सबकी बातें सुनता हुआ उनकी ओर थोड़ा और सरक आया। मुझे अच्छी तरह याद है कि राजेन्द्र यादव गहरे पीले रंग के आधे बाजू के कुर्ते में थे और सीढ़ी से हटकर सीमेंट वाली रेलिंग का सहारा लिये खड़े थे। बातों-बातों में राजेन्द्र जी ने पहले नामवर जी की खिंचाई करनी शुरू की। पर नामवर नामवर थे। एकदम चिकने घड़े की तरह। राजेन्द्र जी का रंग जम नहीं पाया उन पर। एक सीमा के बाद राजेन्द्र जी उनकी और खिंचाई नहीं कर पाये। फिर राजेन्द्र जी मैनेजर पाण्डेय की ओर मुड़े और मैनेजर पाण्डेय की खिंचाई करने लगे। बुरी तरह से। वह भी हिन्दी आलोचना की दुर्गति को लेकर। राजेन्द्र जी बार-बार यही कहते कि,

"आख़िर पढ़ कौन रहा है आलोचना...पढ़ कौन रहा है?"

तभी दिल्ली विश्वविद्यालय के एक नवोदित प्रोफ़ेसर राजेन्द्र यादव के ख़ेमे में उत्साह के साथ शामिल होते हुए पाण्डेय जी से मज़े लेने लगे। पाण्डेय जी ने

प्रोफ़ेसर साहब को हल्के-से ताड़ा तो नये प्रोफ़ेसर महोदय ने तुरत ही हमारे मित्र की काँख से उस किताब को झटका और पाण्डेय जी को दिखाते हुए बोले,

"ये देखिए...ऐसा नहीं है। हमारे विश्वविद्यालय के लड़के भी अब आपको पढ़ते हैं"। 'अब' शब्द पर उनका ज़ोर था।

स्वाभाविक ही, यह तर्क दोधारी तलवार की तरह था। पाण्डेय जी पर इस बात का असर पड़ गया।

पाण्डेय जी ने अपनी मुसकुराती पनियल आँखों से प्रोफ़ेसर साहब को ग़ौर से देखा और अपनी चुरुट की राख झाड़ते हुए, वैसी ही दबी हुई आवाज़ के साथ जवाब दिया,

"अरे तुम लोग तो, क़ायदे से समीक्षक भी नहीं बन पाये, अब तो इन विद्यार्थियों से ही उम्मीद करूँगा न? राजेन्द्र जी, आलोचकों से, घबराते हैं क्योंकि उनके हंस के लिए आलोचक नहीं तुम्हारे जैसे समीक्षक चाहिए। तुम किस ख़ुशफ़हमी में हो जी?"

सन्नाटा पसर गया।

नवोदित प्रोफ़ेसर का चेहरा लाज के मारे लाल हो गया। फिर राजेन्द्र यादव ने ज़ोर का ठहाका लगाया। धीरे-धीरे वहाँ मौजूद पूरी साहित्यिक मण्डली खुलकर हँसने लगी।

बस नित्यानन्द जी चुप थे। उन्हें उस प्रोफ़ेसर पर तरस आ रहा था पर वह क्या ही कर पाते ! पाण्डेय जी की गोली चल चुकी थी।

इधर हमें समझ में नहीं आ रहा था कि हँसे कि दुखी हों !

बाद में उस प्रोफ़ेसर साहब ने हमारी मित्र-मण्डली को बताया कि, "जलता है मुझसे पाण्डेय। गोल्डमान को चुराकर लिखता है।"

मैं भी कम बौड़म न था, तपाक से बोल बैठा, "आपको वह बात उसी समय उनके मुँह पर कहनी चाहिए थी।" पर मैं समझ चुका था कि कौन कितने पानी में था। पाण्डेय जी से उलझने के लिए तर्क और कलेजा दोनों चाहिए था। और ये चीज़ें ईमानदारी से पढ़ने के बाद ही पैदा होती। पाण्डेय जी जितना पढ़ो तब जाकर लड़ो।

मैं पाण्डेय जी को निजी तौर पर नहीं जानता पर जब भी सार्वजनिक जगहों पर उन्हें देखा तो वह मुझे एक दुस्साहसी बौद्धिक योद्धा की तरह ही दिखे।

आप सौ साल पूरे करें पाण्डेय जी। यही कामना करता हूँ। आप हमारे समय के बौद्धिक रंगबाज़ हैं।

मैनेजर पाण्डेय की उपस्थिति

प्रज्ञा पाठक और दयाशंकर शरण

मैंने सर को पहली बार सन् 1992 के अगस्त में देखा था। इसी वर्ष मेरा प्रवेश एम.फिल. में हुआ था। उनसे परिचित होने की शुरुआत 1989-90 के सत्र में बसंत कॉलेज, राजघाट की विद्यार्थी के रूप में संध्या दीदी के अध्यापकत्व में हो चुकी थी। सच पूछा जाये तो जेएनयू आने तक मेरी जानकारी वहाँ के बारे में बहुत सीमित थी पर लक्ष्य बहुत साफ़ था–वहाँ प्रो. मैनेजर पाण्डेय हैं जो उपन्यास पर रिसर्च कराते हैं। मुझे उन्हीं के साथ काम करना है। यह बात पहली ही मुलाक़ात में सर को बताई थी कि मैं उनके साथ काम करने का इरादा लेकर ही आयी हूँ। उस समय अक्ल ही उतनी थी, यह कहाँ पता था कि यहाँ हर सेशन के आरम्भ में मेरे जैसे नये रंगरूट आते हैं और इसी प्रकार की बातें बनाते हैं।

आज पीछे मुड़कर देखने पर यह लम्बा समय मैंने ही जिया है, यह विश्वास ही नहीं होता। यह दीर्घ अवधि सर से सीखते-जानते हुए बीती है। कई पुराने जेएनयू वाले थाह लेते हुए पूछते हैं–सर से कब बात हुई? कहती हूँ अभी बीते पुस्तक मेले में मुलाक़ात हुई थी या पिछले चार-छह महीने पहले दिल्ली गये थे तो मिले थे। ओह! आप तो निरन्तर सम्पर्क में हैं। कहना चाहती हूँ–जितना सम्पर्क में होना चाहिए नहीं हूँ, पर कहती नहीं हूँ। पिछली किसी मुलाक़ात में अतवीर से उन्होंने कहा–आपके विद्यार्थियों के लिए ईपीडब्ल्यू के पुराने अंकों का उपयोग हो, तो मेरे पास पुराने अंक रखे हैं, ले जाइयेगा।

अगली यात्रा में ले जाना सुनिश्चित हुआ और तब से उनके पास जा ही नहीं सके हैं। एक मुलाक़ात में उन्होंने बताया कि हाई ब्लडप्रेशर में नमक का परहेज़ करते हुए वे आयोडीन की कमी का शिकार होकर गम्भीर रूप से अस्वस्थ हुए। ऐसे किसी प्रसंग में अपने ऊपर इतनी झुंझलाहट होती है कि क्या कहें ! ऐसा भी क्या

'दुनिया धँधा'। इन वर्षों में सम्पर्क का जो नैरन्तर्य (जैसा भी हो) बन पाया, उसमें उनकी भूमिका मुझसे कहीं ज़्यादा है, यह स्वीकार करने में मुझे कोई संकोच नहीं।

लॉकडाउन के तीन-साढ़े तीन महीने बीत गये। एक दिन उनका फ़ोन आया– तुम कहाँ हो? सब ठीक है? मेरे जवाब में कुछ निराशा रही होगी तो उन्होंने कहा "अरे! ये समय भी बीतेगा जी!" बीते वर्षों में एक शाम फ़ोन आया। "मैं देहरादून से लौट रहा हूँ, ट्रेन में हूँ। मेरठ दिखाई दिया तो सोचा तुमसे बात कर लूँ"। हमने नाराज़गी दिखाई कि देहरादून से चलते हुए फ़ोन कर देते तो कम-से-कम हम स्टेशन पर आके मिल लेते। "अरे! जब मेरठ दिखा तभी न समझ में आया जी"।

इक्कीसवीं सदी के पहले दशक का कोई समय रहा होगा, सर मेरठ के किसी कॉलेज में पीएच.डी. का वायवा लेने आये। पीएच.डी. वायवा के अनिवार्य एकेडमिक अनुष्ठान 'लंच' के लिए साफ़ इनकार करके आयोजकों को भौंचक्का छोड़ हमारे घर आये। एक बार रेखा (पाण्डेय जी की बेटी) और सर दोनों आये थे। रेखा जेएनयू के अपने घर के आम के पेड़ से तोड़कर आम लायी थी हमारे लिए।

प्रो. मैनेजर पाण्डेय के चारों ओर एक आवरण है। प्रथम दृष्टया वे थोड़ा सख़्त मालूम होते हैं पर उस सख़्ती के भीतर की कोमलता और तरलता को आप महसूस कर सकेंगे यदि उनका सान्निध्य मिल सका तो। किसी भी विद्यार्थी के लिए उनके नज़दीक पहुँचने का एक ही मन्त्र है–सतत परिश्रम और अध्ययन। चतुराई और चटकपन उनके नज़दीक नहीं पहुँचाते। बतौर विद्यार्थी श्रम करने की इच्छा और अभ्यास न हो तो उनके साथ काम करने की इच्छा रखना बेकार था। बिना मेहनत किये काम करने की इच्छा रखने वाले शोधार्थी पर उनको कहते सुना था–"चले आते हैं गाय की पूँछ पर रिसर्च करने"। आपको उनकी कितनी भी आत्मीयता हासिल हो, कुछ भी ऐसा किया जो उन्हें उचित नहीं लगा, खासतौर पर आपके पढ़ने-लिखने से जुड़ा मसला, वे तत्काल अपनी नाराज़गी अभिव्यक्त कर देंगे।

जब मैं जेएनयू से सम्बन्धित अपनी समूची जानकारी का कोष सम्हाले कैम्पस पहुँची तो सीनियर्स, सहपाठी सबके पास उनसे जुड़ी सच्ची-झूठी कथाएँ थीं। इतनी कि कोई नया विद्यार्थी चकरा ही जाये। इन दन्तकथाओं के केन्द्र में सर का ग़ुस्सा रहता था। मुझे बहुत बाद में किसी सहपाठी ने बताया कि उसे बहुत आश्चर्य और चिन्ता थी कि मैं सर के साथ काम कैसे कर पाऊँगी?

एम.फिल. करते हुए एक बार पढ़ाने के काम के प्रति अपने दुर्निवार आकर्षण के चलते मैंने बी.ए. कर रहे विद्यार्थियों को पढ़ाने का काम ले लिया। जोशो-ख़रोश

से पढ़ाना शुरू किया इस बीच जब सर से मुलाक़ात हुई तो मैंने पाठ्यक्रम में मौजूद किसी पुस्तक को पढ़ाने के लिए उनसे कुछ सन्दर्भ पूछे। बस फिर क्या था, ठीक से डाँट पड़ी कि ये सब करोगी तो अपना काम कैसे करोगी? अब मेरी हालत ख़राब। दरअसल मैंने इस बारे में सर से बात ही नहीं की और पढ़ाना शुरू कर दिया था। धीरे-धीरे साहस बटोरा और उनको बताया कि मुझे शौक़ है पढ़ाने का और दूसरा मैं सिर्फ़ हफ़्ते में एक दिन एक क्लास लूँगी। इस क्लास से मेरा काम प्रभावित नहीं होगा। बस मामले का पटाक्षेप हो गया। उनको मालूम था ठीक से डाँटा है– "अच्छा, अच्छा तो मुझे क्या पता कि हफ़्ते में एक दिन पढ़ाओगी।"

एम.फिल. के क्लास वर्क के दिनों में कई सहपाठी भारतीय भाषा केन्द्र के अन्दर दरवाज़े की सीध में, वाटर कूलर की बग़ल की सीढ़ियों पर बैठे बतकुट्टस काट रहे थे। उन सीढ़ियों से पार विदेशी भाषाओं के विभाग थे और नीचे हमारे विभाग की कक्षाएँ। पास ही सर का कमरा हुआ करता था। बन्द था बाहर से। हम लोग लगे हुए थे मौज से बतियाने में। हमारे क्लासमेट थे राजेन्द्र पाण्डेय। उन्हें हम लोग पाण्डेय जी कहा करते थे। रूपा गुप्ता और मैं दोनों मिलकर उस दिन चकल्लस काट रहे थे। आवाज़ों की पिच धीरे-धीरे बढ़ती गयी। हम लोग क्या बात कर रहे थे याद नहीं पर पाण्डेय जी, पाण्डेय जी की ध्वनियाँ हवाओं में थीं। उनका हिमाचल प्रदेश में सेलेक्शन हो चुका था, सम्भवतः वह ट्रीट के लिए बुलन्द होती आवाज़ें थीं जिनको रोकना या थामना मुश्किल था। अचानक हमारी मौजूदगी से बमुश्किल चार फ़ीट की दूरी वाला दरवाज़ा खुला और उसमें से निकलकर सर बाहर आये। वो क्लास पढ़ा रहे थे। तबीयत से डांट पड़ी। आप लोगों को यह नहीं पता कि यहाँ कक्षाएँ होती हैं। हम लोगों को काटो तो ख़ून नहीं। सबसे पहले होश में आयी रूपा और उसके बाद हमारी सभा बरख़ास्त हुई।

सर निश्चित समय पर और नियमित क्लास लेते थे। शायद ही कभी ऐसा हुआ हो कि उनकी क्लास नहीं हुई हो। सर लंच बाद कभी क्लास नहीं लेते थे। दो बार अपवादस्वरूप उनकी लंच बाद और लम्बी कक्षाएँ हुईं, जिनमें से एक सेमिनार पेपर के प्रेजेंटेशन के लिए थी। बड़े मज़े की क्लास रही। हमने चाय भी पी बीच में, जिसका भुगतान उन्होंने ही किया। बता देना ज़रूरी है क्योंकि सब अपना-अपना भुगतान ख़ुद करेंगे की व्यवस्था भी हमारी लम्बी कक्षाओं में चलती थी। गूढ़ सिद्धान्तों को सहज उदाहरणों से बोधगम्य बना देना उनकी शिक्षण-पद्धति का हिस्सा था। क्लास हमेशा पूरी तैयारी से लेना उनका नियमित अभ्यास रहा।

नामवर जी के निर्मल वर्मा के साहित्य के प्रति प्रेम की चुटकी लेने से वे चूकते नहीं थे। उन्होंने हमें सेमिनार पेपर प्रस्तुत करने के लिए विषय दिया–उन्नीस सौ साठ के बाद के किसी उपन्यास का समाजशास्त्रीय अध्ययन। अब सबके पास ख़ूब विस्तृत क्षेत्र था। हमारी इसी क्लास में 'वर्दी वाला गुंडा'–वेद प्रकाश शर्मा के उपन्यास पर भी एक पेपर था। मेरी एक सहपाठी–'एक चिथड़ा सुख' पर पेपर प्रस्तुत करने वाली थी। सर ने आदतन चुटकी ली। हम लोग भी हँसे। मेरी सहपाठी ने बहुत गम्भीर मुद्रा में कहा–मैंने यह उपन्यास इसलिए चुना कि मुझे यह अपनी कहानी लगता है। अब सटपटाने की बारी सर की थी–अच्छा! अच्छा! चलो, पढ़ो। फिर सबने पेपर सुना, नामवर जी की कोई बात नहीं हुई।

यह लम्बी क्लास तो सचमुच स्मृतियों की धरोहर है। सर ने सिगरेट निकाली, सुलगायी। अमूमन वे पाइप पीते थे और घर पर। क्लास में पीते हमने कभी नहीं देखा था। शायद चार बजे के आसपास का कोई समय रहा होगा। उनको जानने वाले सभी लोग जानते हैं, यह उनका आराम करने का समय होता है। अब सिगरेट की गन्ध और कमरे का सफ़ोकेशन बर्दाश्त करना मुश्किल होता जा रहा था। मैं और रूपा अगल–बग़ल बैठे थे और दोनों को इस गन्ध से तगड़ा परहेज़ था।

पेपर प्रेज़ेंटेशन जारी था। कमरे में एक ही दरवाज़ा था, वो भी बन्द। अचानक रूपा का हाथ नाक पर गया और उँगलियाँ हिलीं। उन हिलती उंगलियों पर सर का ध्यान गया और एकदम-से कुर्सी से उठे–अच्छा, अच्छा। तत्काल क्लास से बाहर निकल गये और सिगरेट ख़त्म करके ही वापस आये।

होली का मौक़ा था। जेएनयू में अपने अध्यापकों के घर जाने की परम्परा थी। एक टोली उनसे मुलाक़ात करके भद्रता से अबीर-गुलाल का टीका-वीका लगाकर वापस लौटने को थी। उनका दरवाज़ा बन्द हो चुका था। इतने में ही एक जाँबाज, जुझारू टोली और आयी, घण्टी बजायी और सर दरवाज़े पर प्रकट ही हुए कि ताली ठोंक के सवाल आया–"अय! हय! मैनेजर पाण्डेय घर पर हैं क्या?" ये रीता थी। हम लोग तो सन्नाटा खा गये। सेकेंड्स का वह समय कितना लम्बा खिंचा, कैसे बतायें। सन्नाटा टूटा सर की आवाज़ से–"हाँ जी हैं।"

सर और हम सब पेट पकड़–पकड़कर हँसे। हँस-हँस के दोहरे हो गये उस दिन। वैसे हँसते हुए हमने सर को फिर कभी नहीं देखा। रीता का शुमार हमारी चेतना में संसार की सबसे साहसी लड़कियों में हो गया। एक बार शाम को उनके घर गये। उन्होंने दरवाज़ा खोला पर बात करने के मूड में दिख नहीं रहे थे। अब दरवाज़ा खोला था, इसलिए अन्दर तो हम गये। टीवी खुला था और स्क्रीन पर स्टेफ़ी ग्राफ़

खेलती हुई दिख रही थी। ये मार्टिना नवरातिलोवा के पराभव और स्टेफ़ी के उदय काल का कोई समय था। हमने परिस्थिति भाँपी और छोटी सी बदमाशी की–"अच्छा सर! आप मैच देख रहे हैं? ये स्टेफी जितनी सुन्दर है उतना ही अच्छा खेलती भी है।" सर हँसे, थोड़ा-सा शरमाये भी और कहा–"हाँ, तुम ठीक कह रही हो।" हम तुरन्त ही लौट लिये और बहुत दिनों तक इस परिस्थिति का मन ही मन मज़ा लिया।

टिहरी बाँध के ख़िलाफ़ दीर्घकालीन उपवास करते हुए सुन्दरलाल बहुगुणा वहाँ से उठा लिये गये और एम्स में भर्ती कर दिये गये। अब वे तो थे वार्ड में और दिल्ली के पर्यावरण-प्रेमी लोगों का एक समूह दरी बिछाकर नीचे धरने पर। उसमें जेएनयू के विद्यार्थियों की संख्या सबसे ज़्यादा थी। इन दिनों मैं सुबह ही एम्स चली जाती, दिन भर मौसाजी के साथ रहती शाम को लौटती। रात को उनके साथ राजीव भइया रहते। मैंने सर और प्रो. पुरुषोत्तम अग्रवाल को घर पर जाकर इस बारे में बताया। एक दिन मैं कुछ देर से पहुँची तो भइया ने बताया आज जेएनयू से प्रो. मैनेजर पाण्डेय आये थे।

मैं अध्यापन करने रुड़की पहुँच चुकी थी। मेरी एक विद्यार्थी ने जेएनयू की प्रवेश परीक्षा दी। बहुत उत्साही बालिका थी। सर एक बार रुड़की आ चुके थे और उनके व्याख्यान के मुरीद हमारे कॉलेज के विद्यार्थी हो चुके थे। बालिका ने फ़ोन करके उनसे परिणाम जानना चाहा। पता लगा उसका वेटिंग लिस्ट में हुआ है। जब बालिका ने हमें बताया तो मैं सशंकित–ऐसा तो कभी सुना न था। बालिका हमें आदेश दे गयी थी कि अब आप सर से पता करते रहिएगा। हमने उसी दिन फ़ोन खड़काया कि ये बालिका क्या कह रही थी, कौन सी वेटिंग लिस्ट में उसका हुआ है? जवाब क़तई अप्रत्याशित था, "देखो प्रज्ञा, तुम्हें तो पता है जेएनयू में कोई वेटिंग लिस्ट नहीं निकलती। अब उस लड़की ने इतनी मेहनत करके परीक्षा दी है। मैं कह देता तुम्हारा नहीं हुआ तो निराश हो जाती। दो-चार दिन बाद तुम धीरे-से बता देना कि उसका नहीं हुआ।"

सर बनारस में पढ़े हैं और मेरा घर बनारस में है। बनारस से उनका भी लगाव बहुत प्रगाढ़ है। एम.फिल. के लिए विषय इसी बनारस प्रेम के दायरे वाला बना। 'बालाबोधिनी' पर उस समय में 'बालाबोधिनी' के अंकों को ढूँढ़ना उम्मीद से ज़्यादा मुश्किल रहा। पर काम हुआ। बहुत विपरीत परिस्थितियों के बावजूद हुआ। मुझे सामग्री ढूँढ़ने में जो मशक़्क़त करनी पड़ी और लोगों का जो व्यवहार रहा, उस पर सर को भी असन्तोष रहा होगा। आठ-दस साल बाद कभी, किसी कार्यक्रम में भारतेन्दु के परिवार के गिरीशचन्द्र चौधरी जी को आड़े हाथों लिया कि जब हमारे

विद्यार्थी आपके पास आते हैं तब तो आप सहयोग करते नहीं हैं। उसके बाद भी मल्लिका की रचना 'कुमुदिनी' को 'कथादेश' में छपवाने का उपक्रम सर ने किया। वह छपी भी। यह प्रसंग मुझे सर ने नहीं बताया। रिफ्रेशर कोर्स के दौरान बीएचयू में स्वयं गिरीशचन्द्र चौधरी जी ने बताया। ज़ाहिर है, उन्होंने पहचाना नहीं कि मैंने ही 'बालाबोधिनी' पर शोध किया था।

'स्त्री दर्पण' पर पीएच.डी. करते हुए सामग्री संकलन के लिए दिल्ली, इलाहाबाद, भोपाल, बनारस ख़ूब यात्राएँ कीं। आज की तरह स्कैन करने और फ़ोटो खींच सकने की सुविधा नहीं थी। हाथ से नोट करना और कुछेक पन्ने बहुत प्रयासों से फ़ोटो स्टेट करवा पाना ही सम्भव था। सर ने हस्तलिखित शोध प्रबन्ध का एक-एक शब्द पढ़ा। उनका जाँचने का तरीक़ा अद्‌भुत था। चैप्टर के अन्त में पेंसिल से लिखा हुआ होता था। मेरी थीसिस के तीसरे चैप्टर के अन्त में 'सरला : एक विधवा की आत्मजीवनी' के सभी अंकों को खोजने का निर्देश लिखा हुआ है। 'सोच' शब्द का व्यवहार स्त्रीलिंग के रूप में हुआ था। चैप्टर के पीछे लिखकर उन्होंने समझा दिया। जब 'सरला : एक विधवा की आत्मजीवनी' के अंकों को खोज लिया तब उसकी भूमिका लिखने के प्रकरण में यह सर का ही आइडिया था कि मराठी और बांग्ला की आत्मकथाओं के बारे में लिखो। सामग्री कहाँ-कहाँ मिल सकती है, वे उसका पता बता देते थे, खोजना आपका काम। जब यह पता लगा कि उमा नेहरू सांसद रही थीं और मैंने सर को यह बताया तो संसद भवन जाकर उनके भाषणों की खोज करने का आइडिया भी उन्हीं का था।

इतने वर्षों के खोया पाया का हिसाब करने चलूँ तो ऐसे गुरु के सान्निध्य से बड़ी उपलब्धि क्या होगी। जब कहीं उलझे, उनकी सहायता की ज़रूरत हुई, उन्होंने समाधान दिये। जब पहले विद्यार्थी को पीएच.डी. के लिए रजिस्ट्रेशन करवाना था उनसे बारीकियाँ समझीं। पढ़ना तो कभी छूटा नहीं पर न लिखने के लिए वो जितना कह सकते हैं उन्होंने कहा। डाँट कर, प्रोत्साहित करके, कुछ कहने से अपने को विड्रा करते हुए बताकर, हर तरीक़े से उन्होंने लगातार लिखने की दुनिया में मुझे सक्रिय रहने को प्रेरित किया है। क्या मैं अपने किसी विद्यार्थी के लिए इतना कर सकूँगी? हाँ, एक बात और साफ़ कर दूँ। ऐसा नहीं है कि हमेशा उनसे डँटे ही हैं कभी–कभी डाँट भी लेते हैं। 'संवेद' पत्रिका ने सर पर अंक निकाला। जब हम तक अंक पहुँचा तो हमने उनको डाँटा–विभाग में सबसे ज़्यादा लड़कियों ने आपके साथ शोध किया है और इसमें एक भी लड़की का लेख नहीं है (जैसे उन्होंने मना

किया हो), ये ठीक बात नहीं है। वे डँट लिये। अब इससे ज़्यादा हम ख़ुश न हों, इसी में हमारी भलाई है।

पिछले साल उनके पास गयी थी। उमा नेहरू पर किताब लगभग तैयार थी। एक शब्द परेशान किये हुए था 'रैडिकल'। उमा नेहरू के सन्दर्भ में रैडिकल शब्द को 'उग्र' के अर्थ में लिया जाना मुझे परेशान किये हुए था। उन्होंने बताया मार्क्स 'रैडिकल' शब्द का प्रयोग 'मूलगामी' के अर्थ में करते हैं।

वाजिब तथ्यों के साथ किसी को भी चुनौती दे देने का साहस उन्होंने ही दिया था। अपने एम.फिल. के लघु शोध-प्रबन्ध में 'पूर्णप्रकाश-चन्द्रप्रभा' प्रसंग में हमने रामविलास शर्मा की स्थापना को ग़लत ठहराया था। पिद्दी न पिद्दी के शोरबे हम, पर सर ने यही कहा, जो तथ्य है तुम वही रखो। एक बार फिर कुछ ऐसा ही प्रसंग आ अटका। ख़ुद पर भरोसा नहीं था। लगा वे एक बार देख लें, हम किसी जल्दबाज़ी में ग़लत निष्कर्ष पर तो नहीं पहुँचे हैं। यदि वे दिल्ली में हैं, उन्होंने कभी भी कुछ पढ़ने और अपनी राय देने के लिए मुझे समय का अभाव नहीं बताया।

कहने को बहुत कुछ है, स्मृतियों की रील चलती ही चली जाती है। उनके मेरे जैसे विद्यार्थी देश-विदेश में हैं। सबके पास उनसे जुड़ी स्मृतियों की पूँजी है।

सीवान की कविता और मैनेजर पाण्डेय

सीवान जैसे छोटे शहर से सन् 1992 के आसपास एक साहित्यिक पत्रिका निकलती थी जिसका नाम 'अद्यतन' था। शुरू में यह कविताओं पर केन्द्रित दो-चार पन्नों की एक बुलेटिन भर थी जिसनें बाद में बाक़ायदा एक पत्रिका का रूप ले लिया। इसके छह स्थायी सदस्यों में से एक मैं भी था। नियम से महीने में एकबार किसी-न-किसी के यहाँ गोष्ठी होती और साल में एक-दो अंक भी प्रकाशित हो जाते। इसी क्रम में एक दिन हम लोगों में सबसे उम्रदराज़ और गुरु सरीखे बालेश्वर सिंह ने हमें बताया कि मैनेजर पाण्डेय जी 'अद्यतन' की गोष्ठी में आने वाले हैं और यह एक बहुत बड़ी बात है कि एक इतना बड़ा आलोचक हम जैसे नये लोगों के बीच आ रहे हैं।

तब बालेश्वर सर हमारे बीच सत्तर साल के होकर भी सबसे अधिक ऊर्जावान दीखते थे और हम मज़ाक़-मज़ाक़ में उन्हें युवा-बुज़ुर्ग भी कहा करते थे। 'अद्यतन' पत्रिका एक तरह से उन्हीं की देन थी। यह मैं इसलिए कह रहा हूँ कि उनके बीमार होते ही, इसकी गति भी थम गयी और उनके जाते ही, यह भी चली गयी। मैनेजर पाण्डेय जी के साथ गोष्ठी की वो शाम हम सभी के लिए एक बहुत ही यादगार शाम

बनकर रह गयी। विषय ठीक से याद तो नहीं आ रहा लेकिन वह शायद समकालीन कविता पर ही केन्द्रित था। मैं पूरा समय मंत्रमुग्ध भाव से उन्हें सुनता-गुनता रहा। उनकी कही हुई कुछ पंक्तियाँ कानों में अब भी गूँजती हैं—

"जो कविता कालजीवी होती है वही कालजयी भी होती है।"

"कविता मनुष्यता की मातृभाषा है।"

जब तक बालेश्वर सर स्वस्थ रहे, हमें पाण्डेय जी का सान्निध्य समय-समय पर मिलता रहा। वह जब भी दिल्ली से अपने गाँव–लोहटी आते, जो सीवान से महज़ कुछ किलोमीटर के फ़ासले पर ही है, लौटते वक़्त हमारे बीच भी होते। यह पाण्डेय जी की सहृदयता और शख़्सियत का जादू था जो उन दिनों हम पर सर चढ़कर बोल रहा था। मुझे याद है, गर्मियों के दिन थे, लू चल रही थी और हम लोग पाण्डेय जी को लेने स्टेशन गये थे। गोष्ठी शाम को होनी थी लेकिन मैं दो घण्टे पहले से हाज़िर था। लू की परवाह न करते हुए इतनी सारी दौड़-धूप। मुझ पर उन दिनों एक अजीब नशा था, अब सोचकर हैरत होती है। शाम की गोष्ठी में हाशिये की कविता की सृजनात्मकता, सीमा और उसकी सम्भावनाओं के सन्दर्भ में उसके विभिन्न आयामों और प्रवृत्तियों पर विशद चर्चा करते हुए पाण्डेय जी ने सीवान के कवियों पर केन्द्रित एक संग्रह के प्रकाशन की बात रख दी।

अब अन्धे को क्या चाहिए दो आँखें, हमारे लिए यह बहुत बड़ी बात थी। और इसके कुछ महीनों बाद ही किताबघर से पाण्डेय जी के सम्पादन में उनकी एक लम्बी भूमिका के साथ यह काव्य संग्रह–'सीवान की कविता', शीर्षक से छपकर हमारे बीच आ गयी। इस संग्रह में शामिल होने वाले छह कवि वही थे जो 'अद्यतन' के थे, यथा–बालेश्वर सिंह, ब्रजनन्दन किशोर, तैयब हुसैन, सत्य प्रकाश, मनोज कुमार वर्मा और मैं। उन दिनों की पत्र-पत्रिकाओं में इस किताब की ख़ासी चर्चा और समीक्षा भी हुई। लेकिन अब इसकी कहीं कोई चर्चा नहीं होती, कारण चाहे जो रहे हों। इन कविताओं की तरह आज के इस दौर में जब कला और साहित्य की सारी विधाएँ भी हाशिये पर धकेली जा रही हों, तो फिर किससे फ़रियाद और शिकवा-शिकायत। इसकी कुछ धमक उनकी लिखी भूमिका में भी सुनाई पड़ती है। यह भी हमारा सौभाग्य ही था कि 'सीवान की कविता' का लोकार्पण पाण्डेय जी की उपस्थिति में हिन्दी के मूर्धन्य कवि केदारनाथ सिंह के हाथों हुआ। यह 1997 के आसपास की बात है।

उनकी कही दो बातें मुझे अब भी याद हैं कि "अच्छी कविताएँ अपने को

बार-बार पढ़े जाने की माँग करती हैं और दूसरी यह कि पूरी दुनिया के साहित्य में अपनी जड़ों की तरफ़ वापसी हो रही है; साहित्य अपनी मातृभाषा में लिखा जा रहा है।" उनका संकेत भोजपुरी की तरफ़ था।

इस किताब और पत्रिका की वजह से साहित्यिक हलक़े में हमारी कुछ पहचान भी बनी। इन गोष्ठियों का मुसलसल सिलसिला 2003 तक कभी तेज़ और कभी मंथर गति से चलता रहा। आज पाण्डेय जी उम्र के अस्सीवें वर्ष में हैं, उन दिनों लगभग पचपन-साठ के बीच रहे होंगे। मैं बैंक की नौकरी करते हुए 2004 में प्रोमोशन के बाद सीवान और साहित्य दोनों से कट गया। 2010 में बालेश्वर सर भी नहीं रहे। बीच-बीच में उनके अस्वस्थ होने की ख़बरें भी आती रहीं लेकिन मेरा दुर्भाग्य कि सीवान छोड़ने के बाद फिर उनसे कभी मिल नहीं पाया। एक मुद्दत से पाण्डेय सर से भी मुलाक़ात नहीं है, उनको कभी-कभार फ़ेसबुक पर किसी विषय पर बोलते देख-सुन लेता हूँ।

मैनेजर पाण्डेय का जे.एन.यू.

परितोष मणि और अमरेन्द्र नाथ त्रिपाठी

परितोष मणि

प्रोफ़ेसर मैनेजर पाण्डेय जितने बड़े और सुलझे हुए आलोचक हैं, उतने ही अच्छे अध्यापक भी। वास्तव में अच्छे शिक्षक का सबसे बड़ा गुण सिर्फ़ यही नहीं होता है कि वह छात्रों में बेहतर तरीक़े से अपने ज्ञान को बाँटे, बल्कि यह भी होता है कि विद्यार्थी की व्यक्तिगत समस्या को समझे, और किसी अभिभावक की तरह से उसका मार्गदर्शन भी करे, और ऐसे संस्थान में तो यह अधिक ज़रूरी है जहाँ अधिक आज़ादी हो। और सुदूर गाँव या क़स्बों से इतने बड़े महानगर में पहुँचे छात्रों के लिए अक्सर ऐसी आज़ादी के दूसरे मतलब भी हो जाते हों।

पाण्डेय जी ऐसे ही शिक्षक थे, अकेले जितने छात्र पाण्डेय जी से प्रभावित थे और जुड़े थे, उतने शायद किसी भी अध्यापक से नहीं क्योंकि पाण्डेय जी जैसा सहज और सरल संस्थान में बहुत कम थे। यूँ तो जे.एन.यू. के भारतीय भाषा केन्द्र में अनेक ख्यातिप्राप्त दिग्गज थे और सिर्फ़ संस्थान में ही नहीं, पूरे देश में हिन्दी-उर्दू के प्रखर चिन्तन और रचनात्मकता में जिनका विशिष्ट स्थान था, चाहे केदार जी हों, अग्रवाल जी या तलवार जी, सबकी अपनी विशिष्टता थी, लेकिन पाण्डेय जी और अग्रवाल जी ही ऐसे थे जो छात्रों से उनके संवेदना के स्तर पर गहरे से जुड़े थे, मैं ही नहीं वह हर छात्र जो केन्द्र में था, वह इस बात की तस्दीक़ करेगा। पाण्डेय जी ऐसे शिक्षक के रूप में मशहूर थे जिनके घर कोई भी छात्र अपनी कोई भी व्यक्तिगत समस्या लेकर जा सकता था (अगर वह किसी लेख को पूरा करने में व्यस्त न हों तो) और पाण्डेय जी बड़े आलोचक का चोगा उतारकर अभिभावक के रूप में उपस्थित हो जाते थे। ऐसे अनेक मित्र हैं जिनके प्रेम-सम्बन्धों के पुष्पन-पल्लवन

में या सम्बन्धों के बीच आ गयी दरार को पाटने में पाण्डेय जी को अक्सर पंच की भूमिका में भी केन्द्र ने देखा है।

ज.ने.वि. का भारतीय भाषा केन्द्र अपने अध्यापकों और छात्रों के प्रखर बौद्धिक चिन्तन और तार्किक विमर्शो के लिए जाना जाता था, यही इसका गुण था और देश के दूसरे हिन्दी विभाग इसके इसी गुण को नकारात्मक तरीक़े से प्रचारित करने में तत्पर रहते थे। वास्तव में नामवर जी के प्रयासों से यहाँ ऐसी शिक्षण-प्रविधि विकसित हुई थी जो तोता-रटन्त की परम्परागत तरीक़े से बिल्कुल अलग नये तरीक़े से छात्रों को विषय का ज्ञान, और उन्हें सोचने-समझने की नयी दृष्टि देती थी। वैसे तो ज.ने.वि. अपने आप में अनूठे मॉडल पर निर्मित किया गया था, विभाग से लेकर शिक्षण-शोध प्रविधि और छात्र संघ चुनाव से लेकर परस्पर आत्मीयता तक सब कुछ बिल्कुल अलहदा था, दूसरे विश्वविद्यालयों की तुलना में और कहने की ज़रूरत नहीं कि इन सबकी जड़े मार्क्सवादी वैचारिकता में रची-बसी थी, वैचारिकता यहाँ की साँस थी, यहाँ के पेडों, वनस्पतियों, पठारो में उसी की ख़ुशबू थी, उसी के रंग थे।

भारतीय भाषा केन्द्र के ज़्यादातर शिक्षक और छात्र इसी मार्क्सवादी विचारधारा की बुनियाद से खड़े होकर साहित्य और समाज को देखते थे, समझते थे और लिखते थे। पाण्डेय जी स्वयं मार्क्सवादी विचारधारा के थे और हैं, और बरसों से जन संस्कृति मंच (जसम) के राष्ट्रीय अध्यक्ष हैं, लेकिन वह उन छात्रों से बहुत ही चिढ़े रहते थे जो कॉपी-बुक तरीक़े से मार्क्सवाद को जीते थे और उसी को अन्तिम मानते थे। पाण्डेय जी का साफ़ मानना था कि भारत का सामाजिक और सांस्कृतिक परिवेश रूस और चीन जैसा बिल्कुल नहीं है, इसीलिए यहाँ आयातित मार्क्सवाद बिल्कुल नहीं चल सकता, यहाँ का परिदृश्य मार्क्स को नहीं मरकस बाबा को अधिक समझेगा, पाण्डेय जी की बात बिल्कुल सही थी, आज हिन्दी पट्टी में मार्क्सवाद की क्या दशा-दिशा है, यह कोई छुपी हुई बात नहीं है। पाण्डेय जी साहित्य में भी कोरी वैचारिकता के पक्षधर कभी नहीं रहे, उनके लिए कलात्मकता भी उतनी ही ज़रूरी थी, पाण्डेय जी के पसन्द के कवियों में कई ऐसे कवि हैं जो वामपन्थी विचारधारा के नहीं हैं।

वास्तव में किसी भी विचारधारा को ठीक से समझकर अपना रास्ता बनाने वाला लेखक कभी भी संकीर्ण नहीं हो सकता, संकीर्ण तो अधकचरे वैचारिक ज्ञान वाले होते हैं, जिनके लिए विचारधारा न तो जीने का आधार होती और न ही समाज और साहित्य को समझने का माध्यम। ऐसे लोग वैचारिकता को फ़ैशन में दुशाले कि

तरह ओढ़े रहने वाले लोग हैं, इनके लिए नारे कविता है और चीख-पुकार कहानी या उपन्यास। हिन्दी में आजकल यह प्रवृत्ति बहुत ही बढ़ रही है। लोगो ने तो बाक़ायदा पत्रिकाएँ तक निकालकर अन्य विचारधारा के लेखकों के प्रति निन्दा-अभियान चला रखा है, बिना यह सोचे कि जिस लेखक के बारे में अनर्गल प्रलाप का प्रायोजित कार्यक्रम चलाया जा रहा है, वह कितना बड़ा लेखक है और साहित्य में उसका कितना योगदान है? बहरहाल...

पाण्डेय जी के व्यंगात्मक कटूक्तियों और हाज़िरजवाबी का भी सेंटर में कोई सानी नहीं था। बल्कि यह कहा जाये कि पाण्डेय जी से सबसे अधिक लगाव होने के बावजूद विद्यार्थी सबसे अधिक डरते और घबराते भी उन्हीं से थे, तो ग़लत नहीं होगा, किसी को पता नहीं कब सर सार्वजनिक रूप से लताड़ लगा दें या व्यंग्य के तीर छोड़ दें...पाण्डेय जी जब अपनी खिंची और ऐंठी वाणी (उनके चेहरे पर कभी लकवे का आक्रमण हुआ था जिससे होंठ थोड़े तिरछे हो गये और आवाज़ थोड़ी खिंची-सी निकलती है) कोई टिप्पणी करते थे तो समाँ बाँध देते थे, मुझे याद है। कुछ छात्र अपने को बहुत ज्ञानी और मूर्धन्य समझते थे और बड़े-से-बड़े लेखक पर उपहासात्मक टिप्पणी कर देते थे, पाण्डेय जी की ऐसे लोगो के लिए सूक्ति थी, "हाँ ! यहाँ कुछ छात्र ससुर अपने को रामचन्द्र शुक्ल से कम मानने को तैयार नहीं हैं, दुनिया उन्हें चाहे कुछ भी न माने।" एक बार का और वाक़या है : नन्द किशोर नवल की एक भारी भरकम पुस्तक कवि मुक्तिबोध के ऊपर आयी थी, सेंटर में पाण्डेय जी से हम छात्रों ने कुछ टिप्पणी चाही। सर ने अपने अन्दाज़ में कहा, "हाँ, नवल जी ने इतनी मोटी पुस्तक में यही साबित करने का प्रयास किया है कि मुक्तिबोध कवि थे और मार्क्सवादी कवि थे, और अब कुछ लोग इस पर भी किताब लिखेंगे कि मुक्तिबोध आदमी भी थे।"

एक और मज़ेदार कथा हुई थी, पाण्डेय जी के एक शोधार्थी आलोचक बनने को लालायित थे, उन्होंने 'साहित्य और बाज़ार' विषय पर एक आलेख लिखा और मध्य प्रदेश से निकलने वाली पत्रिका में छपने को भेज दिया, लेख छप भी गया। अब उन्हीं महाशय के एक अन्य साथी जिनसे उनका पुराना विवाद था, ने पाण्डेय जी के इसी विषय पर छपे एक लेख और और अन्य कुछ लेखकों की इसी से सम्बन्धित लेखो के आधार पर यह सिद्ध कर दिया कि सारा लेख कट-पेस्ट के करामाती फ़ॉर्मेट से रचा गया है, पाण्डेय जी तक बात पहुँची तो उन्होंने पहले तो शिष्य को काफ़ी हड़काया और जाते-जाते बोले, "हाँ, शुक्र है आपने मेरे लेख का

ही इस्तेमाल किया, मुझे तो डर है कि आपकी प्रतिभा ऐसे ही रही तो कुछ दिन बाद 'साहित्य और समाजशास्त्र' (पाण्डेय जी की पुस्तक)आपके नाम से दोबारा ना छप जाये।"

पाण्डेय जी जितने अनुशासित अध्यापक थे उतने ही व्यवस्थित आलोचक, इस बात का सबसे बड़ा प्रमाण उनकी पुस्तकों के फुटनोट और उद्धरण को देखकर लगाया जा सकता है, जो गवाह होते हैं कि उस लेख या पुस्तक के पीछे कितना श्रम किया गया है, हालाँकि कई बार यह उनके लिए आलोचना का कारण भी बन जाता, लेकिन बिना आधार के कोई बात कहना या लिखना उन्हें स्वीकार्य नहीं था, और दूसरी बात यह भी थी कि पाण्डेय जी की अधिकांश कृतियाँ सैद्धान्तिक आलोचना के घेरे में मानी जाती हैं, जो बिना उद्दरण के मुमकिन नहीं होती हैं, यह एक मजबूरी भी थी। पाण्डेय जी कहीं बोलने भी जाते थे तो पूरी तैयारी के साथ, सम्बन्धित विषय से जुड़ी हर छोटी-से-छोटी सूचना उनके पास तैयार रहती थी, उनका होम वर्क परीक्षा देने जा रहे किसी भी छात्र को मात कर सकता था। मुझे अच्छी तरह से याद है पाण्डेय जी से अधिक सेंटर का कोई शिक्षक पुस्तकालय के जर्नल अनुभाग में नहीं दिखता था। मुझे आज भी लगता है कि सेंटर में ऐसा कोई नहीं था जो पाण्डेय जी और अग्रवाल जी से अधिक छात्रों को विदेशी साहित्य की नयी सूचनाएं और प्रकाशित पुस्तकों के बारे में बताता था और पढ़ने को प्रोत्साहित ही नहीं मजबूर भी करता।

पाण्डेय जी के व्यक्तिगत जीवन में बहुत-सी उलझने थीं, खासकर जब उनके अकेले पुत्र आनन्द असमय ही काल-कवलित हो गये। किसी भी पिता के लिए इससे यन्त्रणादायक कोई भी बात नहीं हो सकती। कोई अन्य होता तो टूट कर बिखर जाता, लेकिन पाण्डेय जी ने अपनी जिजीविषा के दम पर इस संकट से भी बाहर निकलकर अपने लेखन की ऊष्मा को बचाये रखा। संकट के बावजूद जीवन और लेखन चलता रहा, चलता रहेगा यूँ ही अनवरत।

अमरेन्द्र नाथ त्रिपाठी

मैं जे.एन.यू. में 2003 में आया। यही वर्ष है मैनेजर पाण्डेय जी से मेरे परिचित होने का। इसके पहले मैं सिर्फ़ नाम जानने के तौर पर नामवर जी को ही जानता था और इस भ्रम के साथ कि नामवर जी अभी भी जे.एन.यू. में पढ़ाते हैं। फ़ैज़ाबाद ज़िले के एक छोटे-से गाँव और उससे सटे हुए डिग्री कॉलेज से होते हुए आया हूँ, इसलिए

उस समय के अपने अज्ञान पर आश्चर्य भी नहीं है। फ़िलहाल, पहला मौक़ा था सीनियर बन्धुओं द्वारा दिये जाने वाले 'फ्रेसर वेलकम 2003' का, जहाँ पहली बार यह देखकर जानना हुआ कि 'वे सर जी पाण्डेय जी हैं'!

जब आया था यहाँ तो पाण्डेय जी, पुरुषोत्तम अग्रवाल जी और वीर भारत तलवार जी अपनी ख़ासियतों के साथ त्रिदेव की स्थिति में प्रतिष्ठित थे। (यहाँ देव शब्द को पूजाग्रासी अर्थ में न समझा जाये) हमें गर्व है कि इन हस्तियों से मैंने ज्ञान पाया है। पहले सेमेस्टर में ही अग्रवाल जी और तलवार जी से पढ़ना हुआ। वे दिन थे ग़ज़ब के, चन्दबरदाई-कबीर-जायसी एक छोर पर तो दूसरे छोर पर भाषा-विज्ञान से लेकर उर्दू-हिन्दी विवाद जैसे नये विषय! एक नयी-सी दुनिया में बाल-बुद्धि थोर थी और सहेजने-समेटने के लिए ढेर मिल रहा था! पर लेट-लतीफ़ सब सम्पन्न हो जाता था! इसी सेमेस्टर में हम सब लालायित थे पाण्डेय जी से पढ़ने के लिए। पाण्डेय जी ने अपनी इजाज़त दी कि वे सूरदास पर हमें कुछ क्लासें पढ़ायेंगे। अब तक पाण्डेय जी के सूरदास पर व्यक्त किये गये उद्गार को हमने उनकी पुस्तक 'भक्ति आन्दोलन और सूरदास का काव्य' में ही पढ़ा था। विचारों का प्रभाव था, और एक रोमांच था पाण्डेय जी के मुख से ही इन उद्गारों को सुनने-समझने का! इस क्लास में शायद ही कोई गैर-हाज़िर रहा हो, हम सब अपलक सुनते रहे! मैंने महसूस किया कि पुस्तक में निहित ज्ञान को पढ़कर जानना और उसे उसी लेखक के मुख से आमने-सामने सुनने-समझने में कुछ वैसा ही अन्तर है जैसे किसी गायक को किसी 'माध्यम' की सीमा के साथ सुनना और उसे 'लाइव' सुनना। काफ़ी अन्तर हो जाता है। संगीत की तरह ज्ञान में भी कहाँ यति और कहाँ गति होगी, यह हम आमने-सामने होने पर ज़्यादा समझ पाते हैं। ज़्यादा पाने और ज़्यादा समझ पाने का यह अनुभव सूरदास विषय पर पाण्डेय जी द्वारा मिला, जो अद्यापि हमारी विचार-सरणि में मौजूद है, हमारे सोच को यथेष्ट नियमित-निर्देषित करता हुआ। 'हरि हैं राजनीति पढ़ि आये' तो बहुत बार पढ़ा था, पर 'राजनीति' पर एक यति चाहिए और मध्यकालीन भक्त-कवियों में एक ख़ास प्रेक्षण इस शब्दार्थ को लेकर, पुनः उस समय के एक सामाजिक सत्य का निचोड़ ले आने के लिहाज़ से एक अपेक्षित गति; यह सब बूझना गुरु-सान्निध्य में सहज था।

एम.ए. चौथे सेमेस्टर में एक कोर्स था 'साहित्य और विचारधारा'। इस कोर्स को हम लोगों ने पाण्डेय जी से ही पढ़ा। क्लास कब बीत जाता था, पता ही नहीं चलता था। एक जटिल कोर्स को इतना सहज बनाकर समझा देना, यह पाण्डेय जी

की अद्वितीयता है। टेरी ईगलटन की 'आयडियोलाजी' हमें विषय को बोधगम्य नहीं बना पाती, पाण्डेय जी के अध्यापन की ठेठ शैली कठिन और अपरिचित से विषयों के लिए भी एक आत्मीय प्रस्थान को निमन्त्रित करती थी। यह ठेठ का ही ठाठ था कि आज भी सन्दर्भ याद आते रहते हैं। बाज़ारवाद के बर्बर उपभोगवादी मनोवृत्ति को समझाने के लिए सर जी ने ठेठ पर्याय बताया–'भकोसवाद'। यह 'भकोसना' अवधी-भोजपुरी इलाक़े का बेहद चर्चित शब्द है, और उपभोगवादी मनोवृत्ति के विवेकहीन पेटभराव के लिए सम्यक् शब्द है यह। देशज को समय और सन्दर्भ के अनुसार ले आना पाण्डेय जी की ऐसी विशेषता है जो मैंने अभी तक किसी अन्य हिन्दी के अध्यापक में नहीं पायी। अगर हिन्दी अपनी अ-लौकिक चाल में न चलती तो शब्दों के अपरिचय और अरुचि-पूर्णता से ग्रस्त न होती। पर लोकपक्ष की अनदेखी सतत हुई। आचार्य हजारीप्रसाद जी ने 'शॉर्टकट' के लोकसुलभ भोजपुरी पर्याय 'अवगाह' को प्रस्तावित किया था पर ऐसी बातें अनदेखी की शिकार हुईं। आज भी हिन्दी का यही चरित्र है। पाण्डेय जी ने बताया था कि यह भी एक विचारधारा है–संस्कृत साहित्य के सन्दर्भ में–जो ग्राम्यता को दोष मानती है। इस विचार से कहूँ तो जो संस्कृत का 'नागर' था, वही आज बढ़-चढ़कर हिन्दी का 'मेट्रोपोलिटन' हो गया है।

पाण्डेय जी की क्लास में कभी उचाट नहीं होता था, समय फुर्र से उड़ जाता था जैसे! बीच-बीच में हास्य के पुट भी सहज आते थे, सायास नहीं। गुरुवर का ह्यूमर असाधारण है। टी.वी. वग़ैरह की विज्ञापन संस्कृति पर सर जी के कमेंट्स ऐसे थे कि जैसे किसी चीज़ को तार-तार करके दिखा भी दिया जाये और उसे फूँक भी दिया जाये। क्रोध के साथ निकले हुए तंज एक बेचैनी भी लिये रहते थे। यह वही दौर था जब अमेरिका के राष्ट्रपति बुश दुनिया में लोकतन्त्र फैलाने का ठेका ले लिये थे! दूसरी-तीसरी क्लास में 'बदमाश बुश' का सन्दर्भ आ ही जाता था। ऐसे मौक़ों पर हमारे क्लास के मित्र अमेरिकावासी टाइलर सर गड़ा लेते थे कभी-कभी। पाण्डेय जी के सुभाव में खरापन है, इसे भी लोकसुलभ कहूँगा, जिसकी वजह से हम मित्रों को खरी फटकार मिल भी जाती थी। जैसे एक मित्र को हम सब आज भी उसी समय को याद कर कहते हैं, वही बात, "चार किताब का पढ़ लिये हैं, शुक्ल-द्विवेदी को ठेंगे पर लिये फिरने लगते हैं, चले हैं 'फ्रेम' में 'फ़िट' करने!" एम.फिल. में हम लोगों ने पाण्डेय जी से 'साहित्य का समाजशास्त्र' पढ़ा। यह पाण्डेय जी का प्रिय क्षेत्र है। सर जी ने पुस्तक भी लिखी है, 'साहित्य के समाजशास्त्र की भूमिका'। क्लास में

साहित्य और समाजशास्त्र के बीच के विविध-स्तरीय सम्बन्धों को जानना आज भी एक उपलब्धि है। हिन्दी में 'लोकप्रिय साहित्य' (जो असाहित्यिक मानकर किनरिया दिया जाता है) की चर्चा का श्रेय सर जी को ही जाता है, जो साहित्य और समाज के रिश्ते को जानने की आवश्यक कड़ी है!

मैं लोकभाषा-प्रेमी हूँ। पाण्डेय जी को मैं इसलिए भी पसन्द करता हूँ कि उन्हें अपनी लोकभाषा–मादरी ज़ुबान–भोजपुरी से प्रगाढ़ प्रेम है। यह उनके व्यक्तित्व की शक्ति है, जीवन में सँचरी हुई है। उनकी ठेठ-दीठ जो उन्हें विलक्षण बनाती है, उसका ताल्लुक़ उनके भोजपुरी प्रेम से अवश्य है। पाण्डेय जी मानते हैं कि कबीर की मादरी ज़ुबान भोजपुरी है। भोजपुरी आगे बढ़े, यह पाण्डेय जी का स्वप्न है। कुछ वर्ष पूर्व जे.एन.यू. में भोजपुरी के महान साहित्यकार भिखारी ठाकुर पर एक भोजपुरी सम्मेलन हुआ था, उसमें पाण्डेय जी की उत्साहवर्धक बातें लोकभाषा के लिए सुकर्मदीक्षा से कम नहीं थीं! पाण्डेय जी ने भोजपुरी की एक द्विभाषिक (हिन्दी व भोजपुरी) पत्रिका के निकाले जाने की ज़रूरत को लोगों के सामने रखा। इसके लिए वहीं पर सर जी ने अपनी तरफ़ से वहीं 25 हजार देने की घोषणा भी की। पत्रिका तो फ़िलहाल अभी तक नहीं आयी, पर इन सबसे उनके हृदय में भोजपुरी के प्रति उमड़े प्रेम का दर्शन होता है। यह लोकभाषा प्रेम प्रणम्य है।

हम जो कुछ व्यक्ति-परिवेश से सीखे होते हैं, वह हमारी अभिव्यक्ति में अक्सर आता रहता है। पाण्डेय जी ने हमें ज्ञानराशि से समृद्ध किया है, ये हमारी अभिव्यक्ति और चिन्तन के अनिवार्य घटक से हैं, और हमेशा रहेंगे।

संवाद

मैनेजर पाण्डेय से अरुण देव की बातचीत

प्रश्न : हिन्दी आलोचना पर बातचीत की शुरुआत आचार्य रामचन्द्र शुक्ल से की जानी चाहिए। आख़िर ऐसा क्या है उनमें कि वह आज भी आवश्यक बने हुए हैं।

उत्तर : आचार्य शुक्ल ने हिन्दी आलोचना को अपने समय की, दुनिया की आलोचना के समकक्ष खड़ा किया। उनका अंग्रेज़ी आलोचना से एक ओर तो दूसरी ओर संस्कृत काव्यशास्त्र से गहरा नाता था। इसमें ख़ास बात यह है कि वह न तो संस्कृत काव्यशास्त्र के किसी सिद्धान्त से और न तो अंग्रेज़ी के किसी आलोचक से अभिभूत थे। वह दोनों परम्पराओं के विचारों को अपने समय और समाज की कसौटी पर कसकर, जिसे हिन्दी और हिन्दुस्तान के लिए उपयोगी समझते थे, उसे ही स्वीकार करते थे।

उनकी आलोचना की प्रक्रिया के भीतर दो तरह की स्थितियाँ दिखाई देंगी। कई बार जो सैद्धान्तिक ढाँचा आचार्य शुक्ल निर्मित करते हैं, उसको रचनाओं के विश्लेषण के समय छोड़ देते हैं। भक्तिकाल की आलोचना के सन्दर्भ में इसे देखा जा सकता है। विशेष रूप से सूरदास के प्रसंग में याद दिलाना चाहूँगा–कि उन्होंने सूरदास को अपने में सिमटे, अपनी मानसिकता में खोये कवि के रूप में स्थापित किया है। उनके अनुसार, सूर का समय और समाज प्रत्यक्ष वर्णन के रूप में उनके काव्य में प्रस्तुत नहीं है लेकिन अप्रस्तुत विधान के रूप में उन्होंने इस कमी को पूरा किया है। शुक्ल जी के इस बात के विश्लेषण के क्रम में मैंने सूर की काव्य-भाषा पर काम करते हुए किसान जीवन की छवियों, अनुभवों और समस्याओं की उपस्थिति की चर्चा की है।

आचार्य शुक्ल गहरे स्तर पर स्वाधीनता आन्दोलन से जुड़े हुए आलोचक हैं। इसके दोनों पक्ष उनके यहाँ दिखाई देते हैं–एक अतिवाद यह है कि वह जिन चीज़ों

को पसन्द नहीं करते, उसको पराया या विदेशी कहकर ख़ारिज़ करते हैं पर साथ ही दूसरी कई विदेशी और पराई चीज़ों को हिन्दी के लिए उपयोगी समझकर उनका स्वागत और उपयोग करते हैं। आचार्य शुक्ल कुल मिलाकर रीतिकाल और रीति कविता के विरोधी हैं। इसके बावजूद उन्होंने इस सम्बन्ध में कुछ बातें ऐसी खोजीं, जो आगे चलकर बाद की हिन्दी आलोचना के लिए दिशा-निर्देशक बनीं। रीतिकाल के भीतर उनको घनानन्द लगभग आधुनिक कवि की तरह से सहज, स्वच्छन्द और अनुभूति प्रवण कवि के रूप में मिले। उन्होंने अपने एक लेख में घनानन्द की काव्य-भाषा की तुलना छायावादी कवियों की काव्य-भाषा से की है। इस प्रसंग में एक बात और ध्यान में रखने की है कि रीतिकाल के बड़े कवियों की काव्य-भाषा की उन्होंने जिस तरह से गहरी, सटीक और सधी हुई व्याख्या की है, वह अलग से सीखने लायक़ है। रीतिकाल के कवियों के सामाजिक दृष्टिकोण को वह बहुत पसन्द नहीं करते हैं, लेकिन उनकी भाषिक संरचना की गुणवत्ता को वह देखते हैं।

आधुनिक काल में भी आचार्य शुक्ल आमतौर से ऐसी कविता, कहानी, उपन्यास, नाटक आदि को महत्त्व देते थे जिनका सम्बन्ध कम-से-कम दो चीज़ों से दिखाई दे। एक तो अपने समय के भारतीय समाज से, उसकी वास्तविकता से, उसकी समस्याओं से या किसी-न-किसी स्तर पर स्वाधीनता आन्दोलन से। आचार्य शुक्ल ऐसे अकेले आलोचक हैं जिन्हें मैं पूर्ण आलोचक समझता हूँ। आलोचना के लिए आवश्यक सभी चीज़ें उनके यहाँ मिलती हैं। सैद्धान्तिक ढाँचे का निर्माण मतलब हिन्दी का अपना साहित्यशास्त्र निर्मित करना, जो न केवल संस्कृत के काव्य शास्त्र पर निर्भर हो और न केवल पश्चिम के आलोचनाशास्त्र पर आधारित हो। तथा इस सैद्धान्तिक ढाँचे के अन्तर्गत रचनाकारों की रचनाशीलता की व्यावहारिक व्याख्या और मूल्यांकन का कार्य जो विशेष रूप से उन्होंने भक्तिकाल के कवियों के सन्दर्भ में किया है। 'हिन्दी साहित्य का इतिहास' के माध्यम से उन्होंने इतिहास-दृष्टि का निर्माण किया है।

प्रश्न : आचार्य हजारीप्रसाद द्विवेदी रचनाकार के साथ-साथ आलोचक भी हैं। उनकी आलोचना दृष्टि को आलोचक शुक्ल का पूरक क्यों न माना जाये?

उत्तर : हिन्दी आलोचना को समग्रता में देखें तो द्विवेदी जी आचार्य शुक्ल के पूरक के रूप में ही सामने आते हैं। इस पूरक शब्द की थोड़ी व्याख्या ज़रूरी है। पूरक कहने से लोग मन में छोटा होने का बोध पाल लेते हैं। पूरक का मतलब होता है

मूल में जो न हो उसको जो पूरा करे। वही पूरक होता है। पूरक कहने से आचार्य हजारीप्रसाद द्विवेदी का महत्त्व कम नहीं हो जाता। कुछ लोगों ने आचार्य द्विवेदी को आचार्य शुक्ल के विरोध में खड़ा करने की कोशिश की है। जब आचार्य द्विवेदी ने आलोचना लिखने की शुरुआत की, उस समय तक आचार्य शुक्ल अपनी आलोचना लिख चुके थे।

आचार्य द्विवेदी की जो सबसे महत्त्वपूर्ण आलोचना-पुस्तक है, वह है–'हिन्दी साहित्य की भूमिका'। इसे लिखते समय आचार्य द्विवेदी के सामने आचार्य शुक्ल आदि से अन्त तक खड़े हैं। इसमें वह यह प्रयत्न करते हैं कि आचार्य शुक्ल ने जो छोड़ दिया है, जो अपने इतिहास में नहीं किया है, जिन पक्षों की उपेक्षा की है, उन सबको समेटकर हिन्दी साहित्य के इतिहास सम्बन्धी दृष्टिकोण का निर्माण करें और इतिहास-लेखन का भी कार्य करें। इस दृष्टि से भी वह पूरक ही हैं।

उनकी एक प्रारम्भिक किताब है 'सूर साहित्य', आचार्य शुक्ल की सूर सम्बन्धी कमियों को पूरा करने का एक प्रयास यहाँ दिखता है। उसमें द्विवेदी जी ने प्रेम स्वाधीनता से जुड़ा हुआ भाव है, यह मूल स्थापना की है। आचार्य शुक्ल का यहाँ एक नैतिक आग्रह है जो एक सीमा के बाद इस स्वाधीनता को पसन्द नहीं करता है। 'भ्रमरगीत सार' की भूमिका में आचार्य शुक्ल ने लिखा है कि सूर की गोपियाँ शेली के पक्षियों की तरह स्वतन्त्र हैं। गोपियों की ऐसी स्वतन्त्रता आचार्य शुक्ल को बहुत पसन्द नहीं थी। आचार्य द्विवेदी ने इस स्वतन्त्रता के महत्त्व को पहचाना, उसकी व्याख्या की। यह उनकी नवीन दृष्टि भी है और स्थापना भी।

आचार्य द्विवेदी की आलोचना की सबसे महत्त्वपूर्ण किताब कबीर पर है। शुक्ल जी की आलोचना दृष्टि के केन्द्र में तुलसीदास हैं, इसलिए जब तुलसीदास ही कबीरदास को पसन्द नहीं करते तो जो तुलसीदास के व्याख्याकार हैं, उन्हें कबीरदास क्योंकर पसन्द आते। इसलिए कबीर पर कुछ महत्त्वपूर्ण बातें कहने के बावजूद कबीर की जो महत्ता है, उसे उन्होंने कभी ठीक से स्वीकार नहीं किया, और अनके प्रसंगों में उनकी आलोचना भी की है। यह सब आचार्य द्विवेदी के सामने था, इसलिए इसके ठीक विपरीत कबीर की कविता की गहरी और व्यापक सामाजिकता की पहचान करते हुए, कबीर की एक सामाजिक क्रान्तिकारी की छवि बनायी आचार्य द्विवेदी ने। जो उनकी एक उपलब्धि भी है और आचार्य शुक्ल से छूट गये एक काम को पूरा करने का प्रयास भी है।

आचार्य द्विवेदी एक बड़े रचनाकार भी हैं, बड़े उपन्यासकार और निबन्धकार भी। यह जो रचनाशीलता है, वह आचार्य द्विवेदी की आलोचना में भी है। वह भाषा

के स्तर पर है और सोच के स्तर पर भी है। रचनाकार तो शुक्ल जी भी हैं पर द्विवेदी जी के स्तर के रचनाकार वह नहीं हैं। शुक्ल जी कवि थे पर कवि के रूप में उनकी वह हैसियत नहीं है जो उपन्यासकार के रूप में आचार्य द्विवेदी की है। इन दोनों की रचनाशीलता के स्तर का प्रभाव उनकी आलोचना पर भी दिखता है। इन दोनों के निबन्धों को अगर ध्यान में रखा जाये तो केवल एक बात कहूँगा कि शुक्ल जी के निबन्धों में एक बौद्धिक की सहृदयता दिखाई देती है पर द्विवेदी के निबन्धों में एक सहृदय व्यक्ति की बौद्धिकता दिखाई देती है।

प्रश्न : रामविलास शर्मा ने हिन्दी आलोचना के आधार का विस्तार किया है और उसे एक सुसंगत वैचारिक आधार भी दिया है। यह विस्तार और आधार बहस तलब हैं।

उत्तर : डॉ. रामविलास शर्मा के लेखन और चिन्तन का दायरा बहुत विस्तृत था। उनके लेखन और चिन्तन के दायरे पर सोचें तो वह हिन्दी के एकमात्र लेखक-चिन्तक राहुल सांकृत्यायन से तुलनीय हैं। रामविलास जी भाषा विचारक हैं, वे इतिहास–दर्शन, प्राचीन भारतीय साहित्य और संस्कृति के व्याख्याकार हैं, वे भारतीय समाज और स्वाधीनता आन्दोलन के इतिहासकार भी हैं। जहाँ तक आलोचक रामविलास शर्मा का सवाल है तो उनकी सबसे बड़ी विशेषता यह है कि उन्होंने हिन्दी भाषा को जनतान्त्रिक बनाया। रामविलास जी अंग्रेज़ी के प्रोफ़ेसर थे, विद्वान् थे। यह देखकर आश्चर्य होता है कि उनकी आलोचना भाषा पर अंग्रेज़ी का न कोई दबाव है न कोई आतंक। हिन्दी के अनेक आलोचक हिन्दी में अंग्रेज़ी का ऐसा दुरुपयोग करते हैं कि उनकी आलोचना पाठकों का बोध बढ़ाने की जगह उनका बोझ बढ़ा देती है।

उनकी आलोचना दृष्टि हिन्दी साहित्य में भक्ति आन्दोलन से शुरू होकर प्रगतिशील आन्दोलन तक फैली है। समाजोन्मुख, जनतान्त्रिक, अग्रगामी और संवेदनशील बनाने वाली प्रवृत्तियों की पहचान और मूल्यांकन का कार्य रामविलास जी ने किया है। उन्होंने आचार्य शुक्ल की तरह सीधे हिन्दी साहित्य का इतिहास नहीं लिखा है। यह ज़रूर है कि भारतेन्दु से लेकर प्रगतिशील आन्दोलन तक का इतिहास उनके लेखन में आ गया है।

रामविलास जी छायावाद में निराला को हिन्दी नवजागरण से जोड़कर देखते हैं। उसका जो कुछ भी सार्थक, सकारात्मक और मूल्यवान है, उसकी खोज वह निराला की कविता में करते हैं और उसका विस्तार निराला के गद्य में भी करते हैं।

इस प्रक्रिया में उनकी सीमाएँ भी उजागर होती हैं। पहली सीमा यह है कि कोई भी कवि या लेखक चाहे वह वाल्मीकि हों, कालिदास हों या नागार्जुन हों, वे अपने समय की सीमाओं से घिरे हुए कवि-लेखक होते हैं। इसका मतलब यह है कि बड़े-से-बड़े लेखक का भी सब कुछ हमेशा प्रासंगिक नहीं होता। एक आलोचक को यह फ़र्क़ करना चाहिए कि किस कवि या लेखक का कितना और कब प्रासंगिक है या नहीं है।

रामविलास ने भारतेन्दु से लेकर नागार्जुन तक जो कुछ भी लिखा है या जिस पर आपने विस्तार से काम किया है–महावीर प्रसाद द्विवेदी...उन सबकी बहुत अच्छाइयाँ हैं तो कुछ बुराइयाँ भी। रामविलास जी की सबसे बड़ी समस्या यह है कि वह कभी भी अपने प्रिय लेखकों, आलोचकों और विचारकों की किसी कमी पर कभी ध्यान नहीं देते। उसका हिन्दी आलोचना पर दुष्प्रभाव यह पड़ा है कि कुछ दूसरे लोग उन कवियों, लेखकों, आलोचकों, विचारकों में कमी के अलावा कुछ नहीं देखते। मतलब रामविलास जी ने जो छोड़ दिया है, उसे ही लेकर हिन्दी में कुछ लोग आलोचक बने हुए हैं। मूल्यांकन की समग्रता में अन्तर-विरोधों की पहचान भी होती है। इस अधूरेपन के कारण रामविलास जी की आलोचना कई समस्याएँ पैदा करती है।

रामविलास अपनी आलोचना में जीवन भर बहस करते रहे हैं। बहस की लोकतान्त्रिकता की पहली माँग यह है कि आप दूसरों को भी महत्त्व दें। सारे संसार से हमेशा असहमत ही हों तो बहस का कोई अर्थ नहीं है। रामविलास जी दूसरों के मत का खण्डन करते हैं, यह मान लेने के बाद भी कि इस मत में दम है। वह स्वीकार करने और अपने विचारों में सुधार करने की कोई कोशिश नहीं करते हैं। मेरे पास इसके लिखित और अलिखित व्यक्तिगत प्रमाण हैं।

हिन्दी में अच्छी आलोचना का विकास करना हो तो रामविलास जी से अपनी असहमतियों की ताक़त को पहचानने की क्षमता होनी चाहिए। आपकी असहमतियाँ पूर्वाग्रह न हों, उसका आधार हो और वे सार्थक हों तो मुझे ऐसा लगता है कि उसमें से नये सोच-विचार की सम्भावनाएँ दिखाई देंगी। यह हमेशा मैंने महसूस किया है।

प्रश्न : अन्त में वह वेदों की ओर लौट गये।

उत्तर : कुछ लोग यह आपत्ति उठाते हैं कि रामविलास जी ऋग्वेद की ओर गये ही क्यों। परम्परा के मूल्यांकन की भूमि पर जो वैचारिक संघर्ष होता है, उसका गहरा सम्बन्ध वर्तमान के वैचारिक संघर्ष से होता है। और वह भविष्य की दिशा भी तय

करता है। ऋग्वेद पर लिखने और बोलने का एकाधिकार इस देश के पण्डितों, पुरोहितों और सन्तों को ही नहीं है। ऋग्वेद एक ग्रन्थ है, उसका एक ऐतिहासिक और सांस्कृतिक महत्त्व और मूल्य है, इसे हर आदमी जानता है। तब उस पर बात करने और विचार करने का अधिकार रामविलास शर्मा या किसी को क्यों नहीं है। हाँ, रामविलास जी ने वहाँ क्या देखा और उस पर क्या लिखा, इस पर विस्तार से चर्चा होनी चाहिए। केवल उनके उधर जाने की आलोचना का कोई मतलब नहीं है। रामविलास जी ने उसमें जनजीवन की विभिन्न स्थितियों, समस्याओं आदि को देखा है। ऐसा तो है नहीं कि जब ऋग्वेद लिखा जा रहा होगा तब वहाँ जनता या जन नहीं होगा। ऋग्वेद में जन भी है, प्रकृति भी है और संस्कृति भी है। इन तीनों की पहचान की कोशिश रामविलास जी ने की है।

इस प्रसंग में मुझे यह कहना है कि रामविलास जी के ऋग्वेद सम्बन्धी मत के खण्डन का अधिकार उसे है जिसका ऋग्वेद के बारे में अपना मत भी हो। अतीत की ओर जाना अगर अपराध है तो अपराधी 300 साल पहले जाने वाला भी है और 3000 साल पहले जाने वाला भी। उनकी इस सम्बन्ध में जो सीमा मुझे दिखती है, वह यह है कि जीवन के आख़िरी दिनों में वह ऋग्वेद से इतने प्रभावित हुए कि वह तुलसीदास ही नहीं निराला की कविता में भी ऋग्वेद की छाया देखने लगे है।..दोनों के यहाँ उसकी छाया है। देखिए कई बार ऐसा होता है कि जो छाया होती है, वह कई बार दूर से घूमकर आती है। जिसे हम लोकाचार कहते हैं, कई बार उसमें भी वेद और क़ुरान की छाया होती है।

इस छाया के होने से मेरी आपत्ति नहीं है दिक़्क़त तब होती है जब तुलसीदास और निराला ऋग्वेद की जिस चीज़ का विरोध कर रहे हों, रामविलास जी उसका नोटिस नहीं लेते। ऋग्वेद के सबसे बड़े देवता हैं इन्द्र। जयशंकर प्रसाद का इस पर एक लेख भी है कि इन्द्र आर्यों के पहले सम्राट हैं। उस इन्द्र की जितनी निन्दा तुलसीदास ने रामचरितमानस में की है, वैसी निन्दा पूरे भारतीय साहित्य में कहीं नहीं मिलती है। इस बात को रामविलास जी नहीं देखते हैं। अवध में जो किसान आन्दोलन हुआ, उसके नेता थे बाबा रामचन्द्र। इन्द्र की आलोचना में जो दोहे और चौपाइयाँ तुलसीदास ने लिखी थीं, बाबा रामचन्द्र उनका इस्तेमाल ज़मींदारों की निन्दा और आलोचना में करते थे। निराला की एक कविता है वेदों का 'चरखा चला'। निराला ने वर्ण व्यवस्था की इसमें कड़ी निन्दा की है। अब इस कविता को रामविलास जी भूल जाते हैं।

अपनी व्याख्या में उन्होंने ऋग्वेद की सीमा का कहीं ज़िक्र नहीं किया है। ऋग्वेद के अपने अध्ययन में उन्होंने वर्ण व्यवस्था के ढाँचे का भी कहीं कोई ज़िक्र नहीं किया है। ऋग्वेद के अध्ययन की दो परम्पराएँ भारत में है—एक ऐतिहासिक और दूसरी रूपकात्मक। रामविलास जी को कहीं तो इतिहास दिखता है और जहाँ असमंजस पैदा करने वाले पक्ष हैं, वहाँ वह रूपकात्मक व्याख्या करने लगते हैं।

प्रश्न : आलोचना की यात्रा के आपके सहयात्री नामवर सिंह आज भी सक्रिय हैं और कुछ हद तक सार्थक भी हैं, उनकी दृष्टि पर आपका दृष्टिकोण।

उत्तर : नामवर जी के मार्क्सवाद के पक्ष और विपक्ष में बहुत कुछ लिखा गया है। उस पर मैं कुछ नहीं कहूँगा। हिन्दी का अच्छा आलोचक होना इस बात पर निर्भर नहीं करता कि वह मार्क्सवादी है या नहीं है। हिन्दी में पहले भी ऐसे आलोचक हो चुके हैं जो मार्क्सवादी नहीं थे, आचार्य शुक्ल, आचार्य द्विवेदी, नन्ददुलारे वाजपेयी आदि। निर्द्वन्द्ध और निर्भ्रान्त रूप से कहा जा सकता है कि ये लोग बड़े आलोचक हैं।

नामवर सिंह की साहित्य से अटूट प्रतिबद्धता है और यही प्रतिबद्धता उनकी आलोचना की ताक़त है। इस प्रतिबद्धता से साहित्य के सम्बन्ध में उनकी जो दृष्टि बनती है, उसे लेकर मतभेद तो है पर उसके महत्त्व को ख़ारिज नहीं किया जा सकता है। नामवर जी की आलोचना दृष्टि का सबसे पहला पता उनकी छायावाद नामक पुस्तक से लगता है। इसमें कविता की साहित्यिकता की व्याख्या और पहचान है। छायावाद की कविता को समझने में इसके महत्त्व को सब लोग स्वीकार करते हैं। इसमें भी साहित्य से जुड़ने का भाव ही अधिक है। उनकी दूसरी किताब कहानी और नयी कहानी है। उन्होंने इसमें कहानी की शास्त्रीय और प्राध्यापकीय आलोचना को तोड़कर पहली बार हिन्दी में कहानी की गम्भीर आलोचना की शुरुआत की है।

नामवर सिंह अत्यन्त पढ़े-लिखे आलोचक हैं। इतना बहु पठित मैं हिन्दी में सिर्फ़ रामचन्द्र शुक्ल को पाता हूँ। समकालीन दुनिया की आलोचना से वह पत्र-पत्रिकाओं और पुस्तकों के माध्यम से जुड़े रहे हैं। इसका असर उनकी आलोचना दृष्टि से लेकर उनकी भाषा तक पर है। 'कहानी : नयी कहानी' में कहानी की आलोचना की जो प्रक्रिया और पद्धति है, उसमें एक ताज़गी है। आज भी उनके मूल्यांकनों से यदा-कदा मतभेद होते हुए भी उनको ख़ारिज़ नहीं किया जा सकता।

उनकी आलोचना का अगला महत्त्वपूर्ण पड़ाव 'कविता के नये प्रतिमान' है। इसकी आलोचना भी हुई है। नामवर सिंह के प्रसंग में मुझे जार्ज लुकाच की याद

आती है। उन्होंने अपने जीवन में अपनी कई किताबों को disown किया। उसी तरह नामवर सिंह ने अपनी कई किताबों और मान्यताओं को disown किया है। इनमें उनकी दो महत्त्वपूर्ण किताबें हैं–एक तो 'इतिहास और आलोचना' और दूसरी किताब 'कविता के नये प्रतिमान'। पर मैं D.H. Lawrence की उस बात पर विश्वास करता हूँ कि कहानी पर विश्वास कीजिए कहानीकार पर नहीं। तो नामवर सिंह के own, disown को छोड़कर उनकी 'कविता के नये प्रतिमान' को ध्यान में रखें तो पायेंगे कि उसका मूल्य उसके विवादास्पद होने में ही है। नामवर जी ने उसमें दो तरह के विवाद किये है–एक विवाद डॉ. नगेन्द्र और उनकी आलोचना दृष्टि और इनकी कविता सम्बन्धी समझ से है, दूसरा विवाद अज्ञेय की कविता से है।

नगेन्द्र के सन्दर्भ में नामवर सिंह रामचन्द्र शुक्ल को ध्यान में रखते हैं और अज्ञेय के प्रसंग में मुक्तिबोध को रखते हैं। हिन्दी आलोचना में विचारों के विकास में बहस की भूमिका की अगर किसी दिन खोज और ख़बर ली जायेगी तो 'कविता के नये प्रतिमान' का यह योगदान स्वीकार किया जायेगा। 'कविता के नये प्रतिमान' की शुरुआत रामचन्द्र शुक्ल के प्रसिद्ध निबन्ध 'कविता क्या है' से होती है। ऐसा लगता है जैसे नामवर सिंह यह चाहते हों कि रामचन्द्र शुक्ल ने कविता के जैसे नये प्रतिमान बनाये उसी तरह की उम्मीद इस किताब से भी की जाये। बाद में ख़ुद नामवर सिंह ने यह स्वीकार किया कि उसमें इस तरह का कोई नया प्रतिमान नहीं है।

उनका आख़िरी महत्त्वपूर्ण कार्य है 'दूसरी परम्परा की खोज'। इसकी भाषा बहुत ही सृजनशील है। नामवर सिंह की भाषा बहुत ही जानदार है और इसीलिए वह असरदार आलोचना लिखते हैं और बोलते हैं। नामवर सिंह की आलोचना की भाषा पर उनकी वक्तृता का गहरा असर है। 'दूसरी परम्परा की खोज' में हजारीप्रसाद द्विवेदी की आलोचना और रचनाशीलता की नयी व्याख्या की कोशिश है, पर रामचन्द्र शुक्ल के महत्त्व को कम करने के लिए इसमें जो तर्क दिये गये है, वह गले नहीं उतरते। कुल मिलाकर उनकी आलोचना में साहित्य के प्रति जो प्रतिबद्धता है, वही मुझे मूल्यवान लगती है।

दृष्टि

आज के समय में मैनेजर पाण्डेय

रविभूषण

आज मैनेजर पाण्डेय अस्सी वर्ष के हो रहे हैं। उन्हें हार्दिक बधाई और मंगलकामनाएँ! हम सब जिस समय में पढ़-लिख रहे हैं, जीवित और कार्यरत हैं, वह समय साधारण समय नहीं है। यह मानना और समझना भी सही नहीं है कि हम सबको अपने समय की अच्छी-ख़ासी पहचान है। अफ़ग़ानिस्तान में अमेरिका लगभग बीस वर्ष तक रहा और लौट गया। अफ़ग़ानिस्तान गुह-युद्ध में फँस चुका है। अब वहाँ सत्ता और ताक़त को लेकर तालिबान और हक्कानी नेटवर्क में मार-धाड़ बढ़ सकती है। हम कह सकते हैं कि हमें अफ़ग़ानिस्तान से क्या लेना-देना? भारत की स्थिति कल क्या होगी, हम नहीं जानते, पर अनुमान तो कर सकते हैं। अनुमान सच भी हो सकता है और ग़लत भी। सुधी पाठक शायद यह सवाल करें कि इस सब का मैनेजर पाण्डेय और उनके आलोचना-संसार से क्या सम्बन्ध है?

फ़िलहाल केवल एक किताब की उनकी भूमिका और कुछ व्याख्यानों और निबन्धों पर नज़र डालें जिनमें वे अपने समय को लेकर बेहद चिन्तित हैं और उसे अपने पाठकों और श्रोताओं के साथ साझा करते हैं। साहित्य को सही अर्थों में समझने के लिए रचना और रचनाकार के समय को भी समझना आवश्यक है। निश्चित रूप से मैनेजर पाण्डेय का अकादमिक महत्त्व बहुत बड़ा है, पर उनके लेखन-वाचन का सामाजिक-सांस्कृतिक पक्ष भी कम महत्त्वपूर्ण नहीं है। उनके अस्सीवें वर्ष पर कई अच्छे-ख़ासे कार्यक्रम हो रहे हैं, आगामी दिनों में बहुत कुछ लिखा भी जायेगा, जिसका निस्सन्देह महत्त्व होगा, पर हमें उन्हें समझने और उनके वैचारिक पक्ष से अवगत होने के लिए अपने समय की उनकी पहचान को भी रेखांकित करना होगा। साहित्य का सम्बन्ध समय और समाज से है और जहाँ तक हिन्दी भाषा, साहित्य और समाज का सवाल है, वह बीसवीं सदी के अस्सी के

दशक के बाद बहुत बदल चुका है। इस बदलाव को हमें जानना होगा। अपने एक लेख 'आज का समय और मार्क्सवाद' में उन्होंने कहा है–

"आजकल बहुत सारे शब्दों के अर्थ बदल गये हैं। पहले जिसे प्रगतिशील कहा जाता था, उसे आजकल रूढ़िवादी कहा जाता है। आजकल प्रगतिशील और रेडिकल वह है जो पूँजीवाद के बेरोकटोक विस्तार का समर्थन करता है। भारत में जो आर्थिक उदारीकरण है, वह बुनियादी तौर पर उधारीकरण है और निजीकरण का अर्थ है विदेशीकरण" ('पल-प्रतिफल'-80, जुलाई-दिसम्बर 2016)

हिन्दी में मार्क्सवादी लेखक, पत्रकार, विचारक, आलोचक, बुद्धिजीवी कम नहीं हैं। मैनेजर पाण्डेय हमारे समय के सबसे बड़े भारतीय मार्क्सवादी आलोचक हैं–केवल साहित्यालोचक नहीं, संस्कृति-सभ्यता समीक्षक भी। जो लोग यह समझते हैं कि वे इस दुनिया को, आज के समय को पूरी तरह समझ चुके हैं, उनकी बात कुछ और है। जो समाज को बदलना चाहते हैं, उनके लिए अपने समय की पहचान बहुत ज़रूरी है क्योंकि आज झूठ को सच में और सच को झूठ में बदला जा रहा है। यह 'पोस्ट-ट्रुथ' का समय है। देश में लोकतन्त्र और संविधान की आज जो स्थिति है, उसे देखकर अनेक लोगों को फ़ासिज्म की आहट सुनाई पड़ रही है। हिन्दी के कवि, लेखक, कथाकार, पत्रकार, आलोचक, बुद्धिजीवी और संस्कृतिकर्मी में इस समय भी कुछ आग और ताप, ज्वाला और चिनगारियाँ बची हैं, जिससे विशेष रूप से हमारा ध्यान मैनेजर पाण्डेय की ओर जाता है।

सखाराम गणेश देउस्कर (17.12.1869–23.11.1912) क्रान्तिकारी लेखक, इतिहासकार और पत्रकार थे, जिनका महत्त्वपूर्ण योगदान समाज, साहित्य और इतिहास के क्षेत्र में है। उन्हें 'बंगाल और महाराष्ट्र के नवजागरण के बीच एक सेतु' कहा गया है। उनकी पुस्तक 'देशेर कथा' (1904) का महत्त्व सबसे अधिक है। पुस्तक की प्रकाशन-शती के अवसर पर 'देशेर कथा' का बाबूराव विष्णु पराड़कर (16.11.1883–12.1.1955) द्वारा किया गया हिन्दी अनुवाद नेशनल बुक ट्रस्ट ने 2005 में पुनर्प्रकाशित किया, जिसकी 'भूमिका एवं पुनर्प्रस्तुति' मैनेजर पाण्डेय की है। छब्बीस पृष्ठों की इस भूमिका (एक आन्दोलनकारी किताब की कहानी) के ज़रिये हम अपने समय से जुड़ी पाण्डेय जी की कुछ चिन्ताओं से अवगत होना नहीं चाहेंगे?

"आज के दौर में देउस्कर के विश्लेषण को याद करना इसलिए ज़रूरी है कि भारत जैसे देशों की जनता वर्तमान समय में साम्राज्यवाद द्वारा 'चित्त-विजय'

के दूसरे अभियान का शिकार हो रही है। उसी अभियान का हिस्सा है वह भाषिक छद्म जो आजकल विचारों की दुनिया में फैला हुआ है।..शब्दों के अर्थ बदल गये हैं" (वही, पृष्ठ 280)

2004 में जब मैनेजर पाण्डेय 'देशेर कथा' पढ़ रहे थे, तब उस समय के साथ अपने समय की जैसी चिन्ता उन्हें थी, क्या उसका सम्बन्ध साहित्य से नहीं है? साहित्य की रचना जिस भाषा में होती है, कविता जिन शब्दों में लिखी जाती है, वे सब अब ख़तरे में हैं। क्या यह मात्र संयोग है कि उनकी पहली पुस्तक 'शब्द और कर्म' है और अद्यतन पुस्तक 'शब्द और साधना'। शब्द और भाषा हम सबके लिए महत्त्वपूर्ण हैं।

"मनुष्य का जीवन जीना, जानना, सोचना, अनुभव करना और रचना करना भाषा में ही सम्भव होता है।" ('शब्द और साधना' की भूमिका, 2019)

पाण्डेय जी ने केन्याई लेखक न्गुगी वा थ्योंगो (5.1.1983) को उद्धृत किया है कि भाषा केवल सम्प्रेषण का माध्यम ही नहीं, संस्कृति की वाहक भी है। रामविलास शर्मा ने भी अपने अन्तिम दिनों में न्गुगी को याद किया था। समय को केवल पहचानना ही सब कुछ नहीं है। अगर समय विपरीत और ध्वंसात्मक है तो उसे बदलने के लिए भी हमें सक्रिय होना पड़ेगा। कवि, लेखक, आलोचक, विचारक और संस्कृतिकर्मियों की इसमें बड़ी भूमिका है।

24 दिसम्बर 2008 को मैनेजर पाण्डेय ने 'वैश्वीकरण के दौर में प्रगतिवाद' पर एक व्याख्यान दिया था, जिसमें उन्होंने भूमण्डलीकरण का भारत से और साहित्य के संकट से सम्बन्ध पर भी प्रकाश डाला है। इन पंक्तियों का लेखक बीसवीं शताब्दी के अन्त से लगातार 'उनिभू' (उदारीकरण, निजीकरण, भूमण्डलीकरण) और 'अविवि' (अन्तरराष्ट्रीय मुद्रा कोष, विश्व बैंक, विश्व व्यापार संगठन) को 'दुष्टत्रयी' कह-लिख रहा है। नयी विश्व अर्थ-व्यवस्था और भूमण्डलीकरण के आरम्भ में ही 'बाबरी मस्जिद' का ध्वंस हुआ था (6 दिसम्बर 1992)।

"हम जिस समय और संसार में जी रहे हैं या कि मर रहे हैं, वह पूँजीवाद की विजय का, विश्वव्यापी विजय का समय है, बल्कि पूँजीवाद की विजय के उन्माद का समय है। यही नहीं, यह उस विजय के उन्माद से उपजे शोर का भी समय है। साथ ही उस शोर में विवेक के डूबने का समय भी है।" ('पल-प्रतिपल', पृष्ठ 279)

भूमण्डलीकरण के लगभग तीस वर्ष हो चुके। इसने जो कोहराम मचाया है, जैसी तोड़-फोड़ की है, क्या अब भी हम उसे नहीं समझ पा रहे हैं? वास्तविक

अर्थ में भूमण्डलीकरण भूमण्डीकरण है। भूमण्डीकरण और बाज़ार पूँजी के दौर में लगभग सारे सम्बन्ध मतलब के हो चुके हैं। प्रेमचन्द ने 'महाजनी सभ्यता' (1936) में यह कहा था 'बिजनेस इज़ बिजनेस'। उस समय द्वितीय विश्वयुद्ध आरम्भ नहीं हुआ था। वे भावी ख़तरों को पहचान चुके थे, हमें सावधान कर रहे थे। क्या हम उन ख़तरों से बच सके? सावधान रह सके? मैनेजर पाण्डेय के पहले रामविलास शर्मा ने भी अपने अन्तिम दिनों में अमेरिकी साम्राज्यवाद और भूमण्डलीय ख़तरों से हमें सावधान किया था। क्या हमने उन्हें सुना? इक्कीसवीं सदी में उनके बाद मैनेजर पाण्डेय ने इनके बारे में हमें बताया। क्या हम इन्हें सुन रहे हैं? आज का समय भूमण्डलोत्तर समय नहीं, भूमण्डलीकृत समय है। हम सब जिस क्रूर, नृशंस, भुतहे, भयावह, उन्मादी, आत्मघाती समय में एक साथ जीवित और मृत हैं, लिख-पढ़ रहे हैं, बोल-सुन रहे हैं, क्या इस समय को और इसकी निर्मात्री शक्तियों को हम पहचान रहे हैं और अगर सचमुच हमने उन्हें पहचान लिया है, तो उसका विरोध कर, यथाशक्ति, यथासम्भव उससे मुठभेड़ कर एक दूसरे समय की रचनाकांक्षा में हम हैं? हत्यारा गद्दियों पर बैठकर भाषण दे रहा है और हम ख़ामोश होते जा रहे हैं। यह आज का समय है।

अस्सी और नब्बे के दशक पर हमें समग्रता में विचार करना चाहिए था– विशेषत: भारत में मण्डल-कमण्डल की राजनीति और अस्मिताओं के उभार के साथ-साथ सोवियत रूस के ध्वंस और समाजवादी देशों से समाजवाद की समाप्ति के साथ बदलने वाली एक नयी अर्थव्यवस्था आदि पर क्या सचमुच हमने ध्यान दिया–भाषा, संस्कृति, साहित्य, राजनीति, संस्था, शिक्षा, राजनीतिक दल सब पर? पाण्डेय जी ने साफ़ शब्दों में कहा है कि हमारा 'राज्य' 'कल्याणकारी' नहीं 'दमनकारी' है। हैरी एस ट्रूमैन (8.5.1884–26.12.1972) अमेरिका का तैंतीसवाँ राष्ट्रपति था–12 अप्रैल 1945 से 20 जनवरी 1953 तक। मैनेजर पाण्डेय ने उसका एक कथन उद्धृत किया है कि अमेरिकी व्यवस्था अमेरिका में तभी मौजूद रहेगी, जब ये विश्व-व्यवस्था होगी। पाण्डेय जी ने अमेरिका के पूर्व विदेश मंत्री हेनरी किसिंजर (27.5.1923), जो 98 वर्ष की अवस्था में अभी जीवित हैं, कि 1999 में लंदन में दिये उनके एक भाषण का यह अंश उद्धृत किया है कि 'भूमण्डलीकरण का दूसरा नाम अमेरिकी प्रभुत्व का विस्तार' है। ('शब्द और साधना' पृष्ठ 128)

उन्होंने यह भी याद दिलाया कि किसिंजर ने 'चिली में एलेंदे की हत्या करवा कर वहाँ की चुनी हुई सरकार को गिराया था।' (वही)

'भूमण्डलीकरण' केवल अर्थशास्त्र का विषय नहीं है। मैनेजर पाण्डेय भूमण्डलीकरण के तीन स्तरों–आर्थिक, राजनीतिक और सांस्कृतिक की बात करते हैं। सांस्कृतिक प्रक्रिया की अभिव्यक्ति उन्होंने 'उत्तर-आधुनिकतावाद' में देखी है।

उत्तर-आधुनिकतावादियों ने ही 'इतिहास के अन्त' की बात की। ल्योतार (10.8.1924–21.5.1998) ने सबसे पहले महाआख्यान या महावृत्तान्त (ग्रैंड नैरेटिव) के अन्त की बात कही थी। इतिहास के अन्त की घोषणा अमेरिका से आयी, उस अमेरिका से, जिसका अपना कोई इतिहास नहीं है। कीट्स (31.10.1795–23.2.1821) ने 1818-19 में अपने भाई को लिखे एक पत्र में अमेरिका के बारे में जो लिखा था उससे, हम शायद अवगत हों। उसने यह लिखा था कि अमेरिका में कोई बौद्धिक नहीं है। यह उन्नीसवीं सदी के दूसरे दशक की बात है। 1996 में सैमुअल पी. हटिंगटन (18.4.1927-24.12.2008) की पुस्तक 'दि क्लैश ऑफ़ सिविलाइजेशंस एंड दि रीमेकिंग ऑफ़ वर्ल्ड ऑर्डर' आयी। मैनेजर पाण्डेय इस सब का हवाला देते हैं। 24 दिसम्बर 2008 के उनके व्याख्यान में मात्र सूचनाएँ नहीं हैं, गहरी चिन्ताएँ हैं कि हम इस धूर्त और छलिया समय को सही अर्थों में पहचानें।

उन्होंने समय की केवल सुसंगत पहचान ही नहीं की, हमें भी उसकी पहचान करायी और हमें क्या करना चाहिए, यह हमारे ऊपर छोड़ दिया। इसी व्याख्यान में उन्होंने सार्वजनिक सम्पत्ति बेचे जाने और अटल बिहारी वाजपेयी के समय एक नये मंत्रालय 'निवेश मंत्रालय' के खोले जाने की बात कही थी। आज जो लोग हल्ला कर रहे हैं कि सब कुछ बिक रहा है, देश बिक रहा है, क्या वे तब 'निजीकरण' का अर्थ नहीं समझ रहे थे? भूमण्डलीकरण का वास्तविक विरोध किसी भी राजनीतिक दल ने नहीं किया था और इसके विरोध में किसी 'संयुक्त मोर्चे' का गठन नहीं किया गया था। उस समय पश्चिम बंगाल में माकपा और वामदलीय मोर्चे की सरकार के मुख्यमन्त्री बुद्धदेव बसु (1 मार्च 1944) ने जो 2000 से 2011 तक पश्चिम बंगाल के मुख्यमन्त्री थे, कलकत्ता में अपने एक बयान में कहा था कि वे वहाँ व्यवहार में पूँजीवाद को ला रहे हैं। सिद्धान्त में मार्क्सवाद और व्यवहार में पूँजीवाद! यह वह चीनी लाइन थी, जिस पर मधु कांकरिया ने 'नन्दीग्राम के चूहे' कहानी लिखी है। क्या इस कहानी पर कथालोचकों ने अधिक ध्यान दिया?

पाण्डेय जी ने 'सेज' (स्पेशल इकॉनॉमिक ज़ोन) की आलोचना की और 'इकॉनॉमिक' के स्थान पर 'एक्सप्लॉइटेशन' शब्द रखा। अपने इसी भाषण में उन्होंने अमेरिका के उस 'कोडवर्ड' की ओर भी ध्यान दिलाया, जो इराक़ और अफ़ग़ानिस्तान पर हमला करते समय उसने इस्तेमाल किया था। इराक़ पर हमले

का उसका 'कोडवर्ड' था–'लिबरेशन इराक़' और अफ़ग़ानिस्तान पर हमले का कोडवर्ड 'इनड्यूरिंग फ्रीडम' था। अमेरिका ने यह शब्द धोखा देने के लिए गढ़े थे। जहाँ तक अपने देश भारत का सवाल है, "इस देश में विरोध अपराध हो, उसको लोकतान्त्रिक नहीं कहा जा सकता, और 'ये सरकारें संविधान विरोधी' हैं" ('शब्द और साधना', पृ. 131-32)

अगर मैनेजर पाण्डेय के इन विचारों से किसी को आपत्ति और असुविधा है, तो उनको बहस करनी चाहिए और अगर नहीं है तो साथ देना चाहिए। आलोचना केवल कृति, कृतिकार और विधा विशेष की समीक्षा भर नहीं है। उसकी अपनी 'सामाजिकता' भी है। साहित्य को उन्होंने 'सामाजिक संवेदनशीलता का क्रिया-व्यापार' कहा है।

"साहित्य का काम है सामाजिक संवेदनशीलता पैदा करना और सामाजिक संवेदनशीलता से ही साहित्य की रचना सम्भव होती है।" (वही, पृष्ठ 134-35)

कोई आलोचक 'प्रगतिवादी' अथवा 'प्रगतिशील' है, इसका निर्णय हम कैसे करेंगे? प्रगतिशील होने के पहले या उसके साथ-साथ उसे 'मानवीय' भी होना होगा और 'मानवीय' होने का अर्थ है मानवीय प्रश्नों और समस्याओं को समझना तथा उसके निदान के लिए प्रयत्नशील होना। वे 'पूँजीवाद' को समझने के लिए 'मार्क्सवाद की मदद' लेना ज़रूरी समझते हैं और मार्क्स की ओर लौटने को 'आज के समय की ज़रूरत और माँग' कहते हैं। भूमण्डलीकरण ने संस्कृति के क्षेत्र में जो विध्वंसक कार्य किये हैं, उसे कई संस्कृतिकर्मी भी कम समझ रहे हैं। क्या सच में हमने मैनेजर पाण्डेय की आवाज़ सुनी? क्या सचमुच उनकी चिन्ताएँ जो सामाजिक-सांस्कृतिक और वैश्विक भी हैं, उन्हें हमने अपनी चिन्ताओं में शामिल किया? ये सब आज के समय से जुड़ी चिन्ताएँ हैं।

रामविलास शर्मा के बाद वे हिन्दी के अकेले अमेरिकी साम्राज्यवाद के विरोधी, आलोचक हैं। भूमण्डलीकरण और नव-उदारवादी अर्थव्यवस्था के दौर में भारत-अमेरिकी मैत्री जितनी बढ़ी है, उसे समझने की ज़रूरत है। अमेरिकी साम्राज्यवाद की चर्चा अब कम मार्क्सवादी, आलोचक-विचारक भी करते हैं। नोम चोम्स्की ने वर्षों पहले अमेरिका को थोक आतंकवादी और अन्य को खुदरा आतंकवादी कहा था। मैनेजर पाण्डेय ने अपने 2008 के इसी व्याख्यान में अमेरिका के 36वें राष्ट्रपति लिंडन बी. जॉनसन (27.8.1908–22.1.1973) के वहाँ की सीनेट में दिये भाषण का एक अंश हमारे सामने रखा। जॉनसन 22 नवम्बर 1963 से 20 जनवरी 1969 तक अमेरिका के राष्ट्रपति थे। लादेन के पाँच लोगों के साथ अमेरिका जाने का ज़िक्र

पाण्डेय जी ने किया है। अमेरिकी राष्ट्रपति डेमोक्रेटिक पार्टी का हो या रिपब्लिकन, अमेरिका की नीतियों में मूलभूत अन्तर नहीं होता। जॉनसन ने लादेन और उसके साथियों के बारे में यह कहा था कि वे 'फ़ाउंडिंग फ़ादर्स ऑफ़ अमेरिका' हैं। (वही, पृष्ठ 132) यहाँ यह लिखना ज़रूरी लग रहा है कि 'फ़ाउंडिंग फ़ादर्स' पद 1916 में अमेरिकी सीनेटर वारेन जी. हार्डिंग (2.11.1815–2.8.1923) ने ईजाद किया था। बाद में वे अमेरिका के 29वें राष्ट्रपति हुए और राष्ट्रपति पद को 1921 से 1923 तक सुशोभित किया।

यहाँ अमेरिकी इतिहासकार रिचर्ड बी. मौरिस (24.7.1904–3.3.1989) का उल्लेख इसलिए ज़रूरी लग रहा है कि 1973 में उन्होंने सात प्रमुख 'फ़ाउंडिंग फ़ादर्स' की चर्चा की थी–

1. जॉन एडम्स जूनियर (10.1735–4.7.1826),
2. बेंजामिन फ्रैंकलिन (1.1706–17.4.1790),
3. अलेक्जेंडर हैमिल्टन (1.1755 या 1757–12.7.1804),
4. जॉन जे. (12.1745–17.5.1829),
5. थॉमस जेफ़र्सन (4.1743–4.7.1826)
6. जेम्स मैडिसन (3.1751–28.6.1836) और
7. जॉर्ज वाशिंगटन (2.1732–14.12.1799).

जिस ओसामा बिन लादेन (10.3.1957–2.5.2011) को अमेरिका ने मार डाला, उसे ही वहाँ कभी 'फ़ाउंडिंग फ़ादर्स' के रूप में देखा गया था। इतना ही नहीं, मैनेजर पाण्डेय ने यह भी बताया है कि जॉर्ज बुश (6.7.1946) दुबारा राष्ट्रपति 'इवांजिलिस्ट क्रिश्चियन' के वोट से बने थे। वे 20 जनवरी 2001 से 20 जनवरी 2009 तक अमेरिका के 43वें राष्ट्रपति थे। बुश ने अपने चुनाव में 'धर्म' का इस्तेमाल किया था। पाण्डेय जी ने 'इंटेलीजेंट डिज़ाइन' की भी बात कही है, जो ईश्वर के अस्तित्व का छद्म वैज्ञानिक तर्क' (स्यूडो साइंटिफ़िक आर्गूमेंट) है। वैज्ञानिक अरबों रुपये की इस योजना में कार्यरत हैं, जिसका मतलब 'इंटेलीजेंट डिज़ाइन के डिजाइनर' को सिद्ध करना है।

"इस बेवकूफ़ी का परिणाम यह है कि अमेरिका के स्कूलों में डार्विन के विकासवाद के बदले सृष्टिवाद को पढ़ाया जा रहा है।" ('शब्द और साधना', पृष्ठ 133)

रामविलास शर्मा के बाद मैनेजर पाण्डेय को छोड़कर अमेरिका का इतना बड़ा आलोचक हिन्दी में ही नहीं, किसी भी भारतीय भाषा में शायद ही कोई दूसरा

होगा। पाण्डेय जी को केवल 'साहित्यालोचक' कहना उनके साथ नाइन्साफ़ी भर नहीं है, यह हिन्दी आलोचना को अपने समय से काटना भी है। उनका अवदान साहित्य संस्कृति के क्षेत्र में इतना बड़ा है कि उन्हें केवल एक क्षेत्र-विशेष में सीमित कर देना अन्यायपूर्ण है। 'क्लाड इथरली' में मुक्तिबोध ने भारत के प्रत्येक शहर में एक अमेरिका होने की बात कही थी। उनकी जन्मशती बीत चुकी, पर अमेरिका-मुक्तिबोध की दृष्टि या विचार-दृष्टि पर कितना विचार हुआ?

मैनेजर पाण्डेय का मार्क्सवाद कहीं से भी जड़, यांत्रिक और स्थिर नहीं है। वे मार्क्सवादियों और मार्क्सवादी दलों के विचारों में मार्क्स के विचारों की गतिशीलता का अभाव देखते हैं। उन्होंने हिन्दी आलोचना में मार्क्सवाद को विकसित किया है, उसे समकालीन बनाया है। ये यह नहीं मानते कि "मार्क्सवाद पूँजीवाद के आतंक या अमेरिका की साजिश से नष्ट हुआ है। ये स्वयं मार्क्सवादियों की अपनी करतूतों का परिणाम है।" (वही)

वे प्रसिद्ध जर्मन कवि हांस माग्नुस एंत्सेंसबर्गर (11.11.1929), जो अभी जीवित हैं, की मार्क्स पर लिखी कविता को दो बार 2008 और 2016 में उद्धृत करते हैं। क्यों करते हैं? हिन्दी में हांस माग्नुस एंत्सेंसबर्गर की कविताओं के कम अनुवाद नहीं हुए हैं, पर पता नहीं उनकी कविता 'कार्ल मार्क्स' की इन पंक्तियों को कब-कहाँ किसने उद्धृत किया है? सुरेश सलिल ने 'रोशनी की खिड़कियाँ' में इनकी कविताओं के जो अनुवाद किये हैं, उनमें 'कार्ल मार्क्स' वाली कविता का अनुवाद नहीं है। मैनेजर पाण्डेय कवि नहीं हैं, पर उन्होंने इन पंक्तियों को उद्धृत किया है–

"मैं देख रहा हूँ
तुम्हारे अनुयायियों ने
तुम्हें धोखा दिया है
और तुम्हारे दुश्मन
वे जैसे पहले थे
वैसे ही आज भी हैं।"

('पल प्रतिपल', पृष्ठ 287)

मैनेजर पाण्डेय की चिन्ताएँ बड़ी हैं। वे वर्तमान समय की चिन्ताएँ हैं। हमारा वर्तमान अनेक मुसीबतों से घिरा है। फ़ेसबुक पर सक्रिय कितने कवियों-लेखकों में सचमुच अपने समय की चिन्ताएँ हैं? फ़ेसबुक से अलग भी आलोचना-कर्म में हमारी चिन्ताएँ कितनी गहरी, सामाजिक और वास्तविक हैं? पाण्डेय जी जैसी चिन्ता कहीं दिखाई नहीं देती। उनका प्रत्येक निबन्ध जिस गहन अध्ययन, शोध-अन्वेषण

से लिखा गया है, वह हमें चकित करता है। आलोचना-कर्म एक बड़ा 'सामाजिक-सांस्कृतिक कर्म भी है। सखाराम देउस्कर और उनकी पुस्तक 'देशेर कथा' की चर्चा इस निबन्ध के आरम्भ में की गयी है। अब अगर हम थोड़ा विस्तार से पाण्डेय जी द्वारा लिखी गयी इसकी भूमिका को देखें, तो बहुत चीज़ें हमारे सामने स्पष्ट होंगी। देउस्कर ने अपनी पुस्तक में 'अंग्रेज़ी शासन के गुण-दोष', देश की अवस्था, मानसिक अवनति, किसानों का सर्वनाश, रेल और नहर, कारीगरों का सर्वनाश, देशी कारीगरी का नाश, स्वदेशी आन्दोलन, आय और व्यय, पादरियों की युक्ति, प्रतिकार का उपाय, 'सम्मोहन : चित्त-विजय, बट्टे से हानि, बंग विभाग, सन् 1901 की आदिम सुपारी पर विचार किया है।

जिस प्रकार रामविलास शर्मा प्रचलित अर्थों में इतिहासकार और अर्थशास्त्री नहीं थे, उसी प्रकार मैनेजर पाण्डेय भी समाजशास्त्री, इतिहासकार और अर्थशास्त्री नहीं हैं, पर इन तीनों का उनका गहरा अध्ययन है। अक्सर मार्क्स के 'पॉलिटिकल इकॉनोमी' की बात कही जाती है, पर बहुत कम मार्क्सवादी आलोचकों का ध्यान आज की 'पालिटिकल इकॉनोमी' की ओर जाता है। देउस्कर की पुस्तक की भूमिका 'एक आन्दोलनकारी किताब की कहानी' में मैनेजर पाण्डेय ने केवल पुस्तक के सम्बन्ध में नहीं, उस पर विचार करते हुए अपने समय से जुड़ी जो कई बातें कही हैं, वे बेहद महत्त्वपूर्ण हैं। छब्बीस पृष्ठों की इस असाधारण भूमिका में उन्होंने सत्रह पुस्तकों, पत्र-पत्रिकाओं के रेफ़रेंस दिये हैं। पहले उन्हें देखें।

यह पुस्तक 2005 में प्रकाशित हुई थी, इसलिए यह अनुमान किया जा सकता है कि भूमिका 2004 के अन्त या 2005 के आरम्भ में लिखी गयी है। वे इस भूमिका में–

- श्री अरबिन्दो (15.8.1872–5.12.1950) की पुस्तक 'ऑन हिमसेल्फ़ एंड ऑन दि मदर' (1953),
- सत्यभक्त (2.4.1897–1985) की 'भारत में कम्युनिस्ट पार्टी की स्थापना',
- श्री नारायण चतुर्वेदी (1895–18.8.1990) की पुस्तक 'आधुनिक हिन्दी का आदिकाल',
- रामविलास शर्मा (10.10.1912–30.5.2000) की पुस्तक 'भारतीय संस्कृति और हिन्दी प्रदेश खण्ड 2',
- कार्ल मार्क्स (5.5.1818–14.3.1883) की 'ऑन द नेशनल एंड कॉलोनियल क्वेश्चनिंग',

- जोसेफ़ कोनराड (3.12.1857–3.8.1924) की पुस्तक 'हार्ट ऑफ़ डार्कनेस' (1899),
- अमेरिकी–कनाडियन इतिहासकार एलेन मेकसिंस वुड (12.4.1912–14.1.2016) की पुस्तक 'द एम्पायर ऑफ़ कैपिटल' (2003),
- मार्क्स-एंगेल्स की 'बेसिक राइटिंग' (1984),
- अमेरिकी समाजवादी टीकाकार हैरी सैमुएल मैगडौफ (21.8.1913–1.1.2006) की 'इम्पीरियलिज़्म एंड ग्लोबलाइजेशन' (2002)
- अरुंधति राय (24.11.1961) की 'द अलजेब्रा ऑफ़ इनफ़िनीट जस्टिस' (2001),
- शशि थरूर (9.3.1956) की 'नेहरू' (2003)
- 1982 से प्रकाशित समाजशास्त्र, संस्कृति और सामाजिक सिद्धान्तों के अकादमिक जर्नल 'थ्योरी, कल्चर एंड सोसाइटी' (सेज से प्रकाशित द्वैमासिक),
- 1949 से न्यूयॉर्क से प्रकाशित एक स्वतन्त्र समाजवादी, राजनीतिक, अर्थशास्त्र और समाजिक विज्ञान की मासिक पत्रिका 'मंथली रिव्यू', 1949 से प्रकाशित साप्ताहिक अकादमिक पत्रिका 'ईपीडब्ल्यू' (इकॉनॉमिक एंड पॉलिटिकल वीकली' और 1977 से प्रकाशित हिन्दी पत्रिका 'फ़िलहाल' में प्रकाशित कतिपय लेखों के ज़रिये अपनी बात सम्पुष्ट करते हैं।

'देशेर कथा' पर लिखते हुए इतने गहन अध्ययन और विस्तार में जाने की आवश्यकता इसलिए पड़ी कि "19वीं सदी और 21वीं सदी के साम्राज्यवाद के व्यवहारों में अनेक समानताएँ है।" ('देश की बात', 2005, पृष्ठ 26)

ब्रिटिश साम्राज्यवाद पर बहुत अधिक लिखा गया है, पर अमेरिकी साम्राज्यवाद पर हम अधिक ध्यान नहीं देते। कमाल की बात यह है कि ब्रिटिश साम्राज्यवाद से हमने लड़ाई लड़ी और अब अमेरिकी साम्राज्यवाद के संग-साथ भारत है। पाण्डेय जी साम्राज्यवाद के उस 'मूल चरित्र' की ओर हमारा ध्यान दिलाते हैं–"जिसमें स्वदेश में लोकतन्त्र और उपनिवेश में तानाशाही चलती दिखाई देती है"

अपने निबन्ध में वे एकदम नयी सामग्री शामिल करते हैं। भूमिका 2004 के अन्त या 2005 के आरम्भ में लिखी गयी होगी, जिसमें उन्होंने इतिहासकार पार्थ चटर्जी (5.11.1947) के कुछ महीने पहले प्रकाशित एक लेख का अंश उद्धृत किया है, जिसमें '19वीं सदी के ब्रिटिश साम्राज्यवाद से 21वीं सदी के अमेरिकी साम्राज्यवाद की तुलनात्मक समालोचना' है।

पार्थ चटर्जी का यह निबन्ध 'भूमण्डलीकरण के बाद साम्राज्य' 'ई.पी.डब्ल्यू' के सितम्बर 11.17.2004 में प्रकाशित हुआ था।

पाण्डेय जी ने दो-तीन महीने बाद अपनी भूमिका लिखी। विविध अनुशासनों में हो रहे अद्यतन कार्यों की उन्हें जितनी जानकारी है, उतनी अन्य अनुशासनों में कार्यरत शायद ही कुछ को होगी। पार्थ चटर्जी को उन्होंने विस्तार से उद्धृत किया है। पार्थ चटर्जी ने 'साम्राज्यवाद के विचारधारात्मक इतिहास' पर ध्यान दिया था और अपने निबन्ध में 'नैतिक औचित्य की स्थापना' की बात कही थी। साम्राज्यवाद अपनी सुविधा और रक्षा के लिए जिन तर्कों को गढ़ता है, उसे पाण्डेय जी पार्थ चटर्जी के ज़रिये अधिक स्पष्ट करते हैं। एक लेख या भूमिका लिखने में कितने श्रम और व्यापक अध्ययन की ज़रूरत होनी चाहिए, इस दृष्टि से भी यह भूमिका अवश्य पढ़ी जानी चाहिए। तर्क और तथ्य से पाण्डेय जी के लेखादि इतने सम्पुष्ट होते हैं कि शायद ही उससे कोई असहमत हो। मज़बूत नींव से वे आलोचना को कहीं अधिक प्रामाणिक, उपयोगी और आवश्यक बनाते हैं। हिन्दी में अभी तक ऐसा कोई अध्ययन नहीं हुआ है, जिससे हम कवियों, लेखकों और आलोचकों के अध्ययन-संसार को समझ सकें।

रामचन्द्र शुक्ल, हजारीप्रसाद द्विवेदी, रामविलास शर्मा, मुक्तिबोध, नामवर सिंह, मैनेजर पाण्डेय ने किन पुस्तकों और पत्रिकाओं का अध्ययन किया है, हम नहीं जानते।

'बरीसाल के वीर स्वदेश हितैषी बाबू अश्विनी कुमार दत्त ने 'देशेर कथा' के बारे में एक वक्तता में बंगालियों को इसे पढ़ने को कहा था : "बंगालियों, इस ग्रन्थ को पढ़ो और अपने देश की अवस्था और निज कर्तव्य पर विचार करो"। (वही, पृष्ठ 7 पर उद्धृत)

कुछ उसी तर्ज पर मैं यह कहना चाहूँगा कि हिन्दी भाषा के कवियों, लेखकों, पत्रकारों, संस्कृतिकर्मियों और आलोचकों, कृपया 'देशेर कथा' की मैनेजर पाण्डेय की भूमिका पढ़िए और 'अपने देश की अवस्था और निज कर्तव्य पर विचार' कीजिए।

मैनेजर पाण्डेय ने अपनी आलोचनाओं में अनेक स्थलों पर देश की अवस्था पर विचार किया है और अपना नागरिक-सामाजिक-सांस्कृतिक बौद्धिक कर्तव्य पूरा किया है। उन्होंने बीसवीं सदी के आरम्भ में जन्मे-फैले 'स्वदेशी आन्दोलन की प्रज्वलित अग्नि में घृताहुति का-सा काम' का श्रेय 'देशेर कथा' को दिया है।

भूमिका में उन्होंने देउस्कर के 'सम्पूर्ण चिन्तन और लेखन की बुनियादी चिन्ता देश की पूर्ण स्वाधीनता' मानी है। इस वर्ष स्वतन्त्रता के 75वें वर्ष के आयोजन में हमें अपने से यह प्रश्न करना चाहिए कि क्या हमने 'पूर्ण स्वाधीनता' प्राप्त की है? 'नेशन फ़र्स्ट एंड आलवेज फ़र्स्ट' में हमें यह भी बताना होगा कि किसका 'नेशन'? अनुवाद पर पुस्तकों की कमी नहीं है, पर स्वाधीनता आन्दोलन के दौरान राष्ट्र की कल्पना और धारणा के विकास में अनुवादों की अत्यन्त महत्त्वपूर्ण भूमिका पर शायद केवल पाण्डेय जी ने ही ध्यान दिया है, जिससे उनके आन्दोलन सम्बन्धी रुख़ का भी पता चलता है।

अनेक बार उन्होंने मार्क्स का यह कथन उद्धृत किया है कि बुर्ज़ुआ (पूँजीवादी) सभ्यता का पाखण्ड अथाह है और उसकी बर्बरता जन्मजात है। आज की पूँजीवादी अर्थव्यवस्था में यह कई गुना बढ़ी हुई है। देउस्कर पर लिखते हुए मैनेजर पाण्डेय केवल भारत में अंग्रेज़ी राज पर ही बात नहीं करते, वे वर्तमान में उस समय 'इराक़ में अमेरिका के व्यवहार' पर भी दृष्टि डालते हैं। बहुत कम ऐसे इतिहासकार हैं, जो कल के इतिहास पर लिखते हुए अपने वर्तमान पर भी अधिक विचार करते हों। ब्रिटिश राज में जितना उसका पर्दाफाश किया गया था, उतना स्वदेशी शासकों के राज का नहीं हुआ है। साहित्यकारों के यहाँ यह विविध रूपों और स्तरों पर हमें दिखाई देगा, पर आलोचकों के यहाँ यह कम है।

"आज के साम्प्रदायिक उभार के समय में 'देश की बात' साम्प्रदायिकता के स्रोतों और रूपों की जानकारी देकर पाठकों को साम्प्रदायिक सोच से बचने में मदद करेगी।" (वही, पृष्ठ 20)

जिस प्रकार रचना अपने समय से विच्छिन्न होकर नहीं लिखी जाती, उसी प्रकार आलोचना भी अपने समय से अलग और निरपेक्ष नहीं हो सकती। मैनेजर पाण्डेय के लिए उनका अपना समय, जिसमें वे सक्रिय और सृजनरत हैं, सर्वाधिक महत्त्वपूर्ण है। हम सब अपने समय में कितना अधिक सक्रिय हैं? समय को समझकर ही समय को बदलने की दिशा में प्रयत्नशील और सक्रिय हुआ जा सकता है। साम्राज्यवाद ने जो कार्य 18वीं-19वीं सदी में किया था : "वही सब कुछ आजकल अमेरिका कर रहा है।"

देउस्कर ने उपनिवेशवाद द्वारा 'भारतीय मानस को उपनिवेश बनाने की प्रक्रिया' पर अपनी पुस्तक के एक अध्याय 'सम्मोहन : चित्त-विजय' में विचार किया है। मैनेजर पाण्डेय सखाराम देउस्कर की पुस्तक 'देशेर कथा' पर लिखते हुए फ़ैज़

फ़ैनन (20.7.1925–6.12.1961), एडवर्ड सईद (1.11.1935–25.9.2003) और न्गुगी वा थ्योंगो (5.1.1938) को इसलिए याद करते हैं कि इन्होंने 'औपनिवेशिक शासन में रहने वाले लोगों की मानसिकता और उससे मुक्ति की प्रक्रिया का विवेचन' किया है।

पाण्डेय जी ने शब्दाडम्बर को 'पुराने साम्राज्यवाद की विचारधारा का अनिवार्य हिस्सा' कहा है, जिसे वे 'अमेरिकी साम्राज्यवाद की विचारधारा में भी मौजूद' पाते हैं। एक मूलगामी आलोचक ही यह लिख सकता है कि 'देउस्कर की राजनीतिक दृष्टि मूलगामी है।' 'देशेर कथा' की भूमिका के अन्तिम हिस्से में मैनेजर पाण्डेय ने अमेरिकी साम्राज्यवाद का वास्तविक चेहरा दिखाया है। अमेरिका सारी दुनिया का अमेरिकीकरण करना चाहता है। अमेरिकी साम्राज्यवाद पर पाण्डेय जी के विचार को रामविलास शर्मा के विचारों से मिलाकर देखें, तो अद्‌भुत समानता दिखाई देगी। आज का समय अमेरिकी साम्राज्यवाद का समय है।

"असल में भूमण्डलीकरण और आतंकवाद के विरूद्ध सैनिक अभियान अमेरिकी साम्राज्यवाद के ही दो पक्ष हैं"। (वही, पृष्ठ 28)

अमेरिकी साम्राज्यवाद पर जो कुछ लिखा गया है, उनमें से बहुत का अध्ययन कर उन्होंने अपने विचारों को और तीव्र धार दी है। शशि थरूर ने नेहरू के 1927 के जिस कथन को उद्धृत किया था, उसे पाण्डेय जी भी उद्धृत करते हैं : "भविष्य में अमेरिकी साम्राज्यवाद ब्रिटिश साम्राज्यवाद से भी बड़ी समस्या बनेगा। यह भी सम्भव है कि दुनिया पर अपना प्रभुत्व क़ायम करने के लिए दोनों मिलकर एक ऐंग्लो-सेक्सन गुट का निर्माण करें।" (वही, पृष्ठ 30-31)

'देश की बात' का अध्ययन वे इसलिए ज़रूरी समझते हैं, जिससे हम 'नये साम्राज्यवाद के उद्‌देश्य, व्यवहार, विचारधारा और भाषा' को भी समझें।

एक कृति-विशेष के सार्थक और समीचीन अध्ययन के लिए उसे व्यापक परिप्रेक्ष्य और सन्दर्भ में देखना आवश्यक है। "'देश की बात' को पढ़ने के बाद 'भारत दुर्दशा' और 'अन्धेर नगरी' जैसे नाटकों तथा 'प्रेमाश्रम', 'रंगभूमि' और 'गोदान' जैसे उपन्यासों को बेहतर ढंग से समझना सम्भव होगा।" (वही, पृष्ठ 32)

भारतेन्दु देउस्कर के पहले के हैं और प्रेमचन्द बाद के (कुछ अर्थों में समकालीन भी)। अर्थशास्त्र की पुस्तक पढ़ते और उस पर लिखते हुए अगर कोई बड़ा आलोचक हमें उसके पहले की नाट्यकृतियों और बाद की औपन्यासिक कृतियों का पुन:पाठ कर इन्हें 'बेहतर ढंग से समझने' की बात करता है, तो कृपया

ध्यान दें, यहाँ ज्ञानानुशासन का पृथक् विभाजन दूर होता है और अर्थशास्त्र, नाटक, उपन्यास सब एक साथ इसलिए इकट्ठे या एक हो जाते हैं कि इन सबमें अपने समय की धड़कनें और आवाज़ें हैं।

मैनेजर पाण्डेय के आलोचना-कर्म में उनका समय अपने समस्त सवालों, रूपों, आवाज़ों के साथ उपस्थित है। इसी कारण किंचित् विस्तार में उनके एकाध लेखादि के माध्यम से इसे समझने की कोशिश की गयी है। हिन्दी आलोचक और विचारक के द्वारा अमेरिकी साम्राज्यवाद की असलियत को उद्घाटित करना आज कहीं अधिक महत्त्वपूर्ण इसलिए भी है कि मध्य एशिया और दक्षिण एशिया में अमेरिका की उपस्थिति से कल क्या होगा, कोई नहीं कह सकता। 2002 के बाद भारत का अमेरिका से सैन्य गठबन्धन बढ़ता गया है।

यहाँ यह लिखना आवश्यक लग रहा है कि जिस एक अन्तरराष्ट्रीय गैर-लाभकारी संगठन–'एस्पेन इंस्टीट्यूट' की स्थापना द्वितीय विश्व युद्ध के बाद मानवतावादी अध्ययन के लिए की गयी थी, उसके स्ट्रैटेजी ग्रुप के निदेशक एवं हार्वड कैनेडी स्कूल, मैसाचुसेट्स में 'प्रैक्टिस ऑफ़ डिप्लोमेसी एंड इंटरनेशनल पॉलिटिक्स' के प्रोफ़ेसर निकोलस बर्न्स और एस्पेन स्ट्रैटेजी ग्रुप के उप निदेशक जोनाथन प्राइस की एक पुस्तक 2011 में आई–'अमेरिकन इंटरेस्ट्स इन साउथ एशिया : बिल्डिंग ए ग्रेंड स्ट्रैटेजी इन अफ़ग़ानिस्तान, पाकिस्तान एंड इंडिया' (प्रकाशक : एस्पेन इंस्टीट्यूट फ़ॉर ह्यूमैनिस्टिक स्टडीज़ युनाइटेड स्टेट्स) यह पुस्तक एस्पेन स्ट्रैटेजी ग्रुप की वार्षिक ग्रीष्मकालीन कार्यशाला से उत्पन्न नीति-पुस्तकों की श्रृंखला की है।

भारत और अमेरिका के बीच कई रक्षा समझौते हो चुके हैं। अफ़ग़ानिस्तान से अमेरिका की वापसी के बाद अब अफ़ग़ानिस्तान में हवाई सर्वेलांस और ड्रोन हमलों के लिए अमेरिका को हवाई अड्डे की ज़रूरत है। अमेरिका भारत में एयर बेस की सम्भावनाएँ तलाश रहा है। क़यास ही सही, क्या अमेरिका भारत में सैन्य हवाई अड्डा बनायेगा?

मैनेजर पाण्डेय हिन्दी के सार्थक आलोचक हैं और उनकी आलोचना आज के समय-सन्दर्भ में कहीं अधिक सार्थक है। एक इंटरव्यू में उन्होंने आज के समय को 'व्यापक सामाजिक चिन्ताविहीन समय' कहा है। वे अपने समय की व्यापक सामाजिक चिन्ता करने वाले आलोचक-विचारक हैं। उनके साथ इस संघर्ष-पथ पर आज चलने वाले बहुत कम लोग हैं।

उपनिवेशवाद के तीन कीर्तिमान

(सखाराम गणेश देउस्कर, महावीरप्रसाद द्विवेदी, माधवराव सप्रे)

प्रणय कृष्ण

किताबों और व्यक्तियों की जन्मशतियाँ, जयन्तियाँ आदि न तो महज़ कर्मकांड हैं और न ही आलोचना की दृष्टि में श्रेष्ठताक्रम में हेर-फेर करने की क़वायदें। यह मुख्यतः व्यक्तियों और कवियों की विगत अर्थवत्ता और वर्तमान सार्थकता की खोज का अवसर हैं। सांस्कृतिक स्मृतिलोप के ख़िलाफ़ उनके पुनर्जीवन की चेष्टाएँ हैं, समकालीन जनजीवन के साथ उनके सम्बन्ध का पुनः संधान हैं। प्रो. मैनेजर पाण्डेय ने बांग्ला पुस्तक 'देशेर कथा' के लेखक सखाराम गणेश देउस्कर 1904 ई. के प्रकाशन के सौ साल पूरा होने पर उसके बाबूराव विष्णु पराडकर कृत हिन्दी अनुवाद 'देश की बात' को एक विस्तृत भूमिका के साथ फिर से प्रकाशित कराया। इसी तरह महावीरप्रसाद द्विवेदी की 'सम्पत्तिशास्त्र' (1908 ई.) अपने प्रकशन के 86 साल बाद पाण्डेय जी की विस्तृत प्रस्तावना के साथ प्रकाशित हुई और 'सम्पत्तिशास्त्र' का जो संस्करण हमें उपलब्ध है, वह यश पब्लिकेशन, दिल्ली से 2009 में प्रकाशित हुआ। इन युगान्तकारी पुस्तकों के साथ-साथ पाण्डेय जी ने 'तद्‌भव' पत्रिका के जनवरी 2008 के अंक 17 में 'माधवराव सप्रे का महत्त्व' शीर्षक लेख लिखकर हिन्दी में विस्मृत कर दिये गये नवजागरण के एक महान् व्यक्तित्व के कृतित्व को आज के दौर में फिर से जीवन्त बना दिया। यह तीनों काम एक ही परियोजना का हिस्सा हैं।

जिस तरह 1997 में 'संकट के बावजूद' शीर्षक पुस्तक की भूमिका में मैनेजर पाण्डेय ने सोवियत संघ के विघटन से उपजे वैचारिक कुहासे और निराशा को छाँटने की आलोचकीय पहल की, वैसे ही उपर्युक्त दोनों पुस्तकों की भूमिकाएँ और माधवराव सप्रे पर उनका लेख नव उपनिवेशवाद, भूमण्डलीकरण, निजीकरण,

उदारीकरण के वर्तमान दौर में पुराने उपनिवेशवाद के ख़िलाफ़ चले मुक्ति-संग्राम, उसकी जटिलताओं और उसकी वर्तमान प्रासंगिकता को रेखांकित कर प्रतिरोध, संस्कृति कर्म का परिप्रेक्ष्य विकसित और समृद्ध करने का महत्त्वपूर्ण प्रयास है। यह तीनों पाठ उन लेखकों और कृतियों से सम्बद्ध हैं जिनका रचनाकाल एक ही है। यानी बीसवीं सदी का पहला दशक 21वीं सदी के पहले दशक में इनका पुन:पाठ विशेष महत्त्व रखता है। जिस समय हम यह लेख लिख रहे हैं, अमेरिका अभूतपूर्व ऋण संकट से जूझ रहा है। सन् 2008 में यह संकट अमेरिकी बैंकों की आत्महत्या में प्रकट हुआ था। कुल मिलाकर पूँजी की सत्ता का सहजात रोग यानी मन्दी उसका पीछा नहीं छोड़ रही। मार्क्स ने कहा था कि पूँजीवाद इस संकट से निजात पाने के लिए जो भी प्रयत्न करेगा, उसकी आयु पिछले प्रयत्न से कम होगी। इसे हम अपने सामने प्रत्यक्ष घटता देख रहे हैं। दूसरे विश्वयुद्ध और उसके बाद के कींसवाद (Keynes) ने पिछली मन्दी से विश्व पूँजीवाद को उबारा। लेकिन यह उपाय अनवरत चलते अमेरिकी युद्धों के बावजूद 1980 के दशक तक आते-आते काम देना बन्द कर चुका था। नयी अर्थनीति और विश्व व्यवस्था के नाम से विख्यात मंदी से बचने के जो ख़ूँख़ार नये उपाय थैचर, रीगन ने 1980 के दशक में शुरू किये, वे इतना भी न जीते रहते यदि सोवियत विघटन का तोहफ़ा विश्व पूँजीवाद को न मिला होता। अमेरिकी युद्ध लगातार जारी ही हैं। विश्व स्तर का प्रभाव रखने वाली कोई बड़ी समाजवादी शक्ति भी फ़िलहाल नहीं है। फिर भी 2008 और अब 2011 के अमेरिकी संकट यही बतला रहे हैं कि ये नये उपाय भी पूँजी के लिए अपनी उपादेयता खोते जा रहे हैं। 'संकट के बावजूद' की भूमिका का सच और अधिक उजागर है। इस परिप्रेक्ष्य में उपर्युक्त तीनों पाठों का पुन:पाठ गम्भीर महत्त्व रखता है।

ऐसा नहीं कि इन पाठों को रेखांकित किये जाने की पहल मैनेजर जी से पहले नहीं हुई। हिन्दी के महान् उपनिवेशवाद विरोधी मार्क्सवादी आलोचक डॉक्टर रामविलास शर्मा ने इन उपनिवेश विरोधी पाठों के महत्त्व को पहले भी रेखांकित किया था, लेकिन तब सन्दर्भ भी थोड़े अलग थे और दृष्टि भी थोड़ी अलग थी। रामविलास जी के पुन:पाठ ऐसे समय के हैं जब संकट की आज जैसी गहरी और सर्वग्रासी छाया ने हमारी दुनिया को घेर रखा था। ऐसे में उनके द्वारा किये पुन:पाठ में इन पाठों का ऐतिहासिक महत्त्व ही ज़्यादा उभरकर आया। उनकी वर्तमान अर्थवत्ता का विवेचन उतना स्थान न पा सका। मैनेजर पाण्डेय ने इस सन्दर्भ में रामविलास जी के योगदान का हवाला भी दिया है। 'सम्पत्तिशास्त्र' की प्रस्तावना में वे लिखते हैं कि 'सम्पत्तिशास्त्र' को दूसरा जीवन 1977 में मिला, जब डॉक्टर रामविलास शर्मा

ने 'महावीरप्रसाद द्विवेदी और हिन्दी नवजागरण' नाम की पुस्तक में उसका विस्तार से विवेचन करते हुए उसकी 'विगत सार्थकता और वर्तमान अर्थवत्ता' की व्याख्या की, तब 'सम्पत्तिशास्त्र' का महत्त्व हिन्दी के विद्वज्जनों की कुछ समझ में आया। हालाँकि 'महावीरप्रसाद द्विवेदी और हिन्दी नवजागरण' में 'सम्पत्तिशास्त्र' के महत्त्व स्थापन की जो एकांगी शैली है, उसने पाठकों को जितना चौंकाया, उतना उनमें विश्वास पैदा नहीं किया। इसी पुस्तक में रामविलास जी ने मई 1907 की 'सरस्वती' में छपे माधवराव सप्रे के 'हड़ताल' शीर्षक लेख के हवाले से उनके महत्त्व पर कुछ विचार किया है। इस लेख में सप्रे जी ने मज़दूरों के संगठन और आन्दोलन के महत्त्व पर लिखते हुए मज़दूरों के हड़ताल के अधिकार की हिमायत की है।

कुछ बौद्धिकों की यह बात कि मार्क्स-एंगल्स की कृतियों के भारत में काफ़ी देर से ख़ासतौर से सोवियत क्रान्ति के बाद उपलब्ध होने के कारण भारत में मज़दूर आन्दोलन और संगठन की देर से शुरुआत हुई, रामविलास जी के अनुसार ग़लत है, क्योंकि माधवराव सप्रे के इस लेख में वे मुख्य बातें आ गयी हैं जिनसे मज़दूर संगठित होकर अपना आन्दोलन चला सकते थे। रामविलास जी का यह कहना कितनी दूर तक सही है, हम नहीं कह सकते, लेकिन कम-से-कम सप्रे जी के महत्त्व पर कुछ विचार तो उन्होंने ज़रूर किया वरना तो पाण्डेय जी के शब्दों में ऐसे लेखक और समाजसेवक को आज का हिन्दी साहित्य संसार लगभग भूल गया है। अब न उनकी किताबें मिलती हैं और न उनकी चर्चा होती है। केवल देवीप्रसाद वर्मा ने उनके कुछ निबन्ध-संग्रहों के सम्पादन और प्रकाशन का काम किया है और एक कहानी-संग्रह भी छपवाया है। जब माधवराव सप्रे ने हिन्दी में समालोचना का स्वरूप निर्मित करने का प्रयत्न आरम्भ किया था तब हिन्दी आलोचना आरम्भिक अवस्था में थी। भारतेन्दु युग में बालकृष्ण भट्ट और चौधरी बद्रीनारायण 'प्रेमघन' ने उसका सूत्रपात किया था लेकिन सप्रे जी के प्रयत्नों से वह विकसित हुई और उसमें व्यापकता आयी। यह देखकर आश्चर्य होता है कि हिन्दी साहित्य के किसी इतिहास में या हिन्दी आलोचना के किसी इतिहास में सप्रे जी के समालोचन कर्म का कहीं कोई मूल्यांकन नहीं है बल्कि समालोचक के रूप में उनके नाम तक का उल्लेख नहीं है। यह विस्मरण अनायास है या सायास...यह कहीं उस प्रवृत्ति का परिणाम तो नहीं है जिसे जी.एन. देवी सांस्कृतिक स्मृतिलोप कहते हैं! जो भी हो, हिन्दी साहित्य का इतिहास-लेखन और हिन्दी आलोचना का इतिहास माधवराव सप्रे के प्रसंग में स्मृतिहीनता का शिकार है। रामविलास जी ने सप्रे जी के 'हड़ताल' शीर्षक लेख के ज़रिये भले ही उनके विचारों के महत्त्व पर प्रकाश डाला, लेकिन यदि समग्रतः

उन्होंने उन पर विचार नहीं किया तो इसका कारण सप्रे जी के विषय में उनकी यह राय हो सकती है जो उन्हीं के शब्दों में यूँ है–सप्रे जी के अन्य लेखों से विदित होता है कि वह यथेष्ट प्राचीनता-प्रेमी थे। पुरानी समाज व्यवस्था उन्हें प्रिय थी। द्विवेदी जी उस समाज व्यवस्था को दोषपूर्ण मानते थे। उसकी आलोचना करते थे। सप्रे जी के बारे में रामविलास जी का यह कथन कितना असंगत है, यह मैनेजर पाण्डेय के लेख को पढ़कर पता चलता है। पाण्डेय जी ने लिखा है कि नवजागरण की केन्द्रीय विशेषता है स्वाधीनता की चेतना।

भारतीय नवजागरण में यह चेतना अनेक रूपों में व्यक्त हुई है। उसका सबसे व्यापक रूप उपनिवेशवाद विरोधी भावना के जागरण में दिखाई देता है। उसी का दूसरा रूप आत्मलोचन की प्रवृत्ति के विकास में भी मिलता है। यह आत्मलोचन की प्रवृत्ति भारतीय समाज, संस्कृति और साहित्य के अतीत के पुनर्मूल्यांकन की ज़रूरत और अतीत के बोध तथा बोझ में अन्तर की समझ और उस बोझ से मुक्ति की आकांक्षा में प्रकट होती है। आत्मलोचन की प्रवृत्ति का लक्ष्य भी उपनिवेशवाद विरोधी चेतना को अधिक तेजस्वी और सत्य सम्पन्न बनाना ही है। माधवराव सप्रे के चिन्तन और लेखन में ये विशेषताएँ मौजूद हैं। अपने इस कथन को मैनेजर पाण्डेय ने सप्रे जी के लेखन से कई उदाहरण देकर पुष्ट किया है। 1901 में 'छत्तीसगढ़' मित्र में स्त्री-शिक्षा विषयक 'बालाबोधिनी' नामक ग्रन्थ की समीक्षा करते हुए उस ग्रन्थ में स्त्री स्वातंत्र्य के निषेध और दूसरी प्रतिक्रियावादी बातों पर सप्रे जी ने करारा व्यंग्य किया है। इस ग्रन्थ में लेखक ने पति को गुरु मानने, उसकी भक्ति और सेवा करने तथा उसे सदा सन्तुष्ट रखना ही स्त्रियों का कर्तव्य बताया है। इस पर व्यंग्य करते हुए सप्रे जी ने लिखा है : "वाह! स्त्रियों के कर्तव्य तो आपने ख़ूब कहे! क्या यही स्त्रियों की योग्यता है? क्या यही उनके जन्म का उद्देश्य है? क्या यही उनके जन्म की सार्थकता है? हाँ! ऐसे ही पक्षपातों से स्त्रियों का सारा जन्म नष्ट हो गया।" इतना ही नहीं...आगे वे लिखते हैं : "हम यह पूछते हैं कि पुरुष भी अपनी स्त्री के वश में क्यों न रहे? पहले तो यही बुरा है कि कोई व्यक्ति ज़बरदस्ती किसी दूसरे के वश में किया जाये। व्यक्ति स्वातंत्र्य का नाश होते ही स्वाभाविक प्रेम का लोप हो जाता है।" सप्रे जी की आधुनिकता उनके समीक्षा-कर्म में लगातार प्रकट होती है। श्रीधर पाठक के 'जगत् सच्चाई सार' की विस्तृत समीक्षा लिखते हुए उन्होंने आरम्भ में ही जगत् को मिथ्या मानने वाले दृष्टिकोण का खण्डन किया है। उन्होंने मिश्र-बन्धुओं के काव्य 'लव कुश चरित्र' की समीक्षा लिखते हुए पहली आपत्ति ही यह की है कि यह रचना आधुनिक रुचि और मानसिकता के अनुकूल नहीं है। एक उर्दू किताब के

एक भाग का हिन्दी अनुवाद 'भारत गौरवादर्श' के नाम से छपा। इस किताब में एक जगह लिखा है कि व्यास जी ने संजय को एक दूरबीन दी थी कि यहाँ से कुरुक्षेत्र का वृत्तान्त महाराज धृतराष्ट्र को बतलाते रहना। इस बात को प्रमाणिक बनाने के लिए 'महाभारत' के एक श्लोक का बिना उद्धृत किये हवाला दिया गया है।

सप्रे जी ने उस श्लोक को उद्धृत करते हुए इस झूठ का खण्डन किया कि भारत में महाभारतकाल में दूरबीन थी। समीक्षा के क्रम में उन्होंने आगे लिखा : "क्या इसी प्रकार के पॉलिश चढ़ाये चित्र से भारत का सत्य स्वरूप प्रकाशित हो जायेगा। यह बात तो इतिहास के अनुभव के बिल्कुल विरुद्ध जान पड़ती है कि भारतवर्ष राजनीति, शिक्षा, सुशासन, गणित, ज्योतिष, भूगोल, शिल्प, रसायन आदि में सम्पूर्ण संसार का शिक्षणालय था, जिसने सब प्रकार के विषयों में पूर्ण उन्नति कर ली थी और उसके लिए कोई विषय सीखने के लिए नहीं बचा था और न किसी विषय में कुछ उन्नति करने को रह गयी थी।" पाण्डेय जी ने सप्रे जी के लेखन से ये उदाहरण रामविलास जी के जवाब में नहीं बल्कि सप्रे जी कि आधुनिकता और इतिहास-दृष्टि के महत्त्व को रेखांकित करने के लिए दिये हैं। लेकिन इन उदाहरणों के पढ़ने के बाद सप्रे जी के कथित प्राचीनता प्रेम के आरोप का स्वतः प्रत्याख्यान हो जाता है।

सखाराम गणेश देउस्कर की आन्दोलनकारी पुस्तक के महत्त्व को भी रामविलास जी ने पहचाना। पाण्डेय जी ने लिखा है कि लम्बे समय के बाद हिन्दी में एक बार फिर 'देश की बात' के महत्त्व की पहचान रामविलास शर्मा की पुस्तक 'भारतीय संस्कृति और हिन्दी प्रदेश' के खण्ड-2 में हुई है। शर्मा जी ने सबाल्टर्न इतिहास-लेखन की दृष्टि और पद्धति से सखाराम गणेश देउस्कर की इतिहास-दृष्टि की तुलना करते हुए उनकी विशेषताओं का विवेचन किया है। 'महावीर प्रसाद द्विवेदी और हिन्दी नवजागरण' शीर्षक पुस्तक में देउस्कर कृत 'देश की बात' का ज़िक्र नहीं आता लेकिन इसी शीर्षक से द्विवेदी जी के लेख का ज़िक्र आता है। शर्मा जी ने लिखा है : "जुलाई 1914 की 'सरस्वती' में द्विवेदी जी ने एक टिप्पणी लिखी 'देश की बात', इसमें उन्होंने सुधारवादियों की देशभक्ति की कड़ी आलोचना की।" यह आश्चर्यजनक है कि उक्त उल्लेख के साथ रामविलास जी ने देउस्कर की पुस्तक के किसी सन्दर्भ की ज़रूरत नहीं समझी। मैनेजर पाण्डेय रेखांकित करते हैं कि 'सम्पत्तिशास्त्र' की भूमिका में गिरीश चन्द्रसेन की अर्थशास्त्र विषयक दो बांग्ला पुस्तकों का तो ज़िक्र किया लेकिन 'देश की बात' का नहीं। मैनेजर पाण्डेय ने द्विवेदी जी के 'सम्पत्तिशास्त्र' और देउस्कर कृत 'देश की बात' को निगाह में रखकर लिखा। डॉ. रामविलास शर्मा ने 'सम्पत्तिशास्त्र' के महत्त्व के प्रसंग में लिखा है,

"भारत के सन्दर्भ में ब्रिटिश साम्राज्यवाद की वैसी आलोचना उस समय तक अंग्रेज़ी में भी प्रकाशित नहीं हुई थी।" अंग्रेज़ी में भले ही वैसी आलोचना प्रकाशित नहीं हुई हो लेकिन सखाराम गणेश देउस्कर की 'देशेर कथा' में ब्रिटिश साम्राज्यवाद की आलोचना 'सम्पत्तिशास्त्र' से अधिक व्यापक, गहरी और प्रभावशाली है। प्रभाव और लोकप्रियता की दृष्टि से 'देशेर कथा' जैसी क्रान्तिकारी किताब शायद ही किसी भारतीय भाषा में स्वाधीनता आन्दोलन के दौरान लिखी गयी हो। इसलिए 'सम्पत्तिशास्त्र' के महत्त्व की वास्तविकता ठीक ढंग से समझने के लिए उसे 1940 में छपी रजनी पामदत्त की किताब 'आज का भारत' से नहीं बल्कि 1904 में छपी सखाराम गणेश देउस्कर की 'देशेर कथा' के साथ मिलाकर पढ़ना उचित होगा।

अकारण नहीं है कि आलोचना की दुनिया में तीनों पाठों के महत्त्व को न्यूनाधिक रूप से पहले रामविलास शर्मा और आगे विस्तार के साथ मैनेजर पाण्डेय ने रेखांकित किया। इसका मुख्य कारण दोनों आलोचकों की सक्रिय उपनिवेशवाद विरोधी मार्क्सवादी दृष्टि है जिसकी प्रासंगिकता और ज़रूरत न केवल देश की आज़ादी के बाद बनी रही बल्कि इक्कीसवीं सदी में भी बनी हुई है। इससे यह भी ज़ाहिर है कि आज जिसे उत्तर-औपनिवेशिक आलोचना कहा जाता है, उससे भिन्न कोटि का उपनिवेशवाद विरोधी आलोचकीय चिन्तन हिन्दी में मौजूद रहा है। उत्तर-औपनिवेशिकता सम्भवतः पहला ऐसा विमर्श है जो कि पश्चिम में पैदा तो हुआ लेकिन पश्चिम के बारे में नहीं है, बल्कि उपनिवेशित 'अन्य' के बारे में है। लेकिन अनुवादजीवी होने के चलते पूरब के बारे में मुख्यतः पश्चिमी पाठों की शक्ति-संरचना के विखण्डन पर केन्द्रित होने के चलते और अन्ततः उत्तर-संरचनावादी संकतशास्त्रीय पाठनीयता की पद्धति अपनाने के कारण उसके आलोचनात्मक उपक्रम बहुधा वास्तविक उपनिवेशवाद विरोधी आन्दोलनों के साथ जन्मे पाठों के साथ ऐतिहासिक यथार्थपरक संवाद बना पाने में नाकामयाब रहते हैं। उत्तर-औपनिवेशिक विमर्शों में 'उपनिवेश' जैसा पद भी राजनीतिक अर्थशास्त्र के सन्दर्भ से खिसककर अपने व्युत्पत्तिमूलक अर्थों में बहुधा प्रयुक्त होने लगा है। रामविलास शर्मा और मैनेजर पाण्डेय की आलोचना में उपनिवेशवाद विरोधी विमर्श उपरोक्त सभी कमज़ोरियों से मुक्त है। इसका प्रमुख कारण इन दोनों आलोचकों का मार्क्सवादी होना है जिसके कारण ही वे जानते हैं कि साम्राज्यवाद और उपनिवेशवाद पूँजीवाद का आकस्मिक रूप नहीं बल्कि अनिवार्य परिणाम है। इस लेख में हम मैनेजर पाण्डेय द्वारा चयनित जिन तीन पाठों के बारे में बात कर रहे हैं, उन तीनों के चयन का समान अधिकार है। उपनिवेशवाद विरोध और उसकी समकालीनता महज

अकादमिक नहीं बल्कि वास्तविक जीवन को सम्बोधित है। इसलिए 'देश की बात' की भूमिका में पाण्डेय जी ने लिखा है : "आज़ादी के बाद पैदा होने वाली पीढ़ी को भारत में अंग्रेज़ी राज के दमन और शोषण का अनुभव नहीं है और वह पराधीनता के यथार्थ के साक्षात् ज्ञान से भी अपरिचित है, शायद इसलिए वह भूमण्डलीकरण के मायालोक की ओर सबसे अधिक दौड़ती दिखाई देती है। ऐसे में पराधीनता के अनुभव और ज्ञान का साक्षात्कार करने वाली पुस्तक 'देश की बात' का नयी पीढ़ी के लिए विशेष महत्त्व है ताकि वह भारत के अतीत को जान-बूझकर अपने वर्तमान और भविष्य की दिशा तय कर सके। उनके लिए यह पुस्तक वर्तमान को आलोकित करने वाली और भविष्य का मार्गदर्शन करने वाली समृति की कौंध सिद्ध होगी।"

उपनिवेशवाद का देशज विश्लेषण और प्रतिकार

साम्राज्यवाद की लूट और झूठ की व्यवस्था के पाखण्ड का पर्दाफ़ाश इन तीनों पाठों की विशेषता है। देशज अर्थशास्त्रीय चिन्तन में बांग्ला से अनूदित 'देशेर कथा' से लेकर हिन्दी में माधवराव सप्रे के अनेक लेख और 'स्वदेशी आन्दोलन और बायकाट' शीर्षक पुस्तक, 1906 में द्विवेदी जी की 'सम्पत्तिशास्त्र', में राधामोहन गोकुल जी की 'देश का धन' 1910 और 1915 में पारसनाथ द्विवेदी की 'देश की दशा' आदि प्रकाशित पुस्तकें शामिल हैं जो इस बात का प्रमाण हैं कि औपनिवेशिक युग में अर्थशास्त्र सहित मानविकी के तमाम अनुशासनों में देशी मनीषा ने जो कुछ भी सिरजा, उसका मूल प्रस्थान बिन्दु उपनिवेश विरोध और जनता की मुक्ति की आकांक्षा ही है। 'सम्पत्तिशास्त्र' लिखते वक़्त द्विवेदी जी हमेशा यह याद रखते हैं कि वे ब्रिटिश उपनिवेशवाद के शिकार भारत का अर्थशास्त्र लिख रहे हैं। माधवराव सप्रे तो राजनीति, इतिहास, अर्थशास्त्र, समाजशास्त्र, मनोविज्ञान और विज्ञान से सम्बन्धित विषयों पर लिखते हुए प्रत्यक्षतः और मुखर तौर पर उपनिवेशवाद, अंग्रेज़ी राज विरोधी, होने के चलते प्रतिबन्ध और गिरफ़्तारी झेलते हैं। देउस्कर कि 'देशेर कथा' अपने शीर्षक में ही इस प्रस्थान बिन्दु का पता देती है और प्रतिबन्धित की जाती है। मैनेजर पाण्डेय यह रेखांकित करना नहीं भूलते कि अंग्रेज़ी राज में भारत के शोषण की प्रक्रिया का विवेचन देउस्कर जी से पहले दादाभाई नौरोजी, रमेशचन्द्र दत्त और विलियम डिग्वी ने भी किया था और ख़ुद देउस्कर जी ने 'देशेर कथा' लिखने में इनके लेखन से मदद ली। लेकिन एक तो अंग्रेज़ी में होने के चलते ये लेखन सामान्य पढ़े-लिखे लोगों की पहुँच से दूर था। दूसरे देउस्कर की पुस्तक का

लक्ष्य आम जनता में स्वदेशी की भावना जगाना और स्वाधीनता की चेतना पैदा करना था। ये लक्ष्य नौरोजी, रमेशचन्द्र दत्त और डिग्वी के सामने न था।

भारत की राजनीतिक आज़ादी के साथ पूँजीवाद की विश्व व्यवस्था में उसके आत्मसातन दूसरे शब्दों में अर्ध-सामन्ती, अर्ध-औपनिवेशिक विशेषताओं वाले भारतीय पूँजीवाद की आलोचना दृष्टि से सम्पन्न देशी भाषाओं में ज्ञान-सृजन का काम रुक-सा गया। इसके कारणों का विवेचन स्वतन्त्र चर्चा की मांग करता है। प्रगतिशील आन्दोलन की प्रेरणा से इस दिशा में जो कुछ काम हुआ भी, वह अंग्रेज़ी में ही ज़्यादातर हुआ। हम अन्य भारतीय भाषाओं के बारे में अधिकार से नहीं कह सकते, लेकिन हिन्दी मुख्यत: साहित्य की भाषा बनती गयी। स्वदेशी अनुभव प्रसूत ज्ञान की भाषा वह नहीं रह गयी।

इन तीनों पाठों में मैनेजर पाण्डेय ने बराबर यह रेखांकित किया है कि इनकी भाषा अनासक्त अकादमिक भाषा नहीं बल्कि अनुभव के दंश से आन्दोलित, फिर भी तथ्यपरक, विश्लेषणात्मक और वस्तुपरक ज्ञान की भाषा है। 'देश की बात' की भाषा के सम्बन्ध में मैनेजर पाण्डेय लिखते हैं कि देउस्कर जी की यह पुस्तक पराधीनता की पीड़ा से बेचैन और स्वाधीनता की आकांक्षा से उद्दीप्त मानस की रचना है। इसलिए उसकी भाषा में तर्कशीलता के साथ गहरा भावावेग भी है; दुःख के साथ आक्रोश भी है और बोधगम्य सहजता के साथ विचलित करने वाली प्रवाहमयता भी है। इसी तरह माधवराव सप्रे की पुस्तक 'स्वदेशी और बायकाट' के बारे में पाण्डेय जी ने लिखा है कि उनके बहिष्कार के समर्थन को भावुकता का परिणाम न माना जाये बल्कि उसे ऐतिहासिक अनिवार्यता समझा जाये, इसलिए उन्होंने आयरलैंड, अमेरिका, इटली, चीन और इंग्लैंड में बहिष्कार के इतिहास का विवेचन करते हुए यह विश्वास व्यक्त किया था कि "प्रजा कितनी भी दुर्बल हो, वह निःशस्त्र क्यों न हो, यदि वह दृढ़ निश्चय और ऐक्य भाव से कुछ करना चाहे तो सब कुछ साध्य हो सकता है। वह अन्यायी शासनकर्ताओं और अविचारी सत्ताधारियों को राह पर ला सकती है।" सप्रे जी की यह कथा तब जितना प्रेरणादायक थी उतना ही आज भी सार्थक और जनता के काम की है। 'सम्पत्तिशास्त्र' की प्रस्तावना में वह लिखते हैं कि 'सम्पत्तिशास्त्र' विशेषज्ञों के लिए लिखी गयी पुस्तक नहीं है, इसमें सरल बात को जटिल बनाकर कहने की जगह जटिल-से-जटिल बात को सरल-सहज रूप में कहने की कोशिश है। इस पुस्तक में अर्थशास्त्र के जटिल सिद्धान्तों को साधारण जनता की रोज़-ब-रोज़ की ज़िन्दगी के परिचित उदाहरणों से समझाया

गया है। 'सम्पत्तिशास्त्र' की विश्लेषण पद्धति, लेखन-शैली और भाषा में एक तरह की संवादधर्मिता है जो पाठकों को आकर्षित करती है, उन्हें आत्मीय बनाती है।

भारत किसानों का देश रहा है और आज भी है। इसलिए भारत में क्रान्ति चाहने वाले और उसके लिए प्रयासरत लोग और जमातें कृषि क्रान्ति को आज भी भारतीय क्रान्ति की धुरी मानती हैं। इन तीनों पाठों में औपनिवेशिक दौर में किसानों की तबाही का वर्णन, विवेचन और विरोध केन्द्रीय तत्त्व हैं। मैनेजर पाण्डेय ने लिखा है कि भारतीय किसानों की दुर्दशा के बारे में देउस्कर की चिन्ता और समझ आज भी हमारे लिए उपयोगी है। मैनेजर पाण्डेय अन्यत्र भी भूमण्डलीकरण के दौर में भारत में किसानों की आत्महत्याओं, जो अब तक दो लाख से भी ज़्यादा की संख्या पार कर चुकी है और यह परिघटना जो दुनिया के इतिहास में अभूतपूर्व परिघटना है, को लगातार अपने भाषणों और लेखन में उठाते हुए जनजागरण के लिए प्रयत्नशील हैं। देउस्कर ने न केवल 'देश की बात' में 'किसानों का सर्वनाश' शीर्षक एक अध्याय ही लिखा बल्कि इसी शीर्षक से 1904 में उन्होंने बांग्ला में एक स्वतन्त्र पुस्तक लिखी। 'सम्पत्तिशास्त्र' की प्रस्तावना में भी पाण्डेय जी लिखते हैं कि 'सम्पत्तिशास्त्र' के लेखक के मन में सबसे अधिक आक्रोश और बेचैनी भारत के किसानों की तबाही और कृषि की बर्बादी को लेकर है। इसलिए पुस्तक में सबसे अधिक चर्चा कृषि और किसान जीवन की समस्याओं की है। 'देश की बात' की प्रस्तावना में पाण्डेय जी ने लिखा है कि पूँजीवाद किसानों को सामन्ती व्यवस्था का अवशेष मानता है। इसलिए उनका विनाश अपनी उन्नति के लिए ज़रूरी समझता है। हालाँकि न तो पश्चिमी पूँजीवादी देशों में ही खेती-किसानी तबाह हुई; उद्योग में रूपान्तरित भले हुई और न ही उपनिवेशों में उन्होंने खेती को तबाह सामन्ती अवशेष मानकर किया। उलटे उन्होंने सामन्तवाद के साथ गठजोड़ कर ज़मींदारी, महाजनी व्यवस्था के माध्यम से किसानों को तबाह किया। पूँजीवाद का सामन्तवाद से विरोध का एक ख़ास अल्पस्थायी ऐतिहासिक क्षण रहा है जिसमें सामन्तवादी उत्पादन सम्बन्धों की गिरफ़्त में फँसे ज़मीन और अन्य संसाधन तथा श्रम शक्ति को स्वायत्त कर औद्योगिक पूँजी में बदलने की कोशिश पूँजीवाद की होती है और सामन्तवाद इसके ख़िलाफ़ खड़ा होता है।

यह प्रक्रिया किसानों को मज़दूर बनाने की भी प्रक्रिया है जो ख़ासी रक्तरंजित है और मज़दूर बनते किसानों के लिए भीषण दुखदायी होती है। विकसित पूँजीवादी देशों में सामन्तवाद से लड़ाई, मोल-तोल, सुलह-समझौते की लम्बी ऐतिहासिक प्रक्रिया में सामन्तवाद की हार हुई और खेती से स्वायत्त हुए संसाधन पूँजी में तब्दील हुए।

ख़ुद खेती भी उद्योग बनी। इस प्रक्रिया में इन देशों में किसान बड़े पैमाने पर पूँजी के तन्त्र में समाहित हुए। पूरी तरह साफ़ नहीं कर दिये गये। शुरू में पिछड़े पूँजीवादी देशों में भले ही कई जगह पूँजी के साथ उनका टकराव ज़रूर हुआ तो दूसरी ओर उपनिवेशों का पूँजीवादी विकास कभी भी औपनिवेशिक ताक़त का लक्ष्य नहीं था। उन्हें अपने मूल देशों में औद्योगिक क्रान्ति को सम्पन्न करना था। इसके लिए देशी उद्योग-धन्धों को तबाह कर, अपने उत्पादों के लिए बाज़ार क़ायम करने के साथ ज़ोर-ज़बरदस्ती से अपने उपनिवेशों से आदिम पूँजी संचय करने के लिए उन्होंने खेती और किसानों पर कर और लगान का भयानक बोझ डाला। जिसके चलते करोड़ों किसान अकाल के ग्रास बने। 'सम्पत्तिशास्त्र' और 'देश की बात' दोनों में इस दारुण प्रक्रिया का सविस्तार वर्णन है। इसलिए उपनिवेशवादियों से विरासत में मिले भारतीय पूँजीवाद का चरित्र उत्पादन प्रक्रिया में तमाम परिवर्तनों के बावजूद अभी भी बहुलांश में अर्ध-सामन्ती और अर्ध-औपनिवेशिक बना हुआ है तथा भारतीय राजसत्ता भी 'पूँजीपति भूस्वामी' हितों के गठजोड़ की ही राजसत्ता है। खेती में पूँजीवादी हस्तक्षेप पूँजी के युग की अनिवार्य प्रक्रिया है।

औपनिवेशिक दौर में यह हस्तक्षेप भारत जैसे उपनिवेशों में किसानों के विनाश की शक्ल में आया। बड़े ज़मींदारों और राजे-रजवाड़ों का कुछ नहीं बिगड़ा। भूदान जैसे टोटकों से भूमिहीनों को कुछ ख़ास राहत नहीं मिली। किसानों की सहमति पर आधारित सामूहिक या सहकारी खेती या खेती के राष्ट्रीयकरण के ज़रिये; जैसा कि आम्बेडकर का सुझाव था उत्पादकता बढ़ाकर बग़ैर कृषि पर आधारित आबादी को बेदख़ल और बर्बाद किया। खेती से निवेश योग्य पूँजी प्राप्त की जा सकती थी लेकिन इस रस्ते में सबसे बड़ी बाधा ख़ुद भारतीय पूँजीवाद का अर्ध-औपनिवेशिक और अर्ध-सामन्ती चरित्र ही था। खेतिहर समुदाय की आय में इज़ाफ़ा न होने का मतलब था राष्ट्रीय बाज़ार का संकुचित रह जाना। आज़ादी के बाद किसानों पर भले ही क़र्ज़ का वह बोझ न रहा हो जो कि औपनिवेशिक दौर में था, लेकिन ज़्यादातर किसान सीमान्त और छोटे किसान ही बने रहे। भूमिहीनों की संख्या बढ़ती ही गयी। खाद, बिजली, पानी पर सब्सिडी और उपज के लाभकारी मूल्यों पर सरकारी ख़रीद की व्यवस्था किसान-संघर्षों की बदौलत भूमण्डलीकरण के दौर से पहले तक जारी रही जिसके चलते खेतिहर आबादी किसी तरह जीती रह सकी। बेशक इन नीतियों से किसानों का एक छोटा हिस्सा अमीर भी हुआ और तथाकथित हरित क्रान्ति के क्षेत्रों में भारत के किसानों का एक हिस्सा पूँजीवादी किसानों में रूपान्तरित

भी हुआ। लेकिन आज़ादी के बाद भी बारम्बार कृषि संकट के दौर आते रहे और भूमि, मज़दूरी तथा बँटाईदारी व लाभकारी मूल्यों के सवालों पर किसान आन्दोलन बराबर फूटते रहे।

भूमण्डलीकरण, निजीकरण, उदारीकरण के वर्तमान दौर ने एक बार फिर औपनिवेशिक दौर की याद ताज़ा कर दी है। खेती की सब्सिडी और सरकारी मूल्य समर्थन की व्यवस्था ख़त्म किये जाने से खेती किसानों के लिए उत्तरोत्तर घाटे का सौदा होती गयी है। अन्तरराष्ट्रीय पूँजी के दबाव में कृषि उत्पाद भारी संख्या में निर्बन्ध रूप से आयात किये जाने लगे हैं। पाण्डेय जी ने 'सम्पत्तिशास्त्र' में 'बन्धन रहित और बन्धनविहित व्यापार' नामक अध्याय में द्विवेदी जी की इस राय को उचित ही रेखांकित किया है कि विकसित देशों के साथ व्यापार करते हुए पिछड़े हुए देशों को कुछ काल के लिए व्यापार बन्धन अवश्य रखना चाहिए और चेताया भी है कि द्विवेदी जी की यह राय आज भी तीसरी दुनिया के अधिकांश देशों के लिए और भारत के लिए विशेष रूप से प्रासंगिक है। आज विश्व मण्डी में भारत के किसानों को किसी भी देशी संरक्षण से मरहूम करके खड़ा कर दिया है। जिन विकसित देशों ने भारत पर खेती में सब्सिडी ख़त्म किये जाने का दबाव डाला। उन्होंने अपने यहाँ भारी सब्सिडी जारी रखी।

दुनिया के बाज़ार में नक़ली फ़सलों से लाभ प्राप्त करने का सब्ज़बाग़ भारत के किसानों को दिखाया गया। लेकिन असमान प्रतियोगिता में वे भला कहाँ ठहरते। क़र्ज़ के मकड़जाल में फँस भारत के अपेक्षतया विकसित प्रान्तों के किसानों ने पिछले दो दशकों में दो लाख से भी अधिक संख्या में आत्महत्याएँ की हैं। दूसरी ओर खेती घाटे का सौदा बन जाने के चलते उस पर निर्भर बड़ी आबादी का अनवरत विस्थापन जारी है। ये लोग रोज़ी-रोज़गार की तलाश में शहरी इलाक़ों में दर-दर भटकते हैं और साल के कुछ ही महीने छोटे-मोटे रोज़गार का जुगाड़ कर पाते हैं। 20 रुपये रोज़ पर गुज़ारा करने वाले 70 फ़ीसदी हिन्दुस्तानियों में अधिकांश सतत विस्थापित सीमान्त छोटे-ग़रीब किसान और खेत मज़दूर हैं। अधभूखे और कई जगह भुखमरी के शिकार खेती से विस्थापित ये लोग उद्योगों में भी नहीं खप सकते क्योंकि उदारीकरण की मार से पिछले 20 सालों में देश के तमाम छोटे और मझोले उद्योग धन्धे तबाह हो चुके हैं। नयी विश्व व्यवस्था की अन्तरराष्ट्रीय पूँजी का स्वरूप वित्तीय और सट्टेबाज़ है। उसे त्वरित मुनाफ़ा चाहिए। लम्बे दौर के उद्योगीकरण का उसका कोई लक्ष्य भी नहीं है। द्विवेदी जी और देउस्कर के वृत्तान्त में आज की परिस्थिति की झलक मौजूद है। द्विवेदी जी ने दिखलाया है कि कैसे खेती-किसानी ही

नहीं बल्कि देशी उद्योग-धन्धे और कारीगरी भी औपनिवेशिक दौर में नष्ट की गयी। ब्रिटिश उपनिवेशवाद ने भारतीय उद्योगों का कैसा नाश किया। देउस्कर की पुस्तक में उनके वृतान्त को लक्ष्य करते हुए पाण्डेय जी ने लिखा है कि जो लोग अंग्रेज़ी राज को भारत में उद्योगीकरण का पोषक समझते हैं, वे 'देश की बात' पढ़कर अपना भ्रम दूर कर सकते हैं। भ्रम तो आज के भूमण्डलीकरण उत्साहियों का भी दूर हो सकता है जो यह नहीं देख पा रहे हैं कि नव-साम्राज्यवाद ने किस तरह आज के भारत के तमाम देशी छोटे और मझोले उद्योगों का नाश किया है और उदारीकरण के चलते जो विश्व पूँजी हमारे देश के हर सेक्टर में प्रवेश कर रही है, उसका स्वाभाव ही उत्पादक नहीं है बल्कि देशी उद्योगों के लिए वह काल के सामान है। आज के ज़्यादातर उद्यम परिष्कृत तकनीक पर निर्भर हैं। उनमें बहुत कुशल वाइट कॉलर मज़दूर को भी रोज़गार की पक्की सुरक्षा नहीं प्राप्त है, फिर विश्व पूँजी के ये उद्यम अधिकांशतः देश के जल, जंगल, ज़मीन, खनिज स्पेक्ट्रम आदि की लूट पर निर्भर हैं। पहले से मौजूद राष्ट्रीय बाज़ार को उन्होंने बग़ैर नये उत्पादन में गये ही बड़ी देशी पूँजी के साथ साझा कर तथा सार्वजानिक क्षेत्र को सरकारों से औने-पौने दाम पर हथिया कर क़ब्ज़ा कर लिया है। बाक़ी का पूँजी निवेश देश की सम्पदा की खुली लूट के निमित्त है, जिसके लिए ज़मीन का जबरन अधिग्रहण किसानों और आदिवासियों के वर्तमान आक्रोश और विद्रोह का कारण है। खेती में कम्बाइन थ्रेशर आदि उच्च तकनीक आधारित मशीनों ने भी खेत मजूरी का काम छीना है। बड़े-बड़े फ़ार्म-हाउस वाली औद्योगिक खेती के लिए बड़ी पूँजी का जो रास्ता खोला गया है, वह किसानों की बड़ी आबादी को खेती से उजाड़कर ही अपने निजी मुनाफ़े का लक्ष्य हासिल कर सकता है।

इस मंजर की ऐतिहासिक पृष्ठभूमि को समझने में औपनिवेशीकरण के पिछले दौर का देशी वृत्तान्त और मूल्यांकन हमारी मदद करता है। द्विवेदी जी, सप्रे जी और देउस्कर का अर्थशास्त्रीय लेखन पराधीनता की पीड़ा से उपजा है और आज के भूमण्डलीकृत भारत की पीड़ित जनता के साथ उसका दर्द का रिश्ता है। साथ ही साथ उसका रिश्ता हमारे उस महान् राष्ट्रीय जागरण से भी है जिसकी दुर्व्याख्या की कोशिश का भी एक इतिहास बन चुका है। रामविलास जी ने 'सम्पत्तिशास्त्र' का 1857 के संग्राम से सम्बन्ध जोड़ते हुए ठीक ही लिखा है कि अंग्रेज़ों ने भारत की जनता की सबसे बड़ी सम्पत्ति, उसकी ज़मीन पर इजारा क़ायम कर उससे उसकी आजीविका का स्त्रोत्र ही छीन लिया है। इसका विशद वर्णन-विश्लेषण 'सम्पत्तिशास्त्र' में है, जिसे अपने अनुभव से जानने के चलते ही ग़दर में किसानों ने भागीदारी की थी।

'सम्पत्तिशास्त्र' का लेखक उसी तथ्य का विश्लेषण कर रहा है जो ग़दर के बाग़ी किसानों का सहज बोध था। आज जल, जंगल और ज़मीन की लूट इन संसाधनों पर निर्भर जनता की आजीविका का स्रोत्र छीन लेने का वैसा ही व्यापक अभियान है। आज यदि 'स्पेशल इकोनॉमिक ज़ोन' की सभी परियोजनाएँ लागू कर दी जायें तो भूमि-हड़प का वैसा ही तांडव भारत देखेगा जैसा कि उसने अंग्रेज़ी राज में देखा था। पाण्डेय जी ने 'देश की बात' की प्रस्तावना में इस पुस्तक में अंग्रेज़ों के पाखण्ड और बर्बरता के विशद विश्लेषण को लक्ष्य करने के क्रम में लिखा है कि इस बर्बरता का सबसे विकराल रूप सन् 1857 के महाविद्रोह के दमन के दौरान दिखाई दिया। 'माधवराव सप्रे का महत्त्व' शीर्षक लेख में पाण्डेय जी ने लिखा है कि आजकल इस देश में 1857 के महाविद्रोह के कारणों और परिणामों पर बहस हो रही है। उस बहस में अंग्रेज़ी राज की लूट और झूठ पर भी ध्यान दिया जाये तो महाविद्रोह का एक कारण समझ आयेगा।

मैनेजर पाण्डेय द्वारा चयनित इन तीनों पाठों की एक बड़ी विशेषता यह है कि एक ओर वे लिखे जाने से आधी सदी पहले हुए 1857 के विद्रोह के कारणों का प्रकारान्तर से सुराग़ देते हुए ऐतिहासिक परिप्रेक्ष्य को सही करते हैं तो दूसरी ओर अपने लिखे जाने के एक सदी बाद के नव-साम्राज्यवादी भूमण्डलीय अभियान के तहत देश की दशा का भी आईना बनते हैं। आज जब कि इस नव-साम्राज्यवादी दौर में राजनीतिक अर्थशास्त्र जैसे अनुशासन की ख़ुद अकादमिक जगत् से बेदखली हो रही है तब मैनेजर पाण्डेय द्वारा इन पाठों का चयन और पुनःस्तुति राजनीतिक अर्थशास्त्र को हमारे चिन्तन जगत् में फिर से प्रतिष्ठित करने का उपक्रम भी है। आज अस्मितावादी विमर्शों का बोलबाला है। अस्मिता की राजनीति भूमण्डलीकरण के दौर में प्रमुखता प्राप्त कर चुकी है। अस्मिता विमर्शों को भूमण्डलीय पूँजी का सांस्थानिक अकादमिक समर्थन भी प्राप्त है। साहित्य की दुनिया में भी ये विमर्श बहुत बड़ा दायरा घेरते हैं। धार्मिक, सामाजिक, क्षेत्रीय, राष्ट्रीय, जनजातीय, लैंगिक और वैचारिक अस्मिताएँ भारत जैसे महादेश में हैं, रही हैं और रहेंगी भी। इससे शायद ही कोई इनकार करे, लेकिन इन्हें नव-साम्राज्यवादी अभियान का मोहरा बनाये जाने से तभी रोका जा सकता है जब कि उन्हें राजनीतिक अर्थशास्त्र से सन्दर्भित किया जाये।

यह अकारण नहीं है कि जिस औपनिवेशिक दौर में हिन्दू और मुस्लिम धार्मिक अस्मिताओं का राजनीतिकरण और पृथक् राष्ट्रों के रूप में पुनर्निर्माण और रूपान्तरण हो रहा हो, उसके दौर के इन पाठों में विकसित इतिहास-दृष्टि भी इस

प्रक्रिया का राजनीतिक अर्थशास्त्र के नज़रिए से प्रत्याख्यान भी हो रहा है। इतना ही नहीं बल्कि इन पाठों में विकसित इतिहास-दृष्टि भी इस प्रक्रिया का प्रत्याख्यान करती है। पाण्डेय जी ने लिखा है कि भारत के स्वाधीनता संग्राम को कमज़ोर करने के लिए अंग्रेज़ों ने हिन्दुओं और मुसलमानों के बीच फूट डालने की हर सम्भव कोशिश की। इसी चाल के तहत मुसलमानी शासन काल को अन्याय, अन्धकार और अत्याचार का दौर साबित करने की कोशिश भी हुई। सखाराम गणेश देउस्कर ने 'देशेर कथा' में अंग्रेज़ी राज की इस चाल का विस्तार से पर्दाफाश किया है। देउस्कर बाक़ायदा आँकड़े देकर यह सिद्ध करते हैं कि उच्च पदों पर हिन्दुओं की नियुक्ति मुग़लकाल में अंग्रेज़ी काल के मुक़ाबले कहीं ज़्यादा थी। देउस्कर ने बलेन्द्र ठाकुर के साक्ष्य पर मुसलमान राजाओं के राजत्व के फलस्वरूप हिन्दी जैसी सब प्रदेशों में प्रचलित भाषा के बनने और स्थापत्य में भारत की अभूतपूर्व उन्नति की चर्चा की है। इतिहास के विरूपण द्वारा हिन्दू-मुस्लिम विद्वेष को लक्ष्य कर देउस्कर ने लिखा कि अंग्रेज़ इतिहासकार हिन्दुओं के हृदय में मुसलमान विद्वेष की आग प्रज्वलित करने की कोशिश बराबर किया करते हैं, उससे भी बड़े दुःख की बात है कि कई अदूरदर्शी हिन्दू लेखक भी काव्य, नाटकादि में मुसलमान भाइयों की वृथा निन्दा कर राजपुरुषों की कामना पूर्ण करने में उन्हें सहायता दे रहे हैं।

राजपुरुषगण कभी मुसलमानों के प्रति और कभी हिन्दुओं के प्रति पक्षपात दिखाकर दोनों जातियों में विद्वेष बढ़ाने का प्रयत्न किया ही करते हैं। पाण्डेय जी ने देउस्कर के दृष्टिकोण की समकालीन प्रासंगिकता को रेखांकित करते हुए लिखा है कि आज के साम्प्रदायिक उभार के समय में 'देश की बात' साम्प्रदायिकता के स्रोतों और रूपों की जानकारी देकर पाठक को साम्प्रदायिक सोच से बचने में मदद करेगी। द्विवेदी जी के 'सम्पत्तिशास्त्र' का अध्ययन भी इस लिहाज़ से आँख खोलने वाला है। द्विवेदी जी ने लिखा है कि मुस्लिम शासनकाल में व्यापार की ख़ूब उन्नति हुई जो अंग्रेज़ों के पदार्पण के साथ ही अवनति में बदल गयी। पाण्डेय जी ने प्रस्तावना में लिखा है कि द्विवेदी जी ने 'सम्पत्तिशास्त्र' में भी इस भ्रामक मान्यता का खण्डन किया है कि मुसलमानों के शासनकाल में इस देश की सम्पत्ति का नाश हुआ। उनके अनुसार किसी देश की सम्पत्ति घटने के तीन प्रमुख कारण हैं—प्राकृतिक, राजकीय और व्यापार विषयक। द्विवेदी जी ज़ोर देकर कहते हैं कि मुसलमानी शासनकाल में इन तीनों में से किसी कारण से देश की सम्पत्ति नहीं घटी। लेकिन आज भी भारत में मुसलमानों को लेकर न जाने कितनी ग़लत बातों का प्रचार योजनाबद्ध ढंग से किया जाता है।

साम्राज्यवादी वैचारिकी का प्रत्याख्यान

पाण्डेय जी द्वारा चुने गये इन तीनों पाठों में साम्राज्यवाद के राजनीतिक प्रभुत्व और आर्थिक विनाशलीला का ही पाठ नहीं मिलता, अपितु साम्राज्यवाद के वैचारिक वर्चस्व की प्रक्रियाओं का भी, बल्कि इसमें भी सर्वाधिक सजगता देउस्कर की 'देश की बात' पुस्तक में दिखती है। मैनेजर पाण्डेय लिखते हैं कि 'देश की बात' का एक अध्याय है 'सम्मोहन चित्त-विजय' जिसमें ब्रिटिश उपनिवेशवाद द्वारा भारतीय मानस को उपनिवेश बनने की पूरी जटिल प्रक्रिया और उसके परिणामों का ब्यौरेवार विश्लेषण किया गया है। औपनिवेशिक शासन में रहने वाले लोगों की मानसिकता और उससे मुक्ति की प्रक्रिया का विवेचन बीसवीं सदी के उत्तरार्द्ध में फ्रैंज फ़ैनन, एडवर्ड सईद और न्यूगी वा थियोंग जैसे विचारकों और लेखकों ने किया है। यह देखकर सुखद आश्चर्य होता है कि देउस्कर उन्नीसवीं सदी के अन्त और बीसवीं सदी के आरम्भ में ही इस जटिल समस्या के बारे में इतने सजग हैं और उसका इतनी बारीकी से विश्लेषण करते हैं। देउस्कर ने नैतिक औचित्य स्थापन के लिए भारत के बारे में अंग्रेज़ों के बनाये जिन मिथकों का पर्दाफाश किया, उनमें भारत की कल्पित असभ्यता एक है।

देउस्कर ने विस्तार से दिखलाया कि व्यापार शिल्प एक कला ही नहीं बल्कि सड़क के संजाल तक में भारत औपनिवेशिक दौर से पहले कितना सुसभ्य था। उन्होंने पूर्वी देशों या भारत में अधिनायकशाही के मिथक का भी प्रत्याख्यान करते हुए दिखलाया कि उलटे धर्म और राजसत्ता का अधिनायकवादी गठजोड़ पश्चिम के इतिहास का सच है। हिन्दू-मुस्लिम वैमनस्य और उनके दो राष्ट्र होने के मिथक के प्रत्याख्यान की चर्चा पहले हो चुकी है। भारत में वर्तमान सामाजिक बुराइयों को अंग्रेज़ भारत की असभ्यता का प्रतीक-चिह्न बताकर उसे स्वराज्य के योग्य ठहरा रहे थे। इसके ठीक विपरीत देउस्कर जैसे देशभक्त स्वराज्य के अभाव को ही इन बुराइयों का कारण मानते थे। सप्रे जी की पुस्तिका 'स्वदेशी आन्दोलन और बायकाट' में सप्रे जी की यह स्पष्ट राय है कि जब तक इस देश में स्वराज्य स्थापित न हो जायेगा, तब तक अन्य विषयों में सुधार करने का यत्न सफल न होगा। 'सम्पत्तिशास्त्र' में भी द्विवेदी जी मुस्लिम काल के दानवीकरण का प्रत्याख्यान करते हुए उपनिवेशवादी नस्लवाद को भी चिह्नित कर उसकी आलोचना करते हैं। औपनिवेशिक, वैचारिक और नैतिक औचित्य स्थापन के प्रतिरोध की दृष्टि से 'देश की बात' की भूमिका में पाण्डेय जी ने आज के अमेरिकी साम्राज्यवाद

द्वारा स्वतन्त्रता, लोकतन्त्र और मानवाधिकार की स्थापना के नाम पर ईराक़, अफ़ग़ानिस्तान और दीगर तीसरी दुनिया के देशों में अमेरिकी हमलों के हवाले से दिखलाया है कि कैसे पुराने उपनिवेशवाद और आज के साम्राज्यवाद के वैचारिक और नैतिक औचित्य स्थापन के पाखण्डी तौर-तरीक़े में एक अद्‌भुत निरन्तरता है। साथ ही, वे इनमें आये अन्तर को भी स्पष्ट करते चलते हैं। इन प्रस्तावनाओं के ज़रिये पाण्डेय जी ने इन चुने हुए पाठों का प्रकारान्तर से अर्थ विस्तार किया है।

पाण्डेय जी द्वारा इन पाठों की व्याख्या में अध्ययन के कुछ नये क्षेत्र भी खुलते हैं। औपनिवेशिक वैचारिक वर्चस्व और उसके प्रतिरोध में अनुवादों की भूमिका ऐसा ही क्षेत्र है। 'देश की बात' की भूमिका में वे लिखते हैं कि भारत में जब नवजागरण की शुरुआत हुई तब भारत का शिक्षित समुदाय एक विचित्र स्थिति का सामना कर रहा था। 18वीं और 19वीं सदियों में भारतविदों द्वारा भारतीय पाठों के अंग्रेज़ी तथा अन्य यूरोपीय भाषाओं में जो अनुवाद हुए थे, वे यूरोप वालों के लिए हुए थे। लेकिन अधिकांश भारतीय शिक्षित लोग इन अनूदित पाठों को ही भारतीय क़ानून, दर्शन और साहित्य आदि के ज्ञान का मूल स्रोत मान रहे थे। यही नहीं, वे उन पाठों के माध्यम से भारतविदों द्वारा निर्मित भारत, भारतीयता, समाज, संस्कृति और इतिहास सम्बन्धी विचार-विमर्श तथा आख्यान को प्रामाणिक मानकर ग्रहण कर रहे थे क्योंकि वे अनुवादक की दृष्टि, पद्धति और पाठों को स्वाभविक समझ रहे थे। इस प्रक्रिया से भारत की जो पहचान, छवि या अस्मिता निर्मित हुई, वह एक प्रकार से अनूदित अस्मिता थी। वह एकान्तिक और अनुकरणपरक भी थी और उससे निकला राष्ट्रवाद भी वैसा ही था। कहने की ज़रूरत नहीं कि आज़ाद भारत में भी भारतीयता कि एक ख़ास काट की आभिजात्य धारणा ओरिएंटलिस्ट अवशेष ही है जिसे साहित्य में भी कुछ हलक़ों में काफ़ी महिमामण्डित किया जाता रहा है। दूसरी ओर उपनिवेश पूर्व भारत के उपयोगितावाद अवमूल्यन की भी धारणाएँ अभी बाक़ी हैं। भारत में अस्मिताओं की राजनीति को इस दृष्टि से देखना भी रोचक होगा कि इनमें निविष्ट अस्मिताओं का कितना हिस्सा औपनिवेशिक प्रक्रिया के अनुवाद में निर्मित हुआ और कितना वास्तविक और ऐतिहासिक है। अनूदित राष्ट्रवाद पुनरुत्थान और अधिनायकवाद का पोषक है, जिसकी विभीषिकाओं से भारत आज भी झुलस रहा है। पाण्डेय जी ने उपनिवेशवादियों और उनके विरोधी लेखकों के अनुवाद की प्रक्रिया में अन्तर स्पष्ट करते हुए लिखा है कि उपनिवेशवादियों ने अनुवाद को भारतीय परम्परा और मानस पर क़ब्ज़ा करने का साधन बनाया था

तो भारतीय नवजागरण के विचारकों ने अनुवाद की अपनी परम्परा को मुक्ति और स्वत्व की पहचान का माध्यम बनाया।

भारतीय लेखक अनुवाद को औपनिवेशिक प्रभावों के विरुद्ध प्रतिरोध के साधनों के रूप में विकसित कर रहे थे। साथ ही, वे आधुनिक चिन्तन और ज्ञान-विज्ञान से भारतीय समाज को परिचित कराने के लिए अनुवाद का काम कर रहे थे। भारत में स्वाधीनता आन्दोलन के दौरान राष्ट्र की कल्पना और धारणा के विकास, नवजागरण की चेतना के निर्माण और प्रसार, विभिन्न जातीयताओं के बीच सम्बन्ध के विकास और अखिल भारतीय दृष्टि के उभार में अनुवादों की भूमिका के अध्ययन किये जाने का पाण्डेय जी का प्रस्ताव बेहद महत्त्व का है। सप्रे जी द्वारा मराठी से तिलक के 'गीता रहस्य', समर्थ रामदास के 'दासबोध' और चिं.वि. वैद्य के 'महाभारत का उपसंहार' का 'महाभारत मीमांसा' शीर्षक से हिन्दी में अनुवाद के महत्त्व को उन्होंने इसी सन्दर्भ में रेखांकित किया है। 'देशेर कथा' के हिन्दी में अनुवाद की दिलचस्प कहानी का उन्होंने बयान किया है।

नवजागरण के स्वरूप की पड़ताल

हिन्दी में नवजागरण के विभिन्न पक्षों पर लगातार बहसें होती रही हैं। एकांगीपन भी इन बहसों और चर्चाओं में प्राय देखा जा सकता है। मैनेजर पाण्डेय ने इन तीनों पाठों के ज़रिये नवजागरण के सम्बन्ध में कुछ महत्त्वपूर्ण बातें कही हैं। नवजागरण पर चर्चा के क्रम में अकसर हिन्दी नवजागरण, मराठी और बांग्ला के नवजागरण के बीच भिन्नता दर्शाने की चेष्टा होती रही है। भिन्नताएँ हैं भी जिनका एक कारण औपनिवेशिक प्रक्रिया के प्रसार की विषमता भी है। मैनेजर पाण्डेय ने भिन्नताओं के साथ-साथ नवजागरण की अन्त:प्रादेशिक एकता के सूत्रों को भी स्पष्ट करने की कोशिश की है। मराठीभाषी देउस्कर हिन्दी क्षेत्र में रहे और बांग्ला में लिखते रहे। मराठी भाषी सप्रे हिन्दी के ही लेखक हैं। पाण्डेय जी के शब्दों में : "माधवराव सप्रे हिन्दी नवजागरण को मराठी नवजागरण से जोड़ते हैं। जैसे सखाराम गणेश देउस्कर बांग्ला नवजागरण को मराठी नवजागरण से।" 'सम्पत्तिशास्त्र' और 'देश की बात' की प्रस्तावना में पाण्डेय जी ने लिखा है कि "देउस्कर भारतीय नवजागरण के ऐसे विचारक हैं जिनके चिन्तन और लेखन में स्थानीयता और अखिल भारतीयता का अद्‌भुत संगम हुआ है।" पाण्डेय जी रेखांकित करते हैं कि द्विवेदी जी सामाजिक समस्याओं का विवेचन करते वक़्त सिर्फ़ हिन्दी प्रदेश नहीं बल्कि पूरे देश का ख़याल करते हैं। किसानों के सर्वनाश का चित्र खींचते वक़्त बंगाल, पंजाब, बम्बई

और मद्रास के किसान भी उनके ध्यान में हैं। इतना ही नहीं, बल्कि नस्लभेद के बारे में बात करते हुए दूसरे देशों में बसे हिन्दुस्तानियों, जिनके लिए अब 'भारतीय डायस्पोरा' पद का व्यवहार होता है, के साथ गोरी चमड़ी वालों के भेद-भाव के बारे में भी वह लिखते हैं।

नवजागरण के बारे में मैनेजर पाण्डेय ने सर्वाधिक विचार 'माधवराव सप्रे का महत्त्व' शीर्षक लेख में किया है। इस लेख के आरम्भ में ही वे लिखते हैं कि यह मानी हुई बात है कि दुनिया भर में उपनिवेशवाद के विरुद्ध संघर्ष संस्कृति के मोर्चे पर भी होता रहा है। साहित्य और दूसरी कलाओं में एक ऐसी देशी विश्वदृष्टि के विकास की कोशिश होती रही है जो उपनिवेशवाद की वर्चस्ववादी विश्वदृष्टि का मुक़ाबला कर सके। इसी प्रक्रिया में नवजागरण की शुरुआत होती है। हिन्दी नवजागरण के निर्माता हिन्दी के साहित्यकार थे। वे बंगाल और महाराष्ट्र के नवजागरण के नायकों की तरह मुख्य रूप से समाज सुधारक नहीं थे। बंगाल और महाराष्ट्र के नवजागरण को गति और दिशा देने वाले अनेक बुद्धिजीवी साहित्यकार भी थे, उनकी भूमिका नवजागरण की प्रक्रिया को व्यापक बनाने की थी जब कि हिन्दी के साहित्यकार हिन्दी नवजागरण के जनक थे। उनकी नवजागरण की चेतना उनकी साहित्यिक कृतियों में व्यक्त हुई थी। इसलिए वह वैसी सुनिश्चित, स्पष्ट और तेजस्वी नहीं थी जैसी बांग्ला और मराठी नवजागरण की चेतना थी।

हिन्दी में नवजागरण की चेतना का जो विकास हुआ, उसका एक स्रोत बंगाल का था तो दूसरा महाराष्ट्र का। इन दोनों क्षेत्रों में नवजागरण की चेतना का जन्म पहले हुआ था। हिन्दी नवजागरण के एक निर्माता भारतेन्दु हरिश्चन्द्र का बंगाल के नवजागरण से गहरा सम्बन्ध था तो दूसरे निर्माता महावीरप्रसाद द्विवेदी का महाराष्ट्र के नवजागरण से। इन दोनों के सम्बन्धों के पर्याप्त प्रमाण उनके लेखन में मौजूद हैं। हिन्दी नवजागरण के निर्माता केवल साहित्यकार न थे, वे सभी साहित्यकार के साथ-साथ जागरूक पत्रकार भी थे। इसलिए वे अपने समय और समाज के सामने खड़ी चुनौतियों और समस्याओं के बारे में गम्भीरता से सोचने और लिखने वाले आधुनिक बुद्धिजीवी थे। उन्होंने अपने समाज के राजनीतिक, आर्थिक, सामाजिक और सांस्कृतिक मुद्दों पर लिखा है। ऐसे बुद्धिजीवी केवल हिन्दी नवजागरण में ही नहीं, देश के अन्य भागों के नवजागरण में भी दिखाई देते हैं। भारतीय नवजागरण की प्रक्रिया से एक समग्रतापरक सोच का विकास हुआ था, जिसकी अभिव्यक्ति नवजागरण के प्रतिनिधि बुद्धिजीवियों के चिन्तन और लेखन में मिलती है।

नवजागरण एक अखिल भारतीय समग्रतापरक प्रक्रिया थी। इसे स्वायत्त भाषाई इकाइयों में देखना, परखना भ्रामक भी हो सकता है। इससे बेहतर तरीक़ा यह है कि इसे उसके विकासक्रम और द्वन्द्वात्मक सम्बन्धों के नज़रिए से देखा जाये और मैनेजर पाण्डेय ने यही किया है। वे लिखते हैं कि बंगाल और महाराष्ट्र के नवजागरणों में पहले स्थानीय चिन्ताएँ प्रबल थीं। बंगाल में 'बंग चेतना' प्रमुख थी और महाराष्ट्र में 'महाराष्ट्र धर्म' पर ज़ोर था। लेकिन बाद में भारतीयता की भावना का विकास हुआ। हिन्दी में आरम्भ से ही भारत की दुर्दशा का बोध प्रमुख रूप से लेखकों के चिन्तन और लेखन की दिशा तय कर रहा था। भारतीय नवजागरण के समय कुछ ऐसे बुद्धिजीवी भी सामने आये जो अपनी भाषा और अपने क्षेत्र के बदले उस भाषा और क्षेत्र के जागरण के लिए प्रयत्नशील रहे जिसे उन्होंने अपना बनाया और माना। ऐसे दो बुद्धिजीवी विशेष रूप से उल्लेखनीय हैं–एक हैं, सखाराम गणेश देउस्कर और दूसरे माधवराव सप्रे।

दरअसल भारत का नवजागरण एक ऐसा समुद्र मन्थन था जिसमें अमृत भी निकला और विष भी। आज अजीब बात देखने को यह आ रही है कि जहाँ एक ओर प्रतिक्रियावादी ताक़तें नवजागरण के हलाहल को वर्तमान तक खींच ला रही हैं, वहीं दूसरी ओर प्रगतिशील सोच के कई दावेदार उनके दावों की पुष्टि कर रहे हैं। मानो नवजागरण और कुछ नहीं बल्कि सिर्फ़ और सिर्फ़ साम्प्रदायिक पुनरुत्थानवादी और प्रतिक्रियावादी था। ज़ाहिर है कि यह दृष्टिकोण एकांगी और उथला है। मैनेजर पाण्डेय ने 'सम्पत्तिशास्त्र' पर विचार करते हुए लिखा है कि भारत में अंग्रेज़ी राज के कारण किसान, दस्तकार तबाह हुए। मज़दूर असहाय और पूँजीपति दलाल और पिछलग्गू बन गये। क्या यह आज के नवसाम्राज्यवाद के दौर में भी सही नहीं है? अगर है तो नवजागरण के इन निष्कर्षों का आज के दौर में कैसा मूल्यांकन होना चाहिए? 'माधवराव सप्रे का महत्त्व' शीर्षक लेख में पाण्डेय जी ने लिखा है, नवजागरण की केन्द्रीय विशेषता है–स्वाधीनता की चेतना। भारतीय नवजागरण में यह चेतना अनेक रूपों में व्यक्त हुई है। उसका सबसे व्यापक रूप उपनिवेशवाद विरोधी भावना के जागरण में दिखाई देता है। क्या यह अच्छा नहीं होगा कि आज के नवजागरण के अध्येता इसी प्रस्थान बिन्दु से नवजागरण पर विचार करते हुए आज की परिस्थिति में साम्राज्यवाद विरोध की धारा को सींचने के लिए उसके अमृत को भी खींच लायें, बग़ैर हलाहल को नज़रअन्दाज़ किये।

भक्तिकाल की पुनर्व्याख्या की आवश्यकता

विनोद शाही

साहित्य की समुचित व्याख्या के सन्दर्भ में समाजशास्त्रीय आलोचना-पद्धति की अपर्याप्तता को महसूस करने के बावजूद मैनेजर पाण्डेय यदि उसे ही ग्राह्य मानते हैं, तो कोई तो वजह होनी चाहिए, वह एक हद तक साहित्येतर हो सकती है।

हम जानते हैं कि सूरदास का काव्य मुख्यत: प्रगीत शैली में लिखा गया है। प्रगीत में वैयक्तिकता की अभिव्यक्ति सर्वाधिक होती है। वहाँ लय की प्रधानता के कारण निजता का समावेश स्वत: होने लगता है। लय प्रगीत को बार-बार दोहराने या गुनगुनाने लायक़ बना देती है, इसलिए वहाँ बुद्धि व्यापार थोड़ा स्थगित हुआ सा रहता है। वहाँ 'सामाजिकता' व्यंजित रूप में अधिक रहती है, अत: 'सामाजिक आलोचना' के लिए अवकाश कम हो जाता है।

सामाजिकता और सामाजिक आलोचना के दरम्यान कोई विरोध नहीं होता। तथापि फ़र्क़ यह होता है कि सामाजिक आलोचना में बुद्धि पक्ष अधिक मुखर होता है, जब कि प्रगीत उस सामाजिकता को सहज रूप में आत्मसात् करता है, जिसका सम्बन्ध समाज में बद्धमूल भाव संरचना से होता है। इसलिए वह प्रगीत, जो हमारे मध्यकाल में निर्गुण ज्ञानधारा के भीतर से सामने आया, वहाँ हमें ऐसी सामाजिकता दिखाई देती है, जो सामाजिक आलोचना के गर्भ से जन्म लेती है। इसकी तुलना में वह प्रगीत, जो सूरदास जैसे कवियों की सगुण भक्ति का आधार है, वहाँ सामाजिकता, समाज के रागात्मक सम्बन्धों और वर्ण व्यवसायमूलक संस्थाओं की भाव संरचनाओं की ज़मीन से अनिवार्यता बँधी रहती है।

इससे स्पष्ट होता है कि सगुण भक्तिकाव्य की सामाजिकता, यथास्थितिवादी अधिक होती है। यथार्थ के अन्तर्विरोधों के पार जाने के लिये ऐसी सामाजिकता अतीत के समरसतामूलक यथार्थ का उद्‌बोधन करती है। अत: वह अपनी मूल चेतना में ख़ुद को पुनरुत्थानवादी होने से बचा पाने में बहुत समर्थ नहीं होती।

दूसरी ओर वह सामाजिकता, जो निर्गुण ज्ञानधारा के काव्य में बरास्ते सामाजिक आलोचना आत्मसात् करने लायक़ बनती है, वहाँ अतीत की जगह भविष्य एक सम्भावना की तरह खुलता है। वहाँ सामाजिक अन्तर्विरोधों से उबरने के लिए यथार्थ का भविष्योन्मुख रूपान्तर ग्राह्य होता है।

इसलिए निर्गुण और सगुण धारा दोनों में, जिस यूटोपिये की बात यकसाँ नज़र आती है, वह अपनी प्रकृति में एक दूसरे से बहुत अलग होता है।

मैनेजर पाण्डेय ने पूरे भक्ति काव्य को इस यूटोपिये की मौजूदगी की वजह से एक ही तरह का माना है, जब कि वस्तुस्थिति इन दोनों धारणाओं को एक-दूसरे से बहुत अलग साबित करती है।

मैनेजर पाण्डेय ने अपने भक्तिकाल सम्बन्धी अध्ययनों में अपना ध्यान मुख्य रूप में सूरदास पर केन्द्रित किया है। पर इस सन्दर्भ में वे जब समाजशास्त्रीय आलोचना-पद्धति को आधार बनाते हैं, तो उसे लेकर वे ख़ुद दिक़्क़त का अनुभव करते हैं। वे कहते हैं :

"कविता सचमुच समाजशास्त्रीय आलोचना के लिए टेढ़ी खीर है।..ख़ासतौर से जब प्रगीत की सामाजिकता की व्याख्या के नाम पर उसे कवि की सामाजिक दृष्टि का दृष्टान्त मान लिया जाता है या आलोचक की सामाजिक मान्यताओं को सिद्ध करने का साधन बना दिया जाता है, तब कविता के साथ अन्याय होता है।"

इस मत को ध्यानपूर्वक देखें। यहाँ तीन तरह की सामाजिकता की बात हुई है। पहली, 'प्रगीत की सामाजिकता' दूसरी, 'कवि की सामाजिक दृष्टि' और तीसरी, 'आलोचक की सामाजिक मान्यताएँ'। मैनेजर पाण्डेय यहाँ आलोचना का लक्ष्य यह मानते हैं कि सामाजिकता की बात कुछ इस तरह की होनी चाहिए कि 'कविता के साथ अन्याय न हो।' यह सवाल सैद्धान्तिक है, इसलिए गम्भीर विवेचन की माँग करता है।

जब हम प्रगीत की सामाजिकता का सवाल उठाते हैं, तो हमारे लिए ज़रूरी हो जाता है कि हम सामाजिकता के स्वरूप पर विचार करें।

प्रगीत में अन्तरंगता, निजता, वैयक्तिकता, लयबद्धता और भाव संकुलता के प्राधान्य के वजह से, सामाजिकता वहीं सम्भव है, जहाँ वह, 'निजात्म के सर्व से सम्बन्ध' के बजाय, 'आराध्य या प्रिय के प्रति निज के आत्म निवेदन' की तरह उपलब्ध हो सके।

इस लिहाज़ से कबीर जैसे निर्गुण सन्त बेहतर स्थिति में नज़र आते हैं। वे 'समुद्र समाना बुंद में', की तर्ज़ पर, सामाजिक सम्बन्धों की विराटता के साथ रिश्ता बना

पाते हैं। 'हम घर आव राजा राम भरतार' जैसी पंक्तियाँ अपनी व्यंजना में, सत्ता तन्त्र, ब्रह्म भाव और सामान्य दाम्पत्य सम्बन्धों तक फैल जाती हैं। परन्तु इस तरह की 'सामाजिक निजता' को सगुण भक्त कभी आसानी से उपलब्ध नहीं हो सकता।

सगुण भक्त की दुनिया का निजी क्षेत्र विनय, दास्य या प्रेम का क्षेत्र बना रहता है। सामाजिकता पृष्ठभूमि से झाँकती हुई, माधव या राम के प्रसाद या करुणा का लीला क्षेत्र भर बनी रहती है। सामाजिक क्षेत्र के अन्तर्विरोधों से उपजने वाली पीड़ा, वहाँ विनय भक्ति या माधव की कृपा को पाने की पुकार में बदल जाती है। भक्त के अपने कर्मठ हस्तक्षेप के लिये वहाँ कोई ख़ास गुंजाइश पैदा नहीं होती।

इसलिए ऐसी निजता में सामाजिकता की खोज, जैसा मैनेजर पाण्डेय ने स्वीकार किया, सिवाय 'काव्य से अन्याय' करने के और कही नहीं पहुँचाती।

इसे उनकी आलोचना की उलटबासी ही कहा जा सकता है कि वे एक असम्भव क्षेत्र में प्रवेश करते हुए, एक तरफ़ सूरदास के काव्य में सामाजिकता को खोज निकालते हैं और दूसरी तरफ़ ऐसी आलोचना दृष्टि को अपना आदर्श मानते हैं, जो साहित्य का लक्ष्य, 'रूपान्तरकारी सामाजिकता' में देखती है।

आलोचना में समाजशास्त्रीय पद्धति का सूत्रपात करने का श्रेय कैनेथ बर्क को दिया जाता है, हालाँकि इस सन्दर्भ में सम्यक् भूमिका बनाने का काम, बर्क से बहुत पहले से ही मार्क्सवादी आलोचना-पद्धति ने करना आरम्भ कर दिया था।

इन दोनों पद्धतियों में पर्याप्त समानता है। तथापि फ़र्क़ यह है कि मार्क्सवादी आलोचना-पद्धति केन्द्र में समाज की व्याख्या का आधार वर्ग विभाजन होता है और 'सामाजिकता' की व्याख्या उत्पादन पद्धतियों के अन्तर्विकास के आधार पर प्रकट होने वाली सभ्यतामूलक तब्दीलियों की तरह की जाती है। समाजशास्त्रीय पद्धति उसे सामाजिकता की व्याख्या का एक ख़ास रूप भर मानती है और अन्य प्रकार की व्याख्याओं के लिए खुली रहती है। इसलिए बर्क, हैरिंगटन और मौरेती जैसे समाजशास्त्रीय आलोचक मार्क्सवाद से सम्बन्धित फ्रैंकफ़र्ट स्कूल के आलोचकों से कुछ भिन्न नतीजों तक पहुँचते हैं।

इस कड़ी में अब जो स्त्रीवादी और दलितवादी आलोचना सामने आ रही है, वह भी मुख्यत: साहित्य की सामाजिक अन्तर्वस्तु की बात करती है।

तब सवाल उठता है कि इनमें से वह कौन सी पद्धति है, जिसे 'कविता के साथ अन्याय करने' या न करने का ज़िम्मेवार माना जा सकता है?

यहाँ इस बात को रेखांकित करना ज़रूरी लगता है कि जब हम इस पद्धति का इस्तेमाल करते हुए साहित्य की सामाजिकता का उद्घाटन कर रहे होते हैं, तो हमें

साहित्य की व्याख्या समाज के 'वैकल्पिक यथार्थ और इतिहास' की अभिव्यक्ति करने वाली रचनाशीलता की तरह मालूम पड़ती है। जो लोग साहित्य को 'समाज के आईने' की तरह देखने के आदी हैं, उनके सामने दिक़्क़त यह होती है कि वे साहित्य और समाजशास्त्र के बीच फ़र्क़ करने के लिए कोई अर्थपूर्ण दलील नहीं दे पाते। पर जब हम साहित्य में 'समाज और इतिहास के विकल्प' को देखने की बात की ओर रुख़ करते हैं, तो हम उस रचनाशीलता की मौजूदगी के लिए जगह बना पाते हैं, जो साहित्य को साहित्य बनाती है।

जहाँ तक मैनेजर पाण्डेय का सवाल है, वे स्वयं को जिस तरह की समाजशास्त्रीय आलोचना-पद्धति के अधिक करीब पाते हैं, वह मार्क्सवादी पद्धति है। इस सन्दर्भ में वे अपने लिए जो आलोचनात्मक प्रतिमान बनाते हैं, यहाँ उन पर भी एक नज़र डाल लेना सम्यक् होगा : "बुनियादी तौर पर वह (मार्क्सवाद) समाज को समझने का एक सिद्धान्त है। दूसरे स्तर पर वह समाज को बदलने का सिद्धान्त है। और तीसरे स्तर पर वह केवल समाज ही नहीं, बल्कि सम्पूर्ण संसार को बदलने का दृष्टिकोण है।..जिन रचनाकारों के यहाँ मार्क्सवाद सजग और सचेत दृष्टि के रूप में सक्रिय है, उनकी प्रगतिशीलता अधिक सुनिश्चित और सुविकसित हो सकती है।" (मेरे साक्षात्कार, 92)

मार्क्सवाद को 'सजग रूप में' अपनाने की जो सलाह उन्होंने रचनाकारों को दी है, वह स्पष्टत: समकालीन रचना-परिदृश्य पर ही लागू हो सकती है। भक्तिकाल, और उसमें उनके प्रिय कवि सूरदास की व्याख्या के लिए हमें, मार्क्सवाद को एक 'आलोचना दृष्टि' की आधार-भूमि तक सीमित रखना होगा और उसका वह जो लक्ष्य है, समाज और संसार को बदलने का, उसके बारे में पुनर्विचार करना होगा।

ऐसा नहीं है कि भक्ति काव्य और उसके तहत सूरदास के प्रगीत समाज और संसार को बदलते नहीं हैं। वे समाज और संसार के नवनिर्माण के अपनी तरह के प्रारूप हमारे सामने रखते हैं। परन्तु हमें उनकी सामाजिक अन्तर्वस्तु की व्याख्या भिन्न तरीक़े से करने की ज़रूरत पड़ती है। भिन्न तरीक़े से, यानी वहाँ हमें 'वास्तविक सामाजिक यथार्थ' की अभिव्यक्ति पर केन्द्रित न होकर, उस विकल्प बोध पर ध्यान देना पड़ता है, जो रूपान्तर की वजह हो सकता हो।

कोई भी काव्य, जो अपने समय की सीमाओं को लाँघकर परवर्ती कालों के लिए विवेचनीय बना रहता है, उसे तत्कालीन सामाजिक अन्तर्वस्तु से सम्बद्ध ऐसे जीवनानुभवों की उपज माना जाना चाहिए, जो किसी भिन्न अर्थबोध के कारण भिन्न हालात में भी पाठक को संवेदित कर पाते हैं। ऐसे में सवाल उठता है कि किसी

काव्य की तत्कालीन सामाजिक अन्तर्वस्तु का अध्ययन हमें किस नज़रिये से करना चाहिए?

अगर हम मैनेजर पाण्डेय की स्थापनाओं से सहमत हैं, तो हमें भक्ति काव्य और उसमें सूरदास जैसे कवियों की सामाजिक अन्तर्वस्तु का अध्ययन इस नुक्ते-निगाह से करना चाहिए कि वह काव्य तत्कालीन समाज और संसार को 'बदलने' में क्या भूमिका निभा रहा था? और क्या उस तरह का बदलाव हमें समकालीन समाज और संसार को बदलने के लिए कोई प्रासंगिक ज़मीन प्रदान करता है या नहीं? इन सवालों के जवाब खोजते हुए जब हम मैनेजर पाण्डेय के पास जाते हैं, तो पाते हैं कि वहाँ एक ख़ास तरह की परिवर्तनकारी दृष्टि के साथ भक्त कवि अपनी-अपनी तरह का यूटोपिया रचते हैं। वह उनकी परिवर्तनकामिता के सार की तरह उनके काव्य का मुख्य प्रयोजन हो जाता है। इस सन्दर्भ में मैनेजर पाण्डेय की कतिपय मान्यताएँ इस प्रकार हैं : "सूरसागर में लोक-चिन्ता काव्यानुभूति के प्रवाह में अन्तर्धारा की तरह है।"

"सूरदास की कविता ऐसे समाज की रचना करती है जिसमें लोक और शास्त्र के बन्धनों से स्वतन्त्र मानवीय भावों और मानवीय सम्बन्धों का सहज स्वाभाविक विकास सम्भव हुआ है।"

"जायसी का 'सिंहलद्वीप' और तुलसी का 'रामराज्य' कल्पनालोक ही है। सूर का वृन्दावन जायसी के सिंहलद्वीप और तुलसी के रामराज्य की तुलना में उस काल के सामन्ती समाज की सीमाओं से अधिक स्वतन्त्र है।"

हालाँकि इस दृष्टि से विचार करेंगे, तो पायेंगे कि कबीर जब इस दुनिया को ससुराल और उस दुनिया को 'बाबुल का देस' कहते हैं या रैदास जिसे इस दुनिया की ऊँच-नीच, भेदभाव और अन्यायपूर्ण स्थितियों से मुक्त 'बेगमपुरा' कहते हैं, तो वे जिस तरह के यूटोपिये का निर्माण करते हैं, वह आमूलचूल परिवर्तन लाने वाला प्रतीत होने की वजह से कहीं अधिक क्रान्तिकारी और प्रगतिशील मालूम होता है।

इस फ़र्क़ को नज़रअन्दाज़ करते हुए मैनेजर पाण्डेय निर्गुनियों, प्रेमाख्यानकार सूफ़ियों और सगुण भक्तों को एक ही लाठी से हाँकते हैं और सभी के 'वैकल्पिक समाज के यूटोपिये' को मूलतः एक ही तरह का मानते दिखाई देते हैं। हालाँकि इन सभी का तुलनात्मक विश्लेषण करते हुए वे इन कवियों के बीच मौजूद फ़र्क़ की सम्यक् शिनाख़्त भी करते हैं, जो इस प्रकार है : "सूरदास न कबीर की तरह समाज-सुधारक हैं और न तुलसी की तरह उपदेशक। उनके काव्य में कबीर के समान उस

समय के समाज की कड़ी आलोचना नहीं है और न तुलसी के समान समाज की व्यवस्था तथा मर्यादा की रक्षा का आग्रह। वे प्रेम और सौन्दर्य के अनन्त अनुभवों के अनुपम शब्द-शिल्पी हैं।"

यहाँ सवाल पैदा होता है कि वैकल्पिक समाज की कल्पना पर आश्रित पुनर्रचना, क्या समाज की गहन-सघन आलोचना के अभाव में मुमकिन है?

मार्क्सवाद, 'समाज आलोचना दृष्टि' को इतना अधिक महत्त्व देता है कि उसके द्वारा विकसित एक साहित्यालोचन पद्धति 'आलोचनात्मक यथार्थवाद' (क्रिटिकल रियलिज़्म) कहलाती है। तो, समाज की आलोचना करते हुए भक्तिकालीन साहित्य, समाज के वर्ण-जातिगत विभेदों के पार जाता है; और जब वह, वर्गहीन-जातिहीन समाज की परिकल्पना तक पहुँचता है, तब ही उसमें ऐसे यूटोपिये को देखा जा सकता है, जिसे मानवजाति के साम्यवादी भविष्य के रूप में रेखांकित किया जा सकता हो। अन्यथा वह काव्यगत 'कल्पनालोक' मात्र होकर रह जाने वाली वस्तु भर होता है, जिसकी प्रासंगिकता पर परवर्ती समाज की स्थितियाँ प्रश्न-चिह्न लगा देती हैं।

इस लिहाज़ से देखा जाये, तो आज हम तुलसी के रामराज्य की जिस हक़ीक़त को बेपरदा होता देख रहे हैं, वह इस बात को साबित करने के लिए पर्याप्त है कि भक्तिकाल के एक लम्बे कालखण्ड की रचनाशीलता के बदलते रूपों को एक ही लाठी से हाँकना कितना भ्रामक हो सकता है?

और जो सवाल आज तुलसी के रामराज्य की बाबत पूछने लायक हो गये हैं, उनकी छाया से सूरदास का वृन्दावन सर्वथा मुक्त हो, ऐसा क़तई नहीं है।

मैनेजर पाण्डेय के मुताबिक़ सूरदास के काव्य में 'सामाजिकता', एक तरह की 'लोकचिन्ता' है, जो उनके यहाँ 'प्रेम और सौन्दर्य के अनन्त अनुभवों' के प्रवाह की 'अन्तर्धारा' की शक्ल ले लेती है। अब यहाँ खोज करने लायक़ बात यह है कि क्या ये प्रेम और सौन्दर्य के अनुभव, तत्कालीन समाज की किन्हीं असंगतियों की आलोचना से उपजी लोकचिन्ता के अनुभव हैं या कुछ और?

मैनेजर पाण्डेय इस सवाल से बचते नहीं। वे बड़े मनोयोग से खोज करते हुए 'सूरसागर' से उन पदों तक पहुँच जाते हैं, जहाँ गोपियों का तत्कालीन समाज उन विभाजनकारी रूपों पर व्यंग्य करते हैं, जिनकी आलोचना करके वे अपने 'सच' की रक्षा करती हैं। 'भ्रमरगीत' प्रसंग, इस लिहाज़ से अधिक अर्थपूर्ण दिखाई देता है। गोपियों का 'वृन्दावन', यहाँ उद्धव की 'मथुरा' के विरोध में प्रस्तुत है।

इसे मैनेजर पाण्डेय गाँव और नगर के अन्तर्विरोध की तरह देखते हैं। नागर सभ्यता का सम्बन्ध सत्तापक्ष है, इसलिए मथुरा गोपियों को 'काजर की कोठरी' जैसी लगती है, जिसमें घुसकर सभी काले हो जाते हैं। कुछ पद अर्थतन्त्र से भी ताल्लुक़ रखते हैं, जहाँ सूदख़ोर मूल से अधिक ब्याज बटोरना चाहते हैं। जब कि वे अपने माधव रूपी मूलधन को बचाना चाहती हैं। सत्ता और अर्थतन्त्र के अलावा गोपियाँ सांस्कृतिक पक्ष से भी नगर की आलोचना करती हैं, जहाँ वे उद्धव को योग का दर्शन बेचने वाले प्रचारक की तरह देखती हैं, और वृन्दावन को, भक्ति को निर्मल धारा बहाने वाले गाँव की तरह बचाना चाहती हैं। इस भक्तिधारा वाले गोपियों के प्रतिपक्ष का जो सामाजिक सार है, वह 'गोचारण' की तरह सामने आता है।

मैनेजर पाण्डेय ने गोचारण के महत्त्व की सविस्तार चर्चा की है। इसे वे 'चरवाहा संस्कृति के अवशेष' की तरह देखते हैं। पश्चिम में भी 'पैस्टोरल' परम्परा के साहित्य को बहुत महत्त्व मिला है। हालाँकि इन दोनों में काफ़ी अन्तर है। यूरोप के अनेक देशों में आज भी बहुत बड़े भूभाग पर वन बचे हुए हैं, जिस वजह से कुछ देशों के आर्थिक विकास की रीढ़ डेयरी उत्पाद हैं। वहाँ पशुपालन, साहस और कर्मठता के मूल्यों से जुड़ रोमांस की आधारभूमि को, नागर विकास के बरक्स रचनात्मक अभिव्यक्ति प्रदान करता है। वह शहरी जीवन की कृत्रिमता और औपचारिकता के विरोध में जीवन को उन्मुक्त व निर्कुण्ठ भाव से जीने की सम्भावनाओं को खोलने की वजह से अलग तरह की विद्रोही भंगिमा से युक्त साहित्य है। इसलिए सूरदास के काव्य में गोचारण का जो मिथकीय व भावात्मक रूप सामने आता है, उसे भारतीय परिवेश से जन्म लेने वाली अलग तरह की प्रवृत्ति की तरह देखना उचित होगा।

मैनेजर पाण्डेय सूरदास के काव्य में मौजूद गोचारण को जब उस दौर की सामाजिकता के सार की तरह देखते हैं और उसे एक यूटोपिये की तरह व्याख्यायित करते हैं, तो उनका मत कुछ इस रूप में हमारे सामने आता है।

"कृषि और व्यापार की व्यवस्थाओं से उपजी जटिलताओं से निकलकर प्रकृति के स्वच्छन्द वातावरण में विचरने की मानवीय आकांक्षा की अभिव्यक्ति का एक माध्यम है गोचारण-काव्य।"

कहने की ज़रूरत नहीं है कि मैनेजर पाण्डेय की यह धारणा, पश्चिम के पेस्टोरल साहित्य की मूल प्रवृत्ति को सूरदास के काव्य में खोजने का प्रयास अधिक है, बनिस्बत इसके कि वे यह देखते दिखाते कि हमारा काव्य गोचारण को इस रूप में प्रस्तुत करता है, जैसे कि वह 'गोलोक का भूलोक में अवतरण' हो।

इस सच्चाई को दरकिनार करने के लिये उनके पास अपने तर्क हैं। वे इस गोलोकवादी व्याख्या को सूरदास के काव्य पर परवर्ती आलोचकों द्वारा किया गया, वल्लभ के पुष्टि मार्ग का आरोपण मानते हैं। उनका कहना है कि इसे एक ओर हटाकर ही हम उसके वास्तविक सामाजिक सार तक पहुँच सकते हैं।

"उनकी कविता पर वल्लभ सम्प्रदाय की छाप लगाने और सूरसागर को 'भागवत' का अनुवर्ती बनाने का काम बाद में सम्प्रदाय के सेवकों ने किया है।"

अपनी इस धारणा के कारण मैनेजर पाण्डेय हमें सूरदास में पुष्टि मार्ग से ताल्लुक़ रखने वाले दर्शन की मौजूदगी को न देखकर उस प्रकृति को सीधे देखने के लिए कहते हैं, जिसमें "स्वच्छन्द भाव से घूमने के लिए गोप-जीवन में सर्वाधिक अवकाश है।"

इसकी तुलना में, उनके मुताबिक, 'कृषि, व्यापार और हस्तशिल्प जैसे व्यवसायों की जटिल प्रकृति के कारण' वह स्वच्छन्दता बाधित रहती है। निर्गुण धारा का सम्बन्ध चूँकि मुख्यत: इन व्यवसायों से है, इसलिए वे वहाँ उतने उन्मुक्त भाव वाले विकल्प के प्रकट होने की सम्भावना के प्रकट होने के लिए अवकाश नहीं देखते हैं। इन धारणाओं पर आलोचनात्मक दृष्टि से विचार करना ज़रूरी है।

मार्क्सवादी दृष्टि से भी विचार करें, तो जिसे हम यूटोपिया या 'विकास की समन्वयात्मक मंज़िल' कहते हैं, वह तब प्रकट होती है, जब सामाजिक अन्तर्विरोध अपने चरम पर पहुँचकर विकल्प की खोज को ज़रूरी बनाते हैं। वर्ग संघर्ष का तीखा होना पक्ष और प्रतिपक्ष को नव-समन्वय की तलाश की ओर धकेलता है। दूसरी बात, वहाँ अतीत की वर्गविहीन स्थितियों की उन्मुक्तता के लौटने की सम्भावना तो प्रकट होती है, परन्तु वह अतीत की तुलना में अधिक परिष्कृत और जटिल अर्थबोध से युक्त उन्मुक्तता होती है। दूसरे लफ़्ज़ों में वह जटिलता का नयी तरह की सरलता और सहजता को उपलब्ध करना होता है।

इस कसौटी पर कसकर देखेंगे, तो इस बात को समझने में दिक़्क़त नहीं होगी कि निर्गुण साहित्य नागर जीवन की जटिलताओं के बरक्स अधिक गहन सामाजिक आलोचना की ओर प्रवृत्त हुआ था, जब कि सूर और तुलसी जैसे सगुण भक्त उतनी व्यापक और निर्मम सामाजिक आलोचना करने में असमर्थ होने की वजह से जिस वृन्दावन और रामराज्य की पुनर्रचना करते हैं, वह तत्कालीन सामाजिक अन्तर्विरोधों का समन्वय करने वाला यूटोपिया न होकर अतीत का पुनरुत्थान हो जाता है।

इसलिए गोचारण, भविष्योन्मुख अतीत में लौटना न होकर, गोलोक के मनोलोक में लौटकर रास रचाने के रूपक गढ़ता है। और रामराज्य तो और भी

अधिक अतीतग्रस्त होकर 'वेद निरत निज वर्ण धर्म' पालन को ही तत्कालीन समाज के समन्वय की सम्भावना बताने लगता है। इन दोनों के काव्य का मूल स्वर 'भक्ति है, जिस बात की कोई भी अनदेखी नहीं कर सकता।

आप भक्ति की मनमानी व्याख्या के लिए गुंजाइश तभी पैदा कर सकते हैं, जब हम यह कह सकें कि सूरदास पर पुष्टिमार्ग का और तुलसीदास पर रामानन्दी सम्प्रदाय का प्रभाव, उनके काव्य का मूल स्वर न होकर, उस पर एक आरोप की तरह है।

अब देखें, सूरदास क्या करते हैं? वे कृष्ण के भेजे हुए उद्धव को गोपियों की आड़ में अपशब्द कहते हैं, पर कृष्ण को बचाये रखते हैं। क्या कृष्ण का उस सत्तातन्त्र, अर्थतन्त्र और ज्ञान-संस्कृतिमूलक वर्चस्वी रूपों की मौजूदगी में कोई हाथ नहीं, जिसका प्रतिनिधित्व उद्धव करते हैं? कृष्ण को बचा लेने के पीछे मूल तर्क क्या है? यही न कि वे तो स्वयं ब्रह्म हैं। इसलिए वे सामाजिक अन्तर्विरोधों से सम्बद्ध किसी तरह की पतनशीलता का हिस्सा नहीं हैं, कि वे सब तरह का कूटनीतिक व्यवहार करते हुए अपने तमाम कर्मों से बँधे हुए नहीं हैं। इसलिए उनकी कूटनीति में न छल है, न कोई महत्त्वाकांक्षा। आप जब तक इस भक्तिमूलक पक्ष को अपने सामने नहीं रखेंगे, सूरदास और तुलसीदास के काव्य की एक पंक्ति के अर्थ में भी आपका प्रवेश सम्भव नहीं।

सवाल ये है कि मैनेजर पाण्डेय राम और कृष्ण को ब्रह्म का अवतार बनाने और मानने की अनदेखी करके, वहाँ जिस तरह की 'ब्रह्म-निरपेक्ष सामाजिकता' को खोजना चाहते हैं, क्या वह वहाँ है भी या नहीं?

यहाँ जो बात सर्वाधिक हैरान करने वाली है, वह यह है कि सूरदास और तुलसीदास की इस तरह की भक्तिवादी दृष्टि की अनदेखी करके हमारे आलोचक वहाँ सामाजिकता के विविध रूपों को खोजा करते हैं और निर्गुण सन्तों में, जहाँ इस तरह के भक्तिवाद का सिरे से विरोध दिखाई देता है, उनकी सामाजिकता का सहारा लेकर पूरे भक्ति साहित्य को प्रगतिशील सिद्ध करने का प्रयास जोशो-ख़रोश से किया करते हैं। जहाँ अतीत का पुनरुत्थान है, वहाँ सामाजिकता के अधिक मुखर और विश्वसनीय होने की बात की जाती है और जहाँ वास्तव में सामाजिकता है, उसे वायवीय, अमूर्त, सुधारवादी (यानी ग़ैर-क्रान्तिकारी) और साम्प्रदायिक तक मान लिया जाता है।

कबीर और तुलसी से सूरदास की तुलना करते हुए मैनेजर पाण्डेय कहते हैं : "सूरदास न कबीर की तरह समाज-सुधारक हैं और न तुलसी की तरह उपदेशक।

उनके काव्य में कबीर के समान उस समय के समाज की कड़ी आलोचना नहीं है और न तुलसी के समान समाज की व्यवस्था तथा मर्यादा की रक्षा का आग्रह।"

समाज की कड़ी आलोचना करने वाले व्यक्ति को सुधारवादी कहकर ख़ारिज करने की बात, सूरदास को क्रान्तिकारी सिद्ध करने के लिहाज़ से एक ख़ाली कारतूस से ज़्यादा क्या अहमियत रखती है, इसे समझना कठिन नहीं है।

ये बातें यहाँ इसलिए कही गयी हैं, ताकि प्रेम और सौन्दर्य के गीत गाने वाले सूरदास को ऐसा कवि सिद्ध किया जा सके, जो सामाजिकता की व्यंजना करता है। वे सूरदास की तारीफ़ करते हुए कहते हैं कि वे समाज की लोकचिन्ता को अपने काव्य की अन्तर्धारा की तरह परोक्ष रूप में अभिव्यक्त करते हैं। और चूँकि रामचन्द्र शुक्ल और रामविलास शर्मा की आलोचना तुलसीदास को, लोकमंगल की अभिव्यक्ति के लिहाज़ से, भक्ति काव्य के शिखर पर आसीन करती है, इसलिए वे सूरदास को महत्त्वपूर्ण बनाने के आग्रह से तुलसीदास की बाबत इस सच पर उंगली रख देते हैं कि वे उपदेशक कवि हैं।

उपदेशक, यानी वह जो अतीत का पुनरुत्थान करता है। उपदेशक होने का सम्बन्ध तत्कालीन सांस्कृतिक राजनीति से होता है। वह गहरे में यथास्थितिवादी होने की वजह से सत्ता को मानवीय रूप में प्रस्तुत करके बचाया करता है।

तथापि यहाँ मैनेजर पाण्डेय जो सच तुलसीदास के बारे में बोल गये हैं, ठीक वही सच उनके अपने प्रिय कवि को भी कटघरे में खड़ा करने के लिए पर्याप्त है, इसे वे क्यों देख नहीं पाते?

सगुण भक्ति के अवतारवाद से ताल्लुक़ रखने वाली विचारधारा ही गहरे में सूरदास और तुलसीदास दोनों के काव्य को उपदेशक और प्रचारक की भूमिका में ले जाकर खड़ा कर देने के लिये पर्याप्त है। उपदेशात्मक पुनरुत्थान के भावबोध से युक्त कवि, अपने इस पक्ष को छिपाने के लिए जब, सौन्दर्य, प्रबन्ध कौशल और कलात्मक भाषा संसार जैसे काव्योचित उपकरणों का सहारा लेता है, तो मार्क्सवादी नुक़्ते-निगाह से उसे 'कलाकारी' कहा जाता है। दूसरी तरफ़ समाज की कड़ी आलोचना करने वाले कबीर को अगर अपनी भाषा तक के अनगढ़ रह जाने की चिन्ता नहीं है, तो वहाँ हम उस सामाजिकता की तलाश अवश्य कर सकते हैं, जो वास्तविक अर्थ में रूपान्तरकारी या क्रान्तिकारी हो।

सूरदास और तुलसीदास का काव्य हमारे सामने जिस समाज या 'संसार' को लाता है, वह वास्तविक न होकर, अवतरित ब्रह्म की 'लीला' मात्र होता है। लीला भाव, सूरदास और तुलसीदास दास के काव्य की असल 'विश्वदृष्टि' है। इसलिए संसार की सारी पीड़ा, सारे अन्तर्विरोध, वहाँ केवल इस प्रयोजन से चित्रित होते हैं

ताकि हम, यानी सामान्य जन-समाज, भक्ति भाव से युक्त होकर 'विनय' कर सकें और अवतारी ब्रह्म हम पर कृपा कर के हमारा उद्धार कर सके।

भक्ति का यह जो बुनियादी दर्शन है, उस पर पर्दा डालकर अगर कोई किसी अन्य बात का, जो अपने तईं महत्त्वपूर्ण हो सकती है, महिमामण्डन करता है, तो वह साहित्य के मूल भाव और प्रयोजन से 'आलोचनात्मक छल' करता है। इसके परिणाम समाज-सांस्कृतिक रूपान्तर के लिए घातक होते हैं। इसका भाजन समाज ही नहीं, साहित्य भी होता है। इससे हमारे सामने अपने साहित्य के शक्ति-स्रोतों से अजनबी होने का ख़तरा पैदा होता है। ऐसा समाज परवर्ती कालों में धीरे-धीरे महान् साहित्य की रचना करने में असमर्थ होता जाता है।

भक्तिकाल की साहित्य की भ्रामक व्याख्याओं ने आधुनिक काल की रचनाशीलता के अन्तर्विकास में बड़ी रुकावटें पैदा की हैं। उनका प्रत्याख्यान ज़रूरी हो गया है।

इस भ्रम को जन्म देने वाली बुनियादी बात का सम्बन्ध नाथ, सिद्ध और निर्गुण धारा के साहित्य को भक्ति साहित्य कहने से सम्बन्ध रखता है। मैनेजर पाण्डेय भक्ति की प्रवृत्तियों की शिनाख़्त करते हुए पीछे दसवीं शती तक चले जाते है। जब कि सिद्ध, नाथ और निर्गुण सन्त जिस तरह के साहित्य की रचना करते हैं, वह किसी ब्रह्म की 'भक्ति' करने के उलट, मनुष्य के भीतर मौजूद ब्रह्म को 'खोजने' की दिशा में आगे बढ़ता है। वहाँ अगर खींच-खाँचकर भक्ति को देखने की ज़िद ही पकड़ ली जाये, तो कह सकते हैं कि वह 'आत्म-भक्ति' जैसी कोई प्रवृत्ति है। वह भीतर मौजूद प्रेम और आनन्द के स्रोत में छलांग लगाने के लिए, 'जगत् की कड़ी आलोचना' करने की बात है, ताकि जगत् के मोह से मुक्त होकर, उसके प्रति निर्मम वस्तुनिष्ठता वाली उच्चतर चेतना को पाया जा सके और स्वयं को सत्य की खोज में प्रवृत्त किया जा सके। ऐसे साहित्य को जो लोग केवल इसलिए भक्ति काव्य कहते हैं कि वहाँ भी ब्रह्म की चर्चा दिखाई देती है, वे ब्रह्म के अर्थ को ग्रहण न करते हुए, उस शब्द का वैसा इस्तेमाल करते हैं, जैसा कर्मकाण्डी तोतारामों के यहाँ प्रचलित दिखाई देता है। इनकी बाबत कबीर कहते हैं, 'मनुआ तो दस दिसि फिरे, यह तो सुमिरन नाहीं'। इसके विपरीत सूर और तुलसी नाम लेने भर को पर्याप्त बनाने वाली भक्ति के प्रचारक हैं। उनके यहाँ ऐसे दृष्टान्त भरे पड़े हैं, जहाँ कोई व्यक्ति मरते हुए भूल से ही राम या माधव कह भर देता है तो गोलोक का अधिकारी मान लिया जाता है।

सगुण भक्ति का महत्त्व अकबर के शासनकाल से बढ़ना आरम्भ होता है। इस काल में केन्द्रीय राजसत्ता और देशी राजाओं के आपसी गठजोड़ वाले हालात

सामने आते हैं। भक्ति का संस्थानीकरण इस काल की देन है। निर्गुण सन्तों को भक्त कवियों में शुमार करने का काम, इसी दौर में पहली दफ़ा नाभादास के द्वारा किया जाता है। जब कि इससे पहले ख़ुद सूरदास और तुलसी अपने काव्य में कबीर और रैदास जैसे लोगों का विरोध ही नहीं, उनकी निन्दा करते हुए उन्हें अपशब्द तक कहते हैं। उद्धव के बहाने से गोपियाँ जिन योगियों की ख़बर लेते हुए उन्हें शालीन गलियां तक देती है, वे और कोई नहीं निर्गुण सन्त ही हैं। तुलसी उन्हें 'नीच' कहकर उन पर 'राम नाम का मरम है आना' जैसे संगीन आरोप लगाते हैं। पर लोगों में सन्तों की मक़बूलियत को देखते हुए बाद में ज़रूरी हो गया कि उन्हें भी लोगों के बीच भक्तों की तरह प्रचारित करके, भक्तिवाद को स्थापित किया जाता।

भक्ति का यह जो कुलीन संस्कृति के द्वारा किया गया इस्तेमाल है, वह दो संगीन अपराध करता है। एक यह कि जो भक्त नहीं हैं, उन्हें भक्त बनाकर उनके साहित्य में मौजूद उस समाज रूपान्तर की सम्भावनाओं को कुन्द करता है। और दूसरा यह कि अपने भीतर मौजूद पुनरुत्थानवादी प्रचारक की असलियत को छिपाकर अपनी छद्म सामाजिकता के बारे में भ्रम फैलाता है।

इस बात को समझने के लिए हम अडोर्नो के प्रगीत सम्बन्धी उन विवेचनों को देख सकते हैं, जहाँ वह संगीत के बाज़ार को मुख्यधारा की संस्कृति के क्रान्ति विरोधी रूप को समझने के लिए आधार बनाता है। वह कहता है कि संस्कृति का बाज़ार, संगीत की मदद से प्रगीतों के प्रगतिशील तत्त्वों को भी बाज़ार के द्वारा आत्मसात् किये जाने लायक़ बनाकर शक्तिहीन कर देता है। इसे वह नकारात्मक द्वन्द्वात्मकता (नेगेटिव डायलेक्टिक्स) कहता है। उच्च या कुलीन संस्कृति, लोगों में अधिक प्रचलित साहित्य को अपने 'उत्पाद' में बदलने के लिए विविध कलाओं से उसका संयोजन करती है। यही वजह है कि सूरदास और तुलसीदास के भक्तिवादी साहित्य का इस्तेमाल कुलीन ब्राह्मणों के द्वारा धर्म प्रचार के लिए होने लगता है और उसमें संगीत मण्डलियों का भजन गायन और नृत्य मण्डलियों के रास उत्सव, सहयोगी की भूमिका निभाने लगते हैं। मन्दिरों में जिन कवियों का प्रवेश सहज रूप में होता है, वे सूरदास और तुलसीदास हैं।

कबीर, रैदास आदि के पद गाने वाले लोग निचले तबक़ों के पन्थों में गठित होने वाले लोग होते हैं। उन्हें भक्त बनाकर अपने साथ मिलाने का काम नाभादास के बाद के दौर में व्यापारी तबक़ों के द्वारा होता है। वह तत्कालीन श्रम सम्पदा को भक्तिवादी बनाकर उनका अधिकाधिक लाभ उठाने के उद्देश्य से होता है। इसे समझने के लिए हमें रीतिकालीन हालात पर निगाह डालनी होगी।

रीतिकाल में दो तरह का साहित्य है। एक तो दरबारी साहित्य है। वह सूरदास के 'प्रेम और सौन्दर्य के अनन्त अनुभवों से निकली भक्ति की अन्तर्धारा' के दरबारीकरण से प्रकट हुआ काव्य है। वहाँ राधाकृष्ण की भक्ति के बहाने शृंगारिकता की खुलकर अभिव्यक्ति होती है। सवाल यह है कि क्या उसकी भूमिका उस कृष्णभक्ति काव्य के द्वारा निर्मित नहीं होती, जिसकी प्रशंसा मैनेजर पाण्डेय ने 'सूर की गोचारण संस्कृति की उन्मुक्त उड़ान' की तरह की है। उसे वह सामन्तीय संस्कारों से और सभ्यता की कृत्रिमता के बंधनों से मुक्ति की तरह देखते हैं। और देखिए, उनके ये दरबारी रीतिकालीन वारिस, उसी काव्य को सामन्तीय विलासिता और कामुकता की उन्मुक्त अभिव्यक्ति बना डालते हैं। क्या यहाँ कार्य कारण सम्बन्ध के लिये कोई आधार खोजना ग़लत होगा? क्या बीज से ही वृक्ष अंकुरित होकर नहीं फलते-फूलते?

और सूर के काव्य का वह जो भक्ति वाला पक्ष है, उसका क्या होता है? वह मन्दिरों के प्रांगण में रास रचाने वालों के हाथ का खिलौना हो जाता है।

अब तुलसीदास पर आइए। उन्होंने जो लिखा, वह धर्म की वस्तु हो गया। दरबारीकरण उसका भी हुआ। जिन्हें हम उस दौर के राष्ट्रीय चेतना वाले कवि कहते है, वे घुमा-फिराकर अपने आश्रयदाताओं को राम का अवतार सिद्ध करते दिखाई देते हैं। सबको मर्यादा और धर्म के रक्षकों के रूप में प्रस्तुत किया जाता है।

इसकी तुलना में निर्गुण सन्तों का जो भक्तिकरण होता है, वह निचले तबक़ों को शासक के प्रति स्वामीभक्त बनाये रखने में परोक्ष रूप में सहयोगी होता है। फिर भी उस काव्य में जो प्रगतिशील और रूपान्तरकारी तत्त्व हैं, वे पूरी तरह नष्ट नहीं होते। यही वजह है कि अपने भक्तिकरण के बावजूद और बावजूद इसके कि कबीर के नाम से अनेकानेक भक्तिवादी पद प्रक्षिप्त रूप में वहाँ दाख़िल करा दिये गये हैं, तथापि वे ऐसे कवि हैं, जो आज भी सर्वाधिक आधुनिक चेतना वाले कवि प्रतीत होते हैं।

क्या अब ज़रूरी नहीं हो गया है कि हम कबीर आदि निर्गुण सन्तों को मुख्यधारा के संस्कृति उत्पाद होने की स्थिति से उबारें और उन्हें भक्ति के मुलम्मे से निजात दिलायें, ताकि उन्हें ज्ञानधारा के कवियों की तरह देखना आरम्भ हो सके? सूरदास और तुलसीदास के काव्य की महानता से मुग्ध हुए रहने की स्थिति को छोड़े बिना यह सम्भव नहीं है कि हम भक्तिकाल की सम्यक् पुनर्व्याख्या कर सकें। जब तक हम यही तय नहीं कर पाते कि हमारी रचनाशीलता की जड़ें किस मिट्टी-पानी में हैं, हमारा सम्यक् पल्लवन मुमकिन नहीं।

मैनेजर पाण्डेय की इतिहास-दृष्टि

हितेन्द्र पटेल

मैनेजर पाण्डेय हिन्दी जगत् के एक प्रसिद्ध मार्क्सवादी बुद्धिजीवी हैं। कई दशकों से वे एक शिक्षक, आलोचक और प्रखर वक्ता के रूप में पूरे हिन्दी जगत् में सबसे अधिक सम्मान के साथ सुने जाने वालों में रहे हैं। आज भी उनको सुनने और उनसे सीखने वालों की संख्या में कोई कमी आयी हो, ऐसा नहीं लगता। इस लघु आलेख में उनकी इतिहास सम्बन्धी कुछ मान्यताओं पर एक संक्षिप्त चर्चा की गयी है। निश्चित रूप से इस विषय की व्यापकता और मैनेजर पाण्डेय के विपुल लेखन के सन्दर्भ में बहुत विस्तार से चर्चा की ज़रूरत है और यह कोशिश इस काम के लिए अपर्याप्त है, फिर भी यह एक कोशिश की गयी है।

जिन दो भिन्न क़िस्म के बौद्धिक माहौल में मैनेजर पाण्डेय ने लेखन-चिन्तन किया, उनके बीच तादात्म्य रख पाना और अपने 'पुराने' स्टैंड पर क़ायम रहना एक मुश्किल काम था। सत्तर और अस्सी के दशक में मैनेजर पाण्डेय ने परिपक्व मार्क्सवादी बुद्धिजीवी के रूप में अपने को प्रतिष्ठित किया। इस दौरान वे बरेली से उठकर पहले जोधपुर (1971-77) और फिर जवाहरलाल नेहरू विश्वविद्यालय में आये। यह एक मार्क्सवादी के लिए सुविधाजनक पथ था। बौद्धिक जगत् में मार्क्सवादी होना इस दौर में सुविधाजनक था, कम-से-कम जनेवि कैंपस में।

इस तरह के बौद्धिकों के लिए कठिन दौर 1989-91 के उथल-पुथल के बाद शुरू हुआ। मैनेजर पाण्डेय का महत्त्व उनके कुशल शैक्षणिक योग्यताओं एवं अन्य कामों के लिए तो है ही, वे उन कुछ लोगों में हैं जिन्होंने मार्क्सवाद के पतन के बाद वैश्वीकरण के उन्मादी दौर में मार्क्सवाद में अपनी निष्ठा को ब़नाये रखा। और यह काम वे कट्टर, पार्टीबद्ध, आबद्ध या सम्बद्ध व्यक्ति के रूप में नहीं करते बल्कि एक चिन्तक की तरह करते हैं जिसे इस बात की जानकारी है कि 'क्रिटिकल

इंक्वायरी', 'हिस्ट्री एंड थियरी', 'पोलिटिकल थियरी' और तमाम पत्रिकाओं में क्या-क्या कहा जा रहा है। इस मामले में मैनेजर पाण्डेय हिन्दी के उन बहुत कम लोगों में हैं जो बहुत पढ़कर, उन पर विचार कर उनसे सीखने की कोशिश करते हैं।

उनको सुनने वाले कई बार चकित होते हैं कि हिन्दी के अध्यापक के पास समाज-विज्ञान के विविध पक्षों के बारे में नवीनतम जानकारियाँ कैसे हैं? वे एक इतिहासकार या समाज-विज्ञान की किसी भी विधा में सक्रिय व्यक्ति के साथ जब संवाद करते हैं तो यह कभी भी नहीं लगता कि वे हिन्दी के विद्वान् हैं और अपने धरातल से ही देखने-समझने की कोशिश कर रहे हैं। आप उनसे 1857, उत्तर-आधुनिक संकट और समाज-विज्ञान, ग्राम्शी, लोक इतिहास, प्राचीन युग में नारी, बज्रसूची, भिखारी ठाकुर, ज्योतिराव फूले, आम्बेडकर, गांधी और 'चेथरिया पीर', लोक इतिहास, दारा शिकोह आदि नाना विषयों पर बात करते हुए यह भूल जायेंगे कि वे साहित्य के आदमी हैं, समाज-विज्ञान के नहीं।

मार्क्सवादी आलोचना में भी वे लगातार अपने तरीक़े से नयी-नयी चीज़ों को लेकर सोचने-विचारने वाले रहे हैं। अपनी एक पुस्तक 'साहित्य के समाजशास्त्र की भूमिका' (1989) में वे जिस सहजता से साहित्य और इतिहास के बीच आवाज़ाही करते हैं, वह उनके अध्ययन के प्रति हमारे मन में सम्मान जगाता है।

मैनेजर पाण्डेय की इतिहास-दृष्टि को समझने के लिए पाँच बातों पर ग़ौर करना ज़रूरी है–

- पहली बात : वे उन लोगों में हैं जो यह मानते हैं कि भविष्य समाजवाद का है या फिर नहीं है।
- दूसरी बात : अगर मनुष्य को बेहतर भविष्य बनाना है तो उसे समाज को बदलना होगा अन्यथा अंधकार ही सामने होगा।
- तीसरी बात : पूँजीवाद का पिछली तीन-चार सदियों का इतिहास मनुष्य और प्रकृति के शोषण और ग़ुलामी का विराट वृत्तान्त है।
- चौथी बात : पूँजीवाद उस राक्षस के समान है जिसे हर समय आन्तरिक और बाह्य दोनों रूपों में विस्तार चाहिए और इसके लिए वह ख़ूँख़ार हो सकता है। इसका यही मूल स्वभाव है। यह उदार और मानवीय तभी तक दिखता है जब तक बर्बर हुए बिना उसका शोषण चल सकता हो। पूँजीवाद एक बेलगाम और उत्तरदायित्व-विहीन व्यवस्था है, इसे किसी से कुछ लेना-देना नहीं है, बस इसे अपनी रक्षा से मतलब है।

- पाँचवीं बात : मानव-मुक्ति की आशा के स्रोत कभी पूरी तरह सूख नहीं सकते। रूस और अन्य समाजवादी देशों में जो समाजवाद की पराजय हुई है, वह समाजवाद के स्वप्न का अन्त नहीं है, क्योंकि वह स्वप्न ही एकमात्र विकल्प है जिसके साथ मानवता की मुक्ति का स्वप्न जुड़ा है। पूँजीवाद की बर्बर व्यवस्था के साथ लड़कर, उससे उबरकर ही मानव एक बेहतर समाज की कल्पना कर सकता है।

ज़ाहिर है, मैनेजर पाण्डेय की इतिहास-दृष्टि का हाब्सबाम, रणधीर सिंह और अन्य मार्क्सवादी विद्वानों के साथ एक मेल है जो रूस में समाजवाद की पराजय को मानव-मुक्ति के स्वप्न के रूप में स्वीकार नहीं मानते। वे 1871 में पहला समाजवादी समाज बनाने के प्रयास की विफलता और उसके बाद 1917 की सफलता से एक सबक़ लेते हैं और मानते हैं कि यह एक तात्कालिक विफलता है, समाजवाद का पूँजीवाद से लड़ाई जारी है।

मैनेजर पाण्डेय के लिए बुद्धिजीवी वर्ग का वह हिस्सा ख़तरनाक है जो मार्क्सवाद पर हमला करता है, इतिहास के अन्त की घोषणा करता है और मानव-मुक्ति के स्वप्न के अन्त की बात करता है। वे इस तरह के चिन्तकों और उनके 'उत्तरवाद' के ख़िलाफ़ हैं और उनसे जुड़े लोगों को ऐसा दोस्त मानते हैं जो दुश्मन से भी अधिक ख़तरनाक हैं। ऐसे विद्वानों के लिए वे एक जुमला दुहराते है—"हुए तुम दोस्त जिसके, दुश्मन उसका आसमाँ क्यूँ हो"।

इन दिनों हमारे देश में जब हर ओर समाजवादी दलों, उनसे जुड़े विद्वानों के बीच संकट का माहौल है, इस तरह के विचार को लेकर चलने वालों के लिए दो तरह की कठिनाइयाँ हैं। प्रथम, यह कहना ही पड़ता है कि समाजवादी व्यवस्था के आन्तरिक संकट पर यदा-कदा आलोचना करने के अलावा हमारे पास यह उदाहरण नहीं है कि वामपन्थ के भीतर समाजवाद के संकट पर हमारे विचारकों ने बहुत ध्यान दिया। यह सही है कि बिन्यामिन (बेंजामिन) जैसे लोगों से लेकर एडवर्ड पामर थामसन तक एक लम्बी परम्परा रही है जो समाजवादी स्वप्न के झण्डेबरदार रूस में चल रही व्यवस्था के प्रति आलोचनात्मक रुख़ अपनाने पर ज़ोर दे रहे थे, लेकिन उनकी चेतावनियों पर कम ध्यान दिया गया। क्यों नहीं दिया गया, यह एक बड़ा सवाल है।

दूसरा बड़ा सवाल है, जो इससे भी ज़्यादा गम्भीर है : जो इस तरह के द्वैत–पूँजीवाद बनाम समाजवाद से अलग होकर सोचने वाले थे, उनके साथ कैसा

बौद्धिक सलूक किया गया? कार्ल पौपर से लेकर, सी. राइट विल्सन, प्रगमाइटिक चिन्तकों जैसे रिचर्ड रोर्टी , हेडेन व्हाइट ने बार-बार इतिहास और विचारधारा के सहारे इतिहास को और इसको लिखने-समझने की समस्याओं पर लिखा है। पापर ने यह कहा था कि दुनिया किसी व्यवस्था (सिस्टम) से नहीं चलती जैसा कि मार्क्स और नीत्से ने सोचा था, इसलिए इसके लिए उस तरह सोचा जाना सम्भव नहीं है जैसे ये सुझाते हैं। दुनिया को एक सिस्टम से चलता हुआ मानकर जो सैद्धान्तिकी बनायी गयी, वह सब जगह चल ही नहीं सकती।

भारत में भी 'स्थान-काल पात्र पर बहुत कुछ निर्भर करता है' धारणा पर बहुत बल दिया गया है। यह जो सार्वभौम ज्ञान है, इससे सारी दुनिया को समझा ही नहीं जा सकता, बदलना तो ख़ैर और भी दूर की बात है। विको से लेकर फूको तक तमाम लोगों ने इस बात को समझने की कोशिश की। इस तरह के तमाम प्रयासों को मार्क्सवाद के अधिकारी लोगों ने सही माना। उस दृष्टि ने हमेशा ग़लत माना और सन्देह किया। इस कारण से सिर्फ़ वे लोग जो मार्क्स के अनुगामी थे, वे ही चर्चा योग्य लगे, बाक़ी सब निन्दा योग्य। इस कारण से भारत के मार्क्सवादी भी कभी भी हाइडेगर की चर्चा भी नहीं करना चाहते। एक सूक्ष्म क़िस्म की बात यह है कि जिसे वैश्विक कहकर अकादमिक जगत् में चलाया गया, वह तत्वत: यूरोपीय था। आज भी जिसको वैश्विक कहा जाता है, उसके सारे संकेत यूरोप की ओर ही जाते हैं। कुछ दिनों पहले अमिताभ घोष ने इस वैश्विकता पर, 'जिये हुए इतिहास' और स्मृति पर, चर्चा करते हुए हाइडेगर को याद किया और कहा कि कैसे हाइडेगर ने यह अनुमान कर लिया था कि कल के राजनीतिज्ञ प्रबन्धक होंगे और सब ओर इसी व्यवस्था और उसके साथ 'विकास' का नारा होगा।

मार्क्सवादियों के बीच जिन लोगों ने इस संकट को सबसे पहले पहचाना, उसमें हाब्सबाम थे जिन्होने लेनिनवादी पार्टी-केन्द्रित रेजीमेंटेंसन की आलोचना भी की और 'मार्केट फ़ंडामेंटलिज़्म' की भी बात की। वे लेबर एरिस्टोक्रेसी पर भी विचार करते थे और लेबर के संकट पर भी। कैसे ब्रिटेन में 1970 की लेबर आक्रामकता से सबक़ लेकर 1990 तक आते-आते नये लेबर पार्टी का जन्म हुआ, इस प्रसंग पर भी कम ही विचार किया जाता है। दुनिया 1970 के दशक से ही बदलने लगी थी लेकिन 1990 के समय जब समाजवादी कही जाने वाली व्यवस्था जब टूट गयी तब जाकर लोगों का ध्यान टूटा। हिन्दी में वैचारिक चिन्तन के क्षेत्र में इस बात पर कम ही सोचा गया।

मैनेजर पाण्डेय ने इस दौर में जो चिन्तन किया, उसमें मार्क्सवाद की सीमाओं को समझने के बहुत सारे संकेत और सम्भावनाएँ हैं लेकिन अन्ततः वे वापस उसी मार्क्सवाद के सुरक्षित घेरे में ही चले जाते हैं, ऐसा कहना अनुचित नहीं होगा। यह सही है या ग़लत, इस पर अलग से चर्चा की जा सकती है। संरचनावाद पर दिये गये एक इंटरव्यू को याद करें जो उन्होंने 'पल प्रतिपल' के अंक (देवेन्द्र चौबे और हेमंत जोशी द्वारा सम्पादित) के लिए दिया था। या फिर 'साहित्य के समाजशास्त्र की भूमिका' के कई हिस्सों में जहाँ वे संस्कृति के प्रश्न पर लखनऊ स्कूल पर विचार करते हैं और भारतीय नवजागरण, जादुई यथार्थवाद जैसे विषयों पर विचार करते हैं, ऐसा प्रतीत होता है कि वे पारम्परिक मार्क्सवादी चिन्तन की सीमा का अतिक्रमण कर रहे हैं पर अन्ततः वे फिर वापस मार्क्सवाद के घेरे में वापिस आ जाते हैं। आपसी बातचीत में, अपने बहुप्रशंसित व्याख्यानों में प्रायः मैनेजर पाण्डेय में अपने अध्ययन के विस्तार के कारण कई दिशाओं में जाने की सम्भावना और अन्ततः वापस मार्क्सवादी फ्रेम में लौट आने के संकल्प के बीच के तनाव को महसूस किया जा सकता है।

ऐसे कई प्रसंग हैं जिनके सहारे यह अनुमान किया जा सकता है कि मैनेजर पाण्डेय में 1990 तक कई ऐसे विचारों के प्रति सहानुभूति थी जिसे आमतौर पर कट्टर मार्क्सवादी नकार देते थे। 'साहित्य के समाजशास्त्र की भूमिका' में कम-से-कम एक अध्याय ऐसा है जिसे पढ़कर ऐसा कहा जा सकता है। वे औपनिवेशिक शक्तियों द्वारा 'पराई स्मृति' के थोपने की बहुत ही सुन्दर व्याख्या दक्षिण अमेरिका के प्रसंग में करते हैं। वे आक्टोवियो पाज के इस कथन को सहमति के साथ उद्धृत करते हैं : "इतिहास रोज़-ब-रोज़ का आविष्कार है, एक स्थायी सृजन है।..एक क्रीडा है, मायावी भविष्य के साथ एक होड़ है।.."।

मार्क्वेस के आने के पहले से ही इस तरह के लेखन को उस संस्कृति के भीतर से उभरे मानकर मैनेजर पाण्डेय ने यह संकेत दिया था कि संस्कृति और कला के प्रसंग में वे वैश्विक और स्थानीय के प्रश्न पर एडवर्ड सईद जैसे लोगों की बातों को सहानुभूतिपूर्वक लेंगे पर ऐसा नहीं हुआ। एक तरह का अनुशासन और सावधानी मैनेजर पाण्डेय के लेखन में हमेशा प्रभावी रहा है। वे भूलकर भी शायद ही ऐसे लोगों को अपने लेख में सहानुभूतिपूर्वक स्थान देते हैं जिनकी विचारधारा मार्क्सवादी के विरूद्ध हो। ऐसे प्रसंगों में वे जाना नहीं चाहते जिससे उनके मार्क्सवादी फ्रेमवर्क के लिए बहुत दिक़्क़तें पेश हों। पूरी तैयारी के बावजूद वे मार्क्सवाद के फ्रेमवर्क के बाहर नहीं जाते।

साथ ही वे वाद के वाद-विवाद में नहीं उलझते और अपने संवाद को यथासम्भव विवाद से मुक्त ही रखते हैं। कई जगहों पर ऐसा लगता है कि वे एक जगह जाकर रुक जाते हैं और उन लोगों की आलोचना नहीं करते जिन्हें मार्क्सवादी सर्किल में अधिकारी माना जाता है। वे किसी बड़े इतिहासकार की धारणा की आलोचना करने से अपने को बचाते हैं। राहुल के साहित्य से भली-भाँति परिचित होते हुए भी वे इस ओर नहीं जाते कि राहुल की इतिहास-दृष्टि और मार्क्सवादी इतिहासकारों की दृष्टि में क्या अन्तर है, और क्यों है? हो सकता है कि हिन्दी के एक विद्वान् के लिए इस तरह के जोखिम लेना कठिन होता हो। कई लोगों को यह लगता है कि मैनेजर पाण्डेय एक सन्तुलन और अनुशासन को कभी नहीं छोड़ पाये। यही वह कारण है जिसके कारण वे उन इलाक़ों की ओर नहीं जाते जहाँ से वे भारतीय मार्क्सवादी इतिहास-दृष्टि की सीमाओं को रेखांकित कर पाते। 1857 और लोकप्रिय साहित्य पर उनके अध्ययनों के जो संकेत उनके आलेखों में हैं, उस पर सम्भव है भविष्य में कोई इतिहासकार काम करे तो इस दिशा में कुछ प्रगति हो। वर्णन, विश्लेषण के साथ मैनेजर पाण्डेय के निष्कर्ष हमेशा मेल नहीं खाते। एक तनाव बना रहता है जिसे लोग एक रचनात्मक तनाव के रूप में देख सकते हैं।

इस तनाव से मुक्त होने के लिए मैनेजर पाण्डेय ने दो तरह से काम किया है। वे लगातार स्टालिन के समय में रूस में जिस तरह से प्रश्न करने वालों के प्रति असहिष्णुता रही, उसके प्रति विरोध प्रकट करते हैं। वे वाल्टर बिन्यामिन द्वारा 1927 में रूस में पार्टी के नियन्त्रण के कारण वर्ग राज्य नहीं, जाति (कास्ट) राज्य के बनने की बात का उल्लेख करते हैं। वे स्टालिन के समय किस तरह इतिहासकारों पर ज़ुल्म हुए, इसके उदाहरण भी देते हैं। दूसरी ओर वे अपने अवांगार्द के विरोध और अपने उत्तर-आधुनिकतावादी विमर्श के विरोध के बीच एक अन्तर भी रखते हैं। वे मानते हैं कि आवांगार्द ने आधुनिकतावाद के विरुद्ध कला के क्षेत्र में विद्रोह किया ताकि अभिव्यक्ति के नये रूपों की खोज हो सके और समकालीन यथार्थ को बदला जा सके।

वे मानते हैं कि उत्तर-आधुनिकतावादी समकालीन यथार्थ को बदलने के बजाय उसे स्वीकार कर लेते हैं। वे इतिहास को गप्प से नहीं अलगाते और लगातार कोशिश करते रहते हैं कि यह स्वीकार कर लिया जाये कि भौतिक यथार्थ भी सामाजिक यथार्थ के समान ही सामाजिक और भाषिक निर्मिति है। उनके अनुसार आधुनिक विज्ञान भी एक मिथक, आख्यान और सामाजिक निर्मिति है। इस दृष्टि का मैनेजर पाण्डेय विरोध करते हैं। वे पियरे बोर्दिये के उस कथन से सहमत

हैं कि उत्तर-आधुनिकतावादी विमर्श वितण्डावादी पन्डिताऊ ज्ञान-चर्चा है। अन्य मार्क्सवादी चिन्तकों की तरह मैनेजर पाण्डेय भी यह मानते हैं कि उपनिवेशवाद के साथ आधुनिकतावाद आया और भूमण्डलीकरण के दौर में उपनिवेशवाद और उत्तर आधुनिकतावाद आया।

वे तमाम उत्तर-औपनिवेशिक चिन्तकों–सईद, होमी भाभा, पार्थ चटर्जी और दीपेश चक्रवर्ती आदि के लेखन पर ख़ूब ध्यान रखते हैं लेकिन अपने निष्कर्षों को उनसे प्रभावित नहीं करते। जहाँ-जहाँ ज़रूरी होता है, वे सावधानी से उनके लिखे से मार्क्सवादी समझ को समर्थन देने वाले तथ्य चुनते हैं और आगे बढ़ जाते हैं। यह कहना अनुचित नहीं होगा कि वे थियरी के 'अमेज़ोन जंगल' में घुसते हैं, दूर तक जाते हैं लेकिन जाते हुई लौटने के लिए ज़रूरी चिन्ह छोड़ते जाते हैं और जहाँ से उन्हें लगता है, वे इस जंगल से बाहर आ जाते हैं और अपनी मार्क्सवादी जगह से ही अपना दृष्टिकोण पेश करते हैं। उनके ये प्रयास कई लोगों को उनकी प्रतिबद्धता लगती है तो कई लोगों को मार्क्सवादी कठमुल्लापन। कई अर्थों में उनको पढ़ते हुए कोशाम्बी की याद आती है। कोशाम्बी की तरह वे भी अपने विषय से बहुत दूर-दूर तक की यात्राएँ करते हैं लेकिन अपने निष्कर्षों में वे एक कठोर मार्क्सवादी ही होते हैं। 'साहित्य के समाजशास्त्र की भूमिका' में एक जगह व्यक्त इन विचारों को देखें :

"एक महान लेखक अपनी रचना में स्वयं को सीधे-सीधे प्रकट नहीं करता। वह अपने अनुभवों के साथ दूसरों के अनुभवों को भी व्यक्त करता है। लेकिन इस अभिव्यक्ति की प्रक्रिया में वह जिन बिम्बों और मुहावरों का प्रयोग करता है, उससे उसके वर्ग और सामाजिक संरचना की छाप मौजूद रहती है।"

यह कोशाम्बी का कथन है लेकिन इसे मैनेजर पाण्डेय का कथन भी माना जा सकता है। इस पुस्तक में अन्यत्र यह कहा गया है :

"लेखक की आर्थिक-सामाजिक स्थिति से उसकी मानसिकता के स्वरूप का गहरा सम्बन्ध होता है।..लेखक की सामाजिक स्थिति को समझने के लिए उसके सामाजिक मूल और पेशा की जानकारी ज़रूरी है।"

मैनेजर पाण्डेय ने अपने उपन्यास सम्बन्धी आलेखों में राष्ट्रीयता के विकास, इतिहास और मध्य-वर्ग के उदय पर बहुत गम्भीर अध्ययन किया है। उनका निष्कर्ष उस तनाव को भी स्पष्ट रूप में पेश करता है जिसकी चर्चा पहले की गयी है। वे लिखते हैं : "जिस देश की सभ्यता और संस्कृति जितनी अधिक प्राचीन होती है, वहाँ कथा कहने की परम्परा भी उतनी ही अधिक पुरानी, समृद्ध और विविधतापूर्ण होती है।..तीसरी दुनिया के देशों के उपन्यास जब यूरोप के अनुकरण से मुक्त हुए

तब उनके रूप और शिल्प में स्वदेशीपन आया और कथा कहने का स्वदेशी ढंग अधिक उन्नत और कलात्मक बना। बांग्ला के बंकिम और विभूतिभूषण बनर्जी, ओडिसा के फ़क़ीर मोहन सेनापति और हिन्दी के प्रेमचन्द की कथा-शैली का सौन्दर्य उसके देशज रूप में है।..'गोदान' जैसे उपन्यास पश्चिम में वैसे ही नहीं लिखे जा सकते जैसे जेम्स ज्वायस के उपन्यासों की तरह के उपन्यास तीसरी दुनिया में नहीं लिखे जा सकते।"

इस तरह के विचार प्रकट करते हुए मैनेजर पाण्डेय बहुत सारे नये प्रश्नों और सम्भावनाओं को जन्म देते हैं पर वे ख़ुद बाद में उस पर गहराई से विचार नहीं करते। कई जगहों पर यह प्रतीत होता है कि वे एडवर्ड सईद के विचारों को सहानुभूति पूर्वक ग्रहण कर रहे होते हैं, ख़ासकर 'साहित्य के समाजशास्त्र की भूमिका' में, लेकिन बाद में वे कठोरतापूर्वक उत्तरवाद के विरुद्ध हो जाते हैं।

जिस जगह आकर मैनेजर पाण्डेय ने पाया कि उनके लिए उत्तर-आधुनिकतावादियों के तर्कों और विचारों को स्वीकारना मुश्किल है, वह यह था कि उनके अनुसार ये लोग मानते हैं कि अतीत के बारे में हर दृष्टिकोण सही है चाहे फासिस्ट हो, जातीयतावादी हो, साम्प्रदायिक हो, सच न सार्वजनिक होता है और न सार्वभौम, प्रत्येक समूह, समुदाय और वर्ग का अपना सच होता है, सत्य के पीछे तथ्य नहीं होता, तथ्य का आग्रह 'यथार्थवादी भ्रम' में जीना है। देरिदा जैसे लोग जो इतिहास को एक 'टेक्स्ट' के रूप में देखते थे, मैनेजर पाण्डेय को स्वीकार्य नहीं।

मैनेजर पाण्डेय के लिए यह एक सच है कि "मानव मुक्ति का कोई विषद आख्यान प्रभावी नहीं है लेकिन मुक्ति के छोटे-छोटे वृत्तान्त सक्रिय हैं।" वे मानते हैं कि आज के महत्त्वपूर्ण रचनाकार वर्तमान समय और संसार को देख रहे हैं। मूलगामी कवियों, कथाकारों, नाटककारों और फ़िल्मकारों के बारे में, जनांदोलनों के प्रति वे आशान्वित हैं।

टोनी जूड्ट ने हाब्सबाम की पुस्तक की समीक्षा करते हुए एक जगह उनको उद्धृत किया है कि सब कुछ ख़त्म होने के बावजूद उनको अपने भीतर की क्रान्ति के प्रति आशा दिखलायी देती है। एक विचारधारा से मन-प्राण से जुड़े इन प्रतिबद्ध व्यक्तियों के लिए शायद यह सम्भव न हो कि वे मान लें कि अब यह नहीं होने वाला। बोद्रीया के शब्दों में कहें तो इतिहास अब अपनी धुरी से छिटक गया है। जब इतिहास की यह स्थिति है तो अब कैसे इतिहास के बारे में सोचते हुए कोई ये कहे कि क्रान्ति का कोई विकल्प नहीं है, यह हमें इतिहास ही बतलाता है? पर मैनेजर पाण्डेय जैसे अनुशासित मार्क्सवादी के लिए इस सच को स्वीकार करना मुश्किल है।

वे आज भी अटल हैं कि दुनिया बदलेगी, और अधिक मानवीय समाज के निर्माण के लिए जैसा समाज है, उसे बदलना ही होगा और पूँजीवाद के बर्बर रूप को बेनक़ाब करना और इतिहास के आईने में उसके असली रूप को दिखाना ही बुद्धिजीवी का दायित्व है। वे आज भी निष्ठापूर्वक इसी विश्वास के साथ अध्ययनरत हैं। वे आज भी 'सोसलिस्ट रजिस्टर' के वार्षिक अंक और 'मंथली रिव्यू' के नवीनतम अंक में उस लेख को पढ़ रहे होंगे जिसमें यह संकेत हो कि दरअसल यह एक संकट का दौर है जिसके उस पार समाजवादी विश्व का स्वप्न हमारी प्रतीक्षा में है। किसी रणधीर सिंह या मैनेजर पाण्डेय के लिए यह शायद सम्भव ही न हो कि वे इस स्वप्न को छोड़ दें। हम सहमत हों या असहमत, उनके इस स्वप्न में चिर-विश्वास के प्रति हमारे मन में सम्मान है, और रहेगा।

दृष्टि और मीमांसा

राजाराम भादू

आलोचक मैनेजर पाण्डेय की 'दृष्टि' (Vision) एक ऐसी दृष्टि है जो अपनी सूक्ष्म अन्तर्दृष्टि के बतौर कृति में गहरे उतरकर उसके निहितार्थों को उजागर करती है, तो दूसरी ओर अपनी व्यापकता के चलते उसे बाहरी दुनिया से सन्दर्भित भी करती है। 'मीमांसा' से अभिप्राय कृति के विश्लेषण में पाण्डेय जी द्वारा प्रयुक्त उस पद्धति से है जिससे वे कृति का वस्तुपरक और तात्त्विक विश्लेषण करते हुए अपने निष्कर्षों की निष्पत्ति करते हैं।

मैनेजर पाण्डेय आलोचना को दायित्वपूर्ण कर्म मानते हैं और जिन अहर्ताओं को वे इसके लिए प्रस्तावित करते हैं, उन्हें अपनी आलोचना में अनुप्रयुक्त कर उदाहरण भी प्रस्तुत करते हैं। हालाँकि उनकी व्यावहारिक आलोचना कोई उदाहरण के रूप में किया गया उपक्रम नहीं है बल्कि एक अहर्निश सांस्कृतिक अभियान है जो हिन्दी में सृजनात्मक उत्कृष्टता और विस्तार के निमित्त रहा है।

हिन्दी के समाजशास्त्र के अनुप्रयोग पर उनका ज़ोर निरन्तर बना रहा है। इसी भाँति साहित्य के इतिहास को भी वे आलोचना के लिए अपरिहार्य मानते रहे हैं। इन्हें स्वयं उनकी दृष्टि-निर्मिति प्रक्रिया के साथ-साथ एक आलोचक के नज़रिये के निर्माण में अनिवार्य कारकों के तौर पर भी देखे जाने की ज़रूरत है। साहित्य की ऐतिहासिक दृष्टि किसी भी कृति की परिप्रेक्ष्य-निर्मिति के लिए ज़रूरी है। इसी भाँति समाज के साथ कृति की गत्यात्मकता को समझे बग़ैर उसे जीवन के साथ सन्दर्भित करना सम्भव नहीं है।

पाण्डेय जी आलोचना में मनमानेपन को उसकी विश्वसनीयता के लिए सबसे बड़ा ख़तरा मानते हैं। उनका कहना है कि 'आलोचना में तर्क-वितर्क, खण्डन-मण्डन, आरोप-प्रत्यारोप के लिए जगह होती है, पर उतनी ही जितनी विचारशीलता

में सत्य-निष्ठा और सच्चाई के लिए ज़रूरी है। आलोचना सहमति या असहमति के नाम पर मनमाने की बात नहीं है। जब आलोचना में मनमानेपन का विस्तार होता है तो आलोचना ग़ैर-ज़िम्मेदार हो जाती है। ग़ैर-ज़िम्मेदार आलोचना से वैचारिक अराजकता पैदा होती है।'[i]

समकालीन आलोचना में अक्सर दिखने वाला सतहीपन इसी यादृच्छिकता के चलते है। कोई कह सकता है कि पाण्डेय जी साहित्यशास्त्र या सौन्दर्यशास्त्र की उतनी बात क्यों नहीं कर रहे हैं। मैंने उनकी रचनाओं का जितना अनुशीलन किया है, उसके आधार पर कह सकता हूँ कि साहित्य अथवा सौन्दर्यशास्त्र को वे ज़रा भी नहीं भूल रहे बल्कि जब वे साहित्य कहते हैं तो यह मानकर चल रहे हैं कि कृति जब साहित्य के दायरे में दाख़िल होती है तो शास्त्र की बुनियादी अनिवार्यताओं को पार करके ही आती है। इसलिए असल मुद्दा उसे ठोस और वस्तुगत आधारों पर आँकने का है और यहाँ साहित्य-इतिहास और साहित्य के समाजशास्त्र की भूमिका सामने आती है।

वैसे हिन्दी में साहित्य-सिद्धान्त के विकास को लेकर वे सन्तुष्ट नहीं हैं। इस पर चर्चा करते हुए वे रेमंड विलियम्स को उद्धृत करते हैं : "संस्कृति और समाज के बीच सम्बन्धों की समस्या सैद्धान्तिक समस्या के रूप में तभी सामने आती है जब संस्कृति और समाज में ऐतिहासिक दृष्टि से महत्त्वपूर्ण कुछ परिवर्तन घटित होते हैं। समाज से संस्कृति और उसके विभिन्न रूपों के सम्बन्धों पर विचार करने वाले वे ही लेखक महत्त्वपूर्ण होते हैं जिन्हें ऐसे परिवर्तनों का बोध होता है।"

पाण्डेय जी बड़े क्षोभ के साथ कहते हैं : "लेकिन इन परिवर्तनों को पहचानने और उनके बारे में सैद्धान्तिक सोच विकसित करने के प्रयत्न हिन्दी में दिखाई नहीं देते। स्वतन्त्र भारत के हिन्दी के बुद्धिजीवी इस दृष्टि से असफल बुद्धिजीवी ही माने जायेंगे।"

बहरहाल, इस क्रम में पाण्डेय जी हिन्दी में साहित्य-सिद्धान्तों के विकास की टोह लेते हैं। भारतेन्दुयुग और आचार्य शुक्ल जी के इतिहास पर संक्षिप्त दृष्टिपात के बाद वे उनके निबन्ध 'कविता क्या है?' पर ठहर जाते हैं जिसे शुक्ल जी 1909 से 1930 तक विकसित-परिष्कृत करते रहे। नामवर जी ने इस सन्दर्भ में लिखा है :

"1909 से 1930 तक लगभग इक्कीस वर्षों में 'कविता क्या है' नामक निबन्ध का पूर्णतः कायाकल्प हो गया। कविता व्यक्ति हृदय से निकलकर लोकहृदय तक पहुँची और वृद्धावस्था से मुक्तावस्था तक। भावों का व्यापार भाव-योग हुआ—ज्ञान-योग और कर्म-योग के समकक्ष, किन्तु ज्ञान और कर्म से संयुक्त भी।

हिन्दी आलोचना के इतिहास में यह अन्तर्यात्रा जितनी रोमांचकारी है, उतनी ही महत्त्वपूर्ण भी"

मुझे ख़याल आ रहा है कि कविता के प्रतिमानों को लेकर नामवर जी की दशकों तक चलने वाली अन्तर्यात्रा भी क्या कुछ ऐसी ही नहीं रही। और क्या ख़ुद मैनेजर पाण्डेय कुछ इसी तर्ज पर साहित्य के समाजशास्त्र को उपन्यास और संस्कृति जैसी विधाओं व प्रवृत्तियों तक विस्तार देते शास्त्र-निर्माण की ऐसी ही प्रक्रिया से सन्नद्ध नहीं रहे हैं।

यह अलग बात है कि साहित्य-शास्त्र के सन्दर्भ में मैनेजर पाण्डेय नामवर जी के प्रतिमानों को भी बहुत गम्भीरता से नहीं लेते। उनके अनुसार, कविता के नये प्रतिमानों की खोज की दिशा में जो प्रयत्न हुए, उनमें भी अमेरिकी नयी समीक्षा की शब्दावली और धारणाओं का हिन्दीकरण ही हुआ दिखाई देता है।

साहित्य-शास्त्र की हिन्दी में निर्मित होती परम्परा पर उनकी टिप्पणी है : "रामविलास शर्मा और नामवर सिंह के बीच परम्परा पर विवाद हुआ है, लेकिन वह भी सास-बहू का झगड़ा ही अधिक लगता है, परम्परा पर कोई गम्भीर सैद्धान्तिक बहस नहीं।"

अपने आकलन में पाण्डेय जी मुक्तिबोध पर आकर ठहरते हैं :

"हिन्दी के मार्क्सवादियों में मुक्तिबोध अकेले ऐसे लेखक-विचारक हैं जिन्होंने सैद्धान्तिक सोच की दिशा में मौलिक और महत्त्वपूर्ण प्रयत्न किया है।"

"वे हिन्दी में अकेले ऐसे मार्क्सवादी आलोचक हैं जिन्होंने यथार्थवादी दृष्टि और यथार्थवादी शिल्प में अन्तर किया है। यही नहीं, उन्होंने यह भी कहा है कि यथार्थवादी दृष्टि की अभिव्यक्ति ग़ैर-यथार्थवादी शिल्प में हो सकती है और यथार्थवादी शिल्प के भीतर ग़ैर-यथार्थवादी दृष्टि व्यक्त हो सकती है।"

वे आगे कहते हैं कि मुक्तिबोध ने हिन्दी आलोचना को रामचन्द्र शुक्ल के बाद सबसे अधिक बीज-शब्द दिये हैं।

स्त्रीवाद और दलित-विमर्श को मैनेजर पाण्डेय साहित्य-सैद्धान्तिकी की प्रक्रिया से सम्बद्ध करते हैं। उनके अनुसार, स्त्रीवाद और दलित-विमर्श के रचनाकार एक ओर साहित्य के इतिहास और आलोचना में अपनी खोयी हुई, दबायी गयी और उपेक्षित परम्पराओं तथा कृतियों की खोज और मूल्यांकन का काम कर रहे हैं तो दूसरी ओर हिन्दी की मुख्यधारा में जिन लेखकों और कृतियों को मानदण्ड मान लिया गया है, उनके बारे में तरह-तरह के सवाल पूछ रहे हैं, उनकी महानता को

अपनी आकांक्षा की कसौटी पर कसकर परख रहे हैं। कहना न होगा कि पाण्डेय जी की यही सोच थोड़ा बाद में उभरे आदिवासी-विमर्श को लेकर भी है।

वंचना से उभरी सांस्कृतिक अस्मिताओं से जुड़े सृजन को भी मैनेजर पाण्डेय कोई सैद्धान्तिक छूट देने में यक़ीन नहीं रखते। वे मानते हैं कि आलोचना को केवल सहृदयता, सुरुचि, संवेदनशीलता, समझदारी, साहित्यिक दक्षता, परिष्कृत मानस और भाषिक कुशलता के भरोसे छोड़ना उसे रहस्यमय बनाने और मनमानी करने की सुविधा देना है; क्योंकि इन गुणों का दावा कौन नहीं करता।

यहीं दृष्टि उनके लिए अहम हो जाती है और उनके समूचे चिन्तन में उसकी केन्द्रीय जगह है। उनके किसी अध्येता ने मुक्ति को उनके यहाँ सर्वाधिक लक्षित किया है, असल में यह दृष्टि का ही प्रतिफल है कि वे वंचना व अधीनस्थता के प्रत्यक्ष-परोक्ष रूपों को चिन्ह कर सन्दर्भित मुक्ति के एजेंडे का निर्धारण करते हैं। पाण्डेय जी का बड़ा साफ़ मत है कि जो लोग दृष्टिहीनता को ही मुक्त दृष्टि और खाली दिमाग को ही खुला दिमाग़ समझते हैं, वे ही प्राय: सिद्धान्त की आवश्यकता को अस्वीकार करते हैं।

कैथरिन वेल्से का यह कथन मूलत: मैनेजर पाण्डेय की एप्रोच का समर्थन करता है : 'साहित्य-सिद्धान्त का प्रश्न मुख्यत: अर्थ मीमांसा का प्रश्न है।' आगे पाण्डेय जी लिखते हैं : "अर्थ मीमांसा के लिए पाठ और उसकी दुनिया (भीतरी और बाहरी) के सम्बन्ध की खोज और पहचान ज़रूरी है जिसमें सिद्धान्त हमारी मदद करता है। अगर आलोचना का लक्ष्य पाठ की व्याख्या है तो व्याख्या के भी अनेक सिद्धान्त हैं, भारत में और पश्चिम में भी। व्याख्या का एक लक्ष्य पाठ में व्यक्त अर्थ के सच की खोज है और ऐसी खोज सिद्धान्तहीन नहीं होती। रचना के अर्थ की चिन्ता एक स्तर पर भाषा, मनुष्य की चेतना और संसार के सम्बन्ध की चिन्ता है और इस सम्बन्ध को सिद्धान्त के सहारे समझा जा सकता है केवल सहजबोध से नहीं'।[ii]

मैनेजर पाण्डेय सिद्धान्त की गतिमयता में यक़ीन करते हैं, उनकी जकड़न को तोड़ने के लिए वे निरन्तर इन्हें अन्य सिद्धान्तों और अवधारणाओं की समानान्तरता और अन्तर्क्रिया में देखते हैं। जैसे कि उपन्यास पर विचार करते हुए वे कार्पेन्तियर के प्रसंग से कहते हैं : "उपन्यास जब उपन्यास की सीमाओं को तोड़कर आगे बढ़ता है, तभी वह महान् होता है, जैसे कि प्रूस्त, काफ़्का और ज्वायस के यहाँ दिखाई देता है। ऐसा उपन्यास जिस परम्परा में पैदा होता है, उसको अपनी विकास-प्रक्रिया में तोड़ता है और नयी परम्परा बनाता है।'[iii]

साहित्य को संस्कृति की परिधि में देखने-समझने की कोशिशें हुई हैं। साहित्य ही नहीं, बल्कि हर कलात्मक उत्पाद को सृजनात्मक संस्कृति रूप की तरह देखने की मान्यता रही है। मैनेजर पाण्डेय के लिए दृष्टि और मीमांसा कोई स्थिर ढाँचे नहीं हैं। वे निरन्तर अपनी दृष्टि को और निर्मल करने और मीमांसा को अधिक सटीक बनाने के लिए रचनाकार की तरह आत्मसंघर्ष से गुज़रते रहे हैं। कृति के मूल्यांकन में सांस्कृतिक सैद्धान्तिकी के प्रयोग के सन्दर्भ में भी वे संस्कृति को समाजशास्त्र से जोड़ने का प्रस्ताव करते हैं। संस्कृति से जुड़ी चुनौतियों को रेखांकित करते हुए वे इसकी मूल प्रकृति में निहित विरलता और लचीलेपन को मूल्यांकन के सन्दर्भ में एक बड़ी समस्या के रूप में सामने रखते हैं। पाण्डेय जी मानते हैं कि साहित्य पहले से ही संस्कृति के केन्द्र में रहा है लेकिन अब उसकी आलोचना सांस्कृतिक हो गयी है। साथ ही, भारत की संस्कृति का कोई समाजशास्त्र निर्मित करने में चुनौती यह है कि इसमें अनेक जातीयताओं के लोग और अनेक भाषाएँ हैं।

संस्कृति और साहित्य से उसके रिश्ते को समझने के लिए पाण्डेय जी आचार्य नरेन्द्र देव के कथन को याद करते हैं : "संस्कृति चित्त-भूमि की खेती है"। तदनन्तर रेमंड विलियम्स के सांस्कृतिक चिन्तन की मदद लेते हैं, जिनके अनुसार : "संस्कृति के स्वरूप को समझने के लिए उसकी विकासशील प्रक्रिया, पद्धति और संस्कृति के प्रभाव को ध्यान में रखना ज़रूरी है। संस्कृति का बुनियादी अर्थ है मानस के परिष्कार की विशिष्ट अवस्था। इस परिष्कार की प्रक्रियाएँ भी संस्कृति के अन्तर्गत आती हैं। उन प्रक्रियाओं को जिन वस्तुओं से मदद मिलती है, उन्हें सांस्कृतिक रूप या साधन कहा जा सकता है। ऐसे साधनों में मुख्य हैं–मनुष्य की बौद्धिक क्रियाएँ और विभिन्न कलाएँ। इसी बात को ध्यान में रखकर लुसिए गोल्डमान ने विभिन्न कलाओं को सांस्कृतिक सर्जनाएँ कहा है।"

समाज में संस्कृति वैसा ही आधारभूत व्यवहार है जैसा आर्थिक या राजनीतिक व्यवहार। रेमंड विलियम्स साहित्य को संस्कृति का प्रमुख रूप मानते हैं।

हिन्दी के साहित्यिक परिदृश्य में आलोचक की भूमिका को समझने के लिए पहले पाण्डेय जी लगभग एक व्यंग्य-चित्र उपस्थित करते हैं : "हिन्दी में आलोचक को साहित्य का दारोगा, साहित्य का दरबान, साहित्य का मध्यस्थ आदि कहा गया है। उसे साहित्य के बाज़ार का ऐसा बिचौलिया भी कहा जाता है जो रचनाकारों, प्रकाशकों और पुस्तक ख़रीदने वाले पाठकों के बीच सक्रिय रहता है।" इसे किंचित विस्तार देते हुए वे आलोचक की अकादमिक भूमिका को स्थिर करते हैं। सी.जे. वान रीस के हवाले से वे कहते हैं कि "आलोचना एक पाठ को साहित्यिक पाठ

के रूप में वैध बनाती है, उसको विशिष्टता प्रदान करती है और साहित्य-संसार में जगह दिलाती है।"

इस प्रक्रिया के दायित्व को रेखांकित करने के लिए पाण्डेय जी ग्राम्शी का उद्धरण देते हैं : "आलोचना का एक दायित्व नयी संस्कृति के लिए संघर्ष भी है। वह नयी संस्कृति साहित्य की भी होगी और समाज की भी। इस प्रक्रिया में आलोचना नये समाज के निर्माण के लिए वैचारिक संघर्ष भी है।"

संस्कृति में परम्परा सक्रिय होती है और परम्परा निरन्तर चयन और पुनर्चयन के रूप में सामने आती है। इस सन्दर्भ में आलोचना महत्त्वपूर्ण हो जाती है। वर्चस्व और अधीनस्थता के अन्तर्विरोध इसी परम्परा में अन्तर्निहित होते हैं। रेमंड विलियम्स ने ग्राम्शी की वर्चस्व की अवधारणा के सहारे समाज, साहित्य और संस्कृति में परम्परा की राजनीतिक भूमिकाओं का विवेचन किया है। वर्चस्व या आधिपत्य ऐसी प्रक्रिया है जो प्रत्यक्ष और प्रकट नहीं होती। इसमें अधीनस्थ वर्ग, समूह और समुदाय के विरुद्ध सीधे बल का प्रयोग नहीं होता, बल्कि उनकी ऐसी सहमति और स्वीकृति प्राप्त की जाती है जिसके बारे में वे अनजान होते हैं।

रेमंड विलियम्स ने लिखा है कि "प्रत्येक समाज में प्रभुत्वशाली परम्परा के समानान्तर प्रतिरोध और विकल्प की चिन्ता, चेतना और गतिविधियाँ भी होती हैं जो दूसरी परम्पराओं का निर्माण करती हैं।"

ग्राम्शी ने संस्कृति से भाषा के रिश्ते को लेकर कहा है : "भाषाएँ सांस्कृतिक उपज हैं और जनजीवन की सांस्कृतिक अभिव्यक्ति भी।"

पाश्चात्य सांस्कृतिक चिन्तन के क्रम में मैनेजर पाण्डेय लुई अल्थुसर, अडोर्नो और पियरे बोर्दिए के विचारों को भी भारतीय सन्दर्भों में प्रासंगिक मानते हैं।

मैनेजर पाण्डेय भारतीय संस्कृति को विभिन्न संस्कृतियों का समुच्चय कहते है। प्रत्येक समाज में अन्तर्विरोध होते हैं और उस समाज की संस्कृति में उनका प्रतिबिम्बन होता है। पाण्डेय जी वाल्टर बेंयामिन का बहुत महत्त्वपूर्ण वक्तव्य प्रस्तुत करते हैं : "संस्कृति पर ध्यान दीजिए तो संत्रास का बोध भी होगा, क्योंकि उसके निर्माण में केवल महान् प्रतिभाओं का ही योगदान नहीं होता, उनके समकालीन अनाम लोगों का श्रम भी लगा होता है। सभ्यता का कोई ऐसा दस्तावेज़ नहीं है जो बर्बरता का भी दस्तावेज़ न हो। जैसे दस्तावेज़ बर्बरता से मुक्त नहीं होता वैसे ही उसके हस्तान्तरण में भी बर्बरता होती है।"

इस प्रसंग में पहले तो पाण्डेय जी एक थेरी-कविता को उद्धृत करते हैं, फिर भारत के आदिवासी समुदायों पर टिप्पणी करते हैं :

"आदिवासी भारतीय होते हुए भी भारतीय समाज के अंग नहीं समझे जाते, वे हाशिये पर रहकर जीने-मरने के लिए मजबूर हैं, वैसे ही उनकी संस्कृति भारतीय संस्कृति का हिस्सा नहीं है। आदिवासी-समाज और उनकी संस्कृति उपनिवेशवाद के समय से ही विनाश और पुनर्वास की प्रक्रिया की शिकार है।"

"मुख्यधारा के प्रतिनिधि अधिकांश समाजशास्त्री आदिवासियों की संस्कृति के संस्कृतिकरण की वकालत करते रहे, जिसका अर्थ है प्रभुत्वशाली संस्कृति का आदिवासियों की संस्कृति पर क़ब्ज़ा।"[iv]

अपने एक साक्षात्कार में वे कहते हैं : "अभी भी बड़ी संख्या में आदिवासी स्वतन्त्र और लोकतान्त्रिक भारत के वैसे नागरिक नहीं हैं जैसे मुख्यधारा के लोग नागरिक हैं। ज़रूरत इस बात की है कि उनके अस्तित्व, उनकी सांस्कृतिक पहचान, उनके भावात्मक और नैतिक स्वभाव को जाना और पहचाना जाये ताकि विकास के नाम पर उनकी अपनी पहचान और संस्कृति का नाश न हो।"[v]

आदिवासी प्रतिरोध की संस्कृति की पक्षधरता के पीछे उनकी यही दृष्टि है। पाण्डेय जी की दीर्घकालिक आलोचना-साधना में इसीलिए सातत्य के बावजूद संगति है और अपने अन्य समकालीनों की भाँति विचलन नहीं है।

मैनेजर पाण्डेय मौजूदा साम्प्रदायिकता की जड़ें भारतीय इतिहास के मध्यकाल में पाते हैं जिसमें दो सभ्यताओं, संस्कृतियों और धर्मों का टकराव था तो दोनों के मेल से एक प्रकार का सांस्कृतिक संगम भी निर्मित हो रहा था, जिसकी अभिव्यक्ति कविता, संगीत, चित्रकला और स्थापत्य में हो रही थी। पाण्डेय जी ने इस सांस्कृतिक नवाचार और इस क्रम में विकसित साझी परम्परा को साम्प्रदायिकता के प्रतिकार के रूप में रेखांकित किया है। दारा शिकोह और शाद अजीमाबादी के उपन्यास, पीर अली पर उनके लेख ऐसे उपक्रम का उज्ज्वल उदाहरण हैं। इसी भाँति अन्वेषण उनकी दृष्टि का एक स्वाभाविक प्रतिफल है। अन्वेषण की प्रक्रिया में वे विस्मृत किन्तु प्रासंगिक कृतियों की एक ओर पुनर्प्रतिष्ठा करते हैं तो दूसरी ओर मूल्यांकन में अन्वेषी दृष्टि के चलते अलक्षित रहे अहम पहलुओं को आलोकित करते हैं। 'देशेर कथा' और 'वज्रसूची' पर निबन्धों जैसा उनका लेखन इसी धारा में आता है।

मैनेजर पाण्डेय की विश्लेषण-पद्धति को समझने के लिए उनके लिखे महादेवी वर्मा पर लेख–'शृंखला की कड़ियाँ' : मुक्ति की राहें'–को थोड़ा तफ़सील से देखते हैं। पाण्डेय जी हिन्दी नवजागरण को एक प्रस्थान-बिन्दु के रूप में देखते हैं लेकिन उसके प्रति भी वे आलोचनात्मक हैं। वे मानते हैं कि स्त्री-प्रश्न के सन्दर्भ में नवजागरण सुधारवाद तक सीमित था। हिन्दी नवजागरण की चिन्ता और उस पर

बहस के केन्द्र में स्त्री की पराधीनता और स्वाधीनता का प्रश्न कभी नहीं रहा है। ऐसा क्यों हुआ, इस पर विचार करते हुए वे कहते हैं कि साम्राज्य-विरोधी संघर्ष ने स्त्रियों की स्वाधीनता के प्रश्न को निगल लिया। इसके बाद वे महादेवी वर्मा की कविता की व्याख्याओं के प्रति असहमति ज़ाहिर करते उनमें व्यक्त पराधीनता की पीड़ा और स्वाधीनता की आकांक्षा की अनदेखी की शिकायत करते हैं। इसके बाद वे विवेच्य कृति का आरम्भिक महत्त्व प्रतिपादित करते हैं :

"भारतीय स्त्री-जीवन की जटिल समस्याओं, उसकी दासता की दारुण स्थितियों और उसकी मुक्ति की दिशाओं का मूलगामी दृष्टि से जैसा विवेचन महादेवी वर्मा की पुस्तक शृंखला की कड़ियाँ में है, वैसा हिन्दी में अन्यत्र कहीं नहीं है। शृंखला की कड़ियाँ का उद्देश्य उस भारतीय नारी की स्थिति का विश्लेषण है जो महादेवी वर्मा के शब्दों में जन्म से अभिशप्त और जीवन से सन्तप्त है।"

विमर्श की परिप्रेक्ष्य निर्मिति के लिए वे बताते हैं : 'शृंखला की कड़ियाँ' का प्रकाशन 1942 में हुआ, इसके लेख और भी पहले छपे थे जबकि सिमोन द बोउआ की पुस्तक 'द सेकेंड सेक्स' का फ्रेंच संस्करण 1949 और अंग्रेज़ी अनुवाद 1953 में आया। हिन्दी में 'स्त्री-उपेक्षिता' शीर्षक से अनुवाद इसके दशकों बाद आ पाया। पाण्डेय जी तंज़ करते हैं कि सिमोन को तो पढ़ा जाता है लेकिन महादेवी को नहीं पढ़ते। ग्राम्शी के बुद्धिजीवियों के पेशेवर और आवयविक प्रकारों का अर्थ स्पष्ट करते हुए वे महादेवी वर्मा को आवयविक बुद्धिजीवी ठहराते हुए कहते हैं :

"उनमें भारतीय स्त्री की आर्थिक, सामाजिक और सांस्कृतिक पराधीनता से मुक्ति की गहरी चिन्ता है और यह ऐसे समय में है जब स्त्रियों की स्वाधीनता नवजागरण के एजेंडे में नहीं थी। हालाँकि तब तक भारतेन्दु हरिश्चन्द्र 'बालाबोधिनी' पत्रिका निकाल चुके थे।

इस लिहाज़ से 1882 के वर्ष को महत्त्वपूर्ण बताते हुए वे 'वुमेन राइटिंग इन इंडिया' के सन्दर्भ से बंगाल की मोक्षदायिनी मुखोपाध्याय के कविता-संकलन 'बनप्रसून' का उल्लेख करते हैं जिसकी रचना-दृष्टि में स्त्री की स्वाधीनता और आलोचनात्मक चेतना का प्रमाण था। इसी वर्ष महाराष्ट्र की एक क्रान्तिकारी महिला ताराबाई शिन्दे की पुस्तक 'स्त्री-पुरुष तुलना' छपी थी जिसमें स्त्री-दृष्टि से महाराष्ट्र की पितृसत्तात्मक समाज-व्यवस्था, संस्कृति और पुरुषों की मानसिकता की तीखी आलोचना है। इसके बाद वे हिन्दी में इसी साल छपी 'सीमन्तनी उपदेश' का उल्लेख करते हैं जिसे डॉ. धर्मवीर ने खोजकर 1988 में पुनर्प्रकाशित कराया था।

यह तत्कालीन हिन्दू समाज में स्त्री की ग़ुलामी और यातना के विभिन्न रूपों के व्यापक ज्ञान और अनुभवों पर लिखी गयी किताब है। पाण्डेय जी के अनुसार 'सीमन्तनी उपदेश' के प्रत्येक पन्ने से हिन्दू स्त्री की ग़ुलामी की पीड़ा से पैदा हुई चीख़ सुनाई पड़ती है और आज़ादी की दूर तक गूँजने वाली पुकार भी।

बीसवीं सदी के दूसरे दशक से हिन्दी क्षेत्र से 'स्त्री-दर्पण', 'आर्य महिला', 'महिला सर्वस्व' और 'चाँद' जैसी उल्लेखनीय पत्रिकाएँ निकलती हैं। इन पत्रिकाओं में स्त्री-जीवन की विभिन्न समस्याओं पर बहस होती थी, उनके जीवन-संघर्ष और मुक्ति-संघर्ष की रपटें छपती थीं और स्त्रियों का रचनात्मक साहित्य भी प्रकाशित होता था। नवम्बर, 1934 में 'चाँद' का 'नारी आन्दोलन अंक' निकला था। महादेवी वर्मा पहले लेखक के रूप में 'चाँद' से जुड़ी हुई थीं, फिर उन्होंने सम्पादक के रूप में भूमिका निभायी। सन् 1935 में निकले 'चाँद' के 'विदुषी अंक' का उन्होंने सम्पादन किया। तीसरे दशक से महादेवी की पहल पर मीरा जयन्ती मनाने की शुरुआत हुई। इस तरह, शृंखला की कड़ियाँ तीसरे और चौथे दशक के उस नारी आन्दोलन की देन है जिसमें महादेवी वर्मा सक्रिय रूप से सम्मिलित थीं, इसलिए उसमें उस समय की नारी चेतना के जागरण की अनुगूंजें हैं; उसकी शक्ति की, सीमाओं की और सम्भावनाओं की भी।

मैनेजर पाण्डेय महादेवी की अन्तर्दृष्टि में किन चीज़ों को लक्षित करते हैं? स्त्री-अधिकारों के बारे में एक सत्य को महादेवी उद्‌घाटित करती हैं : "वे भिक्षावृत्ति से न मिले हैं और न मिलेंगे, क्योंकि उनकी स्थिति आदान-प्रदान योग्य वस्तुओं से भिन्न है।" महादेवी स्त्री को देवत्व के छल से वास्तविकता के धरातल पर लाती हैं। पाण्डेय जी इस सन्दर्भ में रोला बार्थ को उद्धृत करते हैं : "मिथक में चीज़ों की ऐतिहासिक विशेषताएँ नष्ट हो जाती हैं और उनके निर्माण से जुड़ी स्मृतियाँ भी खो जाती हैं।" वे आगे कहते हैं : "भारतीय मिथक परम्परा में धन की देवी लक्ष्मी है, विद्या की सरस्वती और शक्ति की दुर्गा, लेकिन भारतीय समाज में स्त्री धन, विद्या और शक्ति तीनों से वंचित रही है।" दीपशिखा की भूमिका में महादेवी ने लिखा है : "भारतीय पुरुष जीवन में नारी का जितना ऋणी है, उतना कृतज्ञ नहीं हो सका। अन्य क्षेत्रों की भाँति साहित्य में उसकी स्वभावगत संकीर्णता का परिचय मिलता रहा है।" दूसरे एक लेख में वे कहती हैं : "साहित्य यदि स्त्री के सहयोग से शून्य हो तो उसे आधी मानव जाति के प्रतिनिधित्व से शून्य समझना चाहिए।"

स्त्री-दृष्टि की मौजूदा बहस का उल्लेख करते हुए पाण्डेय जी साहित्य में स्त्री-दृष्टि की ज़रूरत पर महादेवी के स्पष्ट अभिमत को उद्धृत करते हैं :

"पुरुष के द्वारा नारी का चरित्र अधिक आदर्श बन सकता है, परन्तु अधिक सत्य नहीं; विकृति के अधिक निकट पहुँच सकता है, परन्तु यथार्थ के अधिक समीप नहीं। पुरुष के लिए नारीत्व अनुमान है, परन्तु नारी के लिए अनुभव। अतः अपने जीवन का जैसा सजीव चित्र वह हमें दे सकेगी, वैसा पुरुष बहुत साधना के उपरान्त भी शायद ही दे सके।"

यही नहीं, महादेवी वर्मा स्त्री-दृष्टि से ही समाज के इतिहास को देखने की माँग करती हैं। वे मानती हैं कि स्त्री की स्थिति समाज का विकास मापने का मानदण्ड कही जा सकती है। पाण्डेय जी चिन्ता ज़ाहिर करते हुए कहते हैं कि महादेवी की उपेक्षा अधिक हुई है, चर्चा कम। 'हंस' में 1956 में अमृतराय का एक लेख छपा था–'गद्यकार महादेवी वर्मा और नारी समस्या'; उसके बाद से उनका कोई व्यवस्थित मूल्यांकन नहीं मिलता। यहाँ तक कि स्त्रीवादी रचनाकार भी शृंखला की कड़ियाँ कृति की महत्ता को लेकर ठीक से परिचित नहीं हैं।[vi]

तथापि किसी हद तक महादेवी वर्मा को हिन्दी के आरम्भिक स्त्री-विचारकों में मान लिया गया है, लेकिन उन्हें मुकम्मल मान्यता तभी मिल पायेगी जब उनकी कविता का स्त्रीवादी नज़रिये से कुछ उस तरह प्रत्याख्यान होगा जैसा कि पाश्चात्य स्त्री-वादियों ने क्रिस्टीना रोजेटी की कविता का किया है।

आख़िर में, मैं इस अनुरोध के साथ मैनेजर पाण्डेय के लूसिए गोल्डमान के बारे में एक कथन को उद्धृत कर रहा हूँ कि इसे आप यहाँ पाण्डेय जी के लिए भी पढ़ें :

"उनके साहित्य के समाजशास्त्र की अधिकांश बुनियादी मान्यताएँ अर्जित हैं। मान्यताएँ दूसरों की हैं लेकिन उनको एक विशेष पद्धति में ढालकर गोल्डमान ने अपना बनाया है। मान्यताएँ पुरानी हैं लेकिन उनसे निर्मित पद्धति नयी है। जो लोग गोल्डमान की धारणाओं के केवल मूल स्रोत खोजते रहते हैं, वे यह नहीं देखते कि धारणाएँ तो अलग-अलग पहले भी थीं लेकिन साहित्य का वह समाजशास्त्र पहले न था जो गोल्डमान ने दिया है। उनकी प्रसिद्धि की व्यापकता उनके वैचारिक संघर्ष की दृढ़ता और निरन्तरता की देन है।"[vii]

सन्दर्भ

[i] 'आलोचना में सहमति-असहमति' : मैनेजर पाण्डेय, 2013, भूमिका, वाणी प्रकाशन, दिल्ली।

[ii] वही, पृष्ठ 11-19

[iii] 'उपन्यास और लोकतन्त्र' : मैनेजर पाण्डेय, 2013, पृष्ठ 116; वाणी प्रकाशन, दिल्ली।

[iv] 'भारतीय समाज में प्रतिरोध की परम्परा' : मैनेजर पाण्डेय, 2013, पृष्ठ 9-27 वाणी प्रकाशन, दिल्ली।

[v] 'संवाद-परिसंवाद' : मैनेजर पाण्डेय, 2013; पृष्ठ 228 वाणी प्रकाशन, दिल्ली।

[vi] 'अनभै सांचा' : मैनेजर पाण्डेय, 2002, पृष्ठ 178-190, पूर्वोदय प्रकाशन, दिल्ली।

[vii] 'साहित्य के समाजशास्त्र की भूमिका' : मैनेजर पाण्डेय, 2006 संस्करण, पृष्ठ 147, हरियाणा साहित्य अकादमी, पंचकूला।

मैनेजर पाण्डेय का आलोचना-संसार

रवि रंजन

शब्दाना विविनक्ति गुम्फनविधीनामोदते सूक्तिभि:
सान्द्रं लेहि रसामृतं, विचिनुते तात्पर्यमुद्रां च य:।
पुण्यै: सङ्घटते विवेक्तृ-विरहादन्तर्मुखं ताम्यतां
केषामेव कदाचिदेव सुधियां काव्य-श्रमज्ञोजन:।।

राजशेखर 'काव्यमीमांसा'

(किसी कवि को बड़े पुण्य प्रभाव से काव्य-रचना के परिश्रम को समझने वाला ऐसा विद्वान-आलोचक व्यक्ति प्राप्त होता है, जो शब्दों की रचना-विधि का भली-भाँति विवेचन करता है, सूक्तियों-अनोखी सूझों से आह्लादित होता है, काव्य के सघन रसामृत का पान करता है और रचना के गूढ़ तात्पर्य को ढूँढ़ निकालता है।)

–नामवर सिंह द्वारा किया गया भावार्थ, आलोचना, जनवरी-मार्च 2008, पृ.128

उसे ज़िद की 'वामिक़' -ए-शिकवा-गर किसी राज़ से न हो बा-ख़बर
मुझे नाज़ है कि ये दीदावर मेरी उम्र भर की तलाश है।

–वामिक़ जौनपुरी

"और मैं समीक्षा को सृजनात्मक चीज़ मानता हूँ। एक समीक्षक सही माने में कृतिकार के साथ मिलकर कृति के आन्तरिक मूल्य और उन मूल्यों की ओर इंगित करने वाली दिशा का अध्ययन करता है।..स्पेंगलर का एक वाक्य याद आ रहा है–द लिटररी आर्ट ऑफ़ फॉर्म ऑफ़ द फ़्यूचर वुड बि क्रिटिसिज़्म।" –मलयज (डायरी, 31 जनवरी, 1958)

हिन्दी में आजकल रचनात्मक और आलोचनात्मक साहित्य प्रभूत मात्रा में लिखा जा रहा है, पर इनमें कितना साहित्य है और कितना विलाप या प्रलाप, इस बर्रे के छत्ते में हाथ डालने का यह अवसर नहीं है। मार्क्स ने लिखा है कि कलाकार

उसी तरह सृजन करता है जैसे रेशम का कीड़ा रेशम बनाता है। किन्तु, साहित्य के वे सर्वहारा जो प्रकाशकों की माँग पर बाज़ार को मद्देनज़र रखते हुए लिखते हैं, वे सृजन के बजाय पुस्तकों का उत्पादन करते हैं।

दरअसल कोई भी समर्थ आलोचक महत्त्वपूर्ण रचनाओं के द्वारा पाठकों को दुनिया की पहचान कराने के साथ ही कई बार अपने समय के ज्वलन्त सामाजिक, आर्थिक, राजनीतिक एवं सांस्कृतिक प्रश्नों से सीधे-सीधे मुख़ातिब होता है और अपने विवेचन-विश्लेषण द्वारा औसत लोगों को निरन्तर जागरूक बनाने के अपने सामाजिक दायित्व का बख़ूबी निर्वाह करता चलता है। जिस समाज में ऐसे लोगों की कमी होती है, वहाँ केवल साहित्य ही नहीं बल्कि समाज की गति भी थम जाती है और लोग आत्मसन्तुष्टि के सूअरबाड़े में क़ैद हो जाने के लिए अभिशप्त होते हैं :

जाण भगत का नित मरण अनजाने का राज
सर अपसर समझै नहीं पेट भरण सूं काज।

आलोचना का लक्ष्य रचना की व्याख्या के साथ ही उसकी सार्थकता की भी मीमांसा है और यह तभी सम्भव है जब आलोचक में समाजालोचन के साथ ही आत्मालोचन करने का भी नैतिक साहस हो। स्पष्ट ही यहाँ देखने का अर्थ केवल अपने आप को देखने के साथ ही नंगी-खुली आँखों से जीवन-जगत्, सभ्यता, इतिहास, वर्तमान आदि को देखना और पीड़ित मनुष्य की मुक्ति के लिए भविष्य की रूपरेखा को निर्धारित करना है। समर्थ आलोचक की तीक्ष्ण दृष्टि सिर्फ़ देखती ही नहीं, दिखाती भी है और एक प्रकार से वह समाज की आलोचना से भी जुड़ जाती है। इसलिए समाज को समझे बिना किसी शब्दकर्मी के संघर्ष को भी नहीं समझा जा सकता। इन दोनों दशाओं के तालमेल से आलोचना में एक पड़ाव ऐसा भी आता है जब साहित्य के संघर्ष और समाज के संघर्ष में अद्वैत की स्थिति उत्पन्न होती है। इसीलिए कहा जाता है कि जीवन में संघर्ष के बिना बड़े-से-बड़े रचनाकार की कृति में चमत्कार प्रदर्शन की प्रवृत्ति आ जाती है। यह सही है कि सलीक़ेदार आलोचना के माध्यम से साहित्य की समझ के बिना साहित्य के अभिग्रहण की प्रक्रिया का वृत्त पूरा नहीं हो सकता है। किन्तु, आलोचना जब केवल अकादमिक होकर रह जाती है तो वह साहित्य को सामान्य पाठकों और आमजन से दूर करती हुई कई बार विकर्षक भी हो जाती है। परिणामस्वरूप वह धीरे-धीरे हाशिये पर खिसक जाने की नियति का शिकार होती है। ऐसे में हमें उन आलोचकों की ज़रूरत शिद्दत के साथ महसूस होने लगती है जो वस्तुनिष्ठ होकर मनुष्य और समाज के आपसी सम्बन्ध को बतायें, पाठकीय अभिरुचि को समुन्नत करें, नयी बदलती हुई सामाजिकता और सौन्दर्य-

चेतना पर बहस करें, नयी रचना में उसकी तलाश करें और साहित्य के आन्तरिक मूल्यों के साथ-साथ बाह्य मूल्यों को भी जानें-समझें।

जॉन बेकमेन के शब्दों में कहें तो आज हम ऐसे दौर में जी रहे हैं जब 'वर्तमान पूँजीवादी सभ्यता सामूहिक अनुभव को व्यक्तिगत बनाती है, और सामूहिक विवेक पर प्रतिबन्ध लगाती है।'

यह रवैया पूरे साहित्य को इतिहास और समाज से काट देता है और ऐसे ही समय में हमें 'शब्द और कर्म' के बीच एकता बरतने वाले मैनेजर पाण्डेय सरीखे आलोचक की आवश्यकता होती है।

आज वित्तीय पूँजी के इस दौर में कोरोना महामारी की वजह से पैदा हुई महामन्दी की चपेट में फँसे दुनिया के अधिकांश देशों में जब सत्तारूढ़ अभिजनों और आम जनता की आशा-आकांक्षाओं के बीच खाई बढ़ती जा रही है तथा लोकतन्त्र के प्रति असहिष्णुता का अन्त होता दिखाई नहीं दे रहा, ऐसे में आलोचना भी ख़तरे में है। रचनाकार बिम्ब-प्रतीक आदि की ओट में कुछ देर के लिए भले ही छुप जाये, आलोचक को यह सुविधा नहीं है। इस अर्थ में उसका संघर्ष ज़्यादा ख़तरनाक है। खगेन्द्र ठाकुर ने लिखा है कि यह ऐसा दौर है जिसमें चमत्कार अथवा चमत्कारिक उपलब्धि के बिना जीने में मज़ा नहीं आता, जब कि सामान्य लोगों का जीना मुश्किल है। इसलिए लेखक भी आयोजित और प्रायोजित चर्चा-परिचर्चा के माध्यम से अपने व्यक्तित्व में चमत्कार अर्जित करना चाहता है। ऐसी स्थिति में आलोचना और ख़ासतौर से 'निर्मम आलोचना' कम ही लोगों को सह्य होती है। यह असहिष्णुता जनतान्त्रिक समाज की बुनियाद को कमज़ोर करने के साथ ही आलोचना की संस्कृति के रास्ते में भी बाधा उपस्थित करती है। आलोचना के सामने संघर्ष के कई अन्य मुद्दे भी हैं। कई बार हमारे रचनाकार पुराने मूल्यों-मानदण्डों की जगह पश्चिम के मूल्यों का कई बार अन्धानुकरण करते नज़र आते हैं। रचना एवं आलोचना के नाम पर हिन्दी में लिखी जाने वाली ऐसी पुस्तकों की आजकल भरमार है जहाँ विचार ही नहीं, बल्कि शब्दावली, मुहावरे और वाक्य-संरचना आदि पर भी अंग्रेज़ी हावी है। इसलिए आलोचना के सामने अपने समय के तेजाबी यथार्थ को अपनी ज़मीन से जुड़ी भाषा और सही सन्दर्भ में समझने-समझाने और साथ ही रचनाकारों और पाठकों को सही रास्ता दिखाने की चुनौती है। अमूमन यह माना जाता है कि आलोचना पढ़कर या उससे प्रभावित होकर कोई रचनाकार कविता, कहानी या उपन्यास नहीं लिखता :

सोने को रंग कसौटी चढ़े, पै कसौटी के रंग चढ़े नहीं सोने।

रीतिकाल के कवि ने भिन्न सन्दर्भ में जो बात कही है, वह रचना और आलोचना के अन्तस्सम्बन्ध को लेकर भी विचारणीय है। क्या यह सच नहीं है कि रामचन्द्र शुक्ल की छायावाद-विषयक आरम्भिक आलोचना ने छायावादी कवियों को प्रभावित किया और कालान्तर में छायावादी कवियों के द्वारा 'राम की शक्तिपूजा', 'तुलसीदास' और 'कामायनी' सरीखे श्रेष्ठ काव्य की रचना सम्भव हो सकी। इसी प्रकार रामविलास शर्मा, मलयज, नामवर सिंह, मैनेजर पाण्डेय, नित्यानन्द तिवारी, विश्वनाथ त्रिपाठी, शिवकुमार मिश्र, विजयबहादुर सिंह जैसे बड़े आलोचकों के हस्तक्षेप ने प्रगतिशील और जनवादी रचनाकारों का मार्ग प्रशस्त करने के साथ ही हिन्दी के सुधी पाठकों में क्रान्तिकारी साहित्य के सर्जकों और महज़ क्रान्तिकारी मुद्रा अपनाकर क्रान्ति के ढिंढोरची बने फिरने वाले अग्निवर्षी लेखकों में फ़र्क़ कर सकने का विवेक जगाया।

आज के आलोचक से अपेक्षा है कि वह विभिन्न विचारधाराओं के नाम पर फैले धुन्ध के बीच तमाम मनुष्य विरोधी कारस्तानियों को बेनक़ाब करते हुए मानवतावादी जनतान्त्रिक मूल्यों का पैरोकार बने और साहित्य में चित्रित जीवन के यथार्थ के विश्लेषण के साथ ही साहित्य को बोधगम्य बनाते हुए यथासम्भव उसमें आम पाठकों की रुचि जाग्रत कर सके। देश और दुनिया में जहाँ कहीं भी अच्छा लिखा जा रहा है, उससे अपने भाषिक समुदाय को परिचित कराना, उसकी आलोचना करना, देश और काल के प्रवाह में उन रचनाओं की अवस्थिति को रखकर उनके महत्त्व को चीन्हना आदि सार्थक आलोचना का बुनियादी काम है।

सखाराम गणेश देउस्कर की सुप्रसिद्ध बांग्ला पुस्तक 'देशेर कथा' तथा देश और दुनिया के बड़े विचारकों के महत्त्वपूर्ण निबन्धों को 'संकट के बावजूद' शीर्षक से अपनी लम्बी भूमिका के साथ मैनेजर पाण्डेय द्वारा हिन्दी में पुस्तकाकार प्रस्तुत किया जाना इसका अच्छा उदाहरण है। ग़ौरतलब है कि 'अवधारणाओं का संकट' शीर्षक नामवर सिंह के विख्यात निबन्ध के बाद 'संकट के बावजूद' का प्रकाशन हिन्दी आलोचना के दो बड़े आलोचकों के बीच सार्थक संवाद का रचनात्मक सुफल है।

इसके अलावा पाठ केन्द्रित व्यावहारिक आलोचनात्मक पद्धतियों के माध्यम से साहित्यिक रचना को नया अर्थ देने का दायित्व भी आलोचक का ही है। नामवर सिंह ने सही लिखा है कि "कोई सर्जनात्मक कृति इसलिए कृति है कि वह कोई स्थिर वस्तु नहीं है, जड़ पदार्थ नहीं है। पढ़ने की प्रक्रिया में ही कृतियाँ अर्थ ग्रहण

करती हैं और सार्थक होती है।...सृजन से ग्रहण तक सम्प्रेषण की समग्र प्रक्रिया में काव्यकृति निरन्तर उपजती और उपजायी जाती है। यह 'उपज' ही उसका जीवन है। किसी कृति को जड़ पाठ से मुक्त करना ही उसकी प्रासंगिकता है।" ('वाद विवाद संवाद', पृ. 71)

कहना न होगा कि हमारे समय में लाभ-लोभ के व्याकरण से दूर रहकर हिन्दी के जो गिने-चुने आलोचक पूरी ईमानदारी और सत्यनिष्ठा से उपर्युक्त दायित्वों का निर्वाह कर रहे हैं, उनमें मैनेजर पाण्डेय सम्भवत: सर्वाधिक महत्त्वपूर्ण हैं।

वस्तुत: मैनेजर पाण्डेय हिन्दी में प्रगतिशील-जनवादी आन्दोलन की देन होने के साथ ही उसका विकास करने वाले आलोचक हैं। हमारे इस विचित्र त्रासद समय में वे हिन्दी आलोचना के क्षेत्र में सतत सक्रिय उन थोड़े-से लेखकों में एक हैं जिनके 'शब्द और कर्म' के बीच फाँक सम्भवत: न के बराबर है। उनके जीवन और लेखन में बनावटीपन, दिखावा या दुराव-छिपाव प्राय: नहीं है। उनकी आलोचना में छठी शताब्दी के कवि भर्तृहरि से लेकर समकालीन विचारकों, कवियों, कथाकारों एवं आलोचकों के साथ ही हाल में कोरोना महामारी के दौरान तालाबन्दी के कारण अपने ही देश में विस्थापन की त्रासदी के शिकार करोड़ों मज़दूरों के हृदय विदारक पलायन की पीड़ा को व्यक्त करनेवाले भोजपुरी में रचित 'माई गे माई बिहान होई कहिया' गीत के रचयिता के अवदान का विवेचन-विश्लेषण करते हुए चीज़ों को उनके सही नाम से पुकारने पर बल है।

उनके शब्दकर्म में परिवेश के प्रति गहरा लगाव झलकता है और ऐसा प्रतीत होता है जैसे वे सामने बैठे पाठक या व्याख्यान देते समय अपने श्रोताओं से बतकही में मशगूल हों। उनकी भाषा की यह देशजता अपनी प्रकृति में पर्याप्त संश्लिष्ट है। यह एक ओर उस वैचारिकता या सिद्धान्त तक पहुँचती है जिसे जनवादी मानवतावाद कहा जाता है तो दूसरी ओर वह लोक जीवन के उस उष्ण और भौतिक धरातल तक पहुँचती है, जहाँ ग़ज़ब की सक्रियता और जीवन्तता है। उनकी आलोचना में सतही यथार्थ के बजाय विभिन्न प्रातिनिधिक कलाकृतियों में अन्तर्निहित यथार्थ की द्वन्द्वात्मकता को चीन्हने की चाह है।

सच तो यह है कि मैनेजर पाण्डेय का आलोचना साहित्य हमारे समय-समाज की विसंगति और विडम्बना को उजागर करने के साथ ही एक हद तक इनसे मुक्ति का मार्ग सुझाने में भी सक्षम है। उसमें पाठक को केवल सावधान ही नहीं, बल्कि आवश्यकतानुसार हर तरह का जोखिम उठाने, अपने समय के ज्वलन्त प्रश्नों से टकराने और अन्याय का प्रतिरोध करने की चेतना जगाने की क्षमता है। विभिन्न

रचनाकारों और आलोचकों की कृतियों के बारे में केवल आलोचकीय मन्तव्यों या उपदेशों की अभिव्यक्ति के बजाय उनके यहाँ विवेच्य कृतियों में अनुस्यूत अपने समय की जटिल वास्तविकताओं एवं समग्र सत्य को उसके द्वन्द्वात्मक सिरों से पकड़ने की बेचैनी है। आज़ादी की दहलीज़ पर पाँव रखते भारत के बारे में अज्ञेय ने कहा था कि हमें एक आलोचक राष्ट्र का निर्माण करना होगा। उनके अनुसार आलोचना से हमारी अनुभूति में व्यापकता और गहराई आती है तथा बग़ैर गहरी अनुभूति के संस्कृति सम्भव नहीं है। मैनेजर पाण्डेय की आलोचना भी हिन्दी पाठक के यथार्थ बोध को विकसित कर उसके चिन्तन और चेतना के दायरे का विस्तार करने वाली ऐसी आलोचना है जो जन-पक्षधर संस्कृति का विकास कर सकने में समर्थ है।

मैनेजर पाण्डेय का मानना है कि "आलोचना रचना की व्याख्या करती हुई, उसे व्यापक पाठक समुदाय तक पहुँचने में मदद करती हुई ख़ुद सामाजिक बनती है और रचना को भी सामाजिक बनाती है।...आलोचना, चाहे समाज की हो या साहित्य की, वह सामाजिक बनती है, एडवर्ड सईद के शब्दों में, 'सत्ता के सामने सच कहने के साहस से...' हिन्दी आलोचना के बेजान और बीमार होने का एक कारण हमारे समाज का वह बौद्धिक वातावरण है जिसमें साहित्यवाद का सहयोगी सहमतिवाद है।"

उल्लेखनीय है कि भूमण्डलीकरण के चलते भारत समेत पूरे विश्व पर आये 'संकट के बावजूद' मैनेजर पाण्डेय की आलोचना, पाठक को समाज के प्रभुत्वशाली वर्ग के प्रपंच और क्रूर आतंक के सामने पलायन की जगह, विपरीत स्थितियों से जमकर लोहा लेने के लिए प्रेरित करती है। देश और समाज की राजनीति और संस्कृति को आकार देने में क़लम की ताक़त के प्रति उनकी आस्था दृढ़ है और यह आस्था ही उनके 'शब्द और कर्म' की मूल अन्तर्धारा है। उनकी आलोचना में सत्ता के ढाँचे की संरचना तथा वैयक्तिक प्रतिरोध, विरोध और पराजय के जो जीवन्त सन्दर्भ विद्यमान हैं, भारतीय और पाश्चात्य काव्यशास्त्रीय चिन्तन की जो सांस्कृतिक आभा एवं दार्शनिक उच्चाशय हैं या फिर गहरी स्वाधीनता की माँग और प्रबल मुक्ति की युगान्तरकारी आकांक्षा है, वह भारत की गंगा-जमुनी तहज़ीब के आत्मसातीकरण का प्रमाण है। निस्सन्देह वह अपने समय के सुपठित समाज के प्रति अधिक उन्मुख और संवादमयी है, किन्तु, जीवन के स्वाभाविक और सजीव स्पर्श से दूर रहने के अभ्यस्त आलोचकों की भाँति वहाँ आम जनता के सुख–दुःख, आशा-आकांक्षा को परे रखकर विवादैषणा मात्र की प्रवृत्ति नहीं है। याद आते हैं

मुक्तिबोध जिन्होंने स्पष्ट लिखा है कि जनता का साहित्य से मतलब जनता को तुरन्त समझ में आ जाने वाला साहित्य क़तई नहीं है।

अनेकानेक सामाजिक-सांस्कृतिक मुद्दों पर विचारते हुए या विभिन्न साहित्यिक कृतियों के आलोचना-क्रम में समूचे भारतीय जनमानस को उसकी विविधता और व्यापकता में पकड़ने की छटपटाहट के चलते मैनेजर पाण्डेय की छवि केवल हिन्दी साहित्य के आलोचक के बजाय भारतीय समाज के एक संश्लिष्ट सर्जक बुद्धिजीवी या 'पब्लिक क्रिटिक' के रूप में उभरती है। अशोक वाजपेयी ने सही कहा है कि 'मैनेजर पाण्डेय हिन्दी के उन उँगली पर गिने जाने योग्य आलोचकों में एक हैं जिन्होंने हिन्दी आलोचना को साहित्यवाद से मुक्त किया है।

मैनेजर पाण्डेय के आलोचना साहित्य में जगह-जगह जो धारदार व्यंग्य है, उसकी चोट से न तो लेखक बिरादरी बच पायी है और न ही वह मध्य-वर्ग, जिससे वे ख़ुद सम्बद्ध हैं। अली सरदार ज़ाफरी ने अपने एक भाषण में कहा था कि साहित्य की लोकशाही समाज की लोकशाही से बड़ी होती है, इस अर्थ में आलोचना का काम साहित्य की सब विधाओं में सबसे बड़ा सार्वजनिक कार्य है। ज़ाहिर है कि जो आलोचना जीवन के कड़वे यथार्थ से अलग होकर ख़ुद में ही मगन रहती है, उसका समाज और साहित्य पर कोई प्रभाव नहीं पड़ता। इस अर्थ में मैनेजर पाण्डेय की आलोचना जीवन्त रचनात्मक प्रयत्नों से सरोकार रखने वाला सांस्कृतिक कर्म है। यहीं पर उनकी आलोचना रचनात्मक गतिविधियों का हिस्सा बनकर अपने समय-समाज की हर हलचल से जुड़ जाती है। सिनेमा और समाज के बीच परस्पर अन्तर्सम्बन्धों पर बातचीत के दौरान मैनेजर पाण्डेय कहते हैं :

"आजकल हिन्दी में जो कविताएँ लिखी जा रहीं हैं, उनकी भाषा, बनावट और उनसे व्यक्त होने वाली बौद्धिकता सामान्य पाठकों की पहुँच के परे है। कुछ कवि यह तर्क देने लगे हैं कि आज का जीवन जटिल है, इसलिए उस जीवन से जुड़ी पूरी कविता भी जटिल हो रही है। यह आत्मरक्षा में गढ़ा गया कुतर्क है।..मैं कई बार यह कहता हूँ कि आज स्थिति यह है कि कवि लगातार पुरस्कृत हो रहे हैं और कविता तिरस्कृत हो रही है।...आज के बहुत सारे कवि पाठकों की आलोचना आत्मरक्षा में करते हैं पर उससे नुक़सान कवि या पाठक का भले ही न हो पर कविता का ज़रूर होता है।' ('कथादेश', सितम्बर 2010)

इसी प्रकार 'सुविधा में रहकर दुविधा की भाषा' बोलने के आदतन शिकार भारतीय मध्यवर्ग को जब वे बेनक़ाब करते हैं तो अनायास नागार्जुन की 'घिन तो नहीं आती' कविता का स्मरण हो आता है, जिसमें कलकत्ते में खचाखच भरी ट्राम

में क़ुली-मजूरों के प्रति मध्यवर्गीय अभिजनों की बेरुख़ी का उपहास किया गया है। अभी हाल में कोरोना महामारी की वजह से हुई देशव्यापी तालाबन्दी के दौरान भारतीय महानगरों में रोज़ी-रोटी के लिए आकर रहने वाले पिछड़े इलाक़ों के मज़दूरों के त्रासद पलायन के दौरान उन्हें 'प्रवासी' कहे जाने पर पाण्डेय जी ने बहुत रोष प्रकट करते हुए केन्द्र और विभिन्न राज्य सरकारों के साथ ही सुविधाजीवी सुखासीन समुदाय को भी कटघरे में खड़ा किया।

ज़ाहिर है कि गहरे आत्मसंघर्ष की प्रक्रिया से गुज़रे बग़ैर कोई लेखक अपने ही वर्ग की दुखती रग पर क़तई उँगली नहीं रख सकता। मैनेजर पाण्डेय ने ख़ुद लिखा है कि लेखक का आत्मसंघर्ष तभी सार्थक और सर्जनात्मक होता है, जब वह व्यापक सामाजिक संघर्षों से जुड़ा हो। इसलिए अध्येताओं से यह अपेक्षा स्वाभाविक है कि वे उनकी आलोचना में अन्तर्निहित आत्मसंघर्ष की शिनाख़्त अवश्य करें, जो वस्तुत: आत्मालोचन से निर्मित है और जिसको नज़रअन्दाज़ करने पर न केवल आलोचना, बल्कि उन तमाम रचनाओं का सामाजिक सन्दर्भ भी अनदेखा रह जायेगा, जिनकी सामाजिकता की पहचान उनकी आलोचना का मुख्य लक्ष्य रहा है।

मार्क्स ने जहाँ 'दुराग्रह से मुक्ति' को सच्ची आलोचना की बुनियादी शर्त माना है, वहाँ जार्ज लुकाच ने आलोचनात्मक टेक्स्ट के लिए उसका पठनीय होना ज़रूरी बतलाया है। मैनेजर पाण्डेय की आलोचना में यदि एक ओर जगह-जगह अपने निजी वर्गीय व वर्णीय आग्रह से मुक्ति के लिए आत्मसंघर्ष झलकता है, वहीं वह पठनीय आलोचना का भी बेहतर उदाहरण है। आमतौर पर माना जाता है कि आमफ़हम भाषा में आलोचना के नंगे हो जाने के अपने ख़तरे हैं। बावजूद इसके उन्होंने साबित कर दिया है कि आलोचना केवल प्रभावोत्पादक भाषा, गझिन शब्दावली और पश्चिमी सैद्धान्तिकी पर बहस करने का नाम नहीं, बल्कि अपने समय की वास्तविकताओं को जीवन्त और रचनात्मक ढंग से समझने-समझाने के साथ-साथ अपने समय के ज्वलन्त प्रश्नों से टकराने, आदर्श को यथार्थ में बदलने का वातावरण बनाने, वर्तमान को अतीत से जोड़कर भी उससे अलग करने, अपनी सभ्यता और संस्कृति का अवगाहन करते हुए क्षयिष्णु एवं उदीयमान तत्त्वों की पहचान करने और साहित्य की रचना के लिए अनुकूल वातावरण बनाने और गतिरोध तोड़ने का नाम भी है। आलोचनात्मक लेखन में अपने मिथ्या पाण्डित्य का प्रकाण्ड दर्शन उड़ेलने वाले आलोचकों से भिन्न व विपरीत वे रामचन्द्र शुक्ल, हजारीप्रसाद द्विवेदी, नन्ददुलारे वाजपेयी, विजयदेव नारायण साही, मलयज,

रामविलास शर्मा, मुक्तिबोध, नामवर सिंह जैसे बड़े आलोचकों की समृद्ध परम्परा को संग्रह-त्याग के विवेक से आत्मसात् कर उसे विकसित करने का उपक्रम करते हैं। स्पष्ट ही इस उपक्रम में सहमति-असहमति के अनेकानेक बिन्दु उभरकर सामने आये हैं।

साहित्यिक कृतियों की आलोचना के क्रम में मैनेजर पाण्डेय उनकी अर्थवत्ता के साथ-साथ सार्थकता की पड़ताल करते हुए कृति-विशेष के रचनात्मक अभिप्राय एवं प्रभाव की मीमांसा पर बल देते हैं। वे अपने समय के चिन्तन एवं मूल्यों, चेतना एवं विवेक को एक तार्किक क्रम के द्वारा अपने समय की दशाओं, समस्याओं को भी जाँचते-परखते हैं और उनको विवेकशील चिन्तन की शक्ल देकर केवल साहित्य-सृजन के क्षेत्र में ही नहीं, बल्कि स्वस्थ बौद्धिक समाज और रचनात्मक वातावरण के निर्माण में भी महत्त्वपूर्ण भूमिका निभाते रहे हैं।

मैनेजर पाण्डेय के आलोचना साहित्य का बीज शब्द है–'संघर्ष' और उनके यहाँ इसका फलक जीवन-संघर्ष तथा साम्राज्यवाद और सामन्तवाद विरोधी वैचारिक संघर्ष से लेकर आत्मसंघर्ष तक प्रसारित है। मुझे याद है कि जीवन-संघर्ष को अपने ख़ास अन्दाज़ में समझाने के क्रम में लगभग दस साल पहले हैदराबाद केन्द्रीय विश्वविद्यालय के हिन्दी विभाग द्वारा आयोजित 'हिन्दी आलोचना और मैनेजर पाण्डेय' विषयक राष्ट्रीय संगोष्ठी में आत्म-वक्तव्य प्रस्तुत करते हुए पाण्डेय जी ने मिर्ज़ा ग़ालिब का एक मानीखेज़ शेर उद्धृत किया था :

अहले-बीनिश को है तूफ़ान-ए-हवादिस मकतब
लतमा-ए-मौज कम अज़ सीली-ए-उस्ताद नहीं।

(जिसके पास दृष्टि है, उसके लिए आफ़त और बदक़िस्मती के तूफ़ान ही पाठशाला और लहरों के थपेड़े गालों पर उस्ताद के चाँटों की तरह होते हैं।)

मुक्तिबोध ने लिखा है कि साहित्य विवेक मूलत: जीवन-विवेक है। उनका यह भी कहना है कि मनुष्य सबसे ज़्यादा पारिवारिक संघर्ष में टूटता है। मैनेजर पाण्डेय भी जीवन और साहित्य, दोनों क्षेत्रों में लगातार संघर्षरत रहे हैं। इस क्रम में 'शब्द और कर्म', 'साहित्य और इतिहास-दृष्टि', 'साहित्य और समाजशास्त्रीय दृष्टि', 'भक्ति आन्दोलन और सूरदास का काव्य', 'अनभै साँचा', 'आलोचना की सामाजिकता', 'संकट के बावजूद' (अनुवाद, चयन और सम्पादन), 'मुक्ति की पुकार' (सम्पादन), 'सीवान की कविता' (सम्पादन) जैसी कृतियों के साथ-साथ साक्षात्कारों ('मेरे साक्षात्कार' और 'मैं भी मुँह में ज़बान रखता हूँ') तथा विभिन्न पत्र-पत्रिकाओं में प्रकाशित उनके सैकड़ों आलेखों, व्याख्यानों आदि की

गुणात्मकता एवं परिमाण तथा साहित्य-संस्कृति के क्षेत्र में उनके निरन्तर जीवन्त और सार्थक हस्तक्षेप को देखते हुए कालिदास की एक उक्ति का अनायास स्मरण हो आता है :

'क्लेश: फलेन हि पुनर्नवतां विधत्ते।'

मैनेजर पाण्डेय के यहाँ संघर्ष का मक़सद है मुक्ति, जिसका अर्थ किसी मायने में मोक्ष नहीं है। यह मुक्ति केवल भारतीय समाज में व्याप्त ग़ुलामी की संरचनाओं, दमन, यातना आदि से मनुष्य की मुक्ति ही नहीं, बल्कि अपने पूर्वाग्रहों एवं ख़ास तौर पर दुराग्रहों से मुक्ति के लिए आत्मसंघर्ष भी है। तमाम बड़े लेखकों की तरह आत्मसंघर्ष को ज़िन्दगी का रस-रक्त बनाये चलना उनकी भी नियति रही है। वे उन गिने-चुने आलोचकों में से एक हैं जो जितनी दूसरों की आलोचना करते हैं, उतनी ही अपनी और अपनों की भी। याद रहे कि दूसरों की आलोचना करने में कई बार शहादत का आकर्षण हुआ करता है, पर अपनों की और विशेष रूप में अपनी आलोचना कर या सुन सकने के साहस के उदाहरण बहुत कम मिलते हैं। यह उनके आलोचना-कर्म की विश्वसनीयता का सबसे महत्त्वपूर्ण पक्ष है। दूसरे शब्दों में उनकी आलोचना में एक तरह की मूलगामिता है, जिसके तहत वहाँ किसी मुद्दे की जड़ तक जाने की प्रवृत्ति दिखाई देती है। चूँकि मनुष्य के लिए मूल मनुष्य ही है, इसलिए उनमें मनुष्य की मुक्ति को दृष्टि-पथ में रखते हुए सारे संसार की आलोचना करने, अपने समाज की आलोचना करने और आवश्यकतानुसार अपनी आलोचना करने और सुन सकने का नैतिक बल भी है। एक सुधी आलोचक के रूप में उनकी संघर्षशीलता में 'असहमति का साहस और सहमति का विवेक' क़ाबिल-ए-ग़ौर है। अन्तोनियो ग्राम्शी के हवाले से वे मानते हैं कि आलोचना का एक दायित्व नयी संस्कृति के निर्माण के लिए संघर्ष भी है, जो साहित्य और समाज दोनों की होगी। मैनेजर पाण्डेय का सम्पूर्ण आलोचना-कर्म 'नए समाज के निर्माण के लिए वैचारिक संघर्ष' है। इस संघर्ष में हथियार के तौर पर आलोचना को माध्यम बनाने के क्रम में उन्होंने सबसे पहले उसे साहित्यवाद से मुक्त किया और इतिहास और समाजशास्त्र जैसे ज्ञान के दूसरे अनुशासनों से साहित्यालोचन का आवयविक सम्बन्ध स्थापित किया। इसके चलते कुछ तथाकथित शुद्धतावादियों ने उन पर साहित्य को समाज-विज्ञान का उपनिवेश बनाने का बचकाना आरोप भी लगाया।

मैनेजर पाण्डेय का आलोचक साहित्य की भावभूमि और समाज-विज्ञान की विचारभूमि पर एक साथ खड़ा होकर बहुराष्ट्रीय कम्पनियों के भारत में धुआँधार पूँजी निवेश, भारत सरकार द्वारा 'कल्याणकारी राज्य' की जवाबदेही को बरतरफ़ करके

सार्वजनिक क्षेत्रों में विनिवेश को बढ़ावा देने, लघु उद्योगों की लगभग समाप्ति, बाज़ारवाद, उपभोक्तावाद एवं वृद्ध पूँजीवाद (लेट कैपिटलिज़्म) के सर्वग्रासी प्रसार, विसंस्कृतिकरण, साम्प्रदायिकता, जातिवाद, विचारधारात्मक कट्टरता, तथाकथित सांस्कृतिक राष्ट्रवाद और इलेक्ट्रॉनिक मीडिया तथा संचार के अन्य साधनों के द्वारा सच को सन्देहास्पद बना देने के कारण पैदा हुए संकट की गिरफ़्त में फँसे भारतीय मनुष्य की अनुभूति की संरचना में तेज़ी से आ रहे नकारात्मक बदलाव के चलते दिनानुदिन लुप्त होती जा रही सामाजिकता व इंसानियत के कारणों की पड़ताल और इस 'संकट के बावजूद' मुक्ति का मार्ग खोजने के लिए बेचैन दिखाई देता है।

इस क्रम में परम्परा के अन्धस्वीकार अथवा अन्धनिषेध से बचते हुए मैनेजर पाण्डेय साहित्यिक एवं सामाजिक विकास की प्रक्रिया को इतिहास की धारा में रखकर देखने-दिखाने के आग्रही हैं। वे बार-बार यह कहते-लिखते रहे हैं कि जो लोग इतिहास को रौंदने की कोशिश करते हैं, कालान्तर में इतिहास उन्हें रौंद डालता है।

मार्क्स ने लिखा है कि 'इतिहास प्राक्-भविष्य होता है'। जो लोग इतिहास से फरार होकर अपनी विरासत का मूल्यांकन करते हैं, वे या तो यथास्थितिवाद के शिकार होते हैं या रूमानी क्रान्तिकारिता के। हमें विरासत में प्राप्त भारतीय साहित्य एवं विश्व साहित्य की कुछ उल्लेखनीय कृतियों का मूल्यांकन करते हुए मैनेजर पाण्डेय सबसे पहले उस साहित्य का मूल्य निर्धारित करते हैं जो शोषक वर्गों की मुख़ालफ़त करते हुए मेहनतकश अवाम के हितों की तरफ़दारी करता है। पर इसके साथ ही वे यह भी आँकने की कोशिश करते हैं कि शोषित जनता के ख़ून-पसीने की कमाई के आधार पर रचित कोई कला मौजूदा समय में दलित-पीड़ित तबक़े की मुक्ति में किस सीमा तक सहायक हो सकती है। इस क्रम में वे उपयोगितावादी विचारकों से नितान्त भिन्न रुख़ अख़्तियार करते हुए मार्क्स-एंगेल्स समेत संसार के उन मार्क्सवादी और गैर-मार्क्सवादी विचारकों के क़रीब दिखाई देते हैं जिन्होंने सामन्ती और बुर्जुआ समाजों में रचित शाश्वत महत्त्व वाली कलाकृतियों में निहित सौन्दर्यबोध को भी मनुष्यता के विकास में साधक माना है। याद आते हैं जार्ज लुकाच जिनका कहना है कि विचारधाराओं की पर्वतमालाओं में मार्क्सवाद-लेनिनवाद की अवस्थिति एवरेस्ट शिखर की तरह है, पर एवरेस्ट शिखर पर बैठे किसी ख़रगोश को यह भ्रम कदापि न होना चाहिए कि वह घाटी के हाथी से बड़ा है।

याद रहे कि इतिहास पर बल देने के बावजूद मैनेजर पाण्डेय की आलोचना में इतिहासवाद का भी कोई आग्रह नहीं है। साहित्येतिहास लेखन के लिए आलोचनात्मक

चेतना और आलोचनात्मक लेखन के लिए इतिहास-चेतना की महती आवश्यकता पर बल देने वाले मैनेजर पाण्डेय साहित्यिक कृतियों में इतिहास-चेतना को रचना की समाजशास्त्रीय प्रामाणिकता तथा कालजीविता और कला-चेतना को उन कृतियों के सौन्दर्यबोधीय स्वरूप से जोड़कर देखते हैं। उनके अनुसार जिन रचनाओं में इतिहास-चेतना और कला-चेतना का दुर्लभ संयोग घटित होता है और उनकी अन्तर्वस्तु की नैसर्गिक आकांक्षा के अनुरूप रचनाकार उपयुक्त फ़ॉर्म की तलाश कर लेता है, वे रचनाएँ युगान्तरकारी महत्त्व प्राप्त कर लेती हैं और कालजयी हो जाती हैं। तात्पर्य यह कि किसी रचना के कालजयी होने के पहले उसका कालजीवी होना ज़रूरी है।

सुविख्यात विचारक राबर्ट वाइमान द्वारा महान् कलाकृतियों के सन्दर्भ में कथित 'विगत सार्थकता और वर्तमान अर्थवत्ता का द्वन्द्वात्मक सम्बन्ध' को अपने अनोखे अन्दाज़ में व्याख्यायित करते हुए उन्होंने लिखा है :

"किसी कलाकृति की उत्पत्ति, उसका अस्तित्व, और उसका जीवन समाज तथा इतिहास के बाहर नहीं होता। कृतिकार और पाठक भी समाज और इतिहास से परे नहीं होते। मनुष्य की चेतना और उसकी सृजनशीलता की उपज में अपने समय, समाज और ऐतिहासिक परिस्थितियों की सीमाओं से ऊपर उठने की क्षमता होती है। इसका यह अर्थ नहीं कि ऐसी चेतना और उसकी संरचनाओं का अपने समय, समाज, और ऐतिहासिक स्थितियों से कोई सम्बन्ध नहीं होता। किसी महत्त्वपूर्ण रचना में यथार्थ का केवल प्रतिबिम्बन ही नहीं होता, उसमें यथार्थ सम्बन्धी चिन्तन और यथार्थ की पुनर्रचना भी होती है। इस तरह रचना में कालबद्धता से कालजयीपन का केवल विरोध नहीं होता बल्कि विरोधी गुणों का संघर्षधर्मी साहचर्य भी होता है।.. कोई भी सार्थक रचना इतिहास की उपज होती है, लेकिन उसका अपना भी एक इतिहास होता है जिसे वह स्वयं बनाती है। उसका वर्तमान होता है तो उसका अतीत भी होता है। उसके पाठकीय ग्रहण का वर्तमान होता है तो उत्पत्तिमूलक अतीत भी होता है। इन दोनों के द्वन्द्वात्मक सम्बन्ध के बोध के आधार पर ही किसी रचना की प्रासंगिकता का निर्णय हो सकता है।" ('आलोचना की सामाजिकता', पृ. 292)।

आचार्य राजशेखर ने 'काव्यमीमांसा' में अनेक प्रकार के आलोचकों का उल्लेख किया है–सतृणाभ्याव्हारी, अरोचकी, मत्सरी एवं तत्त्वाभिनिवेशी। कहने की ज़रूरत नहीं कि पाठकों-आलोचकों की उपर्युक्त श्रेणियों के अलावा साहित्य की दुनिया में कुछ ऐसे अबोध लोग कभी-कभार आवाज़ाही करते दिखाई पड़ते है जिनके बारे में अल्लामा इक़बाल ने लिखा है :

फूल की पत्ती से कट सकता है हीरे का ज़िगर
मर्द-ए-नादां पर कलाम-ए-नर्म-ओ-नाज़ुक बे-असर।

हिन्दी साहित्य के हमारे समय के कुछ सतृणाभ्याव्हारी आलोचकों को टेरी इगल्टन के हवाले से मैनेजर पाण्डेय हिन्दी आलोचना का 'जनसम्पर्क पदाधिकारी' कहते हैं, जो आलोचना के नाम पर थोक भाव में पुस्तक समीक्षा लिखकर अपने मनचीते कवियों-लेखकों का गुणगान व गुटगान करते हुए अपनी जान-पहचान का दायरा बढ़ाने में लगे रहते हैं। एक विद्वान् ने तो अपना ईमानदार क्षोभ प्रकट करते हुए यहाँ तक कह डाला है कि :

"आज पुस्तक-समीक्षा साहित्य के कलेवर पर एक ऐसे बदसूरत नासूर की तरह है, जो साहित्य के रक्त पर पोषित होता है।"

इनसे भिन्न तथाकथित प्रगतिशीलता और जनवाद की कसौटी पर साहित्यिकता की बलि चढ़ाकर शोक शैली में आलोचना लिखने वाले 'अरोचकी' आलोचकों का दृष्टिदोष से पीड़ित एक वर्ग है जिसे हर अच्छी रचना में प्रच्छन्न रीतिवाद या कलावाद नज़र आता है। अंग्रेज़ी की एक कहावत का इस्तेमाल किया जाये तो इस वर्ग के आलोचक उन तथाकथित समझदार लोगों की तरह हैं जो स्नान-पात्र में बच्चे को नहलाने के बाद पानी के साथ-साथ बच्चे को भी फेंक आते हैं।

याद आते हैं प्रेमचन्द, जिन्होंने तत्कालीन रचनाओं में जीवन के उल्लास, आह्लाद एवं विनोदवृत्ति के अभाव से चिन्तित होकर लिखा था : "इस जीवन-संग्राम में साहित्य पर जो सबसे बुरा असर पड़ा है, वह यह कि वह मर्सिया हुआ जाता है।"

कहना न होगा कि समकालीन आलोचना में कुछेक अपवादों को छोड़कर तथाकथित क्रान्तिकारिता और आत्यन्तिक वैचारिकता की कोख से पैदा हुए मर्सियाकरण के इस दौर में मैनेजर पाण्डेय का आलोचना साहित्य किसी मरुभूमि में जलाशय की तरह है। वे हिन्दी के अक्षर-जगत् में प्रगतिशील-जनवादी कही जाने वाली बिरादरी में अपने खुले जीवट, अद्वितीय सत्यनिष्ठा, मूलगामी आलोचना-दृष्टि एवं वाग्मिता के प्रकर्ष के चलते सर्वसमादृत हैं। अन्तोनियो ग्राम्शी उनके प्रिय विचारकों में से एक हैं, जिनका मानना था कि "कलाकार के सम्मुख भी एक राजनीतिक परिदृश्य अवश्य होता है पर वह किसी राजनीतिकर्मी की तुलना में कम नपा-तुला होता है, इसीलिए वह कम कट्टर होता है।"

मैनेजर पाण्डेय का भी मानना है कि "अपने समय और समाज के सन्दर्भ में प्रगतिशील होने के लिए मार्क्सवादी होना आवश्यक नहीं है। अगर कोई रचनाकार

अपने समय और जीवन से गहरे स्तर पर जुड़ा हुआ है, तो उसकी रचनाशीलता में प्रगतिशीलता होगी।"

पाण्डेय जी की आलोचना में अपवर्जन के बजाय एक समावेशी प्रवृत्ति है। इसीलिए मूलत: मार्क्सवादी विचारधारा में अपनी गहरी निष्ठा के बावजूद उन्हें गांधीवाद, लोहियावाद, आम्बेडकरवाद, स्त्रीवाद आदि विचारधाराओं में व्यापक मानवता के हित में जहाँ और जितना कुछ उपयोगी प्रतीत होता है, उसे ग्रहण से कोई परहेज़ नहीं है। दलित साहित्य में लालित्य की कमी देखकर छटपटाते हुए,

सिर धुनि धुनि पछिताई

वाली मुद्रा में आलोचना के नाम पर प्रलाप करनेवालों को पाण्डेय जी ग़ालिब के माध्यम से समझाने की कोशिश करते हैं–

फ़रियाद की कोई लय नहीं है, नाला पाबन्द-ए-नय नहीं है
क्यूँ रद्दे क़दह करे है जाहिद, मय है मगस की क्रय नहीं है।

हिन्दी में पढ़ने-लिखने वालों को याद दिलाना शायद ज़रूरी हो कि मैनेजर पाण्डेय हिन्दी के पहले आलोचक हैं जिन्होंने बीसवीं शताब्दी के अन्तिम चरण में 'हंस' पत्रिका में प्रकाशित 'क्या आपने बज्रसूची का नाम सुना है?' शीर्षक विस्तृत आलेख के माध्यम से अश्वघोष द्वारा वर्णव्यवस्था के विरुद्ध रचित इस महाग्रंथ की ओर हम लोगों का ध्यान आकृष्ट किया और इस मुद्दे पर भारतीय साहित्य की अपनी परम्परा में उपलब्ध इस लगभग भुला-सी दी गयी स्मारक कृति (मोनुमेंटल ट्रीटाइज़) का जीर्णोद्धार किया।

इसी प्रकार राजेन्द्र यादव द्वारा सम्पादित 'हंस' के स्त्री विशेषांक में मध्ययुगीन देवदासी मुद्दुपलानी (17390–1790) द्वारा तेलुगू भाषा में चार खण्डों में विरचित पाँच सौ चौरासी विलक्षण कविताओं के संग्रह 'राधिका-सांत्वनम' की विस्मयकारी अन्तर्वस्तु और उससे जुड़े विचित्र विवाद तथा 'तद्‌भव' में प्रकाशित 'शृंखला की कड़ियाँ : मुक्ति की राहें' जैसे अत्यन्त महत्त्वपूर्ण निबन्धों के माध्यम से उन्होंने भारतीय स्त्रीवाद की प्रस्तावना पेश करने की कोशिश की।

साहित्यिक कृतियों में निहित विचारधारात्मक अर्थ का सन्धान करने के क्रम में विचारधारा के आतंक से ग्रस्त होकर किसी रचना को केवल विचार में घटाकर अवमूल्यित करना मैनेजर पाण्डेय के आलोचक को क़तई स्वीकार्य नहीं है। 'शब्द और कर्म' पुस्तक में वे 'विचारधारा' को 'विचारों की धारा' समझने वालों का उपहास करते हुए साहित्य में विचार के साथ ही परम्परा, भावबोध, सौन्दर्यबोध आदि को किसी रचनाकार की विचारधारा का हिस्सा मानते हैं। साहित्य का हर

सजग पाठक जानता है कि जब रचनाकार किसी अवधारणा (कंसेप्ट) को प्रत्यक्ष बोध का विषय (परसेप्ट) में तत्त्वान्तरित करने के बाद अपनी ऐन्द्रिय गोचर अनुभूति को अभिव्यक्त करता है तभी श्रेष्ठ साहित्य का सृजन सम्भव हो पाता है। प्रसंगवश याद आते हैं डॉ. रामविलास शर्मा, जिनका मानना था कि "कला की विषयवस्तु न वेदान्तियों का ब्रह्म है, न हेगेल का निरपेक्ष विचार। मनुष्य का इन्द्रियबोध, उसके भाव, विचार, उसका सौन्दर्यबोध कला की विषयवस्तु है।" ('आस्था और सौन्दर्य', पृ. 31)

मैनेजर पाण्डेय के आलोचनात्मक लेखन और ख़ासतौर से उनके व्याख्यानों में निहित आवेग व संवेग कई बार उनके सुन्दर-सुगठित गद्यात्मक वाक्य को कविता में बदल देता है। साहित्य-सृजन के बुनियादी सौन्दर्यात्मक मूल्यों को अतिक्रान्तिकारिता के आवेश में नज़रअन्दाज़ कर अपने ही पैरों पर कुल्हाड़ी मारने को आमादा बहुतेरे आलोचकों से नितान्त भिन्न व विपरीत वे एक तत्त्वाभिनिवेशी आलोचक की तरह इस आत्मघाती विभ्रम के दुष्परिणामों को लेकर शुरू से ही सावधान रहे हैं। इसी वजह से उनकी आलोचना राजनीति शून्य कला और केवल राजनीति से अभिप्रेरित कला जैसे दो अतिवादी छोरों के बीच की ख़ाली जगह को भर सकने में समर्थ है। हमारे समय के एक अन्य बड़े आलोचक नित्यानन्द तिवारी की शब्दावली उधार लेकर कहें तो पाण्डेय जी का आलोचना-कर्म 'एक तरह की कला के विरुद्ध' एक मुनासिब सांस्कृतिक कार्रवाई है।

कहा जाता है कि बरगद के विशालकाय वृक्ष के नीचे कोई अन्य पौधा कभी पनप नहीं सकता। एक लम्बे अरसे तक नामवर सिंह के कनीय सहकर्मी और मित्र रहे मैनेजर पाण्डेय अपनी प्रकृति, जीवन-व्यवहार और लेखन में नामवर सिंह से भिन्न अपनी स्वतन्त्र पहचान रखने वाले अकादमिक और संस्कृतिकर्मी हैं। उनकी आलोचना पर आचार्य रामचन्द्र शुक्ल तथा गजानन माधव मुक्तिबोध का प्रभाव लक्षित किया जा सकता है। दूसरे शब्दों में मैनेजर पाण्डेय की अनुभूति की संरचना अपने आप में अनोखी है। बड़े आलोचकों को पढ़ते हुए उनसे सीखना, सहमत-असहमत होना और अन्ततः दो टूक शब्दों में अपनी राय रखने में उन्हें कोई हिचक नहीं होती।

रौल्फ फ़ॉक्स ने 'गद्य की विलुप्त होती कला' पर विचार करते हुए लिखा है कि "ज़बरदस्ती किसी शैली की रचना करने के प्रयत्न से अधिक झुंझलाहट पैदा करने वाली चीज़ और कोई नहीं हो सकती। किन्तु, दुर्भाग्यवश, यह मानना पड़ेगा कि ऐसे समय जब विचार कठिन, दुखद या अरुचिकर हो जाता है, तब बनावटी

शैली के प्राधान्य प्राप्त करने की सम्भावना भी ज़्यादा रहती है।" ('उपन्यास और लोकजीवन', अनुवाद : नरोत्तम नागर)

उपर्युक्त सन्दर्भ में 'आलोचना-59' के नामवर सिंह द्वारा लिखित सम्पादकीय पर मैनेजर पाण्डेय की टिप्पणी बहुत महत्त्वपूर्ण है। उन्होंने विस्तार के साथ उदाहरण देकर बतलाया है कि कैसे–"इस सम्पादकीय में विचारशीलता से अधिक उत्तेजना की व्यंजना है।..इसमें विशेषण संज्ञा के दुश्मन बन गये हैं। कहा जाता है कि विशेषण भाषा के दुश्मन होते हैं, लेकिन यहाँ तो वे विचार के भी दुश्मन बन गये हैं। इस सम्पादकीय में शायद ही कोई ऐसी धारणात्मक संज्ञा हो, जिसके अर्थ को सीमित, संकुचित या विकृत करता हुआ कोई न कोई विशेषण साथ न लगा हो। 'राजनीतिक समझ' के साथ 'स्थूल' लगा हुआ है तो 'लोकवादी रुझान' के साथ 'अन्ध'। केवल 'लेखक' के साथ लगभग एक दर्जन विशेषण हैं, जैसे–जागरूक, युवा, पराश्रयी, निष्ठावान, पिछलग्गू, अधकचरे, अनाड़ी, अनुवादक, अग्निवर्षी आदि। इतने विशेषण के बाद किसी संज्ञा के सुरक्षित बचने की कोई सम्भावना नहीं है।" ('आलोचना की सामाजिकता', पृ. 63)

पहली बार सुधीश पचौरी द्वारा सम्पादित 'नामवर के विमर्श' पुस्तक में प्रकाशित मैनेजर पाण्डेय का निबन्ध नामवर सिंह के आलोचना साहित्य पर लिखित कुछ बेहतरीन निबन्धों में से एक है जिससे गुज़रने के बाद नामवर जी के आलोचक-व्यक्तित्व के अनेक ऐसे पहलू सामने आते हैं जिनकी शिनाख़्त उनके अन्धभक्त कर ही नहीं सकते।

हिन्दी में आचार्य नलिन विलोचन शर्मा की 'साहित्य का इतिहास दर्शन' और नामवर जी की 'इतिहास और आलोचना' से लेकर छोटे-बड़े अनेक विद्वानों की इस विषय पर अच्छी-बुरी पुस्तकें मौजूद थीं। इसी प्रकार 'साहित्य का समाजशास्त्र' पर रामबाबू सक्सेना से लेकर अपने ज़माने में महाप्रतापी कहे जाने वाले दिल्ली विश्वविद्यालय के हिन्दी विभागाध्यक्ष डॉ. नगेन्द्र के साथ ही प्रोफ़ेसर निर्मला जैन और उनकी शिष्याओं द्वारा सम्पादित-अनूदित अनेक पुस्तकें पढ़ी-पढाई जाती थीं। पर ज्ञान के इन अन्तरानुशासनिक विषयों पर जिज्ञासु अध्यापकों एवं विद्यार्थियों के पास हिन्दी में कोई मुकम्मल किताब नहीं थी। चूँकि कुछेक अपवादों को छोड़कर सामान्यत: हिन्दी क्षेत्र में हिन्दी साहित्य के छात्रों को अंग्रेज़ी की अच्छी पढ़ाई के लिए माहौल बहुत कम मिलता है, इसलिए वे इन विषयों पर मूलत: अंग्रेज़ी में लिखित या दुनिया की अन्य भाषाओं से अंग्रेज़ी में अनूदित उन सैकड़ों पुस्तकों से लाभ उठा पाने में समर्थ नहीं हो पाते जो कमोबेश हर बड़े विश्वविद्यालय के

पुस्तकालयों में उपलब्ध हैं। मैनेज़र पाण्डेय को इसके लिए साधुवाद दिया जाता है कि यह कमी उन्होंने अपने कठोर अकादमिक श्रम के साथ पूरी की। चूँकि 'साहित्य और इतिहास-दृष्टि' पुस्तक प्रथमत: नामवर सिंह द्वारा सम्पादित 'आलोचना' में धारावाहिक छपी थी। इसलिए इस सन्दर्भ में बतौर सम्पादक नामवर जी भी धन्यवाद के पात्र हैं।

किन्तु, 'साहित्य और इतिहास-दृष्टि' तथा 'साहित्य और समाजशास्त्रीय-दृष्टि' सरीखी इन ज़रूरी पुस्तकों के लेखन और अनेक भारतीय विश्वविद्यालयों के हिन्दी विभागों में एम.फिल. और पी-एच.डी. के पाठ्यक्रम में शामिल 'साहित्य का इतिहास दर्शन' और 'साहित्य का समाजशास्त्र' जैसे पत्रों (कोर्सेज) के अध्ययन-अध्यापन के दौरान इन पुस्तकों की उपयोगिता और अपार लोकप्रियता के कारण एक लम्बे अरसे तक हिन्दी में मैनेजर पाण्डेय की छवि साहित्य-सिद्धान्त के एक बड़े जानकार अकादमिक आलोचक की बन गयी। यह सुखद है कि धीरे-धीरे जब प्रेमचन्द, मुक्तिबोध, नागार्जुन, त्रिलोचन जैसे कुछ बड़े रचनाकारों पर उनके महत्त्वपूर्ण निबन्धों तथा अन्य पुस्तकों में संकलित सामग्री की ओर सुधी पाठकों का ध्यान गया तो पता चला कि केवल सिद्धान्त निरूपण के बजाय विभिन्न रचनाओं की व्यावहारिक आलोचना के क्रम में वे सिद्धान्तों का यथास्थान विवेकसम्मत विनियोग करते रहे हैं। जिन महाकवि सूरदास को आचार्य रामचन्द्र शुक्ल जैसे बड़े समालोचक ने केवल वात्सल्य और श्रृंगार के कवि के रूप में लगभग स्थापित करते हुए लिखा था; "'वात्सल्य' और' 'श्रृंगार के क्षेत्रों का जितना अधिक उद्घाटन सूर ने अपनी बन्द आँखों से किया, उतना किसी और कवि ने नहीं। इन क्षेत्रों का कोना-कोना वे झाँक आये।" सूरदास की कविता में 'किसान-चेतना' की खोज हिन्दी आलोचना में मैनेजर पाण्डेय का मौलिक योगदान है। उन्होंने सूरदास में केवल वात्सल्य और श्रृंगार ढूँढ़ने वालों को अपनी समाजशास्त्रीय दृष्टि के साथ ही कला-मर्मज्ञता के अनोखे मेल से निर्मित आलोचना-दृष्टि के तहत समझाया कि 'सूर मूर अक्रूर लै गयो ब्याज निवेरत उधौ' में मूलधन हैं कृष्ण और ब्याज है कृष्ण की स्मृति।

'प्रगीत और समाज' (लिरिक एंड सोसाइटी) निबन्ध में थियोडोर अडोर्नो ने लिखा है कि "प्रगीत तत्त्वत: सामाजिक होता है। प्रगीत की पुकार का मर्म वही समझ सकता है जो उसकी आत्मपरकता में निहित मानवीयता की आवाज़ सुन पाता है।"

सूरदास के प्रगीतों में निहित सामाजिकता का उद्घाटन करने के बावजूद आलोचक मैनेजर पाण्डेय को इस बात का गहरा बोध है कि "कविता सचमुच

समाजशास्त्रीय आलोचना के लिए टेढ़ी खीर है। बड़ा-से-बड़ा साहित्यिक समाजशास्त्री भी कविता से मुठभेड़ से बचता है। क्योंकि ऐसी मुठभेड़ के दौरान कविता और समाजशास्त्रीय आलोचना में से कभी एक और कभी-कभी दोनों की दुर्गति होती दिखाई देती है।..प्राय: समाजशास्त्री रचनाओं के भीतर पैठकर उसकी आन्तरिकता को उजागर करने के बदले उस पर तरह-तरह के नामों का लेबल चिपकाने में लगे रहते हैं। यह पद्धति सबसे दयनीय और दर्दनाक तब हो जाती है जब वह कविता के सर्वाधिक कोमल और कलात्मक रूप प्रगीत पर लागू की जाती है। ख़ासतौर से जब प्रगीत की सामाजिकता की व्याख्या के नाम पर उसे कवि की सामाजिक दृष्टि का दृष्टान्त मान लिया जाता है या आलोचक की सामाजिक मान्यताओं को सिद्ध करने का साधन बना दिया जाता है तब कविता के साथ अन्याय होता है।"

कवि त्रिलोचन का एक संग्रह 'उस जनपद का कवि हूँ' नाम से प्रकाशित है। मैनेजर पाण्डेय अपने जनपद के कवियों की सुध लेने वाले आलोचक के रूप में सामने आते हैं। इस सदर्भ में उनके द्वारा सम्पादित 'सीवान की कविता' की भूमिका बारम्बार पठनीय है जिसमें अपने अदेखे-अनजाने इलाक़े के अल्पख्यात अच्छे रचनाकारों की कविताओं का उन्होंने गहरा विवेचन-विश्लेषण प्रस्तुत किया है। वस्तुत: मैनेजर पाण्डेय की रचना-केन्द्रित व्यावहारिक आलोचना मुझे कई बार उन्हें शुद्ध सैद्धान्तिक आलोचक या आलोचकों का आलोचक घोषित करने वालों से यह कहती प्रतीत होती है :

मिरे नासेहा मिरे नुक्ता-चीं तुझे मेरे दिल की ख़बर नहीं
मैं हरीफ़-ए-मस्लक-ए-बन्दगी तुझे संग-ए-दर की तलाश है।

(नासेहा–उपदेशक, नुक्ता-चीं–आलोचक, हरीफ़-ए-मस्लक-ए-बंदगी–भक्तों की परम्परा का विरोधी, संग-ए-दर–दहलीज़ का पत्थर)

रवीन्द्रनाथ ने लिखा है कि विवेकानन्द को सही मायने में कोई विवेकानन्द ही पूरी तरह समझ सकता है। इसी तर्ज़ पर कहा जा सकता है कि मैनेजर पाण्डेय सरीखे बड़े आलोचकों का सम्यक् मूल्यांकन उनके स्तर के ही किसी विद्वान्-आलोचक के वश का काम है। वजह यह कि यह कार्य विलक्षण प्रतिभा, गम्भीर ज्ञान, पर्याप्त समय, कठोर अकादमिक श्रम और अपार धैर्य की माँग करता है। हिन्दी आलोचना के क्षेत्र में उनके अवदान पर 'आलोचना का आत्मसंघर्ष' (2011, वाणी प्रकाशन, दिल्ली) शीर्षक से एक सम्पादित पुस्तक उपलब्ध है जिसमें कुछ विद्वानों के

मूल्यवान आलेख शामिल हैं। किन्तु, उसके बाद भी पाण्डेय जी निरन्तर सक्रिय रहे हैं और इस बीच उनके बोले और लिखे को एक आलेख में समेटना आसान नहीं है। ऐसे में फ़ैज़ अहमद फ़ैज़ की याद न आये, यह मुमकिन नहीं :

उनसे जो कहने गये थे 'फ़ैज़' जाँ सदका किये
अनकही ही रह गयी वह बात सब बातों के बाद।

आज आदरणीय प्रोफ़ेसर मैनेजर पाण्डेय जी के जन्मदिवस के अवसर पर हिन्दी में पढ़ने-लिखने वालों की शुभकामना है कि वे आजीवन स्वस्थ-प्रसन्न और सक्रिय बने रहें तथा कम-से-कम शतायु हों–'जीवेत शरदः शतम्'।

आलोचना की विवेकपूर्ण यात्रा

कमलानन्द झा

मैनेजर पाण्डेय की आलोचना से गुज़रते हुए कहा जा सकता है कि संकट के बावजूद वे शब्द और कर्म में गहरी आस्था रखते हुए पूरी प्रखरता और स्पष्टता से साहित्य के साथ-साथ देश की बात करते हैं। भारतीय साहित्य में प्रतिरोध की परम्परा पर पैनी नज़र रखते हुए वे भक्ति आन्दोलन और सूरदास के काव्य से लेकर हिन्दी कविता का अतीत और वर्तमान तक की सचेत टोह लेते हुए आधुनिक हिन्दी काव्य-परम्परा का संक्षिप्त प्रवृत्तिगत इतिहास लिखने का प्रयास करते हैं। आलोचना में सहमति-असहमति की सार्थकता को समझते हुए और पाठकों से निरन्तर संवाद-परिसंवाद करते हुए उन्होंने साहित्य और इतिहास-दृष्टि तथा साहित्य के समाजशास्त्र की भूमिका को हिन्दी पाठ्यचर्या से जोड़ने का गुरुतर दायित्व निभाया है। उन्होंने अपनी आलोचना में इस बात को लगातार रेखांकित किया है कि उपन्यास और लोकतन्त्र के आपसी द्वन्दात्मक रिश्ते को समझने के लिए आलोचना की सामाजिकता आवश्यक है। उपन्यास की आन्तरिक संरचना में लोकतन्त्र की उपस्थिति ही उसे आमजन की मुक्ति की पुकार से जोड़ती है। शब्द की प्रतिबद्ध साधना (शब्द और साधना) उनके चिन्तन, मनन, लेखन और साक्षात्कार को अनभै साँचा बनाता है और वे इसी प्रतिबद्धता की बदौलत मुँह में ज़ुबान रखते हुए सभी तरह के सत्ता प्रतिष्ठान की तीखी आलोचना कर पाने का साहस जुटा पाते हैं।

मैनेजर पाण्डेय उन आलोचकों में हैं जिन्होंने उच्च शिक्षा में हिन्दी पाठ्यक्रम को विस्तार प्रदान किया है। साहित्य का समाजशास्त्र और साहित्य की इतिहास-दृष्टि पर उनका व्यवस्थित चिन्तन और लेखन आज की तारीख़ में हिन्दी पाठ्यक्रम के अभिन्न हिस्सा हैं। वे हिन्दी के पहले आलोचक हैं जिन्होंने इन दोनों विषयों को सर्वाधिक गम्भीरता से लिया है। साहित्य की समाजशास्त्रीय भूमिका के महत्त्व

को बालकृष्ण भट्ट, महावीरप्रसाद द्विवेदी और आचार्य रामचन्द्र शुक्ल से लेकर नामवर सिंह तक ने स्वीकार किया है और अपने लेखन में इसकी सार्थकता की ओर संकेत भी किया है। लेकिन इसे अकादमिक आधार मैनेजर पाण्डेय ने अपनी पुस्तक 'साहित्य के समाजशास्त्र की भूमिका' में प्रदान किया। पुस्तक की भूमिका में उन्होंने लिखा है कि :

"साहित्य के समाजशास्त्र का मुख्य उद्देश्य है–समाज से साहित्य के सम्बन्ध की खोज और उसकी व्याख्या, ऊपरी तौर पर समाज से साहित्य का सम्बन्ध जितना सरल और सहज दिखाई देता है, उतना वह होता नहीं है। गहरे स्तर पर छानबीन करने के दौरान उसकी जटिलता सामने आती है।"

पुस्तक इस जटिलता को यथासाध्य सरल बनाकर प्रस्तुत करने का प्रयास करती है। विमलेन्दु तीर्थंकर को दिये अपने एक साक्षात्कार में उन्होंने आलोचना से साहित्य और समाज के आपसी रिश्ते को स्पष्ट करते हुए कहा कि :

"आलोचना जब नितान्त रचनाजीवी होती है तो वह अनिवार्यतः परोपजीवी होती है और जिन लोगों ने आलोचना-कर्म को गम्भीरता से लिया है, वे चाहे हिन्दुस्तान के महत्त्वपूर्ण आलोचक हों या दुनिया के दूसरे भागों या भाषाओं में काम करने वाले आलोचक; उन सबने आलोचना को समाज की विकास-यात्रा की सहयात्री के रूप में देखा है, केवल साहित्य की दुनिया में छोटी-बड़ी छानबीन की प्रक्रिया के रूप में नहीं।"

('मेरे साक्षात्कार', किताबघर, 1998, पृष्ठ 85)

उनके कहने का आशय यह है कि रचना आलोचना को यह सुविधा देती है कि हमारी ओर से होकर तुम समाज की ओर जाओ, वह यह नहीं कहती कि हमारे यहाँ आओ और यहीं बैठकर मेरा गीत गाओ। पर जिन लोगों ने आलोचना को केवल रचनाओं की व्याख्या तक सीमित कर रखा है और रचना को समाज की आँख के रूप में नहीं देखते, वे लोग आलोचना को सामाजिक दायित्व के रूप में नहीं देखते, न विकसित करते हैं।

'साहित्य और इतिहास-दृष्टि' उनकी ऐसी दूसरी पुस्तक है जो देश भर की उच्च शिक्षा में हिन्दी पाठ्यक्रम के ज़रूरी हिस्सा के रूप में प्रतिष्ठित है। इस विषय पर व्यवस्थित ढंग से लिखने वाले मैनेजर पाण्डेय पहले आलोचक हैं। नलिन विलोचन शर्मा की पुस्तक 'साहित्य का इतिहास-दर्शन' में मौलिकता की गुंजाइश कम है। मैनेजर पाण्डेय ने नामवर सिंह के कहने पर सर्वप्रथम इस विषय पर 'आलोचना' में कई महत्त्वपूर्ण लेख लिखा और बाद में 'साहित्य और इतिहास-दृष्टि' नाम से

पुस्तक। इस पुस्तक में उन्होंने साहित्य और इतिहास-बोध के आन्तरिक रिश्ते की सैद्धान्तिकी पर ही बात नहीं की है बल्कि रामचन्द्र शुक्ल, हजारीप्रसाद द्विवेदी और रामविलास शर्मा की इतिहास-दृष्टि पर विस्तार से बात करते हुए साहित्येतिहास के व्यावहारिक पहलुओं पर भी गहनतापूर्वक विचार किया है। पाण्डेय जी की आलोचना-दृष्टि की ख़ासियत यह है कि वे सैद्धान्तिक और व्यावहारिक आलोचना को एक साथ लेकर चलते हैं। जिससे उनकी आलोचना हवाई न होकर स्वीकार्य, ज़मीनी और वास्तविक बनती है। साहित्येतिहास की अहमियत को लेकर इनका मानना है कि साहित्य का अस्तित्व समाज से अलग नहीं होता, साहित्यकर्म की पूरी प्रक्रिया सामाजिक व्यवहार का ही एक विशिष्ट रूप है, इसलिए वह समाज के इतिहास से अनेक रूपों में जुड़ी होती है और व्यापक सामाजिक इतिहास का अंग भी होती है। साहित्य के इतिहास-दर्शन को जानना इसलिए भी ज़रूरी होता है।

"क्योंकि साहित्य के इतिहास-लेखन में विकास और परिवर्तन की व्याख्या होती है, परम्परा और नवीनता के द्वन्द्वात्मक सम्बन्धों का विश्लेषण होता है, परम्परा तथा रूढ़ि के बीच अलगाव होता है और भावी रचना-दिशा का संकेत भी।" ('साहित्य और इतिहास-दृष्टि', भूमिका से)

इतिहास-दृष्टि के अभाव में आलोचक किसी कृति के मूल्य और महत्त्व को समझ ही नहीं सकता, अच्छी और ख़राब रचना के फ़र्क़ को समझना उसके लिए कठिन होगा। मैनजेर पाण्डेय ने अपने कई साक्षात्कारों में साहित्य और इतिहास-दृष्टि के पारस्परिक सम्बन्ध और इस सम्बन्ध के निहितार्थ को सपष्ट किया है। उन्होंने इन दोनों अनुशासनों का महत्त्व प्रतिपादित करते हुए ज्योतिष जोशी को बताया कि :

"ज्ञान के दो ऐसे अनुशासन हैं–जो आलोचना को विकसित और समृद्ध करने में मदद दे रहे हैं–पहला इतिहास है और दूसरा समाजशास्त्र। हिन्दी से बाहर जिन भाषाओं और देशों में आलोचना का विकास हुआ, वहाँ क्रमश: आलोचना इतिहास एवं समाजशास्त्र से जुड़कर अधिक सामजिक और प्रासंगिक हुई है। इसलिए हिन्दी आलोचना को भी अगर सामाजिक दृष्टि से अधिक सार्थक बनाना है, तो उसे सामाजिक सन्दर्भों से, साहित्य को जोड़ने वाले अनुशासनों की ओर जाना होगा। ये ऐसे अनुशासन हैं जो आलोचना के विकास में सहायक बन सकते हैं।" ('मेरे साक्षात्कार', पृष्ठ 71)

हिन्दी साहित्य में इन दोनों पुस्तकों की अहमियत अपने विषय के कारण मार्गदर्शिका की है। बावजूद कुछ आलोचकों ने इन्हें मैनेजर पाण्डेय की कमज़ोर रचना माना है। ऐसा कहने वाले आलोचक कदाचित् इस बात की ओर ध्यान नहीं

देते कि ये दोनों पुस्तकें अपने-अपने विषय पर हिन्दी में लिखी गयी पहली पुस्तक हैं। पहली पुस्तक होने के नाते इनमें उतनी ही कमियाँ हैं जितनी हो सकती हैं। इन पुस्तकों को प्रकाशित हुए तीन दशक से अधिक हो गये हैं लेकिन आज भी इन दोनों विषयों पर इनसे अच्छी पुस्तकें कदाचित् हिन्दी में उपलब्ध नहीं हैं। जब कि विषय की आवश्यकता से इनकार नहीं किया जा सकता है। बढ़ते समय के साथ इन दोनों विषयों का महत्त्व लगातार बढ़ता जा रहा है, तथापि इन पर हिन्दी में अच्छी पुस्तकें नहीं हैं। जब तक इनसे बेहतर पुस्तक हिन्दी में प्रकाशित नहीं होती है, उक्त दोनों पुस्तकें अपने विषय की सर्वश्रेष्ठ पुस्तक के रूप में मौजूद रहेंगी।

मैनेजर पाण्डेय सम्पन्न इतिहास-दृष्टि के आलोचक हैं। इसी इतिहास-बोध के सहारे वे भक्तिकाल से लेकर आज के रचनाकारों का वस्तुनिष्ठ मूल्यांकन कर पाते हैं। इन्होंने मानव समाज के इतिहास को मनुष्य की सोद्देश्य जीवन-यात्रा का इतिहास कहा है। डॉ. पाण्डेय अतीत-राग और वर्तमान-मोह दोनों को इतिहास विरोधी चेतना मानते हैं। उनके अनुसार : "अतीत की चिन्ता वर्तमान और भविष्य की चिन्ता से जुड़ी होती है। इसलिए इतिहास की प्रक्रिया में अतीत, वर्तमान और भविष्य परस्पर सम्बद्ध होते हैं, इनके विकासशील सम्बन्ध का बोध ही इतिहास-बोध है।" ('साहित्य और इतिहास-दृष्टि', पीपुल्स लिटरेसी, पृष्ठ 38)

इस इतिहास-बोध का लक्ष्य है : परिवर्तन की व्याख्या करना, उसे समझना और उसे प्रभावित करना। साहित्य का इतिहास-बोध भी इसका अपवाद नहीं है। उन्हीं के शब्दों में :

"इतिहास-बोध मानव की सोद्देश्य क्रियाशीलता का बोध है और इससे क्रियाशीलता को शक्ति, गति और दिशा मिलती है। साहित्य का इतिहास-बोध भी मानव की प्रयोजनयुक्त सर्जनात्मक क्रियाशीलता का बोध है और इससे नवीन सृजन को नयी दिशा मिलती है।" (उपरियुक्त, पृष्ठ 56)

मैनेजर पाण्डेय मानते हैं कि इतिहास-चेतना के अभाव में अच्छी आलोचना की कल्पना नहीं की जा सकती है। क्योंकि इतिहास-चेतना और काल-चेतना का जहाँ मेल होता है, वहीं से रचना या आलोचना की शुरुआत होती है। इनकी राय में ऐतिहासिक चेतना से रचनाकार को राष्ट्रीय चेतना, वर्गीय चेतना और मानवीय चेतना का बोध होता है। इसी से उसे अपनी कला-परम्परा की चेतना भी प्राप्त होती है और ऐतिहासिक चेतना से ही समकालीन युग-चेतना के सन्दर्भ में रचनाकार को अपनी रचनाशीलता की सार्थकता का भी बोध होता है। इस बोध में ही रचनाकार के रचनाकर्म को दशा और दृष्टि मिलती है।

मैनेजर पाण्डेय की आलोचना की एक विरल विशेषता साहित्येतिहास विरोधी चिन्तन से लगातार मुठभेड़ करना है। सुप्रसिद्ध साहित्य के इतिहासकार एफ़.डब्ल्यू. बेटसन हों या संरचनावादी इतिहासकार या फिर नवमार्क्सवादी इतिहासकार; डॉ. पाण्डेय व्यवस्थित अकादमिक तरीक़े से इन सबकी आलोचना करते हुए साहित्येतिहास की सार्थकता सिद्ध करते हैं। न्यू लिटरेसी हिस्ट्री में प्रकाशित अपने एक लेख में बेटसन साहित्य के इतिहास को ख़ारिज करते हुए लिखते हैं :

"साहित्य का इतिहास एक अन्तर्विरोधपूर्ण असंगत विषय है क्योंकि इसमें दो परस्पर विरोधी धारणाओं, साहित्य की धारणा और इतिहास की धारणा का अनमेल मिश्रण है। साहित्येतिहास अगर अनुपयोगी नहीं तो कम-से-कम साहित्यानुशीलन की एक बदनाम पद्धति त्रो है ही।" (उपरियुक्त, पृष्ठ 32)

मैनेजर पाण्डेय मानते हैं कि इस तरह का इतिहास विरोधी चिन्तन वर्तमान की चेतना को मिटाकर मनुष्य को चिन्तनहीन प्राणी में रूपान्तरित कर देता है। क्योंकि जो व्यक्ति अतीत को अस्वीकार करता है और भविष्य की चिन्ता नहीं करता, उसका वर्तमान अनुभूतियों के असम्बद्ध क्षणों का एक सिलसिला भर रह जाता है। इस सन्दर्भ में ज्याँ ब्रांट कोर्टिस को याद करना ज़रूरी लगता है, जब वे कहते हैं कि :

"इतिहास से मुक्त होने का अर्थ है मानवता से पलायन करना और चूँकि हम मानवता से पलायन नहीं कर सकते, इसलिए इतिहास से अलग नहीं हो सकते।"

जब व्यक्ति इतिहास से मुक्त नहीं हो सकता तो उस व्यक्ति का साहित्य इतिहास से मुक्त कैसे हो सकता है?

मैनेजर पाण्डेय कई संरचनावादियों के सिद्धान्त को जहाँ मनुष्यता विरोधी मानते हैं, वहीं कई स्थानों पर रूपवाद को रचनाशीलता के लिए बाधक। उन्होंने अपनी व्यापक आलोचना-दृष्टि से रूपवाद द्वारा फैलाये गये धुन्ध को कम करने की कोशिश की है। उनकी राय में, "साहित्य संसार की समाजनिरपेक्षता सिद्ध करने के लिए ही रचना को सामाजिक प्रेरणा और प्रभाव से और दूसरी ओर परम्परा और परिवेश से पूर्णतः स्वतन्त्र घोषित किया गया।"

मैनेजर पाण्डेय एक सुलझे हुए दृष्टिसम्पन्न आलोचक हैं। उनके लिए आलोचना, साहित्य के साथ-साथ समाज को देखने-समझने और उसे व्याख्यायित करने का सार्थक नज़रिया है। साहित्य कर्म को वे बैठे-ठाले का कार्य न मानकर अत्यन्त श्रमसाध्य सर्जनात्मक कर्तव्य मानते हैं। साहित्य-कर्म का कोई भी शॉर्ट-कट रास्ता उन्हें नाक़ाबिले बर्दाश्त है। अपने एक साक्षात्कार में ऐसे साहित्यकार पर तंज़

कसते हुए उन्होंने कहा, "जो लोग जोड़-तोड़ की कला से बहुत जल्दी अभूतपूर्व साहित्यकार बन जाते हैं, वे कुछ समय के बाद भूतपूर्व भी हो जाते हैं। यह जनता के विवेक के कारण होता है।" (वही, पृष्ठ 69)

पाठकों से कविता की बढ़ती दूरी मैनेजर पाण्डेय की एक बड़ी चिन्ता है। उन्हें इस बात की गहरी पीड़ा है कि 'कवि लगातार पुरष्कृत हो रहे हैं और कविता तिरष्कृत हो रही है।' कविता से छन्द के विलगाव ने कविता को दूर तक प्रभावित किया है। मैनेजर पाण्डेय तो यहाँ तक कहते हैं कि :

"जब से कविता छन्द के अनुशासन से मुक्त हुई है तब से ख़राब कविता लिखना जितना आसान है, अच्छी कविता लिखना उतना ही कठिन हो गया है। कविता में गम्भीर विषय ऐसे शिल्प में भी लिखे जा सकते हैं जो पाठकों के लिए सुगम हों। पर यह सब नहीं हो रहा है, इसलिए कविता के पाठक कम हो गये हैं।" ('संवाद-परिसंवाद', पृष्ठ 149)

कविता से उदासीन समाज मैनेजर पाण्डेय को इसलिए व्यथित करता है कि कविता किसी भी समाज को संवेद्य बनाती है। कविताविहीन समाज की कल्पना भी दुष्कर है। ध्यान देने से पता चलता है कि प्रो. पाण्डेय के काव्य-चिन्तन में कविता सम्बन्धी कार्ल मार्क्स का एक ऐतिहासिक महत्त्व का सूत्रवाक्य लगातार ध्वनित होता है, और वह सूत्रवाक्य है–'कविता मानवता की मातृभाषा है'। मार्क्स ने अपने इस सूत्रवाक्य को व्याख्यायित नहीं किया। मैनेजर पाण्डेय इस सूत्रवाक्य को सपष्ट करते हुए कहते हैं कि कविता मातृभाषा की तरह सहज होती है। मनुष्य अत्यन्त घनीभूत सुख या दुःख के क्षणों में मातृभाषा की तरह ही कविता से जुड़ता है। मतलब यह कि जब मनुष्य सुख या दुःख के अत्यन्त घनीभूत क्षणों में होता है तो उसकी अभिव्यक्ति मातृभाषा में होती है, उसी तरह कविता मानवीय भावनाओं की अभिव्यक्ति का सबसे आत्मीय माध्यम है।" ('मेरे साक्षात्कार', पृष्ठ 9)

मैनेजर पाण्डेय का कविता के प्रति गहरा लगाव मानवीय संवेदना के प्रति उनके सघन सरोकार को दर्शाता है। कविता के स्वरूप और सार्थकता सम्बन्धी सवालों का जवाब देते हुए वे कहते हैं, "कविता का कोई शाश्वत रूप नहीं होता। कविता सामाजिक मनुष्य, इतिहास से जुड़े हुए मनुष्य और इतिहास-प्रक्रिया में संघर्षरत मनुष्य की जीवन दशाओं और आकांक्षाओं की अभिव्यक्ति के कारण ही सार्थक होती है। (वही, पृष्ठ 10) कविता में कल्पना के महत्त्व को वे अत्यन्त शिद्दत से महसूस करते हैं, किन्तु जीवनानुभव रहित कल्पना को वे कविता के लिए नुक़सानदेह मानते हैं :

"काव्य-संसार की रचना में सर्वाधिक महत्त्वपूर्ण भूमिका सर्जनात्मक कल्पना की होती है, लेकिन जब सर्जनात्मक कल्पना जीवनानुभव के आधार पर सक्रिय होती है तभी बेहतर कविता बनती है। जब कविता में जीवनानुभव का आधार कमज़ोर होता है और कल्पना की सक्रियता अधिक होती है तब कविता में वायवीयता आती है या काल्पनिकता बढ़ती है।" (वही, पृष्ठ 11)

गीत विधा पर हिन्दी में बहुत कम लिखा गया है, उसमें भी जनगीतों पर तो नहीं के बराबर। मैनेजर पाण्डेय समाज के लिए जनगीत की ज़रूरत और उसके लिखे जाने के कारणों की पड़ताल करते हैं। उनका मानना है कि जनान्दोलन के गर्भ से ही जनगीत पैदा होते हैं। बिना आन्दोलन के श्रेष्ठ जनगीत नहीं लिखे जा सकते। यह आन्दोलन से ही अपना ख़ुराक लेता है। रूपा गुप्ता को दिये अपने एक साक्षात्कार में मैनेजर पाण्डेय कहते हैं : "जनान्दोलनों से गीत पैदा भी होते हैं और उनको गति और शक्ति देने में सार्थक भूमिका भी निभाते हैं। इस दृष्टि से विचार कीजिए तो हिन्दी का जनवादी गीत जनान्दोलनों की देन है।" ('मेरे साक्षात्कार'–मैनेजर पाण्डेय, किताबघर, पृष्ठ 67)

कुछ माह पूर्व पूरे देश में नागरिकता क़ानून के विरोध में आन्दोलन चल रहे थे। सड़कें इस आन्दोलन से आबाद हो गयी थीं। शाहीनबाग़ (दिल्ली) में महीनों तक मनुष्यता विरोधी इस क़ानून के ख़िलाफ़ औरतें धरना पर बैठी रहीं। इस आन्दोलन ने मैनेजर पाण्डेय की जनवादी गीत सम्बन्धी अवधारणा को सही ठहराया है। आन्दोलन से कई श्रेष्ठ गीत और कविताओं की आमद हुई है। सबसे बड़ी बात यह है कि इस आन्दोलन ने कई नये युवा कवियों से हमारा साक्षात्कार करवाया है। इन कविताओं में आइडिया ऑफ़ इंडिया की साफ़ झलक आपको दिख जायेगी। देशप्रेम का नया संस्करण हैं ये कविताएँ। दुश्मनों के क़िले को ध्वस्त कर देने वाली घिसी-पिटी आकांक्षा के विपरीत समानता, बन्धुत्व और लोकतन्त्र की घुलावट से राष्ट्रप्रेम की नींव को मज़बूत करने की लालसा इन कविताओं को विशिष्ट बनाती है। उदाहरण के लिए इस आन्दोलन में वरुण ग्रोवर की कविता 'हम काग़ज़ नहीं दिखायेंगे' शुमार पर है। 'तानाशाह आकर जायेंगे, हम काग़ज़ नहीं दिखायेंगे' के आग़ाज़ से कविता शुरू होती है। शब्दों की भीषण कृपणता के साथ कवि देश के प्रति अपना लगाव, साम्प्रदायिक सद्भाव और वर्णव्यवस्था की निरर्थकता बताते चलता है :

ये देश ही अपना हासिल है, जहाँ रामप्रसाद भी बिस्मिल है
मिट्टी को कैसे बाँटोगे, सबका ही ख़ून तो शामिल है।..

हम जन गण मन भी गायेंगे, हम काग़ज़...
तुम ज़ात-पात से बाँटोगे, हम भात माँगते जायेंगे।

पुनीत शर्मा की कविता 'तुम कौन हो बे' नागरिकता क़ानून के विरोध में चल रहे आन्दोलन की गति को तेज करने में अपनी महत्त्वपूर्ण भूमिका रही। इस तरह की कविताएँ कवि के हाथ से निकलकर आन्दोलनकर्मियों का हथियार बन गयीं। जहाँ-तहाँ आन्दोलनकर्मी बतौर समूह गान इन कविताओं का उपयोग कर रहे हैं, पोस्टर बना रहे हैं, वहीं कभी कविताओं की पंक्तियों से नारे गढ़ रहे हैं। कविता के आरम्भ में ही पुनीत हिन्दुस्तान से अपना रिश्ता तय कर लेते हैं :

हिन्दुस्तान से मेरा सीधा रिश्ता है
तुम कौन हो बे
क्यूँ बतलाऊँ तुमको कितना गहरा है
तुम कौन हो बे

इस लम्बी कविता में देश-दशा और देशप्रेम की भावना में ताज़गी और नयापन है।

साहित्य की अन्य विधाओं के साथ आलोचना की दशा और दिशा पर मैनेजर पाण्डेय लगातार अपनी सचेत दृष्टि बनाये रखते हैं। सिद्धान्तविहीन आलोचना को वे प्रलाप मानते हैं। एक अच्छी आलोचना लिखने के लिए आलोचक को आलोचना की सैद्धान्तिकी से गहरा परिचय आवश्यक है। आलोचना की सामाजिकता उनकी आलोचना-दृष्टि के केन्द्र में है। वे आलोचना को सामाजिक संघर्षों से जोड़ने के क़ायल हैं। समाज की चिन्ता न करने वाली आलोचना को वे दायित्वहीन आलोचना मानते हैं : "दुनिया के अनेक बड़े आलोचक इस बात को मानकर चलते रहे हैं कि समाज में जो संघर्ष की प्रक्रिया है, वह सिर्फ़ दिमाग़ में नहीं चलती, वह समाज की ठोस ज़मीन पर भी चलती है। तभी स्वाधीनता की ओर क़दम भी आगे बढ़ते हैं। तो दिमाग़ और ज़मीन पर चलने वाले संघर्षों को जोड़कर देखना मेरे लिए आलोचना का एक महत्त्वपूर्ण दायित्व है। मेरे लिए यह सन्तोष की बात है कि मेरे निबन्धों को जनान्दोलन से जुड़े हुए लोग अपने काम का पाते हैं।" ('मैं भी मुँह में ज़ुबान रखता हूँ', पृष्ठ 94-95)

'राग दरबारी' आलोचना को कमज़ोर ही नहीं नष्ट कर देता है। किसी भी तरह के सत्ता-प्रतिष्ठान के साथ जुगलबन्दी आलोचना-कर्म का मिज़ाज नहीं। सच को सच की तरह कहना ही आलोचना का कर्म और धर्म दोनों है।

मैनेजर पाण्डेय इस कर्म को आलोचना का एक ज़रूरी दायित्व मानते हुए अपने एक साक्षात्कार में कहते हैं : "आज के समय में निर्भीक होकर सच कहना आलोचना का पहला दायित्व है। रचना और समाज दोनों के लिए सच कहने का साहस रखने वाली आलोचना ही ज़रूरी और सार्थक होगी। आज के दौर में आलोचना और आलोचनात्मक चेतना का अस्तित्व ख़तरे में है, इसलिए आज आलोचना के लिए ज़रूरी है कि कट्टरतावाद और भूमण्डलीकरण के नाम पर फैलाये जा रहे झूठ और भ्रमों से स्वयं लड़े और दूसरों को भी लड़ने की प्रेरणा दे। संघर्ष ही आलोचना का स्वाभाविक धर्म है। हम ऐसे समय में रह रहे हैं जहाँ मनुष्यता ही संकट में है। ऐसी स्थिति में केवल कला की बारीकियों और जटिलताओं पर अबूझ भाषा में बात करना बौद्धिक अय्याशी होगी।" ('मैं भी मुँह में ज़ुबान रखता हूँ', पृष्ठ 66)

किसी भी विचार, विचारधारा, रचना या रचनाकार के प्रति पूर्वग्रह आलोचक की विश्वसनीयता को सन्दिग्ध बनाता है। आलोचना का दायित्व पूर्वग्रह से मुक्त होकर तथ्यों की पड़ताल करना है। पूर्वग्रह से मुक्ति का तात्पर्य विचारधारा या प्रतिबद्धता से मुक्ति नहीं होती। मैनेजर पाण्डेय घोषित मार्क्सवादी आलोचक हैं और इस विचारधारा के प्रति उनकी प्रतिबद्धता जगज़ाहिर है। वे वामपन्थी सांस्कृतिक संगठन जन संस्कृति मंच से गहरे जुड़े ही नहीं रहे बल्कि लम्बे समय तक इसके राष्ट्रीय अध्यक्ष भी रहे। बावजूद इसके मैनेजर पाण्डेय मार्क्सवाद से सम्बन्धित साहित्य की कमियों को बेलाग ढंग से उद्‌घाटित करते रहे हैं। श्रेष्ठ रचनाकार, भले ही वह ग़ैर-मार्क्सवादी हो, उसकी मुक्त कण्ठ से प्रशंसा करते हैं, इससे न उनकी प्रतिबद्धता बाधित होती है न ही विचारधारा। रामचन्द्र शुक्ल को वे हिन्दी का सर्वश्रेष्ठ आलोचक मानते हैं, फणीश्वरनाथ रेणु उनके प्रिय कथाकार हैं और नागार्जुन के साथ राजकमल उनके प्रिय कवि रहे हैं।

साहित्य और समाज की समझ दुरुस्त करने में मार्क्सवाद के महत्त्व को बिना किसी द्विविधा के स्वीकार करते हुए वे मानते हैं कि श्रेष्ठ रचनाकार होने के लिए या प्रगतिशील ख़याल का मनुष्य होने के लिए मार्क्सवादी होना आवश्यक नहीं है। अगर कोई रचनाकार अपने समाज और जीवन से गहरे स्तर पर जुड़ा हुआ है तो उसकी रचनाशीलता में प्रगतिशीलता होगी। उन्होंने विमलेन्दु तीर्थंकर के सवालों से जूझते हुए दो टूक कहा : "जैसे ग़ैर-मार्क्सवादी होते हुए भी कुछ लोग अच्छे आलोचक हैं, वैसे ही ठीक विपरीत कुछ लोग मार्क्सवादी होते हुए भी न केवल ख़राब आलोचक हैं, बल्कि आलोचक ही नहीं हैं, फिर भी आलोचक कहे जाते हैं।" ('मेरे साक्षात्कार', पृष्ठ 86)

वामपन्थी पार्टियों की आलोचना करने में भी वे नहीं हिचकते, अपने इसी साक्षात्कार में वे वामपन्थी पार्टियों की कार्यशैली की आलोचना करते हुए बताते हैं,

"वामपन्थी पार्टियों की आदत यह रही है कि उनके नेतृत्व में जो आन्दोलन नहीं चलते, उस आन्दोलन को वे महत्त्व नहीं देते। चाहे वह कितने भी सार्थक और महत्त्वपूर्ण क्यों न हो...असल में किसी समाज और संस्कृति में आलोचनात्मक चेतना का विकास ज़रूरी है तो इसका मुख्य स्रोत अब केवल किताबें नहीं, पार्टियों के दस्तावेज़ नहीं हैं, जनान्दोलन उसके मूल स्रोत हैं। उनसे जुड़कर ही बुद्धिजीवी समाज अपनी सार्थकता खोज सकते हैं।" (वही, पृष्ठ 85)

आत्मालोचन मार्क्सवादी आलोचना-पद्धति की विशेषता है। मार्क्सवाद अन्तिम सत्य में विश्वास नहीं करता। बुनियादी तौर पर वह समाज को समझने का एक सिद्धान्त है, दूसरे स्तर पर वह समाज को बदलने का सिद्धान्त है और तीसरे स्तर पर वह केवल समाज ही नहीं बल्कि सम्पूर्ण संसार को बदलने का दृष्टिकोण है। यही वजह है कि मार्क्सवादी आलोचक मैनेजर पाण्डेय की आत्मालोचना में यहाँ से वहाँ तक साहित्य विवेक की अनुगूँज सुनाई देती है। उन्होंने मुक्तचित्त से स्वीकार किया है कि "मार्क्सवाद जीवन-जगत् को देखने की एक विशेष दृष्टि है और जिन रचनाकारों के यहाँ मार्क्सवाद सजग और सचेत दृष्टि के रूप में सक्रिय है, उनकी प्रगतिशीलता अधिक सुनिश्चित और सुविकसित हो सकती है।" ('मेरे साक्षात्कार', पृष्ठ 92)

आज मार्क्सवाद पर संकट के बादल मँडरा रहे हैं, लोग कहने लगे हैं कि मार्क्सवाद का अन्त हो गया है। इस तरह के सवालों के जवाब में प्रोफ़ेसर पाण्डेय सार्त्र को उद्धृत करते हुए कहते हैं कि "सार्त्र ने कहा था दुनिया में समाजवाद की ज़रूरत और मार्क्सवाद का महत्त्व कम-से-कम तब तक तो रहेगा ही जब तक पूँजीवादी शोषण और लूट की व्यवस्था क़ायम रहेगी।" (संवाद-परिसंवाद, पृष्ठ 31)

मार्क्सवाद के प्रति अपनी प्रतिबद्धता को दोहराते हुए वे कहते हैं : "मैं अपनी मार्क्सवादी प्रतिबद्धता के साथ अपनी ज़मीन पर खड़ा हूँ।" ('बतकही', वाणी प्रकाशन, 2019, पृष्ठ 122)

अपनी ज़मीन पर खड़ी मैनेजर पाण्डेय की आलोचना दृष्टि पूँजीवाद के धूर्त चाल को अन्दर तक वेध जाती है और इसीलिए वे सौन्दर्यीकरण के नाम पर आम ग़रीब लोगों की ज़िन्दगी के सवाल को ढकेल ले जाने के षड्यन्त्र को उद्घाटित कर जाते हैं। अल्पना त्रिपाठी को वे बताते हैं : "पूँजीवाद के वर्तमान विकास की प्रक्रिया में पूँजीपतियों के लिए जो सुन्दरता या सौन्दर्यीकरण का प्रश्न है, वही मज़दूरों और

अन्य ग़रीब तबक़ों के लिए ज़िन्दगी का सवाल है। हमें विचार करना चाहिए कि सौन्दर्यीकरण और ज़िन्दगी के बीच जो द्वन्द्व है, उसमें हम कहाँ और किसके साथ हैं?" ('संवाद-परिसंवाद', पृष्ठ 111)

मैनेजर पाण्डेय पाठकों को तय करने के लिए कहते हैं कि आप सौन्दर्यीकरण के साथ हैं या जीवन के साथ। प्रोफ़ेसर पाण्डेय के अनुसार : "पूँजीवाद मुख्यतः और मूलतः झूठ और लूट की व्यवस्था है–जब तक यह बोध कवियों को नहीं होता तब तक उसका सार्थक और समर्थ विरोध भी सम्भव नहीं होगा।" मार्क्स के हवाले वे कहते हैं कि "पूँजीवादी सभ्यता की दो बुनियादी विशेषताएँ हैं–एक है अथाह पाखण्ड और दूसरी है जन्मजात बर्बरता। भारत में पूँजीवादी सभ्यता की यह दोनों विशेषताएँ आजकल जगह-जगह दिखाई दे रही हैं।" ('संवाद परिसंवाद', पृष्ठ 176)

स्त्री की दशा और दुर्दशा मैनेजर पाण्डेय की आलोचना और साक्षात्कार के केन्द्र में है। आधी आबादी की उपेक्षा कर आलोचना-कर्म को गरिमा नहीं मिल सकती। ध्यान से देखने पर इसे जान लेना कठिन नहीं कि सत्ता की पूरी संकल्पना में स्त्री की पराधीनता गहरे धँसी हुई है। मैनेजर पाण्डेय स्त्री-मुक्ति को तीन चरणों में समझने की बात कहते हैं–शुरुआत का पहला क़दम होगा स्त्री द्वारा अपनी पराधीनता के यथार्थ का बोध, दूसरा क़दम होगा पराधीनता की मानसिकता से मुक्ति की चिन्ता और आकांक्षा और तीसरा क़दम होगा पराधीनता से मुक्ति की कोशिश। ('संवाद परिसंवाद', पृष्ठ 212)

मैनेजर पाण्डेय स्त्रीवादी आन्दोलन की सबसे बड़ी सीमा यह मानते हैं कि यह शहर केन्द्रित आन्दोलन है जब तक स्त्री आन्दोलन गाँव की ओर रुख़ नहीं करेगा स्त्रीमुक्ति के वास्तविक सवालों के उत्तर नहीं मिल सकते। बकौल मैनेजर पाण्डेय : "भारत में जो स्त्रीवादी आन्दोलन है, वह अस्सी प्रतिशत से अधिक पढ़ी-लिखी मध्यवर्गीय स्त्रियों का आन्दोलन है। इसलिए गाँव की दलित मज़दूरनी की समस्या, उनकी पीड़ा और यातना से स्त्रीवादियों की कोई आत्मीयता नहीं है, इसलिए वे स्वतः उनसे अलग हैं।"

स्त्री-विमर्श के सन्दर्भ में मैनेजर पाण्डेय अपने साक्षात्कार में जो नयी स्थापना देते हैं, वह है गांधी के पूरे व्यक्तित्व में स्त्रीत्व की गरिमा। उनकी धारणा है कि गांधी के व्यक्तित्व और उनके आन्दोलन में पुरुषार्थ की अपेक्षा स्त्रीयार्थ का धैर्य और सदाशयता मौजूद है। उन्हीं के शब्दों में : "मैं स्वयं सत्याग्रह को स्त्री-शक्ति का सिद्धान्त मानता हूँ। गांधी जी सत्याग्रह की प्रेरणा के एक स्रोत के रूप में भी

मीराबाई को मानते थे उन्होंने स्वाधीनता आन्दोलन में स्त्री-शक्ति को जगाने का जितना अधिक प्रयत्न किया, उतना किसी और व्यक्ति ने नहीं। इसलिए भारत में स्वाधीनता आन्दोलन में जितनी बड़ी संख्या में स्त्रियों ने हिस्सा लिया, उतनी संसार में किसी आन्दोलन में हिस्सा नहीं लिया है। गांधी के दोनों सिद्धान्त सत्य और अहिंसा मातृसत्ता से प्रेरणा लेकर विकसित होने वाले सिद्धान्त हैं।" ('संवाद-परिसंवाद', पृष्ठ 213)

मैनेजर पाण्डेय का स्त्री अध्ययन बहुमुखी है, जो इनकी आलोचना-दृष्टि को विस्तार प्रदान करती है। अंग्रेज़ी में भक्तिकाल की कवयित्री मीरा के स्त्रीवादी पाठ से गुज़रते हुए परिता मुक्ता की 'होल्डिंग कॉमन लाइफ़', कुमकुम संगारी की 'मीराबाई और भक्ति की आध्यात्मिक अर्थनीति' तथा मधु किश्वर की पत्रिका 'मानुषी' के विशेषांक की पड़ताल करते हैं। इन्हें अंग्रेज़ी के इन कामों में जहाँ दृष्टि की नवीनता दिखती है, वहीं पाठ के साथ आत्मीय सम्बन्ध का अभाव भी खटकता है। लेखिकाओं की बौद्धिकता मीरा की चेतना और उद्दाम आवेग को वे कहीं न कहीं बाधित करता हुआ महसूस करते हैं। मीरा की स्त्री-चेतना की विशेषताओं को रेखांकित करते हुए वह 'स्त्रीकाल' पत्रिका को बताते हैं : "वह अपने सुख-दुःख की हिस्सेदारी केवल स्त्रियों से करती हैं। अपने पदों में वह कभी माँ को सम्बोधित करती हैं तो कभी सखी को। वह कभी अपनी भावना को व्यक्त करने के लिए भाई या पिता को सम्बोधित नहीं करतीं। इसलिए उनमें सहज रूप से एक व्यापक स्त्री-चेतना मौजूद है, जो अत्यन्त दुर्लभ और ज़रूरी भी है। मीराबाई के संघर्ष, जीवन-संघर्ष और रचनात्मक संघर्ष की एक बड़ी उपलब्धि यह है कि उनके बाद राजस्थान में दर्जनों राजघराने की स्त्रियाँ कविता करने लगी जिसके बारे में अभी खोज हुई है।" ('संवाद-परिसंवाद', 83-84)

समकालीन राजनीति में बहुसंख्यक ध्रुवीकरण से एक बार पुनः गांधी की वापसी हुई है। आये दिन कभी सामूहिक रूप से गांधी की हत्या की ख़बर आती है तो कभी गांधी के हत्यारे गोडसे को शहीद घोषित करने की। मुस्लिम विरोधी दक्षिणपन्थी विचारधारा के लिए गांधी एक नासूर की तरह हैं। हिन्दुत्व के प्रसार में गांधी उनकी बड़ी रुकावट हैं। आम जनमानस में गांधी की गहरी पैठ उनकी दुविधा का कारण है। इसलिए उनकी राजनीति में गांधी के प्रति घृणा और दिखावटी प्रेम दोनों की आवाजाही बनी रहती है। गांधी के हत्यारे गोडसे के प्रति इनकी भक्ति में लगातार इज़ाफ़ा हो रही है। मैनेजर पाण्डेय के विचार से किसी पार्टी या सत्ता की

औक़ात नहीं है कि वह गांधी के क़द को छोटा कर पाएँ। इस तरह के सवालों से टकराते हुए ख़ुद सवाल करते हैं : "क्या सरकारों की हिंसक कार्रवाइयों के कारण अहिंसा की आकांक्षा ग़लत साबित हो जायेगी? मेरे लिए गांधी आचरण की उन्नत सभ्यता के प्रमाण थे। उनमें सच को कहने और स्वीकार करने का अपूर्व साहस था और इन सबके पीछे उनकी दुविधा रहित नैतिक ईमानदारी थी।" ('संवाद-परिसंवाद' पृष्ठ 205)

मैनेजर पाण्डेय की आलोचना दृष्टि गांधी की निर्मिति में भक्तिकाल की भूमिका को अत्यन्त महत्त्वपूर्ण मानती है। सामान्यतया साहित्य पर गांधी के प्रभाव की चर्चा होती रही है किन्तु मैनेजर पाण्डेय गांधी पर भक्ति साहित्य के प्रभाव की पड़ताल करते हैं। गांधी से सम्बन्धित एक सवाल के जवाब में वे कहते हैं : "मुझे लगता है कि गांधी की सामाजिक, राजनीतिक और नैतिक चेतना के निर्माण में भक्ति आन्दोलन के कवियों की महत्त्वपूर्ण भूमिका रही है सत्याग्रह, रामराज्य, चरखा और पराई पीर को आत्मसात् करने की प्रवृत्ति जो गांधी के राजनीतिक और नैतिक दृष्टिकोणों की बुनियादी विशेषताएँ हैं। अगर आप इन सब के मूल स्त्रोतों की खोज करें तो भारतीय भक्ति-काव्य से गांधी का सम्बन्ध सहज रूप से सामने आयेगा। गांधी को सत्याग्रह की प्रेरणा मीराबाई से मिली। वे मीराबाई को प्रथम सत्याग्रही मानते हैं। रामराज्य की कल्पना उन्हें तुलसीदास से प्राप्त हुई। गांधी का चरख़ा कबीर का चरख़ा है जो उपयोगी तो है ही, पवित्र भी है। पराई पीर को आत्मसात् करने की प्रवृत्ति उनमें नरसी मेहता के काव्य से मिली थी। गांधी अपने वेशभूषा से लेकर आचरण तक में एक ठेठ भारतीय किसान का प्रतिनिधित्व करते हैं जो ग़रीब तो है पर समझदार भी है और दृढ़निश्चयी भी। गांधी का भारतीय दर्शन से गहरा लगाव था, उन्होंने 'गीता' की सहज लेकिन मार्मिक व्याख्या भी की है।"

समकालीन उपन्यास-लेखन से आलोचक मैनेजर पाण्डेय सन्तुष्ट नहीं दिखते। उपन्यास और लोकतन्त्र जैसी महत्त्वपूर्ण पुस्तक के लेखक डॉ. पाण्डेय हिन्दी उपन्यास में अतीत राग के उभार को अच्छा संकेत नहीं मानते। इसे वे 'भारत की दूसरी खोज' कहते हैं। मायानन्द मिश्र (प्रथमं शैलपुत्री च), भगवान सिंह (अपने-अपने राम), नरेन्द्र कोहली ('दीक्षा', 'अवसर') आदि के उपन्यासों के सन्दर्भ में उनका मानना है कि ऐतिहासिक उपन्यासों में अतीत की ओर जाने की प्रवृत्ति इस क़दर बढ़ी है कि वह केवल 19वीं सदी या भारतीय इतिहास की एक महान् घटना 1857 तक भी जाने की स्थिति में नहीं है। उनके अनुसार उपन्यास एक लोकतान्त्रिक

विधा है। वह वर्तमान से भविष्य की ओर उन्मुख होने वाली रचना-दृष्टि की अभिव्यक्ति की विधा है। जब कि उसको अतीत की ओर लौटाया जा रहा है। यह जो अतीतीकरण की प्रवृत्ति हिन्दी साहित्य में दिखाई देती है, वह व्यापक रूप से ऐसी प्रक्रिया की ओर संकेत है जिसे मैं 'भारत की दूसरी खोज' की कोशिश कहता हूँ। ('मेरे साक्षात्कार', पृष्ठ 83) पहली खोज में भारत के एक बहु सांस्कृतिक स्वरूप की खोज हो रही थी। भारतीयों के संघर्ष और स्वाधीनता की अदम्य आकांक्षा की खोज हो रही थी। राजा राममोहन राय से लेकर नेहरू तक के इस तरह के प्रयत्न को प्रोफ़ेसर पाण्डेय भारत की पहली खोज कहते हैं। उक्त दोनों तरह की खोज की तुलना करते हुए मैनेजर पाण्डेय नरेन्द्र कुमार से की जा रही बातचीत में बताते हैं :

"पहली खोज स्वाधीनता आन्दोलन के दौरान नेहरू की 'डिस्कवरी ऑफ़ इंडिया' के रूप में हुई। उसमें अतीत से वर्तमान और वर्तमान से भविष्य की ओर समाज की यात्रा की चिन्ता दिखाई देती है जबकि भारत की इस दूसरी खोज में भारत को सुदूर अतीत के ढाँचे में भविष्य को ढालने की कोशिश दिखाई देती है। पहली खोज अतीत से वर्तमान की विवेक यात्रा करती थी, दूसरी खोज में वर्तमान से अतीत की भावुकपूर्ण यात्रा है, इसमें उपन्यास का स्वरूप भी बिगड़ा, लक्ष्य भी भ्रष्ट हुआ।"

मैनेजर पाण्डेय की आलोचना मुक्तिधर्मी आलोचना है। उनकी आलोचना में मुक्ति की अवधारणा अत्यन्त व्यापकता के साथ विभिन्न रूपों में आती है। एक तो वे आलोचना को एक मुक्त विधा मानते हैं। उनके लिए आलोचना सिर्फ़ रचना तक केन्द्रित नहीं होनी चाहिए। रचना अनुगामिनी आलोचना के पार भी वे आलोचना का अस्तित्व मानते हैं। सामाजिक चिन्तन और सरोकार से भी दो-दो हाथ करना वे एक अच्छे आलोचक का दायित्व मानते हैं। दूसरे स्तर पर उनका आलोचना-विवेक पराधीनता के सभी स्रोतों से टकराते हुए मुक्ति की राह तलाशता है। भारतीय समाज के परिप्रेक्ष्य में प्रो. पाण्डेय स्त्री, दलित और आदिवासी को सर्वाधिक वंचित और पराधीन समूह के रूप में चिह्नित करते हैं और उनकी मुक्ति को समाज के विकास के लिए आवश्यक मानते हैं। यही कारण है कि उनकी आलोचना के केन्द्र में ये वंचित समूह अपनी सारी सीमाओं और सम्भावनाओं के साथ मौजूद हैं। उनके लेखों के शीर्षक ही बता देते हैं कि वे आलोचना-कर्म में इस मुक्ति-चेतना को कितना महत्त्वपूर्ण मानते हैं–'जीवन की लय में मुक्ति का राग', 'श्रृंखला की कड़ियाँ : मुक्ति की राहें', 'मीरा की कविता और मुक्ति की चेतना', 'हिन्दी आलोचना और मुक्ति का सवाल' आदि। मैनेजर पाण्डेय की आलोचना सभी तरह के शोषण और

दमन के विरुद्ध समाज में मुक्ति-चेतना के निर्माण, प्रसार और विस्तार को अपना अहम दायित्व मानती है।

मैनेजर पाण्डेय युवा रचनाकारों की ख़बर रखने वाले वरिष्ठ आलोचक हैं। वे ऐसे वरिष्ठ और गरिष्ठ आलोचक नहीं हैं जो नये रचनाकारों को उपेक्षा की दृष्टि से देखें। रणेन्द्र, निर्मला पुतुल और अनुज लुगुन तक की कविताओं पर उनकी पैनी निगाह रहती है। सबसे बड़ी बात यह है कि नयी-से-नयी रचनाओं पर वे संवेदनशीलता से विचार करते हैं। पंकज चतुर्वेदी से लेकर बजरंग बिहारी तिवारी तक की आलोचना पर मुक्तकंठ से विचार करते हैं। कनिष्ठ रचनाकारों पर विचार करते हुए वरिष्ठता-बोध उन पर हावी नहीं होता। 'समकालीन प्रतिमान' में उन्होंने विस्तार से बजरंग बिहारी की आलोचना पर विचार किया है। नयी रचनाओं में जहाँ उन्हें कमियाँ दिखती हैं, तो टूक कहते हैं। कई नये कवियों में उन्हें कुछ हड़बड़ी दिखती है, वहीं कइयों में विषय की विविधता और कथन-भंगी की ताज़गी उन्हें आकर्षित करती है।

कुल मिलाकर मैनेजर पाण्डेय की आलोचना, आलोचना की विवेकपूर्ण यात्रा का दूसरा नाम है। इस आलोचना में तमाम तरह की मनुष्यता विरोधी मान्यताओं, विचारों, स्थापनाओं से टकराने का माद्दा है। जन-विरोधी सत्ता-प्रतिष्ठान से मुठभेड़ करने का जज़्बा है और प्राचीनता के नाम पर 'आदर्श' का चोला धारण किये पुरातनपन्थी विचारधारा को चुनौती देने की प्रचंड तार्किक-क्षमता है। रोचकता और जीवंतता इनके आलोचना लेखन का सौन्दर्य है। इनके कई सूत्र वाक्य ऐसे हैं जो सुनने में जितने आनन्ददायक और चुटीले प्रतीते होते हैं, वे उतने ही मारक और गम्भीर भी होते हैं। आचार्य रामचन्द्र शुक्ल के बाद आलोचना को सूत्रवाक्य में गढ़ने वाले आलोचक मैनेजर पाण्डेय ही हैं। आलोचना की अवधारणा को सूक्ति में अभिव्यक्त करना साधारण बात नहीं होती। अपने चिन्तन को निचोड़कर ही इसे गढ़ा जा सकता है। यह सूक्ति-कथन पाण्डेयजी को भारतीय सूक्ति-परम्परा से भी जोड़ता है। उदाहरण के लिए–

- "सुविधा की राजनीति दुविधा की भाषा में व्यक्त होती है।"
- "केवल राख ही जानती है जलने का अनुभव।"
- "जो लोग जोड़-तोड़ की कला से बहुत जल्दी अभूतपूर्व साहित्यकार बन जाते हैं, वे कुछ ही समय बाद भूतपूर्व भी हो जाते हैं।"
- "कविता ख़बर भी होती है लेकिन ऐसी ख़बर जो हमेशा ख़बर बनी रहती है।"

- “जहाँ जीवन की अश्लीलता को शालीनता की चादर से ढककर जीने को ही सभ्यता माना जाता है, वहाँ बड़े लोगों के बारे में सच कहने-सुनने की आदत कैसे होगी?”
- “आलोचना जब नितान्त रचनाजीवी होती है तो वह अनिवार्यत: परोपजीवी हो जाती है।”
- “आलोचना पुरोहिती नहीं कि यजमान की जय-जयकार करके उसका कल्याण चाहा जाये।”
- “आलोचना अपने समय की विवेक-चेतना का प्रतिनिधित्व करती है।”
- “अपने समय, समाज और इतिहास की प्रक्रिया से परिभाषित मनुष्य ही उपन्यास रचना का लक्ष्य है।”
- “उपन्यास मध्ययुगीनता के विरुद्ध आधुनिकता की अभिव्यक्ति करने वाला साहित्य रूप है।”
- “कविता केवल दिलचस्प होने के कारण सार्थक नहीं होती, लेकिन वह उबाऊ होने पर व्यर्थ ज़रूर हो जाती है।”

आदि-आदि।

मैनेजर पाण्डेय की आलोचना-भाषा जितनी सहज है, उतनी ही चुस्त और गठी हुई भी। जटिल और दुर्बोध अवधारणाओं को भी इनकी समझाने वाली भाषा सरलता से स्पष्ट कर देती है। आलोचना भी रचनात्मक लेखन हो सकती है, इस बात की तसदीक़ मैनेजर पाण्डेय की आलोचना-भाषा से की जा सकती है।

मुक्तिधर्मा आलोचक

रणेन्द्र

जवाहरलाल नेहरू विश्वविद्यालय के भारतीय भाषा केन्द्र के तत्कालीन विभागाध्यक्ष और हिन्दी आलोचना के दैदीप्यमान प्रकाश-स्तम्भ डॉ. मैनेजर पाण्डेय से पहली भेंट तो उनकी रचनाओं के माध्यम से ही हुई थी। 'साहित्य के समाजशास्त्र की भूमिका', 'साहित्य और इतिहास-दृष्टि', 'आलोचना की सामाजिकता', 'अनभै सांचा' आदि ने हिन्दी साहित्य की मेरी समझ को तराशने में जो भूमिका निभायी उसकी व्याख्या नहीं की जा सकती, बस उसे महसूस किया जा सकता है। वैसे भी हिन्दी साहित्य का विद्यार्थी न होने की एक तरह के हीनता-बोध से उबरने के लिए मैंने ऐसी पुस्तकों से दो-चार होते रहने की कोशिशें की हैं। पढ़ने-समझने के क्रम में डॉ. मैनेजर पाण्डेय के 'शब्द और कर्म' के साथ मेरे मानसिक जुड़ाव गहराते गये। इसमें मेरे नगर राँची ने भी बड़ी भूमिका निभायी। यहाँ जन संस्कृति मंच की गतिविधियों-कार्यक्रमों में, राष्ट्रीय अधिवेशन में डॉ. पाण्डेय की अक्सर उपस्थिति रहती रही है। यह कहने की आवश्यकता नहीं है कि हिन्दी आलोचना जगत् के ही एक दूसरी बड़ी शख़्सियत, प्रतिबद्ध मार्क्सवादी आलोचक डॉ. रविभूषण का इस नगर में आवासन भी उनके राँची आगमन हेतु एक उत्प्रेरक की भूमिका निभाता रहा होगा। साथ ही डॉ. पाण्डेय के जेएनयू के एक प्रिय शिष्य डॉ. राहुल सिंह की जन्मभूमि राँची ही है। इन तीन-तीन जुड़ावों के कच्चे धागों को पकड़कर धीरे-धीरे मैं भी डॉ. पाण्डेय से जुड़ गया। उसके बाद जब भी दिल्ली जाना होता तो पहले जे.एन.यू. और उसके बाद डॉ. राहुल सिंह या रेयाज़ उल-हक के साथ मुनरिका स्थित उनके आवास पर पहुँच जाता।

डॉ. मैनेजर पाण्डेय के आवास पर पुस्तकों और टेबुल पर पड़ी दुनिया भर की साहित्यिक आलोचना की पत्रिकाओं की उपस्थिति ने बिना कुछ कहे बहुत कुछ समझाने की कोशिश की। यह अनुभव हुआ कि साहित्यिक समाचार जैसी

अख़बारी आलोचना या छात्र-छात्राओं को ध्यान में रखकर लिखी अकादमिक आलोचनाओं से भिन्न मार्क्सवादी दृष्टि से समाजशास्त्रीय भूमिका निभाने वाली एक नवीन आलोचना-पद्धति को अंकुरित-प्रस्फुटित एवं विकसित करने में आजीवन कितना परिश्रम करना होता है। एक ऐसी आलोचना-पद्धति डॉ. पाण्डेय ने हिन्दी जगत् को दी जिसने न केवल हमारी ऐतिहासिक दृष्टि साफ़ की बल्कि रचना, रचनाकार और पाठक के अन्तर्सम्बन्धों को व्याख्यायित करती व्यापक वाङ्मय-विमर्श का हिस्सा बनने में सफल हुई।

डॉ. पाण्डेय की यह अवधारणा हमारे समक्ष धीरे-धीरे स्पष्ट हुई कि "साहित्यिक रचनाएँ इतिहास से निर्मित होती हैं और इतिहास का निर्माण भी करती हैं। रचना का अस्तित्व इतिहास के भीतर होता है, इतिहास के बाहर नहीं। कृतियों की उत्पत्ति में इतिहास की सक्रिय भूमिका होती है और पाठकों द्वारा उनके अनुभव तथा मूल्यांकन का इतिहास उनके जीवन का इतिहास होता है। कलाकृतियाँ अपने सामाजिक ऐतिहासिक सन्दर्भ की उपज होती हैं, लेकिन महत्त्वपूर्ण कलाकृतियाँ अपने सन्दर्भ के परे भी सार्थक सिद्ध होती है।" ('साहित्य और इतिहास-दृष्टि' : मैनेजर पाण्डेय, भूमिका)

जब हम डॉ. मैनेजर पाण्डेय के आलोचना संसार से रूबरू होते हैं तो हमें यह भी गहराई से अनुभव होता है कि अन्तःकरण से समाज के वर्चस्ववादी विमर्श से आत्मिक जुड़ाव और ऊपर से जनपक्षधरता के छद्म रचने वाली रचनाओं की निर्मम आलोचना करने वाली बौद्धिक तेजस्विता कैसी होती है। वह तेजस्विता किस प्रकार अथक परिश्रम से अर्जित अपनी इस बौद्धिकता से अपने समय, समाज और संस्कृति के आलोचनात्मक विवेक का प्रतिनिधित्व करती है। साथ ही यह भी हम समझ सके कि डॉ. पाण्डेय का आलोचनात्मक विवेक के निरन्तर सक्रिय संवेदी तन्तु केवल साहित्य के इतिहास से ही नहीं बल्कि समय की हर हलचलों और धड़कनों से भी ऊर्जा ग्रहण करते रहते हैं। इसलिए उनकी लेखनी में परम्परा की स्मृति, वर्तमान के बोध और भविष्य की चिन्ता को आसानी से रेखांकित किया जा सकता है।

डॉ. पाण्डेय के शब्दों से बौद्धिकता की मूलगामिता और सत्-चित् वेदना-बोध की हमारी समझ विकसित होने में मदद मिलती है : "बौद्धिकता का लक्ष्य मनुष्य की स्वाधीनता है, मनुष्य की अमूर्त अवधारणा की दार्शनिक स्वतन्त्रता नहीं, समाज में पराधीनता के शिकार मनुष्यों की सामाजिक और सांस्कृतिक स्वतन्त्रता। यही उस बौद्धिकता की मूलगामिता है, जिसके अभाव में आलोचनात्मक चेतना की सारी क्रियाशीलता सत्ता और व्यवस्था के लिए मात्र मनोरंजक होती है।"

"आलोचना की मूलगामिता ही उसे मुक्तिधर्मी बनाती है। तभी आलोचना टीका-परम्परा की रूढ़ियों और अकादमिक आलोचना की आत्ममुग्धता से बचकर मुक्तिबोध के शब्दों में 'सभ्यता समीक्षा' बनती है।"

"मुक्तिबोध सभ्यता-समीक्षा के लिए सत्-चित्-आनन्द के बदले सत्-चित् वेदना का बोध ज़रूरी समझते हैं, जिससे पैदा होती है सत्ताओं द्वारा सताये हुए लोगों के प्रति गहरी संवेदनशीलता, जो मुक्तिधर्मी आलोचना की शक्ति का स्रोत है और उसकी सामाजिकता का एक ज़रूरी शर्त भी।" ('आलोचना की सामाजिकता', पृष्ठ 17)

डॉ. पाण्डेय की लेखनी हमेशा से आलोचना की हस्तक्षेपकारी भूमिका के प्रति आश्वस्त रही है। उनकी आलोचना की सामाजिकता समाज के मानस की रचनात्मक क्रियाशीलता के समग्रता बोध और उसकी व्याख्या से निर्मित हुई है। वह समाज में चल रहे निरन्तर टकरावों से सुपरिचित है और उसे मालूम है कि सदियों से आर्थिक-सामाजिक-सांस्कृतिक-राजनीतिक पराधीनता के बोझ से दबे दलित-स्त्री-आदिवासी एवं अन्य हाशियाकृत तबक़ों के साथ खड़े होकर उनकी पक्षधरता कैसे निभानी है।

डॉ. पाण्डेय की आलोचना के समाजशास्त्रीय सूत्रों ने हिन्दी-जगत् के समक्ष यह स्पष्ट किया कि भक्तिकाल की निर्गुण-सगुण धारा ने ऐसा क्या परिवेश रचा कि हजारों साल के मौन के बाद दलित और स्त्री-स्वर इतने भास्वर हुए। पुनः एक लम्बे अन्तराल के बाद पिछले कुछ दशकों से सम्पूर्ण भारतीय साहित्य में एक ओर दलित साहित्य की धारा निर्मित हो रही है तो दूसरी ओर स्त्री-दृष्टि की प्रभावशाली अभिव्यक्ति भी हो रही है।

समाज के हाशियाकृत समुदायों के पक्ष में निरन्तर प्रतिबद्ध डॉ. पाण्डेय की आलोचना की सामाजिकता 'ग्लोबल गाँव के देवता' की अन्तर्वस्तु को स्पष्ट करने के क्रम में 'दानवीकरण', 'यथार्थ के मिथकीकरण' तथा 'उन्मूलन या अनुकूलन' की सैद्धान्तिकी प्रस्तुत करती है। इस सैद्धान्तिकी के मूल भाव को उनके शब्दों ने यूँ प्रकट किया है : "वैदिक साहित्य से शुरू होकर 'रामायण', 'महाभारत' और विभिन्न पुराणों में निर्मित असुरों की यह छवि एक ओर उनके समुदाय और जीवन के दानवीकरण और दूसरी ओर उनके जीवन के यथार्थ के मिथकीकरण का परिणाम है। प्रभुत्वशाली सताएँ जिनका विनाश करना चाहती हैं, उनका पहले दानवीकरण करती हैं, फिर उन पर हमला करती हैं और बाद में उनकी ज़मीन तथा जीवन पर क़ब्ज़ा करती हैं।

दानवीकरण की प्रक्रिया से जुड़ी हुई है मिथकीकरण की प्रक्रिया। मिथकीकरण की प्रक्रिया में कल्पना की मदद से यथार्थ को अयथार्थ बनाया जाता है और इतिहास को रहस्यमय। इस छल-योजना के सहारे विरोधियों के अस्तित्व की अनिवार्यता को अस्वीकार करना आसान हो जाता है। दानवीकरण और मिथकीकरण की प्रक्रिया उस बौद्धिक साम्राज्यवाद का हिस्सा है जो भौतिक साम्राज्यवाद के आगे-आगे चलता है"। ('उपन्यास और लोकतन्त्र', पृष्ठ 208)

डॉ. मैनेजर पाण्डेय की इस सैद्धान्तिकी में अतीत की स्मृति, वर्तमान के कटु यथार्थ का प्रतिबिम्ब और भविष्य की चिन्ता को आसानी से महसूस किया जा सकता है। यह भी रेखांकित किया जा सकता है कि सत्ता-विमर्श की ओर से दानवीकरण और मिथकीकरण की प्रक्रिया कभी स्थगित नहीं की जाती। पूँजीवादी-साम्राज्यवादी शक्तियों ने 1991 के पहले कम्यूनिस्ट शासनों विशेषकर सोवियत रूस के दानवीकरण में अपनी सामर्थ्य भर ऊर्जा का निवेशीकरण किया। 9/11 के बाद अब इस्लाम उनका नया पंचिंग बैग है तब से लगातार उसके दानवीकरण-मिथकीकरण की प्रक्रिया गतिमान है। 2014 के बाद सांस्कृतिक राष्ट्रवादी सत्ता-विमर्श एक साथ कई मोर्चों पर सम्बद्ध है। वह केवल अन्तरराष्ट्रीय माहौल का लाभ उठाता हुआ इस्लामोफ़ोबिया को ही मात्र हवा नहीं दे रहा है बल्कि देश के सर्वोत्कृष्ट शिक्षण-संस्थाओं में से एक जवाहरलाल नेहरू विश्वविद्यालय, नागरिकता क़ानून विरोधी आन्दोलन, किसान आन्दोलन एवं देश के चुनिन्दा बौद्धिकों के दानवीकरण-मिथकीकरण में भी परपीड़क आनन्द की अनुभूति कर रहा है।

सदा-सदा से हाशियाकृत आदिवासी समुदायों के प्रति डॉ. पाण्डेय की यह चिन्ता आज भी समीचीन है : "वर्तमान समय में भारत के आदिवासी समुदायों के सामने एक ख़तरा उन्मूलन का है और दूसरा अनुकूलन का। उन्मूलन का अर्थ है अस्तित्व का अन्त तो अनुकूलन का अर्थ है अपनी अस्मिता को खोकर दूसरे धर्मों, संस्कृतियों और समाजों में विलय। उन्मूलन का खतरा सत्ता की ओर से है तो अनुकूलन का धर्मों की ओर से।" ('उपन्यास और लोकतन्त्र', पृष्ठ 213)

डॉ. पाण्डेय की शोधपरक दृष्टि ने समय के गोदाम में धूल खा रहे हमारे स्वनामधन्य पुरखों की तस्वीर को धो-पोंछकर हमारे सामने खड़ा कर दिया। ऐसे ही हमारे पुरखे थे–सखाराम गणेश देउस्कर। श्री देउस्कर का जन्म 17 सितम्बर, 1869 को तब के बंगाल, बाद के बिहार और अब हमारे झारखंड के देवघर ज़िले के कैरों ग्राम में हुआ था। 18वीं सदी में मराठा शक्ति के विस्तार के समय अपने पूर्वज की पुस्तक 'देशेर कथा' के हिन्दी संस्करण की बत्तीस पृष्ठों की प्रस्तावना

के माध्यम से डॉ. पाण्डेय की लेखनी ने श्रीयुत सखाराम गणेश देउस्कर और उनकी 'देशेर कथा' (देश की बात) की महत्ता को पुनः स्थापित किया। दरअसल श्रीयुत देउस्कर के साथ दिक़्क़त यह हुई कि वे पैदा हुए देवघर में, पत्रकारिता और लेखन किया कोलकाता में। आज़ादी के बाद कोलकाता में बंग वर्चस्व, बिहार की पिछड़ों की राजनीति और झारखण्ड के अस्मिता-बोध में सखाराम गणेश देउस्कर कहीं अनुकूलित होकर समा नहीं पा रहे थे। नतीजन विस्मृति के अँधेरे में विलुप्त होने को शापित-से हो गये। उस शाप से मुक्ति हिन्दी में 'देश की बात' के प्रकाशन ने दिलवाने की कोशिश की। तब हम जान पाये कि सखाराम गणेश देउस्कर की 1904 में बांग्ला में प्रकाशित 'देशेर कथा' ने कैसे एक वैचारिक विस्फोट की तरह जन-मानस को धक्का देकर चकित करते हुए जगाया। महज़ पाँच वर्षों में पाँच संस्करण एवं तेरह हज़ार प्रतियाँ लोगों के हाथों तक पहुँची। 1905 के बंग-भंग के विरूद्ध स्वदेशी आन्दोलन में इस पुस्तक ने अहम भूमिका निभायी। इस पुस्तक की लोकप्रियता से अंग्रेज़ी राज इतना भयभीत हुआ कि 28 सितम्बर 1910 को उसे प्रतिबन्धित कर दिया। उसी प्रकार उनके आलेख 'क्या आपने 'वज्रसूची' का नाम सुना है?' के माध्यम से हम अश्वघोष का संस्कृत में एकमात्र उपलब्ध ग्रन्थ 'वज्रसूची' से परिचय पा सके।

और अन्त में यह कि सत्-चित्-वेदना के हमारे मुक्तिधर्मी आलोचक की समय के पार जाती दृष्टि 2005 में प्रकाशित अपनी पुस्तक 'आलोचना की सामाजिकता' के आलेख 'आलोचना का समाज' में गहराई से रेखांकित करती है कि "आजकल भारतीय समाज में ऐसी मानसिकता का प्रभाव बढ़ रहा है जो विवेक पर आस्था का क़ब्ज़ा चाहती है और संस्कृति को पूजा की वस्तु मानती है। वह आलोचना से डरती है और चिढ़ती भी है, इसलिए आलोचना का अन्त चाहती है।

आज भारतीय समाज सांस्कृतिक राष्ट्रवाद के नाम पर साम्प्रदायिकता के जिस बर्बर रूप का सामना कर रहा है, उसके कारण संस्कृति के मानवीय प्रयोजन और भाषा के सामाजिक सरोकार का अस्तित्व संकट में है। जब भाषा पर राक्षसी उन्माद और झूठ का बोझ लाद दिया जाता है तब उसकी मानवीय अर्थवत्ता का विघटन और विनाश होता है।" ('आलोचना की सामाजिकता', पृष्ठ 18)

मुख्यधारा बनाम हाशिये की कविता

दयाशंकर शरण

'सीवान की कविता' सीवान शहर के अज्ञात कुलशील छह कवियों का काव्य-संकलन है जिसका संचयन और सम्पादन 1997 में श्री मैनेजर पाण्डेय ने किया था। महीने में एक बार ये गुमनाम छह कवि बारी-बारी से नियमित काव्य-गोष्ठी का आयोजन अपने-अपने घरों पर किया करते और एक दूसरे की कविताएँ सुनते-सुनाते। यह सिलसिला 1992 से अनवरत 2003 तक चलता रहा। इसके साथ-साथ सन् 1992 के ही आसपास श्री बालेश्वर सिंह की प्रेरणा से बक़ायदा एक साहित्यिक पत्रिका भी निकलनी शुरू हो गयी जिसका नाम 'अद्यतन' रखा गया। इन सारी गतिविधियों के पीछे भी मुख्य श्रेय कवि बालेश्वर का ही रहा। दुर्भाग्य से उनके देहावसान के साथ 'अद्यतन' का अस्तित्व भी समाप्त हो गया।

इसी एक दशक की अवधि के दरम्यान बहुत-से साहित्यकारों का साथ मिला, 'सीवान की कविता' का प्रका!शन भी उसका ही प्रतिफल है।

मैनेजर पाण्डेय की यह सोच थी कि अपने सीमित साधनों में गाँव और क़स्बों में रहकर जो लोग साहित्य-कर्म में दिन-रात लगे रहते हैं और जिनकी कोई मुकम्मल पहचान नहीं बन पाती, उनकी उपस्थिति को भी साहित्य में दर्ज किया जाना आलोचना-कर्म का एक ज़रूरी दायित्व है। समाज के हाशिये पर संघर्षरत और साहित्य के हाशिये पर सृजनरत—दोनों की स्थिति और गति कमोबेश एक जैसी होती है। 'सीवान की कविता' की लम्बी भूमिका में उन्होंने लिखा है :

"हाशिये की कविता में उन लोगों के जीवन की स्थितियों और आकांक्षाओं की चिन्ता होती है, जो समाज के हाशिये पर जीते हैं। हमारे समाज में जो लोग शासक वर्ग के शक्तितन्त्र के शिकार हैं, समाज से बहिष्कृत हैं, जातिवादी व्यवस्था की

सामाजिकता के सताये हुए हैं और वंचना की संस्कृति के लतमरुआ हैं, उनके जीवन की वास्तविकताओं और अनुभवों की कविता ही हाशिये की कविता है।"

'हाशिये का समाज' एक अवधारणा के तौर पर इतालवी मार्क्सवादी विचारक अन्तोनियो ग्राम्शी द्वारा प्रयुक्त सबाल्टर्न से आया है। ग्राम्शी के अनुसार सबाल्टर्न में दुनिया के सभी वंचित, शोषित, दलित शामिल हो सकते हैं जो किसी-न-किसी तरह के सामाजिक, आर्थिक, राजनीतिक, सांस्कृतिक, नस्लीय भेदभाव या वंचना के शिकार रहे हैं। साहित्य में भक्ति आन्दोलन, धर्म में बौद्ध धर्म का उदय और राजनीति में स्वाधीनता आन्दोलन हाशिये के आन्दोलन थे। प्राचीन काल में संस्कृत की आभिजात्य साहित्य परम्परा के बरक्स प्राकृत-पाली, अवहट्ट या अपभ्रंश जैसी जनभाषाओं में रचित काव्य, भक्तिकाल में दलित-वंचित वर्ग से आये सन्त-कवियों, अल्पसंख्यकों और स्त्रियों की रचनाएँ एवं स्वाधीनता आन्दोलन काल में रचा गया साहित्य इसका प्रमाण है। आधुनिक काल का हिन्दी साहित्य इन्हीं बीज-स्रोतों से आधार, प्रेरणा एवं प्रभाव लेकर आगे बढ़ता है, जहाँ हाशिये की अस्मिताएँ पूरी शिद्दत से अपनी मौजूदगी दर्ज कराती हैं। 'हाशिये का समाज'–अवधारणा ने कई विमर्शों को जन्म दिया है। दलित-विमर्श, स्त्री-विमर्श एवं विस्थापित, अल्पसंख्यक और आदिवासी चेतना से जुड़े तमाम विमर्श अपने मूल रूप में हाशिये के ही विमर्श रहे हैं।

साहित्य में मुख्यधारा के बरक्स हाशिये की पहचान कई आलोचकों ने अपनी-अपनी तरह से की है। मैनेजर पाण्डेय ने भी अपने आलोचना-कर्म को एक गम्भीर सामाजिक दायित्व मानते हुए कई कोणों से इस पर विस्तार से चर्चा की है। 'सीवान की कविता' की भूमिका में उन्होंने लिखा है : "अब मुख्यधारा का मिथक टूट रहा है। राजनीति में केन्द्रवाद तथा वर्चस्व के विरुद्ध आवाज़ें उठ रही हैं। ऐसी स्थिति में साहित्य में मुख्यधारा का मिथक बहुत दिनों तक नहीं चल सकता। अब हाशिये के लोग अपनी अस्मिताओं की स्वतन्त्रता के बारे में सजग हो रहे हैं और उनके रचनाकार अपनी रचनाशीलता की नयी राहें बना रहे हैं। 'सीवान की कविता' ऐसी ही कोशिश की एक अभिव्यक्ति है, इसलिए इसमें मुख्यधारा की कविता से अलग रूप-रंग और स्वरों की कविताएँ मिलें तो किसी को चकित नहीं होना चाहिए।"

उनका मानना है कि कविता अपने समय का 'कम्पास' (दिशासूचक यन्त्र) होती है। कविता का सृजन होता ही इसलिए है कि वह मानवीय मूल्यों को जीवन के हाशिये से उठाकर केन्द्र में प्रतिष्ठित करे। लेकिन अक्सर ऐसा होता नहीं है।

मुख्यधारा की अवरोधी शक्तियाँ उसे केन्द्र में आने नहीं देतीं। हाशिये की यही ज़िद उसका आत्मसंघर्ष है, जो बार-बार कुचले जाने पर भी सर उठाती है। यह एक सतत द्वन्द्वात्मक एवं गतिमान प्रक्रिया है। रूढ़ मान्यताओं की तरह इसे किसी पूर्व निर्धारित खाँचे में देखना भी एक क़िस्म का सरलीकरण है। जीवन कोई डबरा नहीं बल्कि एक बहती हुई नदी है जो अपनी तमाम लहरों की हलचल लिये और रास्तों के सभी घात-प्रतिघातों को झेलते अपनी दिशा तय करती रही है। चूँकि कविता का यथार्थ जीवन के यथार्थ से भिन्न नहीं होता, इसलिए कविता के मूल्यांकन की एक अनिवार्य कसौटी यह जीवन यथार्थ और उसकी संवेदना भी है।

कविता के इतिहास को देखें तो इसकी विकास-यात्रा में हमें कई पड़ाव मिलेंगे जिनसे होकर कविता आज यहाँ तक पहुँची है। आज़ादी के बाद सन् 1950 को हम विभाजक रेखा मानें, तो उसके बाद से ही नये भाव-बोध की कविताएँ लिखी जाने लगी थीं। 'नयी कविता' के प्रारम्भिक इतिहास को देखा जाये तो यह प्रकारान्तर से प्रयोगवाद का ही एक और संस्करण थी। लेकिन बाद में चलकर नयी कविता अपने को प्रयोगवाद से अलग एक स्वतन्त्र धारा के रूप में स्थापित करती चली गयी। सामाजिक सन्दर्भों में यथार्थवाद की पहचान का जो संकट कविता के सामने था, 'प्रगतिवाद' ने कविता को उस संकट से उबारकर पाठक को एक यथार्थवादी दृष्टि दी थी। परिधि पर जीवन के जद्दोजहद से भरी अपनी संवेदना का विस्तार करती प्रगतिवादी कविताएँ एक तरह से हाशिये की कविताएँ थीं। लेकिन प्रगतिवाद ने कविता पर वाद का ऐसा मुलम्मा चढ़ाया कि कविता का अपना रंग फीका पड़ता गया। कविता से कविता ग़ायब होती गयी और कविता, कविता न रहकर राजनीतिक बयानबाज़ी और प्रचार का पर्याय बनती गयी। इस सन्दर्भ में स्वयं मार्क्सवादी आलोचकों ने भी इस बात पर ज़ोर दिया था कि साहित्य में विचारवाद को स्थूल रूप में न लाकर सूक्ष्म रूप में पूरे कलात्मक संयम, सिद्धि और कौशल के साथ इस रूप में पिरोकर विकसित किया जाना चाहिए कि वह पाठक को एक दृष्टि दे सके। साथ ही, आज की प्रगतिशील चेतना-सम्पन्न कविता ने पूर्ववर्ती कविताओं के सौन्दर्य विधान को भी उस सीमा तक ही स्वीकार किया है, जहाँ तक कविता अपने शिल्पगत आग्रहों से मुक्त होकर अर्थबोध के संकट से आक्रान्त नहीं है।

यह कहने की ज़रूरत नहीं कि कविता हर काल में अपना सौन्दर्यबोध अपनी ज़मीन से ही अलग-अलग रूपों में गढ़ती रही है और समय के बदलते हुए यथार्थ के साथ सौन्दर्य के प्रतिमान भी बदलते रहे हैं। चाँद जैसे चेहरे की उपमा 'चाँद का मुँह टेढ़ा है' में बदल गयी। इसलिए कविता ने अपनी विकास-यात्रा में जितने पड़ाव तय

किये, जिन वादों का संवहन किया, उन सबका सौन्दर्यशास्त्र भी अलग-अलग है। रीतिवाद की परम्परा से अलग छायावाद ने जिस सौन्दर्यबोध को विकसित किया, वह प्रगतिवाद के सौन्दर्यबोध से काफ़ी अलग है। प्रगतिवाद ने पहली बार सौन्दर्य के आभिजात्य को तोड़कर श्रम के सौन्दर्य का एक नया प्रतिमान विकसित किया। साहित्य में उसने पूरी ताक़त से सौन्दर्य की आभिजात्यवादी मानसिकता को ख़ारिज किया। उसने कहा कि जीवन का वास्तविक सौन्दर्य स्त्री की सुगढ़ देहयष्टि या उसके शारीरिक अंग-प्रत्यंग की कामुकता में नहीं, बल्कि खेतों में काम कर रही एक स्त्री के धूप से लाल हुए चेहरे पर बिखरी हुई पसीने की बूँदों में भी प्रतिबिम्बित है।

निराला की कविताएँ–'वह तोड़ती पत्थर', 'कुकुरमुत्ता' इत्यादि अपने युग की संवेदनाओं के अनुरूप नये सौन्दर्यबोध की कविताएँ हैं। आज की कविता के सामने सबसे बड़ी चुनौती है अपने युग-बोध की संवेदना और उसकी जड़ों की पहचान। कविता अगर समय का कम्पास है, तो ज़ाहिर है, यह हमारे समय की ख़बर भी है। कविताएँ बताती हैं कि हम किस दिशा में हैं और यह दिशा सही है या नहीं। हमारे समय की सारी अमानवीयताएँ एवं संवेदनाओं का क्षरण आज की कविता की मूल चिन्ता है। हमारे समय की अच्छी कविताओं में हमारे समय की तमाम बुरी ख़बरें दर्ज हैं। समकालीन कविता के केन्द्र में समाज के हाशिये पर जी रहे लोगों की आशा-आकांक्षाएँ हैं, न कि 'एलिट क्लास' की चकाचौंध-भरी ज़िन्दगी के व्यक्तिगत रूमानी सरोकार। आज की कविता ज़िन्दगी की आत्ममुग्ध ऊँचाई को नहीं, उसके समतल क्षितिज को छूना चाहती है।

मैनेजर पाण्डेय ने 'सीवान की कविता' की भूमिका में लिखा भी है : "इधर कुछ वर्षों से भारतीय समाज में मुख्यधारा का मिथक ख़ूब ज़ोर-शोर से प्रचारित किया जा रहा है। इतिहास में उसके श्रोतों की खोज, पहचान और व्याख्या की जा रही है। यह हाशिये के लोगों के आक्रोश और प्रतिरोध को दबाने के अभियान का हिस्सा है। इसमें परम्परा की पवित्रता और कला की श्रेष्ठता के नाम पर मुख्यधारा का मिथक गढ़ा गया है। हाशिये पर रहने वाले रचनाकारों से कहा जा रहा है कि वे मुख्यधारा में आयें। लेकिन हाशिये के लेखक मुख्यधारा की गंगा में डूबकर गंगा-लाभ प्राप्त करने के लिए तैयार नहीं हैं।"

आज जब कि न सिर्फ़ साहित्य और विचारधारा बल्कि पूरा जीवन ही हाशिये पर आ गया है, इसलिए साहित्य में मूल्यबोध का एक ही अभिप्राय है–मानवीय मूल्यबोध। दूसरी बात कि समाज में जो नैतिक और सांस्कृतिक पतन हुआ है, उसके लिए भी व्यक्ति को कटघरे में खड़ा किया जाना ग़लत है। व्यवस्था का वह ढाँचा जो

सदियों से आर्थिक और राजनीतिक शोषण के ताने-बाने से बुना गया है, सत्ताएँ जिन पर फलती-फूलती रही हैं और एक ख़ास क़िस्म के अमानवीय साँचे में ये मनुष्यों को कल-पुर्जे की तरह ढालती गयी हैं, इसलिए आज कविता के सामने सबसे बड़ी चुनौती है कि वह पाठक या श्रोता के दृष्टिकोण को बदल पाती है अथवा नहीं। लू शुन ने कहा था :

"दबे-पिसे लोगों को दवा की उतनी ज़रूरत नहीं जितनी उनके दृष्टिकोण में बदलाव की है और यह बदलाव साहित्य के द्वारा सम्भव है।" कविता को बिना उपदेशक या प्रचारक बने मनुष्य की आत्मा को विद्रोही और मुक्तिकामी बनाना है। इसलिए आज की कविता के लिए राजनीति से मुँह मोड़ना भी शुतुरमुर्ग बनना है। अगर हवा में ज़हर है, तो क्या यह सम्भव है कि हम साँस लेना ही छोड़ दें। हमारे जीवन में राजनीति का दख़ल सीधा है और वो भी कुछ इस क़दर कि हमारी साँसों में ऑक्सीजन और कार्बन की मात्रा भी वहीं से तय होती है। वही अन्तिम नियामक है। इसलिए कविता की राजनीति हमारे समय की माँग है।

मुक्तिबोध का प्रश्न (पार्टनर तुम्हारी पॉलिटिक्स क्या है?) अब हर कवि की आत्मा का एक यक्ष-प्रश्न है। मगर विडम्बना यह है कि इन दिनों 'साहित्य की राजनीति' के बदले 'साहित्य में राजनीति' अधिक चल रही है। हमें सिर्फ़ यह देखना होगा कि जो कविता पढ़ी या सुनी जाती है, उसकी राजनीति क्या है।

'नये बादल' की भूमिका में मोहन राकेश ने यह प्रश्न उठाया है कि किसी ख़ास वर्ग पर लिखी गयी कहानी ही क्यों उत्कृष्ट मानी जाये? क्या यह जीवन की विशाल भूमि और उसके विकासशील रूप को नकारना नहीं है? उनका तर्क था–'जीवन का क्षेत्र नि:सीम है और रचना की वास्तविक सिद्धि उसके प्रभाव की व्यापकता में है। जीवन की सहज अनुभूतियाँ हमें जीवन के हर वर्ग और पहलू से प्राप्त हो सकती हैं।" यह सवाल भी अपनी जगह सही है, अगर हम इस सत्य से मुँह मोड़ लें कि ज़िन्दगी में चारों तरफ़ अमन-चैन ही है और कहीं कोई भूख से नहीं मरता। लेखक सबसे पहले शोषित समाज का नुमाइन्दा है, न कि सुख-सुविधा भोगते समाज का। इसलिए प्राथमिकताएँ तय करनी होंगी कि हम किसके साथ हैं। जिस लेखक ने कुत्तों की पाँत में इंसानों को जूठे पत्तल चाटते देखा है, उसकी संवेदना आख़िर किस ओर जायेगी? मन अगर दु:ख से भरा हो, तो सुन्दरता भी अच्छी नहीं लगती। प्रकृति का सौन्दर्य भी कसक पैदा करता है। एक सवाल आत्मा में रह-रहकर चोट करता है कि प्रकृति हमारे आसपास जब इतनी सुन्दर है, तो हमारा जीवन ही इतना कुरूप क्यों है? मैथ्यू आर्नल्ड ने कविता को जीवन की आलोचना माना है। इसलिए संवाद-प्रतिवाद

करती व्यवस्था के विरोध में लिखी हर कविता राजनीतिक है और जिस समाज में प्रेम वर्जित हो, कई तरह के पहरे, पाबन्दियाँ और यातनाएँ हों, वहाँ प्रेम कविताएँ भी राजनीतिक हैं। हर दबाई गयी आवाज़ हाशिये की आवाज़ है।

मैनेजर पाण्डेय एक प्रबुद्ध मार्क्सवादी आलोचक होने के नाते मानते हैं कि द्वन्द्व ही विकास का शाश्वत नियम है। हर विचार अपने भीतर अपने विरोध का बीज भी लिए रहता है। संसार की प्रत्येक वस्तु में अन्तर्विरोध है। अपने ही परिवार में एक प्रगतिशील है, तो दूसरा प्रतिक्रियावादी–यह अपने परिवार का अन्तर्विरोध है। ऐसा ही अन्तर्विरोध हर समूह और समाज में है। इसलिए हमें अपने समय और समाज के मुख्य अन्तर्विरोधों को पहचानना होगा। इतिहास और विचारधारा के अन्त के ढिंढोरे चाहे जितने भी पीट लिये जायें, समाज में जब तक भेदभाव और विषमताएँ रहेंगी, विचारधाराएँ भी रहेंगी और इतिहास भी। उन्होंने सीवान की कविता की भूमिका में एक जगह लिखा भी है : "आज की हिन्दी कविता की मनगढ़न्त बौद्धिक और भाषिक रहस्यमयता से जो पाठक ऊबे हुए हैं, उन्हें इस संकलन की अनेक कविताओं की नयी रचना-दृष्टि आकर्षित करेगी।"

मैनेजर पाण्डेय ने 'इंडिया टुडे' साहित्य वार्षिकी–2002 के अपने आलेख–'सरोकारों से साक्षात्कार' में लिखा है :

"नयी पीढ़ी की काव्यानुभूति की संस्कृति में बदलाव का एक परिणाम यह हुआ है कि कुछ समय पहले जड़ों की तलाश में जो हिन्दी कविता संस्कृत की तरफ़ जा रही थी, वह अब लोकभाषाओं की ओर मुड़ रही है।"

इस सन्दर्भ में यह सवाल उठना भी लाज़िमी है कि जब मुख्यधारा अपने चाल और चरित्र से सन्देह के घेरे में हो और सत्ता-सुख में आकंठ ग़र्क़ हो, तो उसकी धार इतनी कुन्द पड़ जाती है कि वह बाँझ बनकर ही रह सकती है। 'सीवान की कविता' की भूमिका में भी उन्होंने लिखा है :

"आज़ादी के बाद जैसे-जैसे हिन्दी साहित्य का केन्द्रीकरण बढ़ रहा है, वैसे-वैसे दिल्ली से दूर के शहरों, क़स्बों और गाँवों में रहकर साहित्य रचने वाले हाशिये पर जीने के लिए मजबूर होते जा रहे हैं। इधर हिन्दी साहित्य की दुनिया सिमट रही है और उधर हाशिये पर रहनेवालों की आबादी बढ़ रही है।"

'सीवान की कविता' में छह कवियों की कविताएँ हैं। भूमिका के प्रारम्भ में उन्होंने लिखा है : "इस संग्रह के कवि हिन्दी साहित्य के सिवान के कवि हैं। इन कविताओं में हाशिये की कविता की विशेषताएँ हैं। सीवान की कविता का यह संकलन हिन्दी कविता के नये सिवान की ओर संकेत करता है।"

साहित्य में भी उर्ध्वगामिता या उदग्रता एक अहंकारी और एक तरह से दर्प से भरा आभिजात्य का लक्षण है। इसके ठीक विपरीत क्षितिज का विस्तार एक नयी जनतान्त्रिक संवेदना का वाहक है। इसे समाज के हाशिये पर जी रहे लोगों की आशा और आकांक्षा से जोड़कर देखा जाना चाहिए। 'मुख्यधारा बनाम हाशिया' भी 'वाद-विवाद-संवाद' की एक द्वन्द्वात्मक गतिमान प्रक्रिया है और उनके वैचारिक अन्त:संघर्षों का प्रतिफल भी। प्राचीन काल में संस्कृत के बरक्स प्राकृत और पाली जैसी जनभाषाओं का उभार, भारतीय नाटकों में स्त्रियों के लिए वर्जित पण्डितों की भाषा संस्कृत का देवभाषा होने का गुमान जैसी प्रवृत्तियों को उसकी द्वन्द्वात्मकता में ही समझा जा सकता है।

हिन्दी समाज और साहित्य में पूरा भक्तिकाव्य हाशिये का काव्य है। अष्टछाप के प्रसिद्ध कवि-कुम्भन दास ने कहा था :

संतन को कहा सीकरी सो काम
आवत जात पनहियाँ टूटी, बिसरि गयो हरि नाम
जिनको मुख देखे दु:ख उपजत, तिनको करिबे परी सलाम।

मैनेजर पाण्डेय ने 2013 में मध्यकालीन हिन्दी कविता पर व्याख्यान देते हुए कहा था : "भक्तिकाल और भक्तिकाव्य की बुनियादी विशेषता यह है कि प्रत्येक भक्त कवि अपनी मातृभाषा का कवि है। विद्यापति तीन भाषाओं में कविता लिखते थे–संस्कृत में, अवहट्ट या अपभ्रंश में और अपनी मातृभाषा मैथिली में। पर महाकवि न संस्कृत के हैं न अपभ्रंश के, महाकवि मैथिली के हैं। उसी तरह तुलसीदास अवधी और ब्रजभाषा दोनों में लिखते थे, लेकिन महाकवि अपनी मातृ भाषा अवधि के हैं, ब्रजभाषा के महाकवि सूरदास हैं। इसलिए बुनियादी मूल्य मातृभाषा का है।"

मार्क्स ने भी कहा है कि कविता मनुष्यता की मातृभाषा है। माँ से सीखी हुई भाषा जन्मजात काव्यात्मक होती है, जैसे किसी अबोध बच्चे की तुतलाती भाषा स्वयं में कविता है। यह अकारण नहीं है कि संसार में अपनी जड़ों की तरफ़ वापसी भाषाओं में भी हो रही है। पूरी दुनिया के साहित्य में अपनी मातृभाषा में लिखने का रुझान बढ़ रहा है। मातृभाषा का नाभि-नाल सम्बन्ध लोकभाषा और संस्कृति से है। लोकभाषा उस जनता की भाषा है जो समाज के हाशिये पर रहती है।

भारतीय परम्परा और इतिहास में एक स्त्री की हैसियत भी हाशिये की रही है। वह कितनी दयनीय थी, इसका अन्दाज़ा मैनेजर पाण्डेय के इस व्याख्यान से लगाया जा सकता है : "संस्कृत में जो नाटक लिखे जाते थे–प्राचीनतम नाटक जैसे भास

के, कालीदास के, उनमें स्त्रियों को संस्कृत में संवाद बोलने की आज़ादी नहीं थी, वे प्राकृत में बोलती थीं। यह कैसी विडम्बना है कि पुरुष बोल रहा है संस्कृत में और स्त्री प्राकृत में।"

अन्ततः संकलित कविताओं के बारे में चंद बातें। इसमें कुल छह कवि हैं– बालेश्वर सिंह, ब्रजनन्दन किशोर, तैयब हुसैन, सत्य प्रकाश, मनोज कुमार वर्मा और ख़ुद मैं। पाण्डेय जी के शब्दों में : "इस संकलन के सारे कवि एक हीं शहर के हैं। शहर है सीवान; छोटा-सा शहर, गतिहीन और जब्दा हुआ। उसे क़स्बा कहना ज़्यादती न होगी। इस संकलन के कवि कविता को 'खाने, कमाने और चरित्र चमकाने की चीज़' (धूमिल) नहीं समझते। इनके लिए कविता अपने समय और समाज से संवेदनशील सम्बन्ध बनाने का एक महत्त्वपूर्ण माध्यम है। इनकी कविताओं में आत्मा की लीला और शब्दों की क्रीडा की जगह भयावह घटनाओं से भरी हुई दुनिया के अनुभवों से शब्द के बदलते रिश्तों की पहचान है। ये कवि किसी अपूर्व काव्य-विवेक का न दावा करते हैं और न दम्भ। जिनकी दिलचस्पी जीवन की सच्चाई और मनुष्यता में होगी, उन्हें ये कविताएँ ज़रूर आत्मीय लगेंगी। इन कविताओं में विषय से अधिक महत्त्वपूर्ण है, वह कवि-दृष्टि जो समान विषयों पर लिखी नागर कविताओं से हाशिये की कविता के अभिप्राय और प्रयोजन को अलग करती है।"

अपनी लम्बी भूमिका 'कविता का नया सिवान' में वे लिखते हैं : "आजकल हिन्दी साहित्य का केन्द्र दिल्ली है। दिल्ली के अनेक आकर्षण हैं। यहाँ सत्ता के क़रीब होने का मादक सुख है। बहुत सारे कारकों ने मिलकर दिल्ली के हिन्दी साहित्य की संस्कृति को आज की राजनीति की संस्कृति का प्रतिबिम्ब बना दिया है। एक ज़माना था, जब कवि दिल्ली से दूर रहना चाहते थे। आज से पाँच सौ वर्ष पहले महाकवि जायसी ने लिखा था : "सो दिल्ली अस निबहुर देसा।" आज़ादी के बाद जब दिल्ली हिन्दी साहित्य की राजधानी बन रही थी तब मुक्तिबोध के मन में यह द्वन्द्व उपजा था :

क्या करूँ
कहाँ जाऊँ
दिल्ली या उज्जैन?

यह द्वन्द्व सत्ता बनाम संस्कृति का द्वन्द्व था। नेहरू के नगर से कालिदास के नगर का द्वन्द्व। मरणासन्न मुक्तिबोध दिल्ली आये पर जीते जी नहीं। रघुवीर सहाय लखनऊ से दिल्ली आये थे। यहाँ बहुत पापड़ बेलने के बाद जब उन्हें लगा कि

वे दिल्ली के नहीं हो सके हैं, तब उन्होंने लिखा था : 'दिल्ली मेरा परदेश'। ऐसा अनुभव कई दूसरे लेखक भी करते रहे हैं और उन अनुभवों के बारे में लिखते भी रहे हैं। फिर भी लेखकों की दिल्ली दौड़ जारी है। कोई भी हाशिये पर नहीं रहना चाहता। आगे वे लिखते हैं : इस संकलन के किसी भी कवि के लिए कविता पेशा नहीं है। इन छह कवियों में चार अध्यापक हैं और दो बैंक में कर्मचारी। ये सब एक पीढ़ी के भी नहीं हैं। इनकी संवेदना और कवि-दृष्टि में भी फ़र्क़ है। बालेश्वर सिंह राजनीति से जुड़े होकर भी उनकी कविता में राजनीतिक भाषा का बड़बोलापन नहीं है। वे कविता के रूप और भाषा में नये प्रयोगों के बदले पुराने रूपों का नया उपयोग करते हैं। वे प्राय: छन्द में कविता लिखते हैं और बोलचाल की भाषा के मुहावरों को नये ढंग से रचते हैं; उनसे नया अर्थ पैदा करते हैं। पर उनकी संवेदना में वैसी तल्ख़ी, बेचैनी और आक्रामकता नहीं है, जैसी बाक़ी पाँच कवियों में है। ब्रजनन्दन किशोर मुक्तिबोध की परम्परा के कवि लगते हैं, इसलिए उनकी कविता में गहन विचारशीलता दूसरों से अधिक है। दया शंकर मुकुल, सत्य प्रकाश और मनोज कुमार वर्मा आज के समय की विडम्बनाओं, समाज की विसंगतियों और राजनीति की क्रूरताओं के अनुभव के कवि हैं। इस संकलन के कवियों के काव्यानुभव में गाँव और शहर के अनुभवों के बीच वैसा अलगाव नहीं है जैसा आज की नागर कविता में दिखाई देता है। इस संकलन का एक आकर्षण काव्यभाषा की अनेकरूपता है। ब्रज किशोर की भाषा में आज की ज़िन्दगी के अनुभवों से लाये गये बिम्बों और प्रतीकों के साथ परम्परा की स्मृतियों का रचनात्मक मेल है, तो दूसरी ओर तैयब हुसैन की भाषा में हाशिये के लोगों की ज़िन्दगी के कर्म और अनुभव से जुड़ी हुई हिन्दी का वह रूप है जिसे हिन्दुस्तानी कहा जाता है। उसमें भाषा की हर एक खनक में जनजीवन की धड़कन सुनाई देती है।

परम्परा की चिन्ता तैयब हुसैन भी करते हैं। वे आज की ज़िन्दगी की उलटबासियों को कबीर की कविता से जोड़ते हैं और कबीर की उलटबासियों की मदद से आज की वास्तविकताओं को समझने की कोशिश करते हैं। इस प्रक्रिया में दोनों के नये अर्थ खुलते हैं। दया शंकर मुकुल की भाषा में ऐसी लोच है कि वह एक ओर आतंक और दहशत के अनुभवों को व्यक्त करती है तो दूसरी ओर जनजीवन में छिपी हुई उम्मीद और ज़िन्दादिली की तलाश कर लेती है। सत्य प्रकाश की कविता में अपने आसपास के साधारण जन की ज़िन्दगी की वास्तविकताओं के चित्र हैं, संवेदनाओं की ख़बरें हैं। उनकी भाषा परस्पर विरोधी स्थितियों की यात्रा करती हुई

भी कहीं असहज और निगूढ़ नहीं होती। मनोज कुमार वर्मा आज के गद्यमय जीवन में खोई हुई कविता की खोज करते हैं। वे कहते भी हैं :

इन दिनों
मैं कोई कविता नहीं गा रहा हूँ
घर में आग लगी है
और मैं चिल्ला रहा हूँ।

यही कारण है कि उनकी कविता में गद्य का हठीलापन है। वे कभी-कभी कविता में कथा, संवाद, स्वगत कथन और निबन्ध की पद्धति का उपयोग करते हुए भाषा को जटिल स्थितियों की अभिव्यक्ति के लायक़ बनाते हैं।"

अपनी भूमिका के अन्त में वे कहते हैं : "आजकल किसी रचना का दिलचस्प होना बहुत अच्छा नहीं माना जाता। शायद रचनाकारों के मन में यह बात बैठ गयी है कि दिलचस्प होना अबौद्धिकता का लक्षण है। लेकिन रचना तो रुचि से सम्भव होती है। इसीलिए कहा गया है कि कवि को जैसे रुचता है, वैसे ही संसार को बदल देता है (यथास्मै रोचते विश्वं तदैथ परिवर्तते)। जब रचना का रुचि से इतना अन्तरंग रिश्ता है तो उसका होना ज़रूरी क्यों नहीं? असल में जब से कविता में बौद्धिक ऊहापोह बढ़ा है, तब से दिलचस्प होना अनावश्यक हो गया है।

'सीवान की कविता' का यह संकलन हिन्दी कविता के एक नये सिवान की ओर संकेत करता है। अगर आप समकालीन हिन्दी कविता के नागर आग्रहों से मुक्त होकर इन कविताओं को पढ़ेंगे तो आज के जनजीवन को नये ढंग से पढ़ने की प्रेरणा पायेंगे।"

‘बतकही’ से ‘साधना’ तक

रविभूषण

पिछले साल मैनेजर पाण्डेय की दो नयी पुस्तकें प्रकाशित हुईं–‘बतकही’ तथा ‘शब्द और साधना’ (वाणी प्रकाशन)। ‘बतकही’ उनसे लिये गये साक्षात्कारों की चौथी पुस्तक है, जिसमें सन् 2012 से 2018 के बीच के प्रकाशित साक्षात्कार हैं। पहले के तीन साक्षात्कार-संकलनों–‘मेरे साक्षात्कार’ (1998), ‘मैं भी मुँह में ज़बान रखता हूँ’ (2006), तथा ‘संवाद-परिसंवाद’ (2013)–की संक्षिप्त भूमिकाओं में उन्होंने साक्षात्कार जैसे साहित्य-रूप के सम्बन्ध में कई महत्त्वपूर्ण बातें कही हैं।

‘मेरे साक्षात्कार’ बाबा नागार्जुन को सादर समर्पित है, जिनसे उन्होंने ‘बतकही’ की कला सीखी’। हिन्दी में इण्टरव्यू के लिए जो कई शब्द–‘साक्षात्कार’, ‘भेंटवार्ता’, ‘वार्तालाप’, ‘बातचीत’ और ‘संवाद’ प्रचलित हैं, उनके स्थान पर ‘बतकही’ का महत्त्व उनके यहाँ इसलिए प्रमुख है कि यह ‘जनजीवन’ में प्रचलित लोक-भाषा का शब्द है’। वे ‘रामचरितमानस’ के ‘बालकाण्ड’ के दोहा-संख्या–231 को उद्धृत करते हैं–‘करत बतकही अनुज सन, मन सिय रूप लोभान’।

‘बतकही’ में इतिहास के पुनर्लेखन, लोक-साहित्य और उसकी उपेक्षा, साठोत्तरी साहित्य, मौखिक और वाचिक साहित्य, वर्तमान समय, ब्राह्मणवादी पितृसत्ता, पूँजीवाद, सम्प्रदायवाद, सोवियत संघ का विघटन, लेखक-संगठन, भूमण्डलीकरण, अस्मितावादी विमर्श, दलित-विमर्श, स्त्री-विमर्श, यथार्थ, बाज़ारवाद, यथार्थवाद, शिक्षा-तन्त्र, शासन-तन्त्र, आधुनिकता, वामपन्थ, भारतीय सौन्दर्यशास्त्र, सूफ़ी-काव्य, भक्ति आन्दोलन, दारा शिकोह, मार्क्सवाद, साहित्य, कविता, आलोचना, मुक्तिबोध, अज्ञेय, समकालीन कविता, समकालीन कथा-साहित्य, उपन्यास, गांधी, आम्बेडकर, रूसी क्रान्ति, वर्तमान सामाजिक-राजनीतिक आन्दोलन आदि से जुड़े अनेक सवाल और उनके जवाब हैं।

पुस्तक में सोलह साक्षात्कार हैं और 'परिशिष्ट' में रामविलास शर्मा से उनकी बातचीत है। पाण्डेय जी से बातचीत निराला, नागार्जुन, मुक्तिबोध और केदारनाथ अग्रवाल के अलावा 'अंधेरे में' कविता एवं मार्केज के उपन्यास 'एकान्त के सौ वर्ष' पर भी है। एक काव्य-रूप 'ग़ज़ल' पर अभी तक स्वतन्त्र रूप से किसी मार्क्सवादी या प्रमुख आलोचक से बातचीत शायद ही की गयी हो। पाण्डेय जी इस 'अत्यन्त लोकप्रिय विधा' पर 'विचार करना हिन्दी आलोचना का दायित्व' समझते हैं। उनकी दृष्टि में ग़ज़ल 'आयातित विधा' नहीं है।

वे दारा शिकोह के गम्भीर अध्येता हैं, जिस पर उनकी स्वतन्त्र पुस्तक शीघ्र प्रकाशित होगी। दारा शिकोह के 'मज़्म उल बहरैन' (समुद्र संगम) का मुख्य उद्‌देश्य इस्लाम और हिन्दू धर्म-दर्शन के बीच संगम का था। 'सांस्कृतिक राष्ट्रवाद' के दौर में 'संगम संस्कृति' पर विचार बेहद उपयोगी, सार्थक और आवश्यक है। यह संगम संस्कृति 'सांस्कृतिक राष्ट्रवाद' की काट है। गंगा-जमुनी संस्कृति ही संगम संस्कृति है और पाण्डेय जी ने ग़ज़ल को संगम संस्कृति से उत्पन्न एक विधा माना है। ग़ज़ल सम्बन्धी यह बातचीत 'अलाव' पत्रिका में पाँच वर्ष पहले (2015) प्रकाशित हुई थी। इसी पत्रिका में 1993 के एक साक्षात्कार में उन्होंने ग़ज़ल में 'चमत्कार करने की प्रवृत्ति' अधिक देखी थी। उन्होंने अपनी धारणा बदली। सम्भवत: पहली बार किसी विधा विशेष की बुनियादी विशेषता उसके ग़ैर-साम्प्रदायिक और धर्म-निरपेक्ष होने में बतायी गयी है यानी 'ग़ैर-साम्प्रदायिक होना ही प्रगतिशील होना है'।

'बतकही' में कुछ प्रश्नकर्ताओं ने उनके निजी जीवन, छात्र-जीवन, दिनचर्या आदि से सम्बन्धित कई सवाल भी पूछे हैं। इन सवालों के उत्तर में उन्होंने छात्र-जीवन में हिन्दी और भोजपुरी दोनों भाषाओं में कविता लिखने की बात कही है। 'अभी भी गाँव जाने पर मेरे पुराने मित्र मुझे कवि जी-कवि जी कहकर ही बुलाते हैं'। उन्होंने अध्यापक डॉ. शितिकण्ठ मिश्र की 'प्रेरणा और प्रभाव से आलोचना में प्रविष्ट' होने की बात कही है। आचार्य शुक्ल की आलोचना से उनका परिचय उनके कॉलेज के प्रिंसिपल 'कृष्णानन्द जी के माध्यम' से हुआ। बनारस के साहित्यिक वातावरण और गोष्ठियों के साथ पत्र-पत्रिका के कारण भी उनकी 'आलोचना में रुचि और पैठ बनी'। एम.ए. के दौरान धूमिल से उनकी मित्रता हुई। वे स्वीकारते हैं कि धूमिल से कविता और कविता सम्बन्धी बातचीत से उन्हें 'कविता और समकालीन कविता, दोनों को समझने में बहुत मदद मिली'। उनके आलोचनात्मक लेखन का आरम्भ छात्र-जीवन से हुआ–'1964-65 के आस-पास'। निराला को

उन्होंने छात्र जीवन में ही देखा और उनसे 'आह! वेदना मिली विदाई', गीत भी सुना। वे 'गीत गा रहे थे और साथ-साथ रो भी रहे थे'।

पाण्डेय जी को ज़िन्दगी से केवल निजी शिकायत है। पिता की नहर में डूबकर हुई मृत्यु के तुरन्त बाद इन्दिरा गांधी की हत्या से उत्पन्न स्थिति के कारण वे दिल्ली से गाँव तीन दिन बाद पहुँचे थे। उस समय के नागार्जुन पर अपने अधूरे काम को आज हाथ में लेते ही वह स्मृति साथ नहीं छोड़ती। फिर इकलौते पुत्र की हत्या। सामान्य व्यक्ति इन स्थितियों में टूट सकता था, पर यह मार्क्सवाद था जिसने उन्हें टूटने से बचाया। वे 'अपनी मार्क्सवादी प्रतिबद्धता के साथ अपनी ज़मीन पर' सदैव खड़े हैं। आज अपनी ज़मीन से जुड़े मार्क्सवादियों की संख्या कम होती जा रही है।

'बतकही' का पाठक पाण्डेय जी की दिनचर्या से भी अवगत होता है। वे पाँच बजे उठते हैं, ग्रीन टी पीकर अपने आवास के पास के लक्ष्मीबाई पार्क में टहलते हैं। लौटने पर चाय बनाते हैं। नहाने, शेव करने और जलपान के बाद अपने कार्य में व्यस्त। सप्ताह में एक बार जेएनयू की लाइब्रेरी नियमित जाने वाले वे जेएनयू के अकेले प्रोफ़ेसर रहे हैं। उनकी व्यवस्थित, समयबद्ध और अनुशासित दिनचर्या है। रामविलास शर्मा के साथ भी यही बात रही है। पाण्डेय जी को डॉ. शर्मा ने अपने छात्र-जीवन के बारे में बताया। हाईस्कूल से रामविलास जी कविताएँ लिखने लगे थे। उन्होंने इंटरमीडिएट के अपने एक दोस्त बाल नारायण पेंढारकर का अपने जीवन पर बड़ा असर स्वीकारा है। प्रसिद्ध क्रिकेट खिलाड़ी डॉन ब्रैडमेन पर लिखे रामविलास जी के लेख से पाण्डेय जी परिचित थे। उन्होंने उनके प्रिय क्रिकेट खिलाड़ी के बारे में पूछा। डॉ. शर्मा ने बैट्समैन के रूप में कपिल देव का नाम लिया और यह कहा 'उनके जैसा बल्लेबाज कोई दूसरा भारत में नहीं हुआ। सुनील गावस्कर, सौरव गांगुली वग़ैरह सब उनसे सीख सकते हैं।' रामविलास शर्मा से मैनेजर पाण्डेय ने लखनऊ दूरदर्शन के लिए यह इंटरव्यू लिया था।

'बतकही' में गम्भीर सवालों के गम्भीर जवाब हैं। जिस समय ये इंटरव्यू लिये गये हैं, वह भुतहा, उन्मादी और भयावह समय है जिसे पाण्डेय जी ने 'व्यापक सामाजिक चिन्ताविहीन' समय कहा है। इस समय भारत अमेरिकी साम्राज्यवाद की गिरफ़्त में है। रामविलास शर्मा के बाद पाण्डेय जी दूसरे प्रमुख आलोचक हैं जिन्होंने अमेरिकी साम्राज्यवाद और भूमण्डलीकरण का सदैव विरोध किया है। वे आज के भारत को 'भूमण्डलीकृत विश्व के हिस्से के रूप' में देखते हैं और अपने समय की दो प्रमुख ऐतिहासिक घटनाएँ मानते हैं : "सोवियत संघ का विघटन और पूँजीवादी

भूमण्डलीकरण। इनका असर अर्थव्यवस्था और राजनीति के अलावा साहित्य और संस्कृति पर भी पड़ा है।"

उनके यहाँ 'साहित्यिक चेतना' से महत्त्वपूर्ण 'सांस्कृतिक चेतना' है। एशियाई देशों की साहित्यिक चेतना उसकी सांस्कृतिक चेतना से निर्मित है। 'आलोचना की सामाजिकता' पाण्डेय जी से अधिक क्या किसी वर्तमान आलोचक ने पहचानी है? रामविलास जी से उनका सवाल था कि क्या व्यापक सामाजिक विकास-प्रक्रिया में आलोचना की कोई सार्थकता है? शर्मा जी ने उत्तर में 'बहुत बड़ी सार्थकता' कहा था। 'समाज से कटकर अच्छी आलोचना नहीं लिखी जा सकती।' पाण्डेय जी के कई वाक्य सूक्ति-वाक्य हैं–'सार्थकता सामाजिक होती है, सफलता हमेशा व्यक्तिगत होती है।' जिन कवियों–नागार्जुन, त्रिलोचन और शमशेर–से उनके व्यक्तिगत सम्बन्ध रहे, उनके यहाँ सफल जीवन का कोई अर्थ नहीं था।

पाण्डेय जी की चिन्ता यह है कि भारत में लोकतन्त्र ख़तरे में है, पर वह 'सारे कवियों, रचनाकारों की बेचैनी का विषय नहीं है।' मार्क्स का यह कथन 'कविता मनुष्यता की मातृभाषा है' को वे केवल साक्षात्कार और भाषण-व्याख्यान में ही नहीं, अपने निबन्धों में भी बार-बार उद्धरित करते हैं। उनसे पूछे गये सवालों से प्रश्नकर्ताओं की चिन्ताएँ और जिज्ञासाएँ दोनों प्रकट हुई हैं। प्रश्नकर्ताओं का अपना व्यक्तित्व और कंसर्न भी सवालों से व्यक्त हुआ है। समकालीन कवि निशान्त और प्रोफ़ेसर-आलोचक देवेन्द्र चौबे तथा अन्य प्रश्नकर्ताओं की बातचीत में इसी कारण भिन्नता है। प्रश्नकर्ताओं ने केवल साहित्यिक प्रश्न ही नहीं किये हैं। एक सवाल यह है कि वे इन्दिरा गांधी राष्ट्रीय कला केन्द्र द्वारा आयोजित नामवर जी के जन्म समारोह में क्यों शामिल हुए?

उनका उत्तर है कि उन्हें वहाँ अन्तरराष्ट्रीय हिन्दी विश्वविद्यालय, वर्धा ने एक वक्ता के रूप में आमन्त्रित किया था। अशोक वाजपेयी से जुड़े सवाल पर उन्होंने यह कहा : "हम दोनों में से किसी ने अपना मूल स्टैण्ड नहीं बदला है। व्यक्तिगत विरोध न पहले था, न अब है।..असहिष्णुता वाले मसले पर वे किसी भी वामपन्थी की तुलना में अधिक सक्रिय हैं।" वे एक दूसरे की स्वतन्त्रताओं के सम्मान के हिमायती हैं। नामवर सिंह से उनकी असहमति एक मार्क्सवादी आलोचक के रूप में है। जिस वामपन्थी विचारधारा और राजनीति में पाण्डेय जी की सक्रियता रही है, वह विचारधारा और राजनीति 'आज कमज़ोर होकर बिखराव की शिकार है।' आज वामपन्थी राजनीति ढलान पर है, बुद्धिजीवियों के चरित्र में बदलाव आ चुका है, सिद्धान्तों की राजनीति के स्थान पर सुविधा की राजनीति प्रमुख है, गम्भीर

विचार-विमर्श के स्थान पर 'नोक-झोंक, गाली-गलौज और उठा-पटक ज़्यादा है,' पर पाण्डेय जी अविचल-अडिग हैं। उनकी चिन्ताएँ बड़ी हैं। दृष्टि समग्र और व्यापक है। अपने उत्तर के ज़रिये वे एक तरह से पाठकों को सावधान भी करते हैं। अज्ञेय के सम्बन्ध में पूछे गये प्रश्नों में उन्होंने उनकी प्रारम्भिक कविताओं में मौजूद सामाजिकता की बात कही है–'पचास के पहले अज्ञेय सामाजिक चिन्ताओं से जुड़े हुए थे' और 'वैयक्तिकता और सामाजिकता के बीच एक सन्तुलन था,' जो बाद में नहीं रहा।

पाण्डेय जी के कथन में कहीं-कहीं व्यंग्य, विनोद और चुटीलापन है, जिससे वे बातचीत का माहौल सदैव गुरु-गम्भीर नहीं होने देते। विवेकपूर्ण आलोचना के अभाव में ही कोई आलोचक अज्ञेय में केवल अच्छा ही अच्छा देखता है। पाण्डेय जी 1963 की फ़िल्म 'मेरे महबूब' की गीत-पंक्ति 'मेरे महबूब में क्या नहीं/वो तो लाखों में है एक हँसी, एक हँसी' कहकर आलोचक की आलोचना पर प्रश्न खड़ा कर देते हैं।

मैनेजर पाण्डेय जी के पास लगभग सभी प्रश्नों के उत्तर हैं। उनकी सुविचारित वैचारिक दृष्टि पचास वर्ष में आज जहाँ पहुँची है, वह 'साधना' के बिना सम्भव नहीं थी। भारतीय आधुनिकता को वे 'भारतीय समाज से जुड़ी हुई आधुनिकता' कहते हैं। स्वाधीनता की चेतना उनकी दृष्टि में 'आधुनिकता का प्राण' है, उत्तर-आधुनिकतावादी यथार्थवाद विरोधी प्रवृत्ति है, और आलोचना में यथार्थवादी प्रवृत्ति आज पहले की तुलना में कमज़ोर है। उन्हें भारतीय समाजशास्त्री और न्यूयार्क यूनिवर्सिटी में समाजशास्त्र के प्रोफ़ेसर विवेक छब्बर की पुस्तक 'पोस्ट कालोनियल थ्योरी एंड स्पेक्टर ऑफ़ कैपिटल' (वर्सो, 2013) इसलिए पसन्द है कि इस पुस्तक में छब्बर ने उन 'बुद्धिजीवियों की तेज़ तर्रार कुटम्मस' की है, जिन्हें वे एन.आर. आई.आई. (नान रेजिडेंट इंडियन इंटेलैक्युअल्स) कहते हैं। गायत्री चक्रवर्ती स्पीवाक, होमी भाभा, दीपेश चक्रवर्ती आदि इसी प्रकार के उत्तर-औपनिवेशिक विमर्शकार हैं। उत्तर-आधुनिकतावादी को पाण्डेय जी ने 'आधुनिकता का विस्तार' कहा है और संरचनावाद, उत्तर-संरचनावाद, उत्तर-आधुनिकतावाद द्वारा उत्पन्न विचार की भाषा को 'संध्यारण्य की तरह' माना है। एक शब्द विशेष के प्रयोग से वह एक सही अर्थ उत्पन्न कर देते हैं। आपरेशन ग्रीन हंट को उन्होंने आपरेशन 'ट्राइबल हंटिंग' कहा है।

आज की हिन्दी कविता में वे अधिक विस्तार देखते हैं, पर कवियों के 'आत्म का आयतन' व्यापक नहीं मानते। कवि की व्यापक चेतना ही 'कविता में बड़ा बदलाव' लाती है। आज के कवियों की 'कविता में मनुष्यता की अभिव्यक्ति तो है,

लेकिन उतनी व्यापकता या गहराई नहीं है'। समग्र और व्यापक चिन्तन-लेखन पाण्डेय जी की वह विशेषता है, जो तुरन्त ध्यान आकर्षित करती है। एक वर्ष विशेष 1936 में प्रकाशित 'कामायनी', 'गोदान' और 'राम की शक्ति पूजा,' का उल्लेख अब सामान्य बात है, पर इन तीनों में 'आज़ादी के समय की त्रासदी का पूर्वाभास' वही देख सकते थे। वे नागार्जुन की कविताओं के माध्यम स्वाधीन भारत का राजनीतिक इतिहास लिखे जाने की बात करते हैं। उनके विवेचन-विश्लेषण और प्रश्नों को सुलझाने की अपनी एक शैली है, जो इतनी विकसित हो चुकी है कि उसे हम 'पाण्डेय शैली' या 'स्टाइल' कह सकते हैं। एक उदाहरण से देखें :

"शब्द का अर्थ से, अर्थ का अनुभव से, अनुभव का संवेदना से, संवेदना का यथार्थ से, यथार्थ का समाज से और समाज का इतिहास से जटिल सम्बन्ध होता है।"

जटिल से जटिल प्रश्नों को वे जिस सरल ढंग से समझाते हैं, वह अद्‌भुत है। उनके सुयोग्य शिष्यों की कमी नहीं है। प्रश्नकर्ताओं में कई उनके शिष्य हैं–कवि, कहानीकार, आलोचक और प्रोफ़ेसर, जिनके प्रश्न केवल साहित्यिक नहीं हैं। इन प्रश्नों का दायरा भी बड़ा है। मैनेजर पाण्डेय इतिहास के पुनर्लेखन के लिए एक नयी इतिहास-दृष्टि आवश्यक समझते हैं, साहित्येतिहास को सामाजिक इतिहास से जोड़कर देखते हैं, हिन्दी साहित्य में प्रतिबन्धित साहित्य और ज्ञान का साहित्य का उल्लेख और विवेचन आवश्यक मानते हैं, परम्परा को मात्र साहित्य की न मानकर सामाजिक सांस्कृतिक भी मानते हैं और साहित्य के इतिहासकार में 'इतिहास-बोध' के साथ 'आलोचनात्मक विवेक' भी ज़रूरी समझते हैं। वे केवल प्रश्नकर्ता को ही नहीं अपने पाठकों को भी अपनी स्पष्ट समझ और विचारों से समृद्ध करते हैं। गम्भीर लेखन के लिए उनके यहाँ 'अनुभव को विवेक से संचालित और अनुशासित करने' पर सारा बल है। 'ख़ाली अनुभव का जाप ठीक नहीं है'। आलोचना केवल 'रचनानिष्ठ' नहीं हो सकती, उसे 'समाजनिष्ठ' भी होना चाहिए। आलोचक का यथार्थबोध किसी भी रचनाकार के यथार्थबोध से बड़ा होने पर ही यथार्थवादी आलोचना सम्भव होगी।

हमारे समय में कवियों और आलोचकों दोनों में ही परम्पराबोध का अभाव है, जिसके बिना न तो बड़ी कविता सम्भव है और न बड़ी आलोचना। 'अँधेरे में' कविता को उन्होंने 'व्यक्तिवादी मानस को सावधान करने वाली कविता के रूप में आज भी प्रेरक और सावधान करने वाली कविता' कहा है। इस बातचीत में कई नयी बातें और जानकारियाँ हैं। दारा शिकोह पर प्रेमचन्द की लिखी कहानी–'दारा दरबार' के साथ रामविलास शर्मा की उन पर लिखी गयी कविता का उल्लेख है।

भारतीय कम्युनिस्ट पार्टी से मैनेजर पाण्डेय की शिकायत वाजिब है। वे बताते हैं कि आर.एस.एस. ने स्वाधीनता आन्दोलन में शामिल न होने के बाद भी उससे बहुत कुछ सीखा। उसने सामाजिक कार्यक्रमों को महत्त्व दिया, अपने सोच-विचार के अनुरूप शिक्षण संस्थाओं का निर्माण किया, अपना व्यापक प्रसार किया, पर "वामपन्थी दलों ने ऐसा कोई काम नहीं किया। समाज सुधार के कार्यक्रम से वे दूर रहे, सिद्धान्तों की राजनीति न कर सुविधा की राजनीति की। अब वामपन्थी राजनीति का जनान्दोलन से कोई रिश्ता नहीं है।" पाण्डेय जी इस समय भारतीय मार्क्सवाद में गांधी और आम्बेडकर के विचारों को समाविष्ट करना आवश्यक और उपयोगी मानते हैं।

हिन्दी आलोचना में वे अकेले आलोचक हैं, जिनका ध्यान 'शब्द' पर है। 'शब्द और कर्म' (1981) उनकी पहली पुस्तक है और 'शब्द और साधना' नवीनतम। 'शब्द और साधना' (2019) के कुल बाईस निबन्ध तीन खण्डों में विभाजित हैं। पहले खण्ड के तेरह निबन्ध हिन्दी साहित्य के विविध रूपों और पक्षों से सम्बन्धित हैं, दूसरे खण्ड के पाँच निबन्धों में 'सैद्धान्तिक सोच और व्यावहारिक विश्लेषण की एकता' है और तीसरे खण्ड के चार निबन्धों में तीन निबन्ध तमिल, तेलुगू और बांग्ला के महत्त्वपूर्ण कवियों पर लिखे गये हैं और चौथा एडवर्ड सईद पर है, जो रामकीर्ति शुक्ल की सईद पर लिखी, अनूदित पुस्तक 'वर्चस्व और प्रतिरोध' (2015) की भूमिका है। यह उल्लेख रहता तो ठीक रहता। आलोचकों में यह 'साधना' रामविलास जी के बाद मैनेजर पाण्डेय में ही है। नामवर में वह हो सकती थी, पर हो न सकी।

'महावीरप्रसाद द्विवेदी का महत्त्व' निबन्ध में उन्होंने द्विवेदी जी के 'सोच का दायरा व्यापक और समग्रतापरक' माना है। पाण्डेय जी के सोच का दायरा भी ऐसा ही है। जिस पर किसी आलोचक का ध्यान नहीं या बहुत कम जाता है, उस पर उनका ध्यान बहुत अधिक रहता है। उनके निबन्ध में ही नहीं, भाषण और व्याख्यान में भी उनका रिसर्च वर्क किसी से ओझल नहीं रहता। एक भाषण में उन्होंने कहा भी है :

> "मैं जब कोई काम करता हूँ, तो काफ़ी गहरी खुदाई करता हूँ।"

वे हिन्दी आलोचना में ही नहीं, भारतीय आलोचना में भी इस समय 'गहरी खुदाई' करने वाले अकेले आलोचक हैं। उनकी आलोचना उनकी श्रम-साधना, इतिहास-दृष्टि और विवेक-चेतना का परिणाम और प्रमाण है।

महावीरप्रसाद द्विवेदी पर काफ़ी लिखा गया है। रामविलास शर्मा से भी जो छूट गया, वह पाण्डेय जी से नहीं छूटा। "आज तक किसी ने स्त्री-विमर्श में महावीरप्रसाद द्विवेदी के स्त्री-सम्बन्धी लेखन और दृष्टिकोण की चर्चा नहीं की है।" यह गम्भीर चर्चा करने वाले वे पहले आलोचक हैं। उनकी नज़र और पकड़ अद्‌भुत है। वे द्विवेदी जी के स्त्री सम्बन्धी उन आठ लेखों का जो 1903 से 1914 के बीच लिखे गये हैं, की केवल चर्चा नहीं करते, उस पर अपने विचार भी प्रकट करते हैं कि द्विवेदी जी 'स्त्री-पुरुष समानता के प्रबल समर्थक' थे, स्त्री-शिक्षा को आवश्यक समझते थे, स्त्री-पराधीनता के 'कड़े' आलोचक थे और उनका ध्यान भारत की स्त्रियों पर ही नहीं जापान की स्त्रियों पर भी था। पाण्डेय जी ने द्विवेदी जी के 'समाज सम्बन्धी चिन्तन के प्रत्येक पक्ष' के एक अन्तरराष्ट्रीय सन्दर्भ' की ओर ध्यान दिलाया है। उनकी आलोचना में उनका एकाग्र और समग्र अध्ययन किसी को भी चकित कर सकता है।

महावीरप्रसाद द्विवेदी अभिनन्दन-ग्रन्थ के एक लेख प्राचीन अरबी कविता (मुंशी महेश प्रसाद मौलवी आलिम-फ़ाज़िल का लेख) से वे यह बताते हैं कि "प्राचीन अरबी में पुरुषों के समानान्तर स्त्रियाँ भी कविता करती थीं"। 'शब्द और साधना' में उनके दो लेख 'मुक्तिबोध और कामायनी' पर हैं। वे केवल कामायनी-सम्बन्धी मुक्तिबोध और उनकी आलोचना-दृष्टि पर ही गम्भीर विचार नहीं करते, रामचन्द्र शुक्ल और भगवतशरण उपाध्याय पर भी ध्यान देते हैं। भगवतशरण उपाध्याय ने जहाँ काव्य और दर्शन को एक दूसरे का विरोधी माना था, वहाँ मुक्तिबोध इन दोनों में आत्मीय सम्बन्ध देखते हैं। उन्होंने मुक्तिबोध की रचनाशीलता में 'कामायनी' की भूमिका देखी है। मुक्तिबोध को फ़ैंटेसी के स्वरूप की चर्चा करने वाला पहला कवि-आलोचक कहा है और फ़ैंटेसी के सम्बन्ध में लेनिन का कथन उद्धृत किया है। 'कामायनी' पर मुक्तिबोध ने दो पुस्तकें लिखी थीं, जिनमें समानता और अन्तर दोनों है, जिसका 'तुलनात्मक अध्ययन एक स्वतन्त्र निबन्ध का विषय' है। वे मुक्तिबोध की आलोचना दृष्टि और पद्धति को सही मानते हैं। मुक्तिबोध ने 'ऐतिहासिकता, समाजशास्त्रीय, मनोवैज्ञानिकता और सौन्दर्यात्मक विवेचन की एकता' की बात कही है। हिन्दी आलोचकों के 'धारणात्मक' शब्दों और पदों पर कम ध्यान दिया गया है। उनका मत है कि "रामचन्द्र शुक्ल के बाद मुक्तिबोध ने ही हिन्दी आलोचना को सर्वाधिक धारणात्मक शब्द, पद और पदावलियाँ दी हैं।"

मुक्तिबोध की तरह इस पुस्तक में रामविलास शर्मा पर भी दो निबन्ध हैं। एक निबन्ध 'हिन्दी नवजागरण' पर और दूसरा रामविलास जी की 'आलोचना-दृष्टि के

मूल स्रोत' पर है। हिन्दी नवजागरण आज भी चर्चा में है। राहुल सांकृत्यायन ने 1944 में 'हिन्दी काव्य-धारा' और प्रकाशचन्द्र गुप्त ने 1956 में 'साहित्य-धारा' के एक निबन्ध में 'नवजागरण' का प्रयोग किया था, पर इसे एक महत्त्वपूर्ण अवधारणा के रूप में स्थापित करने का सारा श्रेय रामविलास जी को है। पाण्डेय जी को पहले बारहवीं-तेरहवीं शताब्दी में 'आधुनिकता' के जन्म पर आपत्ति थी, पर अब उन्हें इसका 'सुखद आश्चर्य' है कि "देशी भाषाओं के उत्थान के साथ ही आधुनिकता या आरम्भिक आधुनिकता का उदय शेल्डन पोलक और गेल आम्बिड जैसे अंग्रेज़ी में लिखने वाले लोग भी मानने लगे हैं।"

इस 'आधुनिकता' का सम्बन्ध 'व्यापारिक पूँजीवाद' से है, जिसकी चर्चा पाण्डेय जी ने नहीं की है। उन्होंने हिन्दी नवजागरण से सम्बन्धित चिन्तन से उत्पन्न जिन कतिपय समस्याओं का उल्लेख किया है, उन पर विस्तारपूर्वक विचार की आवश्यकता है। रामविलास शर्मा की आलोचना-दृष्टि के निर्माण में साम्राज्यवाद-विरोधी संघर्ष प्रमुख है। 'हिन्दी आलोचना की जातीय परम्परा को उनकी आलोचना-दृष्टि का मूल स्रोत' मानकर पाण्डेय जी ने बालकृष्ण भट्ट, द्विवेदी युग, रामचन्द्र शुक्ल और प्रेमचन्द का स्मरण किया है। हिन्दी की जातीय आलोचना पर सुसंगत विचार के लिए वे एक आधार तैयार करते हैं और हिन्दी आलोचना की जातीय परम्परा के साथ 'हिन्दी की जातीय सृजनशीलता की परम्परा' की भूमिका रेखांकित करते हैं। उन्होंने रामविलास जी में जिस 'आलोचना की भाषा के जनतन्त्र' की बात कही है वह स्वयं उनकी आलोचना में है।

वैचारिक भिन्नता के बाद भी उनका ध्यान उन लेखकों पर भी जाता है, जिन्हें कुछ मार्क्सवादी एक फूँक में उड़ा देने का दम्भ करते हैं। मध्यकालीन हिन्दी कविता के विवेचन-विश्लेषण में विद्यानिवास मिश्र की अनदेखी नहीं की जा सकती। उनका 'अपना योगदान' है। उन्होंने 'सुदामा पाण्डेय का प्रजातंत्र' की भूमिका भी लिखी है। विद्यानिवास मिश्र भक्तिकाल और रीतिकाल का भेद नहीं स्वीकारते। निर्गुण-सगुण, ज्ञान मार्गी-प्रेम मार्गी, रीतिबद्ध-रीतिमुक्त, लोकाश्रित-दरबाराश्रित, हिन्दू-मुसलमान किसी में भेद न देखना कम बड़ी बात नहीं है। 'काव्य-भेद में मौजूद इस अभेदवाद के मूल में उनकी काव्य-दृष्टि की उदारता' पाण्डेय जी ने देखी है। पाण्डेय जी की विशेषता समग्रता और व्यापकता में देखने की है। मार्क्सवादी आलोचना में यह समग्र-व्यापक दृष्टि विरल है। विद्यानिवास मिश्र की उदार दृष्टि को उन्होंने स्वयं उदार दृष्टि से देखा है। वे सर्वत्र मार्क्सवाद को थोपने वाले आलोचक नहीं हैं।

वे विद्यानिवास मिश्र द्वारा चार कवियों के एक छन्द के विवेचन में एकता और समानता दिखाते हैं। दादू और रसखान से सभी परिचित हैं, धरमदास से परिचित कुछ कम हैं और जोइसी से? "वे मिश्र जी की खोजी प्रवृत्ति की देन हैं।"

तुलसी को समझने के लिए रामचन्द्र शुक्ल, कबीर को समझने के लिए हजारीप्रसाद द्विवेदी और जायसी को समझने के लिए जिस प्रकार विजयदेव नारायण साही महत्त्वपूर्ण हैं, उसी प्रकार सूरदास को समझने के लिए मैनेजर पाण्डेय। उनका ध्यान विश्वम्भरनाथ उपाध्याय की 1958 की किताब 'सूर का भ्रमरगीत : एक अन्वेषण' पर भी है। पाण्डेय जी एक अन्वेषी आलोचक भी हैं। डॉ. उपाध्याय की इस अचर्चित पुस्तक पर नये ढंग से विचार करने का श्रेय उन्हें है। डॉ. उपाध्याय मार्क्सवादी आलोचक थे, जिनकी ओर कई मार्क्सवादी आलोचकों ने ध्यान नहीं दिया। 'शब्द और साधना' के तीन निबन्धों में आलोचक विद्यानिवास मिश्र, विश्वम्भरनाथ उपाध्याय और विष्णुचन्द्र शर्मा पर विचार किया गया है। विष्णुचन्द्र शर्मा को 'सीन' से 'आउट' करने–रखने वाले जानें कि यह पुस्तक पाण्डेय जी ने उन्हें 'सादर' समर्पित की है। सूर के गम्भीर आलोचक होने के कारण उन्होंने डॉ. उपाध्याय की सूर-सम्बन्धी आलोचना की पहचान की। सूर की कविता में वे विचारधारा को 'दूध में पानी की तरह' देखते हैं और तुलसी-कबीर में 'पानी में तैरती सूखी लकड़ी की तरह।' डॉ. उपाध्याय ने सोलह मध्यकालीन कवियों और सात आधुनिक युग (कुल तेईस) के कवियों की भ्रमरगीत सम्बन्धी कविताओं पर विचार किया। 'भ्रमरगीत परम्परा की सम्पूर्णता' का यह विवेचन पाण्डेय जी के अनुसार 'दुर्लभ' है पाण्डेय जी को व्यावहारिक आलोचक न कहने वालों ने उन्हें ध्यान पूर्वक नहीं पढ़ा है।

उनके यहाँ 'सैद्धान्तिक और व्यावहारिक आलोचना का सन्तुलित सामंजस्य है'। सर्जक-आलोचक विष्णुचन्द्र शर्मा की अब कहीं कोई चर्चा नहीं होती। 'नागार्जुन : एक लम्बी जिरह' को पाण्डेय जी ने 'नागार्जुन की पक्षधर रचनाशीलता की पक्षधर आलोचना' कहा है। बड़ी बात यह है कि विष्णु चन्द्र शर्मा "विधाओं की बंदिश नहीं मानते।" उनकी आलोचना सर्जनात्मक है। आलोचनात्मक चेतना सर्जनात्मक चेतना से अलग नहीं है। "उनकी आलोचना में हिन्दी आलोचना की प्रचलित पद्धतियों का अनुकरण नहीं है।"

'शब्द और साधना' में हिन्दी के तीन समकालीन कवियों–वीरेन डंगवाल, बल्ली सिंह चीमा, मिथिलेश श्रीवास्तव, तमिल के महान् कवि सुब्रह्मण्य भारती और विख्यात क्रान्तिकारी कवि वरवर राव के साथ बंगाल के अनन्य बाउल गायक

लालन शाह फ़क़ीर की कविता पर विचार है। संक्षिप्त होने के बाद भी ये विचार मूल्यवान हैं। पाण्डेय जी की व्यावहारिक आलोचना में किसी भी सजग-सावधान पाठक को उनकी वैचारिकी और सैद्धान्तिकी का पता चलेगा। वे अच्छे और बड़े कवि में परम्परा की प्रतिध्वनियों का होना आवश्यक मानते हैं।

वीरेन डंगवाल की कविता को वे 'परम्परा और समकालीनता का संगम' कहते हैं क्योंकि उनकी कविताओं में 'परम्परा की प्रतिध्वनियों के अनेक रूप' हैं। वहाँ निराला, मुक्तिबोध नागार्जुन, रघुवीर सहाय सब मौजूद हैं। 'रामसिंह' को पहली बार मैनेजर पाण्डेय ने ही 'महाकाव्यात्मक कविता' कहा है। बल्ली सिंह चीमा को 'उम्मीद और यक़ीन के ग़ज़लगो शायर' इसलिए कहा गया है कि वहाँ 'जनता के जागरण से उपजी उम्मीद और जनता के संघर्षों की जीत पर यक़ीन' है। उनके यहाँ ग़दर पार्टी, भगत सिंह और पाश की क्रान्तिकारी स्वरों की गूँज है। समकालीन कविता के गुण व्यंग्य और विनोद अब बहुत कम कवियों में हैं। मिथिलेश श्रीवास्तव की कविता में यह है। वहाँ 'सोच की गम्भीरता के साथ शिल्प की सहजता' है। वीरेन और बल्ली सिंह चीमा की कविताओं और मिथिलेश श्रीवास्तव के काव्य-संग्रह 'पुतले पर ग़ुस्सा' पर विचार से यह प्रकट होता है कि कृति-विशेष हो या कृतिकार, वहाँ सम्पूर्णता में विचार है। इस विचार में नयी दृष्टियाँ हैं। भीष्म साहनी के नाटक 'आलमगीर' पर नाट्यकला की दृष्टि से विचार नहीं किया गया है, पर सामन्तवाद की जिस विशेषता 'अतिरंजना का सर्वव्यापी विस्तार' को उदाहरणों से समझाया गया है, उधर अभी तक किसी का ध्यान नहीं था। यहाँ यह जानकारी भी है कि प्रेमचन्द ने दारा शिकोह को 'अकबर की राजनीतिक और सांस्कृतिक नीति का समर्थक' कहा था। यह प्रेमचन्द को भी समझने में मददगार है।

भीष्म साहनी के नाटक 'आलमगीर' पर लिखते हुए समीक्षक द्वारा औरंगजेब पर लिखित इन्दिरा पार्थसारथी का तमिल नाटक 'औरंगजेब' और मौलाना अबुल कलाम आज़ाद की पुस्तक 'रूबाइयाते-सरमद' की भूमिका में एशिया में हमेशा से मजहब की आड़ में राजनीति' का उल्लेख उनके व्यापक 'कंसर्न' के तहत भी है। औरंगजेब के सम्बन्ध में इन्दिरा पार्थसारथी की इस पंक्ति को उद्धृत करने का एक अन्य अर्थ भी है : "वह एक देश, एक भाषा और एक धर्म का स्वप्न देखता था।" आलोचना के सामाजिक-सांस्कृतिक समकालीन दायित्व का निर्वाह मैनेजर पाण्डेय कई स्तरों पर, कई रूपों में करते है। औरंगजेब के वंशज आज भी मौजूद हैं, जो एक देश, एक भाषा और एक धर्म का स्वप्न देखते हैं। आवश्यक नहीं कि वे मुसलमान ही हों।

कृष्णा सोबती को मैनेजर पाण्डेय ने 'कलम की जादूगर या कलम की चित्रकार' कहा है। 'बुद्ध का कमण्डल लद्दाख' का महत्त्व वे 'वर्णन से अधिक चित्रण' में देखते हैं। कृति और कृतिकार के वैशिष्ट्य को निचोड़ में प्रस्तुत करते हैं। वे 'तत्त्वाभिनिवेशी' आलोचक हैं। परम्परा कभी उनकी आँखों से ओझल नहीं है। सोबती के हिमालय वर्णन में इसी कारण 'कालिदास के कथन की प्रतिध्वनि' सुनी गयी है। कृति पर लिखते हुए वे उसका कोई पक्ष नहीं छोड़ते। 'लद्दाख के राजतन्त्र में लोकतन्त्र की उपस्थिति' है। यह विडम्बना ही है कि आज के लोकतन्त्र में परिवारतन्त्र और धर्मतन्त्र की उपस्थिति है।

पाण्डेय जी ने सुब्रह्मण्य भारती को 'स्वाधीनता का साधक' कवि कहा है। मैनेजर पाण्डेय का यह वह साधक-आलोचक रूप है, जो भारती के साधक पक्ष को भी देखता है। 'भारतीयता' को वे एक वाक्य में परिभाषित करते हैं कि यह 'भारत की प्रकृति और संस्कृति के मेल से बनती है।' सुब्रह्मण्य भारती का साहित्य 'हर तरह की पराधीनता के विरुद्ध युद्ध की घोषणा का साहित्य' है। मुचकुन्द दूबे की पुस्तक 'लालन शाह फ़क़ीर के गीत' (2017) को उन्होंने 'अनुवाद' के बदले 'रूपान्तर' कहकर इसे 'संस्कृति और धर्म का जनतन्त्र' माना है। वे टेक्स्ट और विषय से जुड़ी अन्य सामग्रियों का हवाला देकर एक परम्परा में रखकर इसकी आलोचना करते हैं। क्षितिमोहन सेन, रवीन्द्रनाथ ठाकुर और कबीर-दादू ही नहीं, सुनील गंगोपाध्याय के उपन्यास 'फ़क़ीर' और लालन शाह पर बनी फ़िल्म 'मनेर मानुष', की चर्चा कर लालन शाह का महत्त्व रेखांकित किया गया है। वे बांग्ला गीतकार थे पर उनकी विचारधारा और सन्त कवियों की विचारधारा के बीच जो 'गहरी एकता और आत्मीयता' है, उसे आज समझने की कहीं अधिक आवश्यकता है।

पाण्डेय जी की आलोचना में इस सामाजिक-सांस्कृतिक एकता की पहचान की जा सकती है। वरवर राव पर उनका लेख बत्तीस वर्ष पहले 1988 में 'क़तार' में प्रकाशित हुआ था। अपने कई लेखों के आरम्भ में ही नहीं, लेख में भी उन्होंने मार्क्स की कविता सम्बन्धी पंक्ति उद्धृत की है। 1988 में 'तीसरी दुनिया के कई देशों में आन्तरिक उपनिवेशवाद के पनपने' की उन्होंने बात कही थी। इस लेख में उस समय अशोक वाजपेयी की आलोचना की गयी है, जब 'संस्कृति के सरकारीकरण के नये अभियान के नेता' थे। वरवर राव आज जेल में हैं। वे निर्विवाद रूप से आज विश्व के सबसे बड़े क्रान्तिकारी कवि हैं। उन पर लिखते हुए चेरबण्ड राजू की याद स्वाभाविक थी। इस लेख में पाण्डेय जी ने 'इतिहास-प्रक्रिया में कवि की साझेदारी'

की जो बात कही है, वह आलोचक पर भी लागू होती है। सभी आलोचकों की 'इतिहास-प्रक्रिया में साझेदारी' नहीं होती। मैनेजर पाण्डेय की है।

'शब्द और साधना' में समय-समय पर दिये हुए चार महत्त्वपूर्ण व्याख्यान भी हैं–'समाज, साहित्य और आलोचना', 'रीतिकाल की कविता और इतिहास-बोध', 'वैश्वीकरण के दौर में प्रगतिवाद' और 'समकालीन सौन्दर्य बोधीय सन्दर्भ में उत्तर-आधुनिकतावाद और मार्क्सवाद'। उनके लिए 'रचना की अर्थवत्ता' का ही नहीं, 'रचना की सार्थकता' का भी महत्त्व है। सार्थक रचना के स्वरूप-निर्माण में वे शब्द, अर्थ, संवेदना, जीवनानुभव, जीवन का यथार्थ, जीवन का इतिहास सबको एक दूसरे से जुड़ा मानते हैं। यह अविछिन्न सम्बन्ध-भाव आज कहीं अधिक उपयोगी है। पाण्डेय जी एक अच्छी आलोचना के लिए रचना-सन्दर्भ पर ध्यान देना ज़रूरी मानते हैं। केवल टेक्स्ट नहीं, कंटेक्स्ट भी। आलोचक के लिए ज़रूरी है 'परम्परा और समकालीनता के बीच सम्बन्ध की पहचान।' आलोचना की भाषा के दो दोष–'अतिरंजना' और 'सरलीकरण' बताकर उन्होंने 'सरलीकरण' को 'अतिरंजना की सहेली' कहा है। रीतिकाल की उनके यहाँ एक नयी व्याख्या है। वे रीतिकालीन कवियों में 'अपने समय और समाज की चिन्ता' देखते हैं। भक्तिकाव्य में परलोकवाद की चिन्ता है, पर रीतिकाल 'परलोकवाद' से मुक्त है। भक्तिकाव्य में 'जनपद' शब्द नहीं आता पर वह केशवदास के यहाँ उपस्थित है। रीतिकाल के चार कवि–भूषण, केशवदास, पद्माकर आदि भारत में अंग्रेज़ों के आगमन से चिन्तित थे। घासीराम, दीनदयाल गिरी, बूँदी के राजकवि सूर्यमल्ल मीषण की चर्चा दिल्ली विश्वविद्यालय के वेंकटेश्वर कॉलेज में अपने इस व्याख्यान (11 फरवरी, 2013) में उन्होंने की थी, पर यहाँ 'पोएट्री ऑफ़ किंग्स : द क्लासिकल हिन्दी लिटरेचर ऑफ़ मुग़ल इंडिया' (ऑक्सफ़ोर्ड यूनिवर्सिटी प्रेस, 2011) की चर्चा नहीं है।

साहित्य अकादेमी में प्रगतिशील लेखक संघ के एक आयोजन में दिया गया उनका व्याख्यान 'वैश्वीकरण के दौर में प्रगतिवाद' (24 दिसम्बर 2008) आज कहीं अधिक महत्त्वपूर्ण है। उन्होंने आयोजकों को सही विषय भी सुझाया था–'भूमण्डलीकरण और मार्क्सवाद'। भूमण्डलीकरण के राजनीतिक और सांस्कृतिक पक्ष की चर्चा आर्थिक पक्ष की तुलना में कम की जाती है। रामविलास शर्मा के बाद पाण्डेय जी ने यह चर्चा की है। वे अमेरिका के 33वें राष्ट्रपति हैरी एस. ट्रूमैन (12 अप्रैल 1945–20 जनवरी 1953) और पूर्व विदेश मंत्री हेनरी अल्फ्रेड किसिंगर, जो अभी 97 वर्ष के हैं, जीवित भी। उद्धृत कर भूमण्डलीकरण का वास्तविक अर्थ समझाते हैं। भूमण्डलीकरण अमेरिकीकरण है। किसिंगर ने ही चिली

में एलेंदे की हत्या कराकर निर्वाचित सरकार गिरायी थी। उत्तर-आधुनिकतावाद में ग्लोबलाइजेशन की अभिव्यक्ति सांस्कृतिक प्रक्रिया के तहत हुई। भूमण्डलीकरण को पाण्डेय जी ने ठीक ही 'अमेरिकी प्रभाव का विश्वव्यापी प्रसार' कहा है। उन्होंने फुकोयामा, ल्योतार और हटिंगटन के उल्लेख के साथ रोलां बार्थ के निबन्ध-संग्रह 'माइथालाजीज' की भी चर्चा की है, जो फ्रेंच में 1957 में और अंग्रेज़ी में 1972 में प्रकाशित हुई थी। बार्थ ने आज के ज़माने में भी मिथक के गढ़े जाने की बात कही है।

पाण्डेय जी ने 2008 में 'भारतीय राज्य' को 'कल्याणकारी' न कहकर 'दमनकारी' कहा था, विरोध को अपराध कहे जाने की बात कही थी और सरकारों को 'संविधान विरोधी' माना था। यह 12 वर्ष पहले की बात है जब केन्द्र में मनमोहन सिंह की सरकार थी। 'सेज़' के 'इकॉनोमिक' शब्द को बदलकर वे 'एक्सप्लाइटेशन' कहते हैं अर्थात् 'स्पेशल इकॉनोमिक ज़ोन', 'स्पेशल एक्सप्लाइटेशन ज़ोन' है। उत्तर-आधुनिकतावाद की देन में उन्होंने 'मध्ययुगीनता की वापसी' देखी। कुछ ऐसी जानकारियाँ दीं जिन्हें कम लोग जानते हैं। अमेरिकी सीनेट में उन्होंने लिंडन जॉनसन के उस भाषण की याद दिलाई, जिसमें उसने बिन लादेन आदि को 'लाइक फ़ाउंडिंग फादर्स ऑफ़ अमेरिका' कहा था। "अमरीका में जार्जबुश दूसरी बार राष्ट्रपति नहीं बनते, अगर इवांजिलिस्ट क्रिश्चियंस ने इनको वोट नहीं दिया होता।"

भूमण्डलीकरण ने सबको प्रभावित ही नहीं, संकटग्रस्त भी किया। भाषा, साहित्य, संस्कृति सबको। काठमाण्डू में दिये अपने व्याख्यान (2014) में उन्होंने अमेरिका को 'उत्तर-आधुनिकतावाद का पोषक और प्रचारक' कहा। 'उत्तर', 'अन्त' और 'मृत्यु' को इस विचारधारा के 'अपने आविष्कृत शब्द' कहकर उत्तर आधुनिकतावाद की बात करने को धोखा माना। हिन्दी में उत्तर-आधुनिकतावाद पर कई पुस्तकें लिखी गयी हैं, पर ऐसी स्पष्ट समझ किसी में नहीं है। एक सैद्धान्तिक धारणा के रूप में वे उत्तर-आधुनिकतावाद को मृत देखते हैं। "उत्तर-आधुनिकतावाद ने बुद्धि और विवेक का विनाश किया है, जिससे कट्टरतावाद, रहस्यवाद और धार्मिक बुनियाद-परस्ती फैली है।"

हिन्दी के मार्क्सवादी आलोचकों में केवल मैनेजर पाण्डेय ने ही दलित साहित्य पर लिखा और उसका समर्थन किया है। बजरंग बिहारी तिवारी हिन्दी के प्रमुख दलित आलोचक हैं। एक प्रोजेक्ट के तहत उन्होंने अब तक इससे सम्बन्धित चार पुस्तकें लिखी हैं। पाण्डेय जी उनकी इस दलित आलोचना को दलित साहित्य का 'एक सर्व भारतीय चित्र' कहते हैं। वे गेल आमवेट द्वारा रैदास के एक पद की

नयी व्याख्या की ओर ध्यान दिलाते हैं जो आमवेट की पुस्तक 'सीकिंग बेगमपुरा : द सोशल विज़न ऑफ़ एंटी कास्ट इंटेलेक्चुअल्स' (2008) में है। इसमें रैदास के यूटोपिया या कल्पनालोक की चर्चा है। पाण्डेय जी ने बजरंग बिहारी तिवारी के सोच-विचार की प्रक्रिया की कतिपय विशेषताएँ बतायी हैं। वे उनका ध्यान 'दलितों द्वारा भारतीय समाज में अपने अस्तित्व की रक्षा और बेहतरी के लिए' दलितों के 'लम्बे आन्दोलन, संगठन और संघर्ष के प्रयत्न' पर भी हिन्दी में एक किताब लिखने की ज़रूरत मानते हैं।

एडवर्ड डब्ल्यू सईद को मैनेजर पाण्डेय ने 'मूलगामी बुद्धिजीवी' कहा है, जिनमें 'सतत सतर्कता और सच कहने का साहस' है। वे सईद को सुकरात और सार्त्र जैसे बुद्धिजीवियों की क़तार में रखते हैं। सलमान रुश्दी का सईद के सम्बन्ध में यह कथन कि वे जितनी बारीकी से दुनिया को पढ़ते हैं, उतनी ही बारीकी से किताबों को भी पढ़ते हैं, स्वयं पाण्डेय जी के ऊपर लागू होता है।

'बतकही' और 'शब्द और साधना' भी बारीकी से पढ़ी जानी चाहिए, नहीं तो बहुत कुछ छूट जायेगा। जिस आलोचक का प्रत्येक निबन्ध, भाषण और इंटरव्यू सघन और व्यापक हो, उस पर संक्षेप में विचार नहीं किया जा सकता। मैनेजर पाण्डेय हिन्दी के साधक-आलोचक हैं। 'बतकही' और 'शब्द और साधना' में उसकी झलक देखी जा सकती है।

शब्द, साधना और आलोचना

अरुण देव

वरिष्ठ और महत्त्वपूर्ण आलोचक मैनेजर पाण्डेय के नये आलोचनात्मक आलेखों का संग्रह 'शब्द और साधना' का प्रकाशन इधर वाणी प्रकाशन से हुआ है। इसमें बाईस आलेख तीन खण्डों में विभाजित हैं, जिनमें कामायनी और मुक्तिबोध पर दो आलेख हैं, दो आलेख रामविलास शर्मा पर हैं, वहीं सुब्रह्मण्य भारती, बल्ली सिंह चीमा, वीरेन डंगवाल, लालन शाह फ़क़ीर, मिथिलेश्वर श्रीवास्तव और वरवर राव की कविताओं पर भी आलेख हैं। प्रगतिवाद, दलित साहित्य, उत्तर-आधुनिकता, मार्क्सवाद की चर्चा है। एक आलेख एडवर्ड डब्ल्यू. सईद पर भी है। 'रीतिकाल की कविता और इतिहास-बोध' शीर्षक से चर्चित व्याख्यान भी इसमें शामिल है। कुल मिलाकर यह संग्रह हिन्दी आलोचना के विस्तार और उसके सामर्थ्य का परिचायक है, और प्रो. पाण्डेय की आलोचनात्मक यात्रा की पहुँच का भी पता देता है।

प्रो. मैनेजर पाण्डेय मार्क्सवादी विचारधारा और साहित्य के सैद्धान्तिक रुझान के आलोचक माने जाते हैं। उन्हें नामवर सिंह आलोचकों का आलोचक कहते थे। लगभग अस्सी वर्ष की अवस्था में भी उनकी मेधा और तीक्ष्णता में कहीं कोई कमी नहीं दिखती है। इधर उनकी कई सम्पादित और आलोचनात्मक कृतियाँ प्रकाशित हुई हैं जिनमें से 'मुग़ल बादशाहों की हिन्दी कविता' और 'लोकगीतों और गीतों में 1857' चर्चित और प्रशंसित रही हैं।

प्रो. पाण्डेय की 'साहित्य के समाजशास्त्र की भूमिका' इस विषय पर अब तक की सबसे महत्त्वपूर्ण किताब मानी जाती है जिसका कई भारतीय भाषाओं में अनुवाद हुआ है। बाद में निर्मला जैन ने भी इस विषय पर एक किताब लिखी थी, वहीं हिन्दी के प्रसिद्ध आलोचकों पर लिखी गयी 'साहित्य और इतिहास-दृष्टि' आज भी हिन्दी के महत्त्वपूर्ण आलोचकों की इतिहास-दृष्टि को समझने का प्रामाणिक उपक्रम बनी

हुई है। उनका सूरदास को वात्सल्य और भक्ति से बाहर ले जाकर किसान जीवन से उन्हें जोड़ने का महती कार्य भी रेखांकित करने योग्य है। प्रो. पाण्डेय ने कुछ ज़रूरी अनुवाद भी किये हैं जो 'संकट के बावजूद' में संकलित हैं। राष्ट्रवाद और प्रेमचन्द, उपन्यास और लोकतन्त्र तथा कविता की सामाजिकता आदि पर लिखे उनके आलेखों ने हिन्दी आलोचना को पहचान दी है।

प्रो. मैनेजर पाण्डेय की रुचि का क्षेत्र विस्तृत है जिसके मूल में हिन्दी नवजागरण और उसकी प्रगतिशील सामाजिकता है, वे आचार्य शुक्ल से प्रभावित हैं और उनकी ख़ुद की आलोचना प्रविधि में कुछ ऐसे निशान तलाशे जा सकते हैं। ख़ासकर आचार्य शुक्ल की तीक्ष्ण व्यंग्यात्मकता के तो वे एकमात्र उत्तराधिकारी हैं। हालाँकि उन्होंने 'साहित्य का इतिहास' जैसी कोई चीज़ लिखने की ग़लती नहीं की है, पर उसका विकास ज़रूर किया है।

मैनेजर पाण्डेय के आलेखों में यत्र-तत्र बिखरे इतिहास-बोध की परम्परा आचार्य शुक्ल से अंकुरित ज़रूर होती है पर उसका विकास उन्होंने रामविलास शर्मा से लड़ते-भिड़ते हुए किया है। ख़ासकर प्रगतिशील चेतना की पहचान और उसका प्रकटीकरण। 'सूरदास', 'देशेर कथा' (सखाराम गणेश देउस्कर), 'लोकगीतों और गीतों में 1857', तथा 'मुग़ल बादशाहों की हिन्दी कविता' जैसे उपक्रम इसी प्रगतिशील चेतना के प्रसार के उद्यम हैं।

रामविलास शर्मा की तरह मैनेजर पाण्डेय की आलोचना केवल साहित्य के पाठ तक सीमित नहीं है, वह साहित्य के देशी-विदेशी स्रोतों से होती हुई साहित्य के इतर पाठों तक भी जाती है। विश्व में राजनीति उसकी विचारधारा और उसकी परिणति पर उनकी गहरी नज़र रहती है। उनकी विश्व-दृष्टि अप-टू-डेट है। विश्व के साथ-साथ भारत में पसरते धार्मिक फ़ासीवाद और उत्तर-पूँजीवाद के ख़तरों से भी वे वाक़िफ़ हैं और शब्द-कर्म से उसके ख़िलाफ़ भी। उनका लेखन साहित्य के साथ-साथ विश्व को समझने का आलोचनात्मक विवेक पाठकों में पैदा करता है।

प्रो. मैनेजर पाण्डेय के आलोचनात्मक लेखन की एक विशेषता भाषा के प्रति उनकी संवेदनशीलता है, अगर विचार में स्पष्टता और अध्ययन में गहराई और उसे अपने सन्दर्भों में अच्छी तरह पचा लेने की क्षमता हो तो वह भाषा में भी दिखती है। अक्सर सैद्धान्तिक आलोचना में विचार का संश्लेषण उसे दुरूह बना देती है। कई बार ऐसी भाषा अनूदित और अबूझ लगने लगती है। ऐसे में मैनेजर पाण्डेय की भाषा राहत देने वाली है, वह जितना ज़रूरी है, उतने ही शब्द खर्च करती है। उनकी भाषा

में सूक्तिपरकता की भी विशेषता है जो भाषा पर उनके अधिकार को स्पष्ट करती है। इस लिहाज़ से वे रामविलास शर्मा के नहीं, आचार्य शुक्ल के निकट जान पड़ते हैं। इसी पुस्तक में वह एक जगह लिखते हैं :

"युगस्त्रष्टा वह व्यक्ति होता है जो ज्ञान और सृजन के क्षेत्र में नयी दृष्टियों और प्रवृत्तियों का निर्माता, प्रेरक और मार्गदर्शक हो।" (आचार्य महावीरप्रसाद द्विवेदी का महत्त्व)

उनकी भाषा-चेतना का एक उदाहरण मुक्तिबोध और कामायनी (एक अध्ययन) में मिलता है। वह लिखते हैं–

"आचार्य शुक्ल के बाद मुक्तिबोध ने ही हिन्दी आलोचना को सर्वाधिक धारणात्मक शब्द, पद और पदावलियाँ दी हैं। उनके आलोचनात्मक लेखन और कविताओं में मौजूद धारणात्मक शब्द, पद और पदावलियाँ ये हैं : फ़ैंटेसी, ज्ञानात्मक संवेदना-संवेदनात्मक ज्ञान, आत्मपरक ईमानदारी और वस्तुपरक सत्यपरायणता, सत्-चित्-वेदना, बाह्य का आभ्यन्तरीकरण-आत्म का बाह्यीकरण, आत्मचेतस-विश्वचेतस, विश्व-दृष्टि आदि। सावधानी से खोजने पर ऐसे और भी शब्द और पद मिल सकते हैं।"

महत्त्वपूर्ण कथाकार कृष्णा सोबती के यात्रा-वृतान्त 'बुद्ध का कमण्डल लद्दाख' की चर्चा करते हुए सबसे पहले मैनेजर पाण्डेय का ध्यान उनकी 'जानदार' और इसीलिए 'असरदार' भाषा पर जाता है। उनके लिए यह तय करना मुश्किल है कि कृष्णा सोबती कलम की जादूगर हैं कि कलम की चित्रकार। भाषा से होते हुए वह लेखिका के मूल तक पहुँचते हैं : "विस्थापन और देशान्तरण के दर्द को कृष्णा जी से अधिक कौन जानता है और उन दोनों के बारे में उनसे अधिक मार्मिक रूप में किसने लिखा है।"

हिन्दी में नवजागरण की तलाश और हिन्दी के लेखकों में उसकी उपस्थिति का रेखांकन और उस पर विमर्श का एक बड़ा हिस्सा रामविलास शर्मा छेंकते हैं। बिना उनसे वाद-विवाद के आप नवजागरण से संवाद नहीं कर सकते। यह उनकी बड़ी देन है। भारतेन्दु हरिश्चन्द्र, महावीरप्रसाद द्विवेदी, रामचन्द्र शुक्ल, निराला और प्रेमचन्द आदि को उन्होंने इस लिहाज़ से देखा-परखा है और हिन्दी जाति की एक अवधारणा भी विकसित की है जो हालाँकि विवादास्पद अधिक है। 'रामविलास शर्मा और हिन्दी नवजागरण' लेख में प्रो. पाण्डेय उनकी नवजागरण सम्बन्धी अध्ययन में पाँच समस्याओं की तलाश करते हैं'।

रामविलास शर्मा ने हिन्दी नवजागरण की विशिष्टता पर इतना ज़ोर दिया है कि देश के दूसरे क्षेत्रों के नवजागरण से हिन्दी नवजागरण के सम्बन्ध का बोध उपेक्षित हो गया है।

हिन्दी नवजागरण की दो धाराएँ हैं–एक मूलगामी धारा और दूसरी मध्यमार्गी। मूलगामी धारा के प्रतिनिधि समाज में मूलगामी परिवर्तन चाहते थे, केवल अंग्रेज़ी राज से मुक्ति ही नहीं बल्कि तरह-तरह की पराधीनताओं से भारतीय जनता की मुक्ति। हिन्दी नवजागरण की मूलगामी धारा के प्रतिनिधि थे–राधामोहन गोकुल जी, सत्यभक्त, प्रेमचन्द और राहुल सांकृत्यायन। ये सभी साम्राज्यवाद से भारत की मुक्ति के साथ ही देशी सामन्तवाद से स्त्रियों और दलितों की मुक्ति के भी पक्षधर थे। यही नहीं, ये किसानों तथा मज़दूरों के संघर्षों के साथ थे। रामविलास शर्मा ने–राधामोहन गोकुल जी, सत्यभक्त और प्रेमचन्द पर लिखा तो है पर उन्हें वह हिन्दी के नवजागरण के प्रतिनिधि के रूप में नहीं स्वीकार करते।

रामविलास जी ने हिन्दी नवजागरण की विचारधारा का तो विस्तृत विवेचन किया है, लेकिन टेक्नोलॉजी से हिन्दी नवजागरण के सम्बन्ध का विवेचन नहीं किया है। टेक्नोलॉजी से मेरा अभिप्राय प्रेस और प्रकाशन की प्रक्रिया से है।

नवजागरण के निर्माताओं का किसानों और मज़दूरों के आन्दोलनों से क्या और कितना सम्बन्ध था, पता नहीं चलता। राधामोहन गोकुल जी, सत्यभक्त और राहुल जी का किसानों और मज़दूरों से सम्बन्ध तो था पर रामविलास शर्मा के अनुसार हिन्दी नवजागरण के निर्माताओं–भारतेन्दु, महावीरप्रसाद और निराला का किसानों और मज़दूरों के आन्दोलनों से विशेष सम्बन्ध नहीं था।

रामविलास जी ने हिन्दी नवजागरण की चौथी मंज़िल के प्रतिनिधि में निराला को रखा, प्रेमचन्द को क्यों नहीं? प्रेमचन्द का लेखन एक तो हिन्दू-मुस्लिम सम्बन्ध, दूसरे भारतीय जाति व्यवस्था, तीसरे हिन्दू धर्म के अन्तर्विरोध और चौथे भारतीय स्त्री की पराधीनता और स्वाधीनता के प्रश्नों से जुड़ा हुआ है। इन सभी समस्याओं और सवालों पर प्रेमचन्द के लेखन के माध्यम से सोच-विचार करना सम्भव होता और समाधान खोजना भी। प्रेमचन्द हिन्दी नवजागरण की चिन्ताओं के विकास की लगभग चरम परिणति हैं।

कहना न होगा कि ये पाँचों प्रश्न हिन्दी नवजागरण का एक प्रतिपक्ष तैयार करते हैं, जिनसे और कई प्रश्नों की गुंजाइश पैदा होती है। एक अच्छा आलोचक यही करता है, वह समाधान से अधिक प्रश्न पैदा करता है।

प्रो. मैनेजर पाण्डेय की रुचि केवल मध्यकालीन साहित्य ही नहीं, उसके इतिहास में भी रही है। 'मुग़ल बादशाहों की हिन्दी कविता' और दारा शिकोह पर बराबर बनी हुई उनकी उत्सुकता इसका प्रमाण है। इस किताब में एक आलेख भीष्म साहनी के नाटक 'आलमगीर' पर है जो दारा से औरंगजेब के संघर्ष और दारा के क़त्ल पर आधारित है। मुग़ल बादशाहों के भड़कीले नामों से वह भारतीय सामन्तवाद की अतिरंजना की विशेषता को रेखांकित करते हैं। यह मेरे ख़याल से वैश्विक बीमारी है। छोटे-से-छोटे सामन्त भी अपने लिए अतिरंजना-युक्त संज्ञा और विशेषण का इस्तेमाल करते रहे हैं। इस नाटक के सिलसिले में वह प्रेमचन्द की कहानी 'दारा शिकोह का दरबार' तथा तमिल में लिखे इन्दिरा पार्थसारथी के नाटक 'औरंगजेब' का भी ज़िक्र करते हैं। इन्दिरा के हवाले से वह कहते हैं : "वह (औरंगजेब) एक देश, एक भाषा और एक धर्म का स्वप्न देखता था।"

मध्यकाल का यह कट्टर स्वप्न क्या आज के वर्तमान भारत में फिर से देखा नहीं जा रहा? प्रो. पाण्डेय यह समझ पैदा करते चलते हैं। 'रुबाइयाते-सरमद' की मौलाना अबुल कलाम आज़ाद द्वारा लिखी भूमिका से वह एक वाक्य लिखते हैं : "एशिया में हमेशा से मज़हब की आड़ में राजनीति रही है और हज़ारों खूरेजियाँ जो राजनीतिक कारणों से हुईं, उन्हें मज़हब की चादर से ढँककर छिपाया गया है।"

प्रो. मैनेजर पाण्डेय कविता को मनुष्यता की भाषा और मुक्ति की पुकार मानते हैं, इसलिए उनकी पसन्द के कवियों में अधिकतर वे ही कवि शामिल हैं जो किसी-न-किसी रूप में जन और उसकी वास्तविकता, समस्या और आकांक्षा से जुड़े हुए हैं। आधुनिक कवियों में मुक्तिबोध, नागार्जुन, त्रिलोचन, रघुवीर सहाय, धूमिल, कुमार विकल, शैलेन्द्र, अदम गोंडवी पर उन्होंने विस्तार से लिखा है, इस जनधर्मी-परिसर में कुछ और कवि इस संग्रह से जुड़ते हैं।

वीरेन डंगवाल पर लिखते हुए वह उनमें निराला, मुक्तिबोध, रघुवीर सहाय आदि का प्रभाव देखते हैं और कविता-उद्धरणों द्वारा स्थापित भी करते चलते हैं। वीरेन के लिए वह लिखते हैं : "सार्थक कवि वही होता है जो संकट के समय याद आये और काम आये। ऐसी ही कविता वीरेन डंगवाल की भी है।"

इसी तरह बल्ली सिंह चीमा की तुलना वह अदम गोंडवी से करते हुए साम्य की तलाश करते हैं और उनकी ग़ज़लों पर याद रह जाने लायक़ यह टिप्पणी करते हैं : "बल्ली सिंह की कविता उम्मीद के साथ-साथ यक़ीन की भी कविता है। यक़ीन अनुभव से पैदा होता है। बल्ली सिंह चीमा में वह जनान्दोलनों में हिस्सेदारी के अनुभव से पैदा हुआ है।"

'वह क़लम की नोक से डर रहा है' आलेख में क़लम कवियों-लेखकों की है जिनमें वरवर राव भी शामिल हैं और डर विश्व के साथ-साथ भारत का शासक वर्ग भी रहा है। जन-पक्षधर लेखकों के दमन में सभी पार्टियों में अद्‌भुत एकता रही है। यह लेख भारत ही नहीं, विश्व के तमाम जगहों पर सत्ता और साहित्य के संघर्ष को प्रत्यक्ष करता है। प्रो. मैनेजर पाण्डेय के शब्दों में वरवर राव बौद्धिक ऊहापोह के कवि नहीं हैं। वे राजनीतिक परिवेश में रहकर कविता लिखते हैं जिसकी वास्तविकता इतनी विलक्षण और भयावह है कि सौन्दर्य की दुनिया में विचरण करने वाली कल्पना वहाँ जाने से सहमेगी। वह मिथिलेश श्रीवास्तव को कविता में व्यंग्य और विनोद के रचाव के लिए याद करते हैं।

सुब्रह्मण्य भारती की काव्य-प्रतिभा पर एक विस्तृत आलेख है जिसमें वह उनकी व्यापक, बहुमुखी, और बहुरंगी काव्य-तत्त्व के साथ-साथ उनकी सामाजिकता, दार्शनिकता, आध्यात्मिकता, भक्तिपरकता और प्रेमानुभूति की चर्चा करते हुए उनके कालजीवी और कालजयी होने की बात करते हैं। उनके अनुसार उनकी कविता समय को जीने वाली ही नहीं जीतने वाली कविता भी है। बंगाल के बाउल गायकों में सर्वाधिक प्रसिद्ध लालन शाह फ़क़ीर पर लेख विस्तार से उनकी परम्परा, सन्त कवियों से साम्य और बांग्ला नवजागरण के मनीषियों से उनकी कविताओं के सम्बन्धों पर केन्द्रित है। बाउल के केन्द्र में मनुष्य है और उनकी साधना प्रेम की साधना है। प्रो. पाण्डेय लिखते हैं कि आज के समय में भारत में जैसी धार्मिक और सामाजिक संकीर्णता तथा विद्वेष का विस्तार हुआ है, उसमें लालन शाह फ़क़ीर के उदार और उदात्त प्रेम से भरपूर गीतों को मनोयोग से पढ़ना मुक्तिधर्मी साबित होगा। व्याख्यान अगर संक्षिप्त, सारगर्भित और विषय केन्द्रित हों तो असरदार होते हैं। प्रो. पाण्डेय के व्याख्यानों में इनके अतिरिक्त भी कुछ मिलता है जैसे व्यंग्य विनोद। उनके चार व्याख्यानों के सम्पादित संस्करण इस पुस्तक में संगृहीत हैं।

'समाज, साहित्य और आलोचना' के सामाजिक उत्तरदायित्व पर बोलते हुए वह आचार्य राजशेखर के 'काव्य-मीमांसा' से चार तरह के आलोचकों की चर्चा करते हैं :

अरोचक (सबसे अरुचि प्रकट करने वाले), सतृणाभ्यवहारी (हर चीज़ की तारीफ़ करने वाले), मत्सरी (सबकी निन्दा करने वाले) और तत्त्वाभिनिवेषी (साहित्य में तत्त्व की खोज़ करने वाले)। इनमें तत्त्वाभिनिवेषी को वह सच्चा आलोचक मानते हैं।

आगे वह कहते हैं : "अच्छी आलोचना के लिए रचना के सन्दर्भों को ध्यान में रखना चाहिए। या दो चीज़ों की व्याख्या आलोचना में करनी चाहिए। एक तो रचना की अर्थवत्ता और दूसरी रचना की सार्थकता। अर्थवत्ता हमेशा रचनानिष्ठ होती है और सार्थकता हमेशा समाजनिष्ठ।"

आलोचना की भाषा पर विचार करने वाले प्रो. पाण्डेय दुर्लभ आलोचक हैं। उनके अनुसार आलोचना की भाषा वस्तुनिष्ठ, तर्कसंगत, तथ्यसम्मत, संवेद्य, विचारप्रधान होनी चाहिए। अगर आलोचना की भाषा इस तरह होगी कि 'एकांकी काल सुन्दरी के सुन्दर कपोलों पर एक मधुर चुम्मन है (रामकुमार वर्मा)। तो इस तरह की भाषा नाटक की परिभाषा तक आते-आते काल सुन्दरी के साथ दुराचार कर बैठेगी।

'रीतिकाल की कविता और इतिहास बोध' रीतिकाल को नये सिरे से समझने की कोशिश है। उनका मानना है कि "सारा रीतिकाल अपने समय और अपने समाज की चिन्ता से लिखा गया है। उसमें कोई परलोकवाद नहीं है। और जो परलोकवादी हैं, उनके बारे में रीतिकाल के ही एक कवि ने कहा कि 'राधा कन्हाई सुमिरन को बहानो है', वास्तविक भक्ति नहीं है, बहाना है वह।"

इसी तरह 'वैश्वीकरण के दौर में प्रगतिवाद' विश्व में पूँजीवाद और भूमण्डलीकरण के ख़तरों के देशी-विदेशी उदाहरणों से होता हुआ रघुवीर सहाय की इस कविता तक जाता है :

हम एक ग़रीब देश के रहने वाले हैं
हमारी मुठभेड़
हर वक़्त
रहती है
ताक़त से।

व्याख्यान के अन्त में वह इस निष्कर्ष तक पहुँचते हैं–आज के लिए प्रगतिवाद का मतलब है–प्रतिरोध, सामना, और संघर्ष।

बजरंग बिहारी तिवारी की प्रकाशित दलित साहित्य की चार पुस्तकों पर आलेख–'दलित साहित्य : एक सर्वभारतीय चित्र' भी रेखांकित करने योग्य है। युवा आलोचना से वरिष्ठ आलोचक का यह संवाद सुखद और अनुकरणीय है।

विश्व के कुछ बड़े विचारकों और सभ्यता-समीक्षकों में एडवर्ड सईद का नाम लिया जाता है, उनकी ओरियंटलिज्म (प्रकाशन : 1977) नाम की किताब ने पश्चिम के पूरब प्रेम की गहरी परख की है। इस प्रेम के पीछे साम्राज्यवादी सोच

का उन्होंने ख़ुलासा किया है। इसके तीस से अधिक भाषाओं में अनुवाद हो चुके हैं। वह बेंजामिन डिसराइली के इस कथन से सहमत थे कि पश्चिम के लिए पूरब एक धन्धा था। 'The East is a career'. 1994 में प्रकाशित इसके संवर्धित संस्करण के उत्तर-कथ्य (Afterword) में उन्होंने इस बात पर सन्तोष व्यक्त किया कि इस किताब को बहुत-से विद्वानों द्वारा बहुसंस्कृतिवाद के सन्दर्भ में देखा गया न कि नस्लवाद और आक्रामक पूरबी राष्ट्रवाद के समर्थन में, जैसा कि उनके आलोचक उन पर ये आरोप लगाते थे।

इस पुस्तक में उन पर लम्बा आलेख है जो उनके सम्पूर्ण लेखन पर केन्द्रित है। एडवर्ड पर बात करते हुए प्रो. मैनेजर पाण्डेय बुद्धिजीवी वर्ग की ज़िम्मेदारी को निम्न शब्दों में प्रकट करते हैं :

"जिस समय अधिकांश बुद्धिजीवी सत्ता के साथ सहमति, समर्थन, समर्पण और सामंजस्य के सम्बन्ध बनाने में लगे हों। उस समय सईद समाज और साहित्य में मौजूद असंगतियों, असुविधाओं और असामंजस्यों की खोज़ और व्याख्या में लगे रहे। जो बुद्धिजीवी सत्ता से सुविधा चाहते हैं, वे दुविधा की भाषा में बोलते और लिखते हैं। लेकिन जो सत्ता की ज़्यादतियों को सामने लाना और उसकी आलोचना करना ज़रूरी समझते हैं, उनके लिए सतत सतर्कता और सच कहने का साहस आवश्यक है। ये दोनों गुण सईद के सोच-विचार और लेखन में मौजूद हैं।"

जिन्हें साहित्य, समाज और विचारों में रुचि हो, उन्हें यह पुस्तक पढ़नी चाहिए।

मैनेजर पाण्डेय की दृष्टि में लोकतन्त्र

रविभूषण

नवउदारदवादी अर्थ-व्यवस्था और भूमण्डलीकरण के बाद भारत पहले की तरह नहीं रहा। तीस वर्ष पहले के और आज के भारत में बहुत अन्तर है। बहुत कुछ बदल चुका है। जो कुछ शेष है, उसे भी बदला जा रहा है। भूमण्डलीकरण पूँजी का भूमण्डीकरण है। तीस वर्ष पहले पूँजीवाद का जो रूप-स्वरूप था, उसमें काफ़ी बदलाव आ गया है। उस समय क्रोनी या याराना पूँजीवाद की अधिक चर्चा नहीं थी। डिजिटल कैपिटलिज़्म बाद का है। तब पूँजी कम शरारती और उच्छृंखल थी, जो बाद में लफंगी, उन्मादी और बेशर्म हो चुकी है।

अर्थशास्त्र में इसका कोई उल्लेख नहीं है, पर इसके स्वभाव, चाल-चलन, प्रभावादि को ध्यान में रखकर ऐसा कहना ग़लत नहीं है। इस पूँजी की गिरफ़्त में सूक्ष्मातिसूक्ष्म रूप में हम सब आ चुके हैं। शब्द, भाषा, साहित्य, संस्कृति सब पर, कम ही सही, यह प्रवेश कर रही है। इसने भाषा को ही नहीं, देह-भाषा को भी प्रभावित किया है। अभी वह अपनी नग्नावस्था में है, जिसे देखकर एक समूह मदहोश हो रहा है।

जो पूँजीवाद हमारी भाषा, बोली-बानी, खान-पान, वेशभूषा, आचार-विचार सबको बदलने में तत्पर-सक्रिय हो, वह राजनीति को कैसे प्रभावित नहीं करेगा? तन्त्र-लोकतन्त्र सब उसकी गिरफ़्त में आ चुके हैं, फँस चुके हैं। पहले जो 'तन्त्र' कम ही सही, 'लोक' का माना-समझा जाता था, अब वह 'लोक' को किनारे कर चुका है, 'जन' को अपने से विलग कर चुका है। लोकतन्त्र पर तीस वर्ष पहले जितनी पुस्तकें प्रकाशित नहीं हुई थीं, उससे कई गुना अधिक पूँजीवाद के इस नये दौर में प्रकाशित हो रही हैं।

मैनेजर पाण्डेय केवल साहित्यालोचक नहीं हैं। वे सामाजिक-सांस्कृतिक आलोचक भी हैं–'सभ्यता-समीक्षक'। उनकी चिन्ता में केवल कृति और कृतिकार

ही नहीं, समय और समाज भी है। उनकी आलोचना सामाजिक-सांस्कृतिक है। कई दशक पहले से आलोचना के केन्द्र में 'साहित्य' से अधिक 'संस्कृति' है, जिसे उन्होंने ठीक ही आलोचना के क्षेत्र में एक 'सांस्कृतिक मोड़' कहा है। 'संस्कृति' अब स्वतन्त्र नहीं है। उसे अर्थतन्त्र 'नियन्त्रित, संचालित और अनुशासित' कर रहा है। बाज़ार सर्वत्र फैल चुका है :

"साहित्य की संस्कृति पर भी बाज़ार का गहरा असर है। ऐसी स्थिति में केवल साहित्यवादी आलोचना न तो समकालीन होगी, न सामाजिक।" ('आलोचना की सामाजिकता' की भूमिका)

'आलोचना की सामाजिकता' पाण्डेय जी का एक निबन्ध ही नहीं, एक पुस्तक भी है। हिन्दी में इस समय रचना और आलोचना का जो वातावरण है, उसमें कई ऐसे लेखक और आलोचक भी हैं, जिनकी चिन्ता में, वे जिस समय और समाज में रहकर लिख रहे हैं, वह समय और समाज कम है। आलोचनात्मक चेतना का विकास सामाजिक चेतना से जुड़कर ही सम्भव है। रचना की समीक्षा में रचना में मौजूद समाज पर जो आलोचना ध्यान नहीं देती है, वह सार्थक आलोचना नहीं कही जा सकती। रचना में मौजूद समाज-संस्कृति की खोज, उसका विवेचन-विश्लेषण सार्थक-सुसंगत आलोचना के लिए अत्यावश्यक है :

"आलोचना सामाजिक बनती है अपने समाज के मानस की रचनात्मक क्रियाशीलता की समग्रता के बोध और उसकी व्याख्या के माध्यम से...अब आलोचना संगति, सामंजस्य और सहमति की सेवा करके सार्थक नहीं हो सकती।" (वही, पृष्ठ 18)

आज आलोचक की भूमिका कहीं अधिक बड़ी है। उसे सामाजिक-सांस्कृतिक प्रश्नों से ही नहीं, राजनीतिक-आर्थिक प्रश्नों से भी टकराना होगा, देश और समाज के सामने जो आफ़तें खड़ी कर दी गयी हैं, उनसे न रचनाकार विमुख हो सकता है, न आलोचक। यह समय संवेदना, बुद्धि-विवेक, तर्क सबको निगल जाने का है। ऐसे समय में, सृजन विरोधी समय में एक लेखक और आलोचक का दायित्व पहले से अधिक है। वह रचना के विवेचन-विश्लेषण से ही सन्तुष्ट नहीं हो सकता। रचना के भीतर ही नहीं, बाहर भी जो स्वर, आवाज़ें और हलचलें हैं, उनसे वह अपने को अलग नहीं कर सकता। अपने समय और समाज में आज आलोचना को हस्तक्षेप करने की भी ज़रूरत है। वर्तमान का बोध ज़रूरी है और इस बोध से ही कोई आलोचक वर्तमान के प्रश्नों से जूझता है। भारतीय समाज में राजनीति और

अर्थनीति ने जो कुछ किया है, उसकी समझ के बिना अब आलोचना सम्भव नहीं है। आलोचना को आज अन्य विषयों और अनुशासनों-ज्ञानानुशासनों से अधिक संगति बैठानी है।

आलोचना मैनेजर पाण्डेय के लिए 'एक विचारधारात्मक गतिविधि' है। आलोचना के 'विचारधारात्मक प्रयोजन' से उसके दो रूपों की चर्चा उन्होंने की है–'वर्चस्ववादी आलोचना और मुक्तिकामी आलोचना'। (वही, पृष्ठ 24) पाण्डेय जी की आलोचना मुक्तिकामी है। और वे हिन्दी के 'मुक्तिकामी आलोचक' हैं। रचना-मूल्यांकन के लिए उन्होंने जिस 'मूल्य-चेतना' की बात कही है, उसके लिए 'सामाजिक चेतना' का होना ज़रूरी है। 'सामाजिक विवेक' से रहित 'आलोचनात्मक विवेक' सम्भव नहीं है, जो आलोचना के लिए अनिवार्य है। 'कलात्मक विवेक' से कहीं अधिक 'आलोचनात्मक विवेक' ज़रूरी है, जिसके बिना 'कृति की सामाजिक सार्थकता की पहचान' नहीं हो सकती। आलोचना की साहित्यिकता से आलोचना की सामाजिकता कहीं अधिक अनिवार्य है :

"आलोचना की सामाजिकता की चिन्ता असल में पूँजीवाद द्वारा प्रकृति और संस्कृति के निजीकरण के प्रयत्न के विरूद्ध प्रतिरोध की चिन्ता से जुड़ी हुई है।" (वही, भूमिका)

मार्क्सवादी आलोचक का पूँजीवाद विरोधी होना अनिवार्य है। सभी मार्क्सवादी आलोचक प्रगतिशील हैं, पर सभी प्रगतिशील आलोचक मार्क्सवादी नहीं हैं। हिन्दी में मार्क्सवाद के कुछ ऐसे भी अध्येता हैं, जिनके लिए रामविलास शर्मा, नामवर सिंह और मैनेजर पाण्डेय 'मार्क्सवादी' नहीं हैं। लखनवी अन्दाज़ में ही ऐसा कहा जा सकता है। मैनेजर पाण्डेय ने एक इंटरव्यू में कहा है कि वे आरम्भ से अब तक 'अपनी मार्क्सवादी प्रतिबद्धता के साथ अपनी ज़मीन पर खड़े' हैं। ('बतकही', पृष्ठ 122)

आलोचक का दायित्व आज पहले से इसलिए अधिक बड़ा है। स्वाधीन भारत की राजनीति ने देश को जिस स्थिति में पहुँचा दिया है, उससे आलोचक आँख मूँदकर नहीं रह सकता। उससे यह अपेक्षा की जाती है कि देश में घट रही घटनाओं की अनदेखी न करे। वह रचना में रहे, पर रचना के बाहर भी रहे। बिना इसके 'आलोचनात्मक चेतना' और 'विवेक-चेतना' का विकास नहीं हो सकता :

"आलोचनात्मक चेतना के निर्माण और विकास के लिए यह ज़रूरी है कि आलोचक अपने समाज की स्थितियों और उन स्थितियों में जीते-मरते मनुष्य

की दशाओं के बारे में सजग और सचेत हो, वह अपने समय और समाज की सामाजिक-राजनीतिक वास्तविकताओं तथा सम्भावनाओं की जटिल समग्रताओं का बोध करे।" ('साहित्य की सामाजिकता', पृष्ठ 25)

सुविधा के लिए मैनेजर पाण्डेय के आलोचनात्मक लेखन को दो कालखण्डों– 1968-70 से 2000 और 2000 से अब तक, में विभाजित किया जा सकता है। दूसरे चरण के लेखन को बीसवीं सदी के अन्तिम दशक में भी चिह्नित किया जा सकता है। यह समय उत्साहजनक नहीं, निराशाजनक है। पूँजी और पूँजीवाद इसी चरण में निरंकुश और बेलगाम हुआ है। नेहरू की नीति-अर्थनीति को बदलने, उलट देने का कार्य कांग्रेस ने मुख्य रूप से बीसवीं सदी के अन्तिम दशक में किया। अपने एक इंटरव्यू में देश की निराशाजनक स्थिति के सम्बन्ध में पाण्डेय जी का कथन है :

"निराशा की सबसे बड़ी स्थिति तो यही है कि देश में जो सामाजिक, सांस्कृतिक और राजनीतिक वातवरण है, वह लोकतन्त्र विरोधी है। जिस लोकतन्त्र में असहमति, आलोचना, मतभेद आदि की जगह न हो, वह सिर्फ़ दिखावे का लोकतन्त्र होता है।" ('बतकही', पृष्ठ 120)

पुरस्कार वापसी का आन्दोलन कवियों-लेखकों की लोकतन्त्र के प्रति प्रतिबद्धता का ही उदाहरण था। पिछले आठ वर्ष में अभिव्यक्ति की आज़ादी पर जैसा संकट आया, वैसा आपातकाल के कुछ महीनों को छोड़कर कभी नहीं था। आज स्थिति यह है कि जो सरकार के अनुकूल या उसके पक्ष में नहीं है, वह राष्ट्रद्रोही है, 'अर्बन नक्सल' है। विरोधियों को चुन-चुनकर ठिकाने लगाया जा रहा है। देश के बौद्धिक और चिन्तनशील वर्ग के लिए यह एक भयावह स्थिति है। भारत में नरेन्द्र मोदी के प्रधानमंत्री बनने और संयुक्त राज्य अमेरिका में डोनाल्ड ट्रम्प के राष्ट्रपति बनने के बाद दुनिया के इन दो बड़े लोकतान्त्रिक देशों में लोकतन्त्र कहीं अधिक संकट में है। इस अवधि में इन दो देशों में लोकतन्त्र सम्बन्धी इतना अधिक लेखन-वाचन हुआ है, इतनी किताबें प्रकाशित हुई हैं और इतने अधिक लेखादि प्रकाशित हुए हैं कि इनकी एक सूची बनाना भी कठिन है।

इक्कीसवीं सदी के लेखन में पाण्डेय जी की कई चिन्ताओं में से एक बड़ी चिन्ता लोकतन्त्र की है। अपने दो निबन्धों–'गांधी की दृष्टि में लोकतन्त्र' और 'भारत में जनतन्त्र का सच' ('भारतीय समाज में प्रतिरोध की परम्परा' में संकलित) में उन्होंने 'लोकतन्त्र' और भारतीय लोकतन्त्र की स्थिति पर विचार किया है।

'उपन्यास और लोकतन्त्र' निबन्ध (2004 में लिखित और 2005 में 'पहल' में प्रकाशित) काफ़ी चर्चित रहा है। इस निबन्ध में वे 'उपन्यास और लोकतन्त्र के

सम्बन्धों की सूक्ष्मताएँ', पर प्रकाश डालते हैं। आपातकाल को उन्होंने 'भारतीय लोकतन्त्र के शरीर पर कोढ़ की तरह' (संवाद-परिसंवाद) माना है। उनके अलावा क्या किसी अन्य हिन्दी आलोचक ने लोकतन्त्र को अपनी चिन्ता के केन्द्र में रखा है? दुनिया के सारे लोकतान्त्रिक देश जिस संकट से गुज़र रहे हैं उस समय एक भारतीय आलोचक का दायित्व बनता है कि वह रचना के भीतर और बाहर दोनों ही जगहों पर मौजूद लोकतन्त्र सम्बन्धी चिन्ताओं पर विचार करे।

लोकतन्त्र पर हिन्दी और हिन्दीतर भाषाओं में और 'डेमोक्रेसी' पर अंग्रेज़ी में काफ़ी कुछ कहा-लिखा जा रहा है। भारत में ही 'न्यू सोशियोलिस्ट इनीसिएटिव' के तहत 'डेमोक्रेसी डायलाग्ज सीरीज' में अठारह व्याख्यान हो चुके हैं। सुभाष गाताडे 'लोकतन्त्र संवाद श्रृंखला' के अन्तर्गत व्याख्यान के लिए प्रमुख व्यक्तियों को आमन्त्रित कर रहे हैं। लोकतन्त्र की रक्षा व्यक्ति और समाज की स्वतन्त्रता की रक्षा है, अभिव्यक्ति की आज़ादी और संविधान की रक्षा है। पिछले कुछ वर्षों से लोकतन्त्र, संविधान, नागरिकता, मानवाधिकार को लेकर काफ़ी प्रदर्शन, आन्दोलन हुए हैं, लेखादि लिखे गये हैं, भाषण और वक्तव्य व्याख्यान दिये गये हैं। लोक-विमर्श में ये सब शामिल रहे हैं।

योगेन्द्र यादव की पुस्तक 'मेकिंग सेंस ऑफ़ इंडियन डेमोक्रेसी' (अगस्त 2020) की समीक्षा रामचन्द्र गुहा ने 'द लाइफ़ एंड डेथ ऑफ़ इंडियन डेमोक्रेसी' शीर्षक से की है। इस वर्ष नेहाल अहमद की पुस्तक प्रकाशित हुई है–'नथिंग विल बी फ़ॉरगॉटेन : फ्रॉम जामिया टू शाहीनबाग'। देवाशीष राय चौधुरी और यूनिवर्सिटी ऑफ़ सिडनी में राजनीति के प्रोफ़ेसर जॉन कीने की पुस्तक 'टू किल ए डेमोक्रेसी : इंडियाज पैसेज टू डेस्पोटिज़्म' कुछ समय तक जिन कारणों से बाज़ार से ग़ायब रही हो, पर अब वह उपलब्ध है।

पिछले वर्ष 2021 में 'डेमोक्रेसी एंड फ़ेक न्यूज़' पुस्तक प्रकाशित हुई थी। जोया हसन ने अभी 'चैलेंज टू डेमोक्रेसी' और आदित्य मुखर्जी ने "व्हेर आर वी : सेवेंटी फ़ाइव इयर्स ऑफ़ इंडेपेंडेंस' पर 'डेमोक्रेसी डायलॉग्स' में व्याख्यान दिये हैं। 'द न्यूयॉर्क टाइम्स' में कुछ वर्षों से लोकतन्त्र पर अनेक लेख प्रकाशित हो रहे हैं। पिछले अगस्त महीने में मैक्स फ़िशर का लेख 'डेमोक्रेसी इज़ अंडर थ्रेट एक्रास द ग्लोब' प्रकाशित हुआ है।

इस महीने 'वाशिंगटन टाइम्स' में 'वाशिंगटन टाइम्स' के ऑम हॉवेल जूनियर की एक रिपोर्ट प्रकाशित हुई है–'टू थर्ड्स ऑफ़ अमेरिकन वरी यू.एस. डेमोक्रेसी इज़ ऑन वर्ज ऑफ़ कोलैप्स' (2 सितम्बर 2022) 2018 में स्टीवन लेवित्सकी

एंड डेनिएल जिबलैट की पुस्तक आयी थी–'हाउ डेमोक्रेसीज डाई : व्हाट हिस्ट्री रिवील्स अबाउट आवर फ़्यूचर'।

अमेरिका के पूर्व राष्ट्रपति बराक ओबामा ने 2017 के पहले सप्ताह में अपने विदाई-भाषण में लोकतन्त्र को लेकर चिन्ताएँ प्रकट की थीं। अमेरिकियों को उन्होंने लोकतन्त्र की रक्षा करने को कहा था। ठीक एक वर्ष बाद 12 जनवरी 2018 को भारत के सर्वोच्च न्यायालय के चार वरिष्ठतम न्यायाधीशों ने भी अपने ऐतिहासिक प्रेस कांफ्रेंस में देशवासियों से लोकतन्त्र की रक्षा करने की बात कही थी। तीन वर्ष पहले रुचिर शर्मा की पुस्तक 'डेमोक्रेसी ऑन द रोड : ए ट्वेंटी फ़ाइव ईयर जर्नी थ्रो इंडिया' प्रकाशित हुई थी।

स्वीडिश वी-डेम इंस्टीट्यूट की पिछले वर्ष (2021) की 'डेमोक्रेसी रिपोर्ट' में विश्व के अनेक देशों में निरंकुशता के 'वायरल' होने की बात कही गयी है। यह बताया गया है कि दुनिया की जनसंख्या के 68 प्रतिशत हिस्से पर एकतन्त्र या निरंकुशता है।

2020 में विश्व नागरिक का लोकतान्त्रिक 'लेवल' 1990 के समय का है। दुनिया के मात्र 8.4 प्रतिशत नागरिक 'पूर्ण लोकतन्त्र' वाले देशों में रह रहे हैं। संयुक्त राज्य अमेरिका 2016 में पूर्ण लोकतान्त्रिक देशों की श्रेणी में था जो अब नहीं है। भारत और अमेरिका विश्व के दो सर्वप्रमुख लोकतान्त्रिक देश हैं, जिनका स्थान अब दोष पूर्ण लोकतान्त्रिक देशों में है।

क्रिस्टोफ़े जैफ़रले ने अपनी पुस्तक 'मोदीज़ इण्डिया : हिन्दू नेशनलिज़्म एंड द राइज ऑफ़ एथनिक डेमोक्रेसी' (2021) में जिस 'जातीय लोकतन्त्र' (एथनिक डेमोक्रेसी) की बात कही है, उस पद का सर्वप्रथम प्रयोग स्पेनिश समाजशास्त्री, तुलनात्मक राजनीति के विशेषज्ञ, येल यूनिवर्सिटी के समाजशास्त्री और राजनीति विज्ञान के स्टर्लिंग प्रोफ़ेसर एमेरिटस जुआन जोजे लिंक (24.12.1926-1.10.2013) ने 1975 में किया और चौदह वर्ष बाद 1989 में यूनिवर्सिटी ऑफ़ हाइफा (इजरायल) के समाजशास्त्र के प्रोफ़ेसर, तुलनात्मक जातीय सम्बन्धों के विशेषज्ञ सैमी स्मूहा ने 'द मॉडेल ऑफ़ एथनिक डेमोक्रेसी' पर विचार किया और उसके सार तत्त्वों में आठ विशेषताएँ बतायी।

'जातीय लोकतन्त्र' के साथ 'हेरेनवोल्क लोकतन्त्र' की भी बात कही जाती है। जो सरकार बनाने की वह प्रणाली है, जिसमें एक विशिष्ट जातीय समूह प्रमुख रहता है और अन्य समूहों की भागीदारी नहीं होती। 'हेरेनवोल्क' एक जर्मन शब्द है,

जिसका अर्थ 'मास्टर रेस' है। उन्नीसवीं शताब्दी में 'यूरोपीय लोगों की नस्लीय श्रेष्ठता' को महत्त्व देकर उपनिवेशवाद को सही ठहराया जाता था। इसका पहला प्रयोग वाशिंगटन विश्वविद्यालय में समाजशास्त्र एवं नृविज्ञान के एमेरिटस प्रोफ़ेसर पियरे वैन डेन बर्धे (1933-2019) ने अपनी पुस्तक 'रेस एंड रेसिज़्म : कम्परेटिव पर्सवेंक्टिव' (1967) में किया। इस विचारधारा के अनुसार अश्वेतों को 'ग़ैर-नागरिक' ही नहीं, 'नागरिक विरोधी' भी कहा गया था।

इतने विस्तार के साथ यह सब लिखने की ज़रूरत केवल इसलिए हुई कि हिन्दी में लोकतन्त्र को लेकर आज अधिक आलोचक चिन्तित नहीं हैं। मैनेजर पाण्डेय के अतिरिक्त इस समय और कोई दिखाई नहीं देता। हिन्दी में 'डेमोक्रेसी' के लिए जो तीन शब्द–लोकतन्त्र, प्रजातन्त्र और जनतन्त्र प्रचलित हैं, उन सबके ऐतिहासिक सन्दर्भों का वे उल्लेख करते हैं। 'लोकतन्त्र' के 'लोक' को उन्होंने 'अत्यन्त प्राचीन', 'जनपदों के युग का' कहा है, जो 'परलोक का विरोधी और गाँवों में रहने वालों का सूचक' है। 'प्रजातन्त्र' उनके अनुसार 'सामन्ती युग से जुड़ा' है और 'राजतन्त्र का विरोधी' है। 'जनतन्त्र' इन दोनों के बाद का शब्द है। 'जन' शब्द प्राचीन है, जिससे 'जनपद' बना, पर यह 'जन' 'आधुनिक युग में शासित, शोषित और दमित जनता का सूचक' है। 'जनतन्त्र' जनता की वह शासन-व्यवस्था है, जो 'जनता की हो, जनता के लिए हो और जनता द्वारा संचालित' हो।

पाण्डेय जी ने 'डेमोक्रेसी' के लिए 'लोकतन्त्र' और 'जनतन्त्र' दोनों का प्रयोग किया है। उनके एक निबन्ध का शीर्षक है–'गांधी की दृष्टि में लोकतन्त्र' और दूसरे निबन्ध में 'लोक' के स्थान पर 'जन' है–'भारत में जनतन्त्र का सच'। उनके लिए 'लोक' और 'जन' दोनों महत्त्वपूर्ण हैं। रामचन्द्र शुक्ल और हजारीप्रसाद द्विवेदी की चिन्ता में 'लोक' था। स्वाधीन भारत में 'लोक' के स्थान पर 'जन' का अधिक प्रचलन हुआ। 'लोक' को पाण्डेय जी ने अपनी विशिष्ट शैली में एक 'सरकारी शब्द' कहा है : "विश्वास न हो तो 'लोकसेवा आयोग' और 'लोक निर्माण विभाग' को याद कीजिए।"

वे 'लोकतन्त्र' और 'जनतन्त्र' का अन्तर इस प्रकार करते हैं : "जनतन्त्र में जनता मूर्त रूप में मौजूद होती है, जब कि लोकतन्त्र में अमूर्त रूप में। यही नहीं, 'लोक' में सभी वर्गों, स्तरों और स्थितियों के मनुष्यों का समावेश होता है, जो शासन-व्यवस्था में अपने वर्गों, स्तरों और स्थितियों के अनुकूल स्थान हासिल करते और पाते हैं।"

('भारत में जनतन्त्र का सच', 'भारतीय समाज में प्रतिरोध की परम्परा', 2013, पृष्ठ 201)

लोकतन्त्र एक शासन-प्रणाली है, जिसे अन्य शासन-प्रणालियों से श्रेष्ठ माना गया है। जनतन्त्र के तीन लक्षणों–स्वतन्त्रता, समानता और भाईचारा का सम्बन्ध फ्रांस की क्रान्ति से है। फ्रांसीसी क्रान्ति (5.5.1789-9.11.1799) के दौरान यह नारा 1790 में फ्रांसीसी वकील, राजनीतिज्ञ और रूसो (28.6.1712-2.7.1778) के अनन्य भक्त मैक्सिमिलिपन डी राबस्पिएरे (6.5.1758-28.7.1794) ने दिया था। फ्रांसीसी क्रान्ति ने इतिहास की दिशा बदल दी। निरेपक्ष राजतन्त्र इस क्रान्ति के बाद ही समाप्त हुआ और नये गणतन्त्र एवं उदार लोकतन्त्र का आरम्भ हुआ। लोकतन्त्र में स्वतन्त्रता, समानता एवं भाईचारा ज़रूरी हैं। जहाँ ये न हों, उस 'देश के समाज और शासन-व्यवस्था को...जनतान्त्रिक कहना जनतन्त्र का मजाक उड़ाना है'। (वही) भारत को विश्व का सबसे बड़ा लोकतान्त्रिक देश कहा जाता है। क्या इस देश में लोकतन्त्र के ये तीनों लक्षण मौजूद हैं? आज़ादी के अमृत महोत्सव के अवसर पर यह सवाल करना ज़रूरी है कि क्या सचमुच भारत एक लोकतान्त्रिक देश है? गांधी (2.10.1869-30.1.1948) ने 'हिन्द स्वराज' (1909) में ब्रिटिश संसद को 'बाँझ और वेश्या' कहा था। मैनेजर पाण्डेय ने लिखा है : "भारतीय संसद के सदस्यों ने अपने आचरण से गांधी की आलोचनाओं को सही साबित किया है। जिस संसद के सदस्य ख़रीदे और बेचे जाते हों, जैसा कि अविश्वास पर मतदान के समय संसद में हुआ था, या जिस संसद के सदस्य रुपये लेकर सवाल पूछते हों, उसे वेश्या क्यों न कहा जाये?" ('गांधी की दृष्टि में लोकतन्त्र', 'भारतीय समाज में प्रतिरोध की परम्परा', पृष्ठ 173)

वे धूमिल को उद्धृत करते हैं, जिन्होंने 'संसद' को 'तेली की ऐसी घानी' कहा था, 'जिसमें आधा तेल और आधा पानी है'। अब तेल की वहाँ मुश्किल से कुछ बूँदें दिखाई देती हों। कविताओं और उपन्यासों की आलोचना में भी अनेक स्थलों पर उन्होंने 'लोकतन्त्र' की चर्चा की है। महेश नारायण (1858-1907) की 'स्वप्न' कविता (1881) 'हिन्दी की पहली आधुनिक कविता' है, जिसमें उन्होंने 'अंग्रेज़ी राज के लोकतन्त्र सम्बन्धी दावों के झूठ का पर्दाफाश' देखा है और ये पंक्तियाँ उद्धृत की हैं :

समाचार पत्र याँ के होंगे स्वाधीन?
ज़बाँ उनकी काहे गयी होगी छीन?
देशी समाचार पत्र हैं वाँ भी पर बन्द है इनकी स्वाधीन छपाई।

('हिन्दी कविता का अतीत और वर्तमान', 2013, पृष्ठ 60-61)

धूमिल (9.11.1936-10.2.1975) पर लिखे अपने लेख 'धूमिल : भाषा की रात में मनुष्य' में पाण्डेय जी ने शब्दों के बदल दिये जाने वाले अर्थ में 'लोकतन्त्र' को भी लिया है। लिखा है :

"आप 'लोकतन्त्र' को लीजिए। इस देश की जनता लम्बे काल से लोकतन्त्र के लिए संघर्ष कर रही है। संघर्ष पहले विदेशी शासकों से था। अब देशी शासकों से है। अब एक नयी स्थिति सामने आयी है। आसाम की जनता केन्द्रीय सरकार के लोकतन्त्र से त्रस्त है। क्या दिल्ली की सरकार और आसाम की जनता के लिए लोकतन्त्र का अर्थ एक ही है? भाषा की रात के अँधेरे में जनतन्त्र का अर्थ वनतन्त्र हो जाता है।" (वही, पृष्ठ 145) 'भाषा की राजनीति' निबन्ध में शासक-वर्ग द्वारा भाषा-व्यवस्था के निर्माण पर वे प्रकाश डालते हैं, जिसमें "शब्द के अर्थ को भ्रष्ट करने और बदलने की प्रक्रिया चलती है। हमारे यहाँ समाजवाद, धर्मनिरपेक्षता, आज़ादी, जनतन्त्र आदि इस प्रक्रिया के शिकार हुए हैं।" (वही, पृष्ठ 195)

'लोकतन्त्र' महज़ एक शब्द नहीं है। शासक वर्ग इसके इतिहास-सम्मत अर्थ को बदलकर, उस अर्थ के पीछे की धारणा को छोड़कर और उस धारणा के आधारभूत यथार्थ को झुठलाकर' इसका प्रयोग करता है। एक सजग एवं तत्त्वान्वेषी आलोचक ही शब्द और उसके प्रयोग को इस प्रकार देखता है। पाण्डेय जी 'शब्द की विश्वसनीयता' को अर्थ की विश्वसनीयता से ही नहीं, कर्म की विश्वसनीयता से भी जोड़ते हैं, जिन्हें हम सत्तर के दशक के उनके निबन्ध 'शब्द और कर्म' में पहली बार देखते हैं :

"मनुष्य के जीवन-व्यवहार, अनुभव, चिन्तन और सृजन का कर्म ही शब्द की शक्ति का मूल स्रोत है। जहाँ कर्म अविश्वसनीय होता है, वहीं उससे जुड़े शब्द भी अविश्वसनीय होने लगते हैं।" ('राजनीति की भाषा', हिन्दी कविता का अतीत और वर्तमान', पृष्ठ 197)

मैनेजर पाण्डेय लोकतन्त्र को महज़ 'एक राजनीतिक-व्यवस्था और शासन-पद्धति' नहीं मानते। अधिकांश राजनीति विज्ञानी और समाजशास्त्रियों के लिए लोकतन्त्र का यही अर्थ है। पाण्डेय जी की विशेषता यह है कि वे व्यापक रूप से इस पर विचार करते हैं। 'लोकतन्त्र की मानसिकता' की बात करने वाले बहुत कम है : "लोकतन्त्र केवल एक राजनीतिक व्यवस्था और शासन-पद्धति ही नहीं है, वह एक ऐसी मानसिकता भी है, जो सहिष्णुता की संस्कृति, दूसरों का सम्मान, दूसरों के अन्तरों का स्वीकार, विचारों की अनेकता का आदर, अभिव्यक्ति की स्वतन्त्रता और स्वतन्त्रता की तत्परता विकसित करती है।" ('उपन्यास और लोकतन्त्र', पृष्ठ 27)

'उपन्यास और लोकतन्त्र' निबन्ध उपन्यास, लोकतन्त्र और इन दोनों के बीच के सम्बन्ध को समझने के लिए अधिक महत्त्वपूर्ण है–"लोकतन्त्र में अनेकता, अनेकरूपता, विविधता और बहुवचनता का स्वीकार होता है, जो उपन्यास की संरचना की भी बुनियादी विशेषताएँ हैं।" (वही)

(दो)

लोकतन्त्र बहुत कम आलोचकों की चिन्ता के केन्द्र में है। मैनेजर पाण्डेय ने उपन्यास के साथ उसका सम्बन्ध स्थापित करने के साथ ही लोकतान्त्रिक व्यवस्था, शासन-पद्धति पर भी विचार किया है। इस समय 'लोकतन्त्र' पर विचार इसलिए भी ज़रूरी है कि सब कुछ छिन्न-भिन्न हो रहा है। संयुक्त राज्य अमेरिका और भारत जैसे बड़े लोकतान्त्रिक देशों में भी लोकतन्त्र ख़तरे में है। अभी 'द न्यूयार्क टाइम्स' में डेविड लियोनहार्ड ('द न्यूयार्क टाइम्स' के वरिष्ठ लेखक) ने 'ए क्राइसिस कमिंग : द ट्वीन थ्रेट्स टू अमेरिकन डेमोक्रेसी' में, अमेरिकी लोकतन्त्र के ख़तरों पर विचार किया है। इतिहासकार और लोकतन्त्र विशेषज्ञ 'लोकतन्त्र' को लेकर आज कहीं अधिक चिन्तित हैं। क्विनीपैक यूनिवर्सिटी (1929 में स्थापित) के हाल के एक सर्वे में 69 प्रतिशत डेमोक्रेट समर्थकों और रिपब्लिकन समर्थकों ने अमेरिकी लोकतन्त्र पर अधिक ख़तरे की बात कही है। स्थिति अमेरिका और भारत में कहीं अधिक विस्फोटक है।

स्वाधीन भारत में कवियों-कथाकारों ने पचास के दशक से ही लोकतन्त्र को लेकर चिन्ताएँ प्रकट की थीं, पर ऐसे रचनाकारों को केन्द्र में रखकर भारतीय लोकतन्त्र पर शायद ही किसी आलोचक ने अधिक ध्यान दिया हो। कविता के जो विशेषज्ञ हैं, उन्होंने भी नागार्जुन, रघुवीर सहाय, धूमिल एवं अन्य प्रमुख कवियों की कविताओं में लोकतन्त्र सम्बन्धी उनकी चिन्ताओं पर अधिक विचार नहीं किया है। नागार्जुन ने बहुत पहले लिखा था–'भरत भूमि में प्रजातन्त्र का बुरा हाल है और रघुवीर सहाय की यह काव्य-पंक्ति किसे याद नहीं है–'लोकतन्त्र का अन्तिम क्षण है, कहकर आप हँसे'।

यह इन्दिरा गांधी का समय था, जब हिन्दी के कवि लोकतन्त्र की असलियत बेचैनी से हमें दिखा रहे थे। मैनेजर पाण्डेय अकेले ऐसे आलोचक हैं, जिन्होंने अनेक स्थलों पर अपने विचार व्यक्त किये हैं, और अपनी चिन्ताएँ भी प्रकट की हैं। एक साक्षात्कार में उन्होंने कहा–"इस देश में लोकतन्त्र केवल चुनाव तक सीमित रह गया है और चुनाव पर धनबल तथा बाहुबल का क़ब्ज़ा हो गया है। भारत की

केन्द्रीय सरकार और राज्यों की सरकारें भी विरोध को अपराध मानने लगी हैं। जो व्यवस्था विरोध को अपराध समझती है, वह लोकतान्त्रिक कैसे हो सकती है?" ('संवाद-परिसंवाद', पृष्ठ 107)

लोकतान्त्रिक चेतना को नष्ट करने का कार्य नेताओं और राजनीतिज्ञों ने किया है। उसे जगाने का काम कवियों-लेखकों ने किया है–उपन्यासकारों ने सर्वाधिक। पाण्डेय जी लोकतन्त्र के वास्तविक अर्थ को सामने रखते हैं और अनेक उपन्यासों के अनेक स्थलों के उदाहरणों से उपन्यासकारों की इससे जुड़ी चिन्ताओं से हमें अवगत कराते हैं। उनकी आलोचना में यह इसलिए प्रमुख है क्योंकि हमारी लोकतान्त्रिक चेतना नष्ट हो रही है। लोकतन्त्र का अस्तित्व, उसके गुण-व्यवहार, सब पर उन्होंने विचार किया है। लोकतन्त्र के अस्तित्व के लिए 'समता का बोध, उसकी चेतना तथा आर्थिक, सामाजिक, सांस्कृतिक और राजनीतिक स्तरों पर समता की उपस्थिति' ज़रूरी है। जनतन्त्र के तीन लक्षणों में 'समानता' उनके अनुसार 'सबसे महत्त्वपूर्ण' है और शेष दो–'स्वतन्त्रता' और 'भाईचारा' का यह पोषक है, जिसके "अभाव में या कम होने की स्थिति में न स्वतन्त्रता सार्थक हो सकती है और न भाईचारा सम्भव होता है।" ('भारतीय समाज में प्रतिरोध की परम्परा', पृष्ठ 201)

'समानता' को वास्तविकता के रूप में सामान्यत: जिस तरह ग्रहण किया जाता है, उसे केवल उस रूप में न देखकर वे 'भाव और विचार के रूप में भी' देखते हैं। जो पूँजीवादी लोकतन्त्र में सम्भव नहीं है :

"पूँजीवादी लोकतन्त्र में झूठ और लूट की स्वतन्त्रता होती है और लुटेरों के बीच भाईचारा भी होता है।" (वही)

भारत में गोएबल्स (29.10.1897-1.5.1947) के समर्थकों और शिष्यों (सन्तानों की भी) की संख्या बढ़ चुकी है। भारत की आज़ादी के तीन महीने पहले गोएबल्स का निधन हुआ था। वह सौ बार झूठ बोलकर उसके सच बन जाने में विश्वास रखता था। विदेशी लुटेरे भारत छोड़कर कब के चले गये, पर स्वाधीन भारत में लुटेरों की संख्या बढ़ती गयी है। पाण्डेय जी ने सर्वत्र पूँजीवादी लोकतन्त्र की बात की है। स्वाधीन भारत के 75 वर्ष में पूँजीवाद ने यहाँ कई रूप बदले। समानता के स्थान पर असमानता में काफ़ी वृद्धि हुई है। समानता का अभाव सबसे बड़ा अभाव है। इस अभाव में बहुसंख्यक जनता वास्तविक स्वतन्त्रता और भाईचारे से वंचित रहती है। अनेक उदाहरणों से पाण्डेय जी ने भारतीय लोकतन्त्र से लोकतन्त्र के तीनों लक्षणों के ग़ायब होने की बात कही है। अब भारतीय लोकतन्त्र वचन में है, कर्म में नहीं, लिफ़ाफ़े में है, मज़मून में नहीं, रूप में है, अन्तर्वस्तु में नहीं, काग़ज़ पर है,

व्यवहार में नहीं। वे जम्मू-कश्मीर और पूर्वोत्तर राज्यों के साथ दलित, अल्पसंख्यक, आदिवासियों और किसानों के साथ सत्ता-व्यवस्था और सरकारों के सुलूक देखकर यह सवाल करते हैं कि हमारे देश की व्यवस्था लोकतान्त्रिक है या अलोकतान्त्रिक?

'भारत में जनतन्त्र का सच' विस्तार से सामने रखकर उन्होंने सामाजिक-सांस्कृतिक आलोचक की भूमिका का सही अर्थों में निर्वाह किया है। आज हिन्दी में आलोचक कम नहीं हैं, पर वे अपने समय और समाज के बड़े सवालों से साँसों के स्तर पर बहुत कम जुड़ते हैं। लोकतन्त्र में जनता भयग्रस्त नहीं, भय-मुक्त होती है, वहाँ अभिव्यक्ति की स्वतन्त्रता बाधित नहीं की जाती। असहमति और विरोध-प्रतिरोध के बिना लोकतन्त्र 'वेंटिलेटर' पर होता है। वास्तविक लोकतन्त्र में जनता का कल्याण होता है, न कि पूँजीपतियों-कॉरपोरेटों का। सरकार जनता के मतों से बनती है, पर वह उसके हित में कार्य न कर पूँजीपतियों और कॉरपोरेटों के हितों में कार्य करती है। चुनाव के ज़रिये सरकारें बनती हैं। लोकतन्त्र के नाम पर संसद-विधानसभा से लेकर ग्राम पंचायत, कॉरपोरेशंस-म्युनिसिपैलिटी तक जितने चुनाव होते हैं, जनता सबको देख-समझ चुकी है। नागार्जुन ने सत्तर के दशक के आरम्भ में ही, जब इन्दिरा गांधी प्रधानमन्त्री थीं, कविता लिखी थी–'अब तो बन्द करो हे देवी! यह चुनाव का प्रहसन "सारे चुनाव धन बल, बाहुबल, जातिगत गठजोड़ और धर्म की मदद से लड़े और जीते जाते हैं, इसलिए भारत के लोकतन्त्र की राजनीति में अपराधियों का बोलबाला दिखाई देता है।..यही कारण है कि धीरे-धीरे भारत की जनता वर्तमान लोकतन्त्र और उसकी चुनावी राजनीति से ऊब रही है, चुनावी दंगल के पहलवानों की राजनीति में उसका विश्वास अन्त के क़रीब है।" (वही, पृष्ठ 203)

इसी कारण 'लोकतन्त्र' के स्थान पर पाण्डेय जी ने कई स्थलों पर 'लूटतन्त्र', 'दलतन्त्र' आदि का प्रयोग किया है। राजनीतिक दलों पर आधारित भारत के संसदीय लोकतन्त्र पर विचार करते हुए उन्होंने 'अधिकांश राजनीतिक दलों के गठन, ढाँचे, चरित्र और व्यवहार पर ध्यान' दिया है और यह ठीक कहा है : "उनमें कहीं भी लोकतन्त्र नहीं है।"

अब स्थिति यह है कि राजनीतिक दलों में 'आन्तरिक लोकतन्त्र' नहीं है और न उनमें लोकतन्त्र के प्रति कोई सम्मान-भाव है। ऐसी दशा में लोकतन्त्र के रक्षण की बात तो दूर, सब कुछ कम, कुछ ज़्यादा, लोकतन्त्र का भक्षण ही कर रहे हैं। वे लोकतन्त्र का विनाश-सत्यानाश कर रहे हैं, जब कि उन्हें इसका विकास और उन्नयन करना था। "सरकार के लिए देश के विकास का अर्थ है पूँजी, पूँजीवाद

और पूँजीपतियों का विकास और उस विकास में बाधक किसानों, मज़दूरों और आदिवासियों का दमन, जिसे अमित भादुड़ी 'विकास का आतंकवाद' कहते हैं। इससे जनता में वह डर पैदा होता है, जो जनतन्त्र का दुश्मन है।..पिछले बीस वर्षों से जितनी तेज़ी से भारत में बुर्जुआ सभ्यता आ रही है, उतनी ही तेज़ी से भारतीय लोकतन्त्र में पाखण्ड और बर्बरता का विस्तार हो रहा है।" (वही, पृष्ठ 202)

भारतीय संविधान की 'प्रस्तावना' में भारत को 'लोकतान्त्रिक गणराज्य' कहा गया है, पर 'भारत में लोकतन्त्र का कोई बुनियादी लक्षण विकसित नहीं हुआ।' भारतीय लोकतन्त्र पाण्डेय जी के अनुसार "राजनीति में रूपवाद का एक अच्छा उदाहरण है।" (वही, पृष्ठ 203)

लोकतन्त्र पर विचार के साथ-साथ भ्रष्टाचार, लूट-तन्त्र, क़ानून के शासन की कमज़ोरी सब पर उनका ध्यान है। वे मतदान को क़ानूनन अनिवार्य बनाये जाने के पक्ष में नहीं हैं–"अगर ऐसा हुआ तो यह झूठे लोकतन्त्र को जनता पर थोपना होगा।" (वही) वे जनप्रतिनिधियों को वापस बुलाये जाने के पक्ष में हैं। अन्ना-आन्दोलन से अब तक भ्रष्टाचार सुर्खियों में रहा है। भ्रष्टाचार पर जो लोग बोलते हैं, वे लोकतन्त्र पर अधिक बातें नहीं करते। भ्रष्टाचार लोकतन्त्र का दुश्मन है जो 'ब्रिटिश राज से सत्ता हस्तान्तरित होने के समय विरासत' में प्राप्त हुआ है। उच्च तकनीक के समर्थक-प्रशंसक भ्रष्टाचार को उच्च तकनीक से नहीं जोड़ते। इन दोनों के सम्बन्ध की पाण्डेय जी ने अनदेखी नहीं की है। 'लोकतन्त्र' को 'लूट-तन्त्र' और 'झूठ-तन्त्र' पहली बार उन्होंने ही कहा है। वे 'लूट-तन्त्र' को नवउदार पूँजीवाद से जोड़ते हैं : "हाल के दशकों में भारत में पूँजीवाद के बेरोकटोक विस्तार और बहुराष्ट्रीय कम्पनियों के आने के साथ लोकतन्त्र के नाम पर जो लूट-तन्त्र स्थापित हुआ है, उसमें भ्रष्टाचार सर्वव्यापी हो गया है।" (वही, पृष्ठ 204)

मैनेजर पाण्डेय न अर्थशास्त्री हैं, न राजनीतिविज्ञानी और समाजशास्त्री, पर अर्थशास्त्र, राजनीति और समाज के सम्बन्ध में उनके सोच-विचार किसी से कम नहीं हैं। उनके पास तर्क हैं, तथ्य हैं, सूचनाएँ हैं, गहरी मानवीय संवेदना, पुष्ट आलोचनात्मक विवेक और सम्पन्न विचार-दृष्टि है। भ्रष्टाचार उनके अनुसार 'लोकतन्त्र को नष्ट-भ्रष्ट करने वाला रोग' है। संयुक्त राष्ट्र के पूर्व महासचिव कोफ़ी अन्नान (8.4.1938-18.8.2018) को उन्होंने उद्धृत किया है : "भ्रष्टाचार लोकतन्त्र और क़ानून के शासन को कमज़ोर बनाता है, बाज़ार को विकृत करता है, जीवन की गुणवत्ता का नाश करता है और मानवीय सुरक्षा के लिए ख़तरनाक संगठित अपराध तथा आतंकवाद को बढ़ावा देता है।" (वही, पृष्ठ 205)

जनतन्त्र-सम्बन्धी एक बड़ा प्रश्न उनके समक्ष है–"जनतन्त्र में जनता की आकांक्षा अधिक महत्त्वपूर्ण है या उसके चुने हुए प्रतिनिधि की?"

क्या संसद 'परम स्वतन्त्र' है? क्या संसद जनता से ऊपर है? जनप्रतिनिधि बड़ा है या वह जनता बड़ी है, जिसने उसे निर्वाचित किया है? ये सभी प्रश्न जनतन्त्र से जुड़े प्रश्न हैं। "जनता की आकांक्षा की उपेक्षा जनतन्त्र की उपेक्षा है, जिसकी रक्षा ही संसद का दायित्व है।" (वही) जनता आज कहीं अधिक उपेक्षित है और भारतीय जनतन्त्र एक उपेक्षित जनतन्त्र है। गांधी को मैनेजर पाण्डेय ने 'लोकतन्त्र का मूलगामी आलोचक' कहा है। गांधी के इस पक्ष की अधिक चर्चा नहीं हुई है। अपने निबन्ध 'गांधी की दृष्टि में लोकतन्त्र' में उन्होंने लोकतन्त्र के अन्य आलोचकों से गांधी का अन्तर स्पष्ट किया है। गांधी लोकतन्त्र के मूल तक जाने के कारण 'लोकतन्त्र के मूलगामी आलोचक' हैं। वे "लोकतन्त्र की आलोचना करते समय मनुष्य के अतीत, वर्तमान और भविष्य को ध्यान में रखते हैं।" (वही, पृष्ठ 174)

लोकतन्त्र के सम्बन्ध में गांधी के विचारों से उनकी सहमति है। भारतीय लोकतन्त्र गांधी की कसौटी पर कसे जाने के बाद 'नाममात्र के लिए लोकतन्त्रात्मक' कहा जायेगा। गांधी के यहाँ राजनीति से कहीं अधिक महत्त्व समाज और नैतिकता का है। आज लोकतन्त्र सामाजिक-नैतिक व्यवस्था की कौन कहे, सही अर्थों में राजनीतिक व्यवस्था भी नहीं है। उनिभू (उदारीकरण, निजीकरण, भूमण्डलीकरण) के आगमन और उसके साथ कॉरपोरेटों के फूलने-फलने और अब लगभग एक दशक से कॉरपोरेट-धर्म की जुगलबन्दी के बाद सारा दृश्य बदल चुका है। लोकतन्त्र की शक्ल आज भिन्न है :

"भारत का वर्तमान लोकतन्त्र सामाजिक न्याय, नैतिक उत्थान और मानवीय यातना की कोई चिन्ता नहीं करता। आज के भारतीय लोकतन्त्र में केवल पूँजीवाद के प्रसार की चिन्ता है, समाज में लोकतन्त्र के विकास की, जनता के स्वतन्त्र रूप में जीने, सोचने और कुछ कहने के अधिकारों की नहीं।" (वही, पृष्ठ 174-75) संविधान की चिन्ता सरकारों को नहीं है। वहाँ भारत को 'एक धर्मनिरपेक्ष और लोकतान्त्रिक गणराज्य' कहा गया है पर वास्तविकता इसके विपरीत है। भारत वास्तविक अर्थों में न अब 'धर्मनिरपेक्ष' है और न 'लोकतान्त्रिक गणराज्य'।

"यहाँ कुछ लोगों के लिए जो लोकतन्त्र है, वही दूसरों के लिए दमनकारी सत्ता है।" (वही, पृष्ठ 175) भारत में लोकतन्त्र लोकतन्त्र की उपेक्षा कर रहा है। वह गांधी की आकांक्षा का लोकतन्त्र नहीं है।

"गांधी की दृष्टि में लोकतन्त्र का आधार है लोकमत। लोक की भावना और समझ की परवाह करने वाले शासन की प्रक्रिया में लोकतन्त्र का ध्यान रखा जाता है, केवल विशेषज्ञों की राय का नहीं।" (वही)

मैनेजर पाण्डेय लोकतन्त्र को महज़ 'एक शासन-पद्धति' के रूप में न देखकर 'भावना' में भी देखते हैं। वह एक जीवन-पद्धति है, एक विचार-पद्धति भी। पूँजीवाद ने जिस 'उन्मादी व्यक्तिवाद' को जन्म दिया है, वह लोकतन्त्र के लिए ख़तरा है।

"अब सामूहिकता को महत्त्व प्रदान करने वाली राष्ट्र, राज्य, वर्ग और विचारधारा जैसी अवधारणाएँ अपना अर्थ खो रही हैं। ज़ाहिर है कि सामूहिकता या सामूहिक चेतना के अभाव में लोकतान्त्रिक भावना विकसित नहीं हो सकती।" (वही, पृष्ठ 176)

उनका ध्यान आज की उस पूँजीवाद पर है, जिसके बिना आज कोई विचार सम्भव नहीं है।

मैनेजर पाण्डेय की चिन्ता में आज का समय, पूँजीवाद और लोकतन्त्र है। वे उपन्यासों पर लिखते हुए वहाँ मौजूद लोकतान्त्रिक मूल्यों, लोकतन्त्र आदि पर दृष्टि डालना नहीं भूलते। उन्होंने स्पेनिश उपन्यासकार, सर्वान्तीज (29.9.1547-22.4.1616) के 'दोन किखोते' (स्पेनिश में 1605 में पहले भाग, 1615 में दूसरा भाग और अंग्रेज़ी में दोनों भाग क्रमश: 1612, 1620 में प्रकाशित) में 'ग़रीबों के प्रति एक लोकतान्त्रिक भावना' देखी है, 'प्रेमचन्द के उपन्यासों में वर्तमान के बोध के आधार पर भारत में लोकतन्त्र के भविष्य की सम्भावनाओं और सन्देहों की अभिव्यक्ति' पर ध्यान दिया है, रेणु के 'मैला आँचल' के अन्त में बावनदास की हत्या के माध्यम से उपन्यासकार द्वारा दिये गये इस 'स्पष्ट संकेत' पर विचार किया है कि "स्वतन्त्र भारत में कैसी सत्ता, कैसी राजनीति और कैसा लोकतन्त्र स्थापित हो रहा है।" ('उपन्यास और लोकतन्त्र', पृष्ठ 33)।

बावन दास की हत्या ईमानदारी और सच्चाई की हत्या थी। इसके बाद "जो लोकतन्त्र क़ायम हुआ, वह लूटतन्त्र के रूप में आज हमारे सामने हैं।" (वही) जहाँ कहीं आलोचनात्मक चेतना, विवेक-चेतना नहीं है, वहाँ लोकतान्त्रिक चेतना भी नहीं है। मदन मोहन के उपन्यास 'जहाँ एक जंगल था' की समीक्षा में पाण्डेय जी ने लिखा है : "समकालीन हिन्दी उपन्यास में जंगल एक रूपक बन गया है आज के भारतीय समाज की तथाकथित लोकतान्त्रिक व्यवस्था का।" (वही, पृष्ठ 234)

संजीव के उपन्यास 'जंगल जहाँ शुरू होता है' में भी जंगल 'भारतीय समाज की तथाकथित लोकतान्त्रिक व्यवस्था' का रूपक है। भारतीय लोकतन्त्र में 'लोक'

पर तन्त्र हावी है। कहा जाना चाहिए कि अब 'लोक' 'तन्त्र' के अधीन हो रहा है, जिसके ख़िलाफ़ बग़ावत के स्वर फूट रहे हैं। शाम अजीमाबादी के उपन्यास 'पीर अली' में वे 'आज़ादी के बाद देश की शासन-व्यवस्था की चिन्ता और उसकी एक रूपरेखा' को चिह्नित करते हैं। जहाँ 'एकाधिकारी पूँजीवाद' होगा, वहाँ लोकतन्त्र घायल और लहूलुहान होगा। रणेन्द्र के उपन्यास 'ग्लोबल गाँव का देवता' की समीक्षा में भूमण्डलीकरण, राष्ट्र-राज्य की हिंसा, एकाधिकारी पूँजीवाद सब पर उन्होंने विचार किया है, जो लोकतन्त्र का नाश करते हैं। उन्होंने भाषा के लोकतन्त्र की ओर भी ध्यान दिलाया है।

पूँजीवादी लोकतन्त्र के आदर्श और यथार्थ में अन्तर है। आदर्श रूप अब्राहम लिंकन (अमेरिका के 16वें राष्ट्रपति–12.2.1809-15.4.1865) के इन शब्दों में है कि लोकतन्त्र 'जनता का, जनता के लिए और जनता द्वारा शासन' है। लिंकन की हत्या की गयी। लोकतन्त्र का यथार्थ रूप 'जॉर्ज डब्ल्यू. बुश' (6.7.1946) के समय में प्रकट हुआ, जिसने दूसरे देशों में हत्याएँ करायीं। लोकतन्त्र के सभी प्रकारों में अब 'पूँजीवादी लोकतन्त्र' ही प्रमुख है, पर "पूँजीवादी लोकतन्त्र में समानता की न तो कल्पना होती है और न सम्भावना"। पूँजीवाद की कई विकास-अवस्थाएँ हैं। आज भारत और पूरी दुनिया में आतंककारी पूँजीवाद है, जिसके आतंक से कुछ भी नहीं बच रहा है–न विधायिका, न कार्यपालिका, न न्यायपालिका और न प्रेस।

मैनेजर पाण्डेय ने अल सल्वाडोर के प्रसिद्ध कवि और 'लैटिन अमेरिका के सबसे सम्मोहक कवियों में से एक रोके एंटोनियो डाल्टन गार्सिया', (14.5.1934-10.5.1975) जिन्हें रोक डाल्टन के नाम से जाना जाता है, की कविता 'चोर बाज़ार में जनता की सम्पत्ति का बँटवारा' का हिन्दी अनुवाद अपने निबन्ध 'भारत में जनतन्त्र का सच' के अन्त में प्रस्तुत किया है, जिसे पूरा उद्धृत करना अपने देश के लोकतन्त्र को समझने में सहायक हो सकता है :

उन्होंने हमें बताया कि पहली शक्ति है
कार्यपालिका शक्ति
और विधायी शक्ति दूसरी शक्ति है
जिसे ठगों के गिरोह ने
सत्तापक्ष और विपक्ष में बाँट रखा है
और चरित्र भ्रष्ट हो चुका
(फिर भी मानवीय) सुप्रीम कोर्ट
तीसरी शक्ति है।

अख़बारों, रेडियो और टीवी ने ख़ुद को
चौथी शक्ति का दर्जा दे रखा है और वाक़ई
वे बाक़ी तीनों शक्तियों के हाथ में हाथ डाले चलते हैं।
अब वे हमें यह भी बता रहे हैं कि
नयी लहर वाले युवा पाँचवीं शक्ति हैं
और वे हमें यह भी भरोसा दिलाते हैं कि
सभी चीज़ों और शक्तियों के ऊपर ईश्वर की महान् शक्ति है।
और अब चूँकि सभी शक्तियों का बँटवारा हो चुका है
वे निष्कर्ष रूप में हमें यह बताते हैं
किसी और के लिए कोई शक्ति नहीं बची है
और अगर कोई कुछ और सोचता है
तो उसके लिए फ़ौज और नेशनल गार्ड हैं।

मैनेजर पाण्डेय की काव्य-दृष्टि

अरुण देव

मैनेजर पाण्डेय हिन्दी ही नहीं, भारतीय भाषाओं के ऐसे अकेले आलोचक हैं जिनकी आलोचना-दृष्टि में सामाजिक प्रतिबद्धता, अद्यतन साहित्य सैद्धान्तिकी का विश्व-बोध और उसके बहुविध रचनात्मक अनुप्रयोग मिलते हैं। उनके जीवन और लेखन में शब्द और कर्म की पक्षधरता आद्योपान्त अनुस्यूत है। उन्होंने साहित्य-सिद्धान्तों, रचनात्मक साहित्य और जन-पक्षधर वैचारिकी पर गहराई और विस्तार से लिखा है। साहित्य की सामाजिकता और मार्क्सवादी आलोचना के वे 'मेजर' आलोचक हैं।

आलोचना की सैद्धान्तिकी के बाद सबसे अधिक उन्होंने कविता पर ही लिखा है क्योंकि मनुष्य और उसकी संस्कृति में दिलचस्पी के कारण कविता लिखी और पढ़ी जाती रही है। वह मनुष्यता की पुकार है पर इधर उसके सुनने और समझने वाले लगातार घट रहे हैं। आज की कविता में क्या मनुष्यता घटी है या पुकार थक गयी है? मैनेजर पाण्डेय के ही शब्दों में—"यह ठीक है कि कविता केवल दिलचस्प होने के कारण सार्थक नहीं होती, लेकिन वह उबाऊ होने पर व्यर्थ ज़रूर हो जाती है।"

कविता पर लिखते हुए उनकी दृष्टि उसकी सामाजिकता पर बनी रही है पर साथ ही वह यह भी समझते हैं कि कविता को कला का सर्वोत्तम रूप देना भी एक तरह से प्रतिबद्धता का ही विस्तार है।

उनकी पहली किताब भक्त कवि सूरदास पर है। इसमें सूर की कविताओं में भक्ति, माधुर्य, प्रेम और विरह के साथ-साथ लोक-चेतना की भी खोज की गयी है और किसान-जीवन, नगर और ग्राम के द्वन्द्व तथा राजनीतिक समझ के साक्ष्य तलाशे और प्रस्तुत किये गये हैं।

मैनेजर पाण्डेय कबीर की अथक आलोचनात्मक चेतना की पहचान करते हुए उनकी प्रश्न पूछने की प्रवृत्ति को रेखांकित करते हैं जो भक्तिकाल में अपने प्रखरतम

रूप में उनके यहाँ ही उपस्थित है। उनके अनुसार कबीर द्रष्टा कवि हैं जो कवि होने की किसी पूर्ववर्ती शर्त को नहीं मानते। वह अपनी लकीर ख़ुद खींचते हैं और उसे तोड़ते भी चलते हैं। उनकी कविता का मूलाधार प्रेम है जो व्यक्ति के आत्म का विस्तार करता है। उनका प्रेम लौकिक है और अपनी उत्कटता में अलौकिकता तक पहुँच जाता है। निर्गुण मत की महत्ता को स्वीकार करते हुए वह आचार्य शुक्ल की आलोचना-दृष्टि की परम्परा में खुलेपन का निवेश करते हुए कहते हैं कि, "भक्ति आन्दोलन की निर्गुणधारा की कविता भारत की श्रमजीवी जनता के जीवन की वास्तविकताओं और आकांक्षाओं की कविता है, जिसके प्रवर्तक और प्रतिनिधि कवि हैं कबीर।"

कबीर के जन्म के विषय में प्रमाद फैलाकर और उनकी कविताओं की मनोनुकूल व्याख्या करके उन्हें हथियाने की कोशिशें भी हुई हैं। मैनेजर पाण्डेय आत्मसात् की उस पद्धति का उदाहरण देते हैं जिसके अन्तर्गत उपेक्षा, विरोध, विकृति और आत्मसातीकरण द्वारा प्रभुत्वशाली वर्ग अपनी असुविधा, असहमति और चुनौतियों को समाप्त कर देता है। उनके अनुसार—"1712 ईस्वी में लिखित प्रियादास की टीका में कबीर को रामानन्द के शिष्य होने की बात कही गयी है और उन्हें मिथक में बदलने की कोशिशें वहीं से शुरू हुईं।" कहना न होगा कि यह प्रवृत्ति आज भी सक्रिय है पर मूल कबीर को खोजने, पहचानने और सहेजने की शक्तियाँ भी आज सक्रिय हैं। हालाँकि अस्मितावाद के अतिरेक का एक अलग ख़तरा भी उपस्थित है।

जायसी पर अलग से मैनेजर पाण्डेय ने नहीं लिखा है। 'भक्ति आन्दोलन और सूरदास का काव्य' की भूमिका में वह जायसी की कविता के मूलाधार को स्पष्ट करते हुए यह स्वीकार करते हैं कि वह न निरे सूफ़ी कवि थे, न सूफ़ी तत्त्व से रिक्त शुद्ध कवि ही। जायसी में मानुष-सत्य देखने की अचूक कवि-दृष्टि थी। पद्मावत के लिए प्रेम के रण में उन्होंने सत्ता, शक्ति और धार्मिक उन्माद से लैस अलाउद्दीन की हार को देख लिया था। सुन्दर, कोमल और काम्य की यह राख धर्म-युद्ध की व्यर्थता को हमेशा के लिए स्थापित कर देती है। यह मध्यकालीन कवि की आधुनिक भारत के लिए सबसे बड़ी सीख है जिसकी ओर मैनेजर पाण्डेय इशारा करते हैं।

मीरा उन्हें प्रिय हैं। उनमें सजग स्त्री का संयत स्वर है जो अपनी स्वतन्त्रता के लिए शब्दों पर भरोसा करती है। मैनेजर पाण्डेय के अनुसार उनकी कविता में स्त्री-स्वर की सामाजिक सजगता भक्ति आन्दोलन की बड़ी उपलब्धि है। भक्तिकालीन कविता को देखने की यह सामाजिक दृष्टि है जिसका विकास और विस्तार अपने

लेखन में मैनेजर पाण्डेय आगे भी करते हैं, यह कविता को देखने का उन्नीसवीं-बीसवीं सदी में विकसित नज़रिया है जिसकी जड़ें मार्क्सवादी आलोचना-पद्धति से जुड़ी हैं।

आज यह भुला दिया गया है कि आलोचना के लिए पहले एक साहित्य-सिद्धान्त की ज़रूरत होती है। कई बार बड़े आलोचक इसे ख़ुद विकसित करते हैं। आलोचना केवल समकालीनता का भाष्य नहीं है। वह अतीत को समकालीन के चश्मे और सोच से पढ़ने का सलीक़ा भी है। मैनेजर पाण्डेय 'आत्म-बोध' और 'सहित्य-शोध' को ज़िन्दा रखने वाले आलोचक हैं। हिन्दी में रीतिकाल को लेकर अज्ञानता और धिक्कार का जो प्रचार-प्रसार है, उसका सबल प्रतिपक्ष प्रस्तुत करते हुए वह रेखांकित करते हैं कि—"सारा रीतिकाल अपने समय और अपने समाज की चिंता से लिखा गया है। उसमें कोई परलोकवाद नहीं है। रीतिकाल के कवि अपने समय के इतिहास से दो तरह से जुड़े थे, पहला तो यह कि उनका काल मुग़लकाल था, उससे जुड़े हुए थे, उसका चित्रण-वर्णन अपने साहित्य में कर रहे थे और दूसरे, आने वाली आफ़त अंग्रेजी राज की भी आपत्तियों-विपत्तियों को पहचानते थे, उसकी भी चर्चा कर रहे थे।"

यह रीतिकाल की ऐसी व्याख्या है जो नयी दिशा में उसके अध्ययन की ओर शोधार्थियों को प्रेरित करती है।

मैनेजर पाण्डेय द्वारा कविता की सम्पादित पुस्तकों में पहली किताब 1996 में 'आल इण्डिया पीपुल्स रेजिस्टेंस फ़ोरम' द्वारा प्रकाशित 'मुक्ति की पुकार' है जिसमें भारत सहित विश्व से 47 कवियों की एक-एक कविताओं के हिन्दी अनुवाद शामिल हैं। इन कविताओं में उत्तर-साम्राज्यवाद, बेलगाम पूँजीवाद, आन्तरिक उपनिवेशवाद तथा दक्षिणवादी फ़ासीवाद से जूझते जन और उनके कवियों की यातना, संघर्ष और स्वप्न बिखरे पड़े हैं। उनके अनुसार—"यहाँ न राजनीति से परहेज़ है और न विचारधारा से बचने की कोशिश, न आवेग पर संयम की बन्दिश है और न मुखरता को चुप्पी में बदलने की चालाकी। इन कविताओं में तथ्य वैसे ही मौजूद हैं जैसे वे जीवन में हैं।"

यह संग्रह बेहतर विश्व के लिए संघर्ष करते कार्यकर्ताओं की कविताओं से 'मुक्ति की पुकार' में बदल गया है जहाँ कविता का उद्देश्य मनुष्य की स्वतन्त्रता की रक्षा करना और उसके विरोधी के ख़िलाफ़ खड़ा होना है।

दूसरी सम्पादित कृति 'सीवान की कविता' (1997) शहर सीवान के छह कवियों—ब्र.न. किशोर, दयाशंकर मुकुल, सत्य प्रकाश, मनोज कुमार वर्मा,

बालेश्वर सिंह और तैयब हुसैन की कविताओं का संकलन है। इस संग्रह की भूमिका में इन कवियों को नागर कविता के बरक्स रखकर देखा गया है और केन्द्र की बनिस्बत हाशिये की कविताओं की विशेषताओं की पहचान की गयी है। इसकी आवश्यकता और महत्त्व पर प्रकाश डालते हुए मैनेजर पाण्डेय लिखते हैं—"इन कविताओं में अमूर्त बौद्धिकता के बदले समकालीन जीवन के अनुभवों के आकर्षक चित्र हैं, बोलचाल की भाषा का सहज सौन्दर्य है और हाशिये की काव्यानुभूति की संस्कृति का नया उभार है।"

उनकी तीसरी सम्पादित किताब 'लोकगीतों और गीतों में 1857' है जो 2015 में प्रकाशित हुई थी। मैनेजर पाण्डेय 1857 के विद्रोह को सुराज (स्वराज) के लिए संघर्ष मानते हैं जो एक तरह से 'जन-युद्ध' था। इसमें भोजपुरी, बुन्देली, अवधी, ब्रज, छत्तीसगढ़ी, गोडी, हरियाणवी, कौरवी, खड़ीबोली, राजस्थानी और उर्दू के गीत, लोकगीत शामिल हैं। लोकगीतों को जहाँ जन-समूह गढ़ता, गाता और सुरक्षित रखता है, वहीं गीत किसी ज्ञात कवि की रचना है। उसे भी लोक अपने कण्ठ में सुरक्षित रखता है। ये कविताएँ परतन्त्रता की यातना और स्वाधीनता की आकांक्षा को स्वर देती हैं। इनमें जनता का संघर्ष और स्वप्न दोनों हैं। उनके अनुसार—"1857 का संग्राम जनता की साम्राज्यवादी विरोधी चेतना और कोशिश की उदात्त अभिव्यक्ति है। लेकिन यह कोशिश अधूरी रह गयी। यह बात उस संग्राम की स्मृतियों को व्यक्त करने वाले लोकगीतों और गीतों में मौजूद है। आज उन लोकगीतों और गीतों को पढ़ने का एक उद्देश्य यह है कि उन लोकगीतों और गीतों में अभिव्यक्त 1857 के संग्राम की स्मृतियों के माध्यम से भारतीय जनता के उस साम्राज्यवादी विरोधी संघर्ष की उदात्तता को याद करना और उसे आज के साम्राज्यवाद विरोधी संघर्ष के प्रेरणास्रोत के रूप में ग्रहण करना।"

चौथी सम्पादित किताब है–'मुग़ल बादशाहों की हिन्दी कविता'। जिसका प्रकाशन वर्ष 2016 है जिसमें–अकबर, जहाँगीर, शाहजहाँ, औरंगजेब, आजमशाह, मोजमशाह, मुइजुद्दीन जहाँदारशाह, मोहम्मदशाह, अहमदशाह, अज़ीज़ अल-दीन आलमगीर, अबुल मुज़फ़्फ़र आलम सानी और बहादुरशाह ज़फ़र की हिन्दी (ब्रज) कविताएँ शामिल हैं। मैनेजर पाण्डेय का मानना है कि—"भारतीय मुग़ल राजवंश के बादशाहों और उनके परिवार के सदस्यों के जीवन में कविता हमेशा मौजूद रही है।' मुग़ल तुर्की, अरबी, फ़ारसी के साथ ब्रज और अवधी भी सीखते थे और अपने दरबार में ब्रज और अवधी के कवियों को प्रश्रय भी देते थे। रीतिकाल के अधिकांश कवि इसी तरह किसी न किसी दरबार से सम्बद्ध थे। मुग़ल बादशाओ की कविताओं

में स्थानीय रीति रिवाज़, लोक–संस्कृति, पर्व-त्योहार और शादी-विवाह के जुड़ प्रसंग की कविताएँ हैं। शाह आलम सानी ने तो विवाह के समय स्त्रियों द्वारा गाये जाने वाले सीठना (गाली) की भी रचना की है।

बीस वर्षों में सम्पादित इन चारों किताबों की ज़मीन अलग-अलग है। विश्व की राजनीतिक कविता से होते हुए स्थानीय कविता और आज़ादी के लोक-गीत और गीतों से मुख्यतः ब्रज की मुग़ल बादशाहों की कविता तक।

मैनेजर पाण्डेय की काव्य-रुचि मेल मिलाप की परम्परा से शुरू होकर, आज़ादी के संघर्ष और फिर लोक-जीवन की कठिनाइयों से होते हुए बेहतर भारत और विश्व के लिए संघर्ष तक जाती है। उनके प्रिय कवियों में मुक्तिबोध, नागार्जुन, त्रिलोचन, रघुवीर सहाय, धूमिल, कुमार विकल, अदम गोंडवी आदि के नाम लिये जा सकते हैं। उन्होंने मैथिलीशरण गुप्त, महादेवी वर्मा, दिनकर, अज्ञेय पर भी लिखा है। उन्हें गीतकार शैलेन्द्र पसन्द थे।

हिन्दी की पहली कहानी कौन सी है, इसे जानने की कोशिशें हुई हैं और परिणामस्वरूप कई ऐसी कहानियाँ सामने आयी हैं जिनमें पहली होने की सम्भावना है। पहली आधुनिक कविता कौन सी है। इस पर कोई खोज या बहस नहीं हुई है। मैनेजर पाण्डेय पटना के महेश नारायण की कविता 'स्वप्न' जो 13 अक्तूबर, 1881 को पटना से ही प्रकाशित 'बिहार बन्धु' में छपी थी, को हिन्दी की पहली आधुनिक कविता मानते हैं क्योंकि 'एक तो खड़ी बोली में लिखी हुई है और भारत की पराधीनता की पहचान के साथ-साथ स्वाधीनता की चेतना की अभिव्यक्ति उसमें है।' इसी तरह अल्पज्ञात द्विवेदीकालीन कवि नाथूराम शर्मा 'शंकर' (1859-1935) की पहचान करते हुए उन्होंने उन्हें परम्परा और नयी चेतना के सामंजस्य का कवि कहा है।

मैथिलीशरण गुप्त के महत्त्व को स्वीकार करते हुए भी उनके कवि-कर्म की विवेचना के प्रति मार्क्सवादी आलोचना संकुचित रही है। मैथिलीशरण गुप्त और माखनलाल चतुर्वेदी की राष्ट्रीय भावधारा और प्रसाद, निराला की राष्ट्रीय चेतना में अन्तर स्पष्ट करते हुए मैनेजर पाण्डेय लिखते हैं कि छायावाद की राष्ट्रीय चेतना में साम्राज्यवाद विरोध के साथ सामन्तवाद का भी विरोध है जब कि तथाकथित राष्ट्रीय भावधारा के काव्य में पुनरुत्थानवादी तत्त्व काफ़ी मात्रा में घुले-मिले हैं।

महादेवी वर्मा की स्त्री-चेतना को रहस्यवाद और विरहातुरता से ढँकने की कोशिशें होती रही हैं जब कि अपने निबन्धों में उनका तेजस्वी रूप प्रत्यक्ष ही है।

मैनेजर पाण्डेय वह पहले आलोचक हैं जो यह स्वीकार करते हैं कि छायावाद हिन्दी नवजागरण की अभिव्यक्ति का काव्यान्दोलन है और महादेवी वर्मा उसकी प्रतिनिधि कवि। उनके यहाँ स्त्री पराधीनता की प्रत्येक स्थिति की पहचान है और उससे मुक्ति की राहों की खोज की चिन्ता भी। एक तरह से वह नारीवाद की भारतीय परम्परा का आरम्भ हैं।

कविवर दिनकर सत्ता से भी जुड़े हुए थे पर उनका कवि सत्ता की आलोचना से बचता नहीं था। मैनेजर पाण्डेय के अनुसार विषमता और अन्याय पर उनका आक्रोश उनकी व्यापक सामाजिक चेतना की ही अभिव्यक्ति है। उनके प्रिय कवियों में नागार्जुन हैं। उनकी कविता की व्यापकता और विविधता की चर्चा करते हुए वह उन्हें विक्षोभ का कवि कहते हैं जिसमें करुणा, क्रोध और घृणा तीनों भाव मिले हुए हैं। सच्चे अर्थों में वह जनकवि हैं। वे दुविधा और असमंजस की भाषा नहीं बोलते हैं। 'जीवन की लय में मुक्ति का राग' शीर्षक से लिखते हुए वह त्रिलोचन की कविता को मूल्यों की कविता कहते हैं जिसमें मानव-जीवन की दशाओं और अनुभवों की अभिव्यक्ति अधिक है।

मुक्तिबोध की प्रतिबद्ध चेतना और रघुवीर सहाय की मध्यवर्गीय जीवन की यातना के राजनीतिक बोध का मिलाप सातवें दशक की हिन्दी कविता के विकास में सक्रिय था। और यह धारा ही आगे बढ़ी। मुक्तिबोध की आलोचना और ख़ासकर प्रसाद की कामयानी पर उनके लेखन की चर्चा मैनेजर पाण्डेय ने की है। साथ ही कवि मुक्तिबोध और रघुवीर सहाय दोनों पर उन्होंने 'लेखक और लोकतन्त्र', शीर्षक आलेख में लिखा है। 'कविता ख़बर भी है' शीर्षक से उनका रघुवीर सहाय पर भी एक आलेख है जिसमें उन्होंने ज़िन्दगी के रोज़-रोज़ के ब्योरों को महत्त्वपूर्ण मानते हुए उसे ख़बर देने के साथ-साथ सवाल पूछने की हिम्मत देने वाला कवि कहा है।

हिन्दी में जो आलोचक मुक्तिबोध की बात करते हैं, वे अज्ञेय पर चुप रहते हैं जो अज्ञेय पर लिखते हैं, वे मुक्तिबोध को भूल जाते हैं। इतना अबोला तो एक ही समय के इन दोनों प्रमुख कवियों में भी नहीं रहा होगा। अज्ञेय के सम्पादन में 1943 में 'तारसप्तक' में मुक्तिबोध छपे ही थे। मैनेजर पाण्डेय ने विभाजन की त्रासदी के सन्दर्भ में उनकी कविताओं की चर्चा करते हुए रेखांकित किया है कि उनमें—"एक ओर 1947 में मिले विडम्बनापूर्ण स्वराज की आलोचना है तो दूसरी ओर शरणार्थी बनकर जीने की मजबूरी की चिन्ता है जो निरन्तर उपेक्षा और अपमान की ज़िन्दगी जीने की मजबूरी होती है।"

धूमिल और कुमार विकल दोनों की कविता में तुर्शी है। धूमिल की कविता जहाँ जनजीवन की वास्तविकता की ज़मीन पर खड़ी है, वहीं कुमार विकल की कविता पाठक को बेचैन करती है और उसे सामाजिक रूप से संवेदनशील भी बनाती है।

फ़िल्मों में गीत लिखने वाले गीतकारों का मूल्यांकन कविता की कसौटी पर करना कितना सही है? कवि नरेश सक्सेना के अनुसार, "यह क्रिकेट को हॉकी के नियमों से जाँचने जैसा है। वे जो थे–यानी फ़िल्म गीतकार, उस कला में वह निश्चय ही अद्वितीय थे।"

शैलेन्द्र जब हिन्दी की अपूर्व फ़िल्म 'तीसरी क़सम' का निर्माण कर रहे थे, उस समय उन्होंने फ़िल्मों और कविता पर एक ख़ास बात कही–"फ़िल्म गीत रचना मेरी समझ से एक विशेष कला है। चूँकि हमारी फ़िल्में शत-प्रतिशत गीत प्रधान होती हैं, गीत उनमें होते ही हैं, इसलिए गीत जैसे पात्रों के संवाद का काम करते हैं, अन्यथा गीत कहानी को रोकेगा और ठुंसा हुआ मालूम होगा। इसलिए भावना और शब्दों का चुनाव कहानी के अनुसार बड़ी सावधानी से करना होता है।"

फ़िल्मों में गीत लिखने वाले कवियों की चुनौती बड़ी है। ऐसे में साहित्यिकता और जन-सरोकारों से गिर जाना सहज सम्भव है। शैलेन्द्र यहाँ भी फिसले नहीं, यह बड़ी बात है जो उनके गीतों को बड़ा बनाती है। किसी भी महान् कवि की यह पहचान होती है कि उसकी काव्य-पंक्तियाँ मुहावरों में बदल जायें और समाज उनका जब-तब प्रयोग करता रहे जैसे कबीर, तुलसी, ग़ालिब आदि। 'हर ज़ोर ज़ुल्म के टक्कर में हड़ताल हमारा नारा है।' इसे शैलेन्द्र ने लिखा था जिसमें हड़ताल की जगह संघर्ष ने ले लिया है।

मैनेजर पाण्डेय उन्हें मज़दूरों का कवि कहते हैं और उनके महत्त्व और परम्परा की अचूक पहचान करते हैं–"हिन्दी में किसान जीवन के कवि अनेक हैं, लेकिन मज़दूरों के जीवन के यथार्थ, जागरण, संघर्ष और मज़दूरों की आकांक्षाओं की सम्भावनाओं के कवि केवल शैलेन्द्र हैं।" शैलेन्द्र के एकमात्र संग्रह–'न्यौता और चुनौती' (1955) में व्यंग्य की तीक्ष्णता के आधार पर वह उन्हें निराला, नागार्जुन और रघुवीर सहाय की परम्परा में रखते हैं। इस संग्रह में उनकी यह अमर कविता प्रकाशित हुई थी—

तू ज़िन्दा है तो ज़िन्दगी की जीत में यक़ीन कर
अगर कहीं है स्वर्ग तो उतार ला ज़मीन पर।
ये ग़म के और चार दिन, सितम के और चार दिन
ये दिन भी जायेंगे गुज़र, गुज़र गये हज़ार दिन।

शैलेन्द्र ने फ़िल्मों में रहते हुए कविता को भटकने नहीं दिया।

हिन्दी में ग़ज़ल कहने की परम्परा पुरानी है। ख़ुद इसके पितामह भारतेन्दु हरिश्चन्द्र 'रसा' उपनाम से शेर कहते थे। कविता के समान्तर लेकिन इसकी पहचान नहीं बन सकी। दुष्यन्त त्यागी ने कुछ कोशिश की, बाद में इसका विकास अदम गोंडवी और बल्ली सिंह चीमा ने किया। हिन्दी ग़ज़ल राजनीतिक चेतना के व्यंग्यात्मक लहजे की विधा है। इसमें इश्क़ और विडम्बना की महीन कलात्मक बुनावट की सम्भावनाएँ अभी भी शेष हैं। मैनेजर पाण्डेय ने अदम और चीमा दोनों पर आलेख लिखे हैं। अदम को जहाँ वे अपने समाज और समय का गवाह कहते हैं, वहीं बल्ली सिंह चीमा को उम्मीद और यक़ीन का कवि मानते हैं। वीरेन डंगवाल और मिथिलेश श्रीवास्तव पर भी उन्होंने लिखा है। उनके अनुसार सार्थक कवि वही होता है जो संकट के समय याद आये और काम आये। ऐसी ही कविता वीरेन डंगवाल की है।

लगभग पाँच दशकों में फैले अपने लेखन में मैनेजर पाण्डेय ने कविता को अपने आलोचना-कर्म से ओझल होने नहीं दिया है। उसकी भूमिका और स्वास्थ्य पर उनकी नज़र रही है। उसे समझने में शास्त्र से अधिक उन्होंने समाज को केन्द्र में रखा है। भक्तिकाल से लेकर आधुनिक काल की कविताओं की निरन्तरता में उन्होंने जनता से उसके जुड़ने को ही उसकी सार्थकता माना है। जो कविता जनता से जुड़कर उसमें विवेक और उदात्तता का संचार करती है, वही उनके लिए वरेण्य है। और यह बड़ी आश्वस्ति है कि हिन्दी कविता की यही परम्परा रही है। और यही प्रगतिशील परम्परा है।

स्मृति

मैनेजर पाण्डेय : एक उजला कोना अँधेरे में डूब गया

अशोक वाजपेयी

साहित्य और आलोचना की सामाजिकता को उनकी समझ और परख का आधार मानने-मनवाने का आग्रह करने वालों में मैनेजर पाण्डेय एक अग्रणी और प्रखर आलोचक थे। साहित्य को मनुष्यता की अभिव्यक्ति का एक माध्यम बताते हुए उन्होंने लगभग दो दशकों पहले कहा था कि–

"मनुष्य की मनुष्यता पूरी तरह प्रकट होती है उसकी स्वतन्त्रता में–विचार, कल्पना, और कर्म की स्वतन्त्रता में। आलोचना उसी स्वतन्त्रता का पालन-पोषण करती हुई, उसके संग-साथ चलती हुई और उसके पक्ष में लड़ती हुई सामाजिक बनती है।"

आगे उन्होंने यह जोड़ा था कि "आलोचना चाहे समाज की हो या साहित्य की, वह सामाजिक बनती है सत्ता के सामने सच कहने के साहस से। किसी भी समाज में आलोचना का स्वास्थ्य उस समाज के बौद्धिक वातावरण पर निर्भर होता है। अगर समाज का बौद्धिक वातावरण उन्मुक्त और संवादधर्मी होगा तो आलोचना भी मूलगामी, उत्सुक, तेजस्वी, प्रश्नाकुल और सत्यनिष्ठ होगी, लेकिन अगर बौद्धिक वातावरण रूढ़िवादी, पीछेदेखू, और सहमतिवादी होगा तो आलोचना वैसी ही होगी।"

उनके दुखद अवसान पर यह याद करना चाहिए कि उन्हें अपने सबसे सक्रिय दशकों में उन्मुक्त और संवादधर्मी बौद्धिक वातावरण मिला था जिसके कारण वे तेजस्वी-उत्सुक, प्रश्नाकुल बन पाये और जो दुर्भाग्य से उनके अन्तिम वर्षों में ठीक उलट गया। आज की सत्यनिष्ठ आलोचना, फिर भी सच कहने का दुस्साहस कर रही है : जैसे सच्चा साहित्य वैसे ही सत्यनिष्ठ आलोचना आज स्वयं हिन्दी समाज की रूढ़िवादी पीछेदेखू सहमतिवादी सत्ता का लगभग राजनीतिक प्रतिपक्ष है।

ऐसा वातावरण बनाने-बिगाड़ने में आलोचक और आलोचना की क्या भूमिका होती है और हमारे समय में हुई इस पर गहराई से विचार करने की ज़रूरत है।

मैनेजर पाण्डेय एक विद्वान् आलोचक थे। वाल्टर बेंयामिन का सहारा लेते हुए उन्होंने मुक्तिबोध के प्रसंग में सभ्यता के इतिहास में छुपी बर्बरता को पहचानने की कोशिश की है।

पाण्डेय जी ने शायद पहली बार हिन्दी आलोचना में यह पहचाना कि, "क्या यह आश्चर्य की बात नहीं है कि देश के विभाजन और उससे जुड़ी हुई सम्पूर्ण त्रासदी पर निराला, पन्त, नागार्जुन, केदारनाथ अग्रवाल, मुक्तिबोध, शमशेर बहादुर सिंह और त्रिलोचन में से किसी ने कोई महत्त्वपूर्ण कविता नहीं लिखी है उस समय ही नहीं, बाद में भी नहीं। उस समय के कवियों में केवल अज्ञेय ने 12 अक्तूबर 1947 से 16 नवम्बर 1947 के बीच 'शरणार्थी' शीर्षक से 11 कविताएँ लिखी थीं और साथ ही अनेक कहानियाँ भी जो 1948 में 'शरणार्थी' नाम से प्रकाशित पुस्तक में मौजूद हैं"।

अन्यत्र पाण्डेय जी ने यह भी दर्ज किया है कि, "नागार्जुन के काव्य-संसार में भारतीय समाज के उन समुदायों के लिए भी जगह है जिन पर दूसरे कवियों ने ध्यान ही नहीं दिया है। नागार्जुन ने आदिवासियों पर लगभग एक दर्जन अत्यन्त महत्त्वपूर्ण कविताएँ लिखी हैं।"

उनकी स्पष्ट मान्यता थी कि, "कोई भी रचना कालजीवी हुए बिना कालजयी नहीं हो सकती।"

उनकी आलोचना में रचनाओं की कालजीवित की हमेशा खोज और पड़ताल होती रही है। संयोगवश यह कहना भी प्रासंगिक है कि उनके सबसे प्रिय आधुनिक कवि नागार्जुन रहे हैं और उनकी आलोचना नागार्जुन को समझने-सराहने में बेहद मददगार साबित होती है। वे मानते हैं :

"नागार्जुन की कविता में कल्पना का चमत्कार कम है, यथार्थ की सघनता अधिक है, दार्शनिक अमूर्तन कम है, अनुभव की व्यापकता अधिक है। ज्ञान की गठरी छोटी है लेकिन करुणा का सागर अथाह है। उनकी कविता विचार से अधिक भावों की कविता है। नागार्जुन कविता में जीवन-यथार्थ का चित्रण अधिक करते हैं और विचारधारा पर बहस कम। लोक-हृदय में लीन उसके हृदय का विवेक और चाहे जो ग़लती करे लेकिन जन-मन की पहचान में वह कभी ग़लती नहीं करता।"

पाण्डेय जी की आलोचना का एक महत्त्वपूर्ण हिस्सा उनके उपन्यास पर किये गये विचार और विश्लेषण हैं। उन्होंने लिखा है : "उपन्यास और लोकतन्त्र के

सम्बन्ध में विचार करते समय यह ध्यान में रखना ज़रुरी है कि लोकतन्त्र केवल एक राजनीतिक व्यवस्था और शासन-पद्धति ही नहीं है, वह एक ऐसी मानसिकता भी है जो सहिष्णुता की संस्कृति, दूसरों का सम्मान, दूसरों के अन्तरों का स्वीकार, विचारों की अनेकता का आदर, अभिव्यक्ति की स्वतन्त्रता और संवाद की तत्परता विकसित करती है। लोकतन्त्र की ये विशेषताएँ उपन्यास के स्वभाव और संरचना में निहित होती हैं और उपन्यास ऐसी ही मानसिकता का निर्माण भी करता है। वह व्यक्ति की स्वतन्त्रता के साथ-साथ समाज के हित को भी ध्यान में रखता है जो लोकतन्त्र का भी अनिवार्य गुण है। उपन्यास मनुष्य की गरिमा और उसकी स्वतन्त्रता की रक्षा का प्रयत्न करते हुए ही व्यक्ति को सामाजिक और समाज को माननीय बनाने में सफल हुआ है।"

अच्छा आलोचक अच्छा शोधकर्ता भी होता है। पाण्डेय जी में अथक शोध की वृत्ति थी। उन्होंने मराठी के विद्वान् सखाराम गणेश देउस्कर (1869-1912) की बांग्ला में लिखी कृति 'देशेर कथा' के बाबूराव विष्णु पराड़कर द्वारा हिन्दी में किये गये अनुवाद (1910) को सम्पादित कर हिन्दी में उसकी पुनर्प्रस्तुति की। अपनी भूमिका में पाण्डेय जी लिखते हैं–"देउस्कर भारतीय जनजागरण के ऐसे विचारक हैं जिनके चिन्तन और लेखन में स्थानीयता और अखिल भारतीयता का अद्‌भुत संयोग है। वे महाराष्ट्र और बंगाल के नवजागरण के बीच सेतु के समान हैं। उनका प्रेरणास्रोत महाराष्ट्र है, पर वे लिखते बांग्ला में हैं"।

हममें से बहुतों को, कम-से-कम हिन्दी में, देउस्कर द्वारा की गयी औपनिवेशिक ज़हनियत की तीक्ष्ण व्याख्या का पहली बार पता चला।

पाण्डेय जी ने कुछ मुसलमान शासकों की हिन्दी कविता का एक संचयन 'मुग़ल बादशाहों की हिन्दी कविता' भी तैयार कर प्रकाशित करवाया। उसमें कई मुग़ल शासकों जैसे–अकबर, जहाँगीर, शाहजहाँ, औरंगजेब की रचनाएँ संकलित हैं। भूमिका में पाण्डेय जी लिखते हैं–"भारतीय समाज के इतिहास का जो मुग़लकाल है, वह हिन्दी साहित्य के इतिहास का भक्तिकाल और रीतिकाल है। भक्तिकाल का कोई भी कवि किसी दरबार का कवि नहीं था। लेकिन रीतिकाल के लगभग सभी कवि किसी-न-किसी दरबार में कवि थे। इसीलिए मुग़ल दरबार में हिन्दी कविता की खोज का अर्थ है मुग़ल-दरबार से रीतिकाल के कवियों के सम्बन्ध की खोज।"

आज जब एक हिंसक-आक्रामक क़िस्म की मानसिकता, जिसने औपनिवेशिकता से अनेक चीज़ें उधार या हड़प ली हैं, हमारे सामाजिक चित्त को बदलने और उसे लोकतन्त्र से विरत करने की चेष्टा कर रही है, और मुग़लों के अवदान और उसकी

सर्जनात्मकता को सुनियोजित रूप से विकृत और अवमूल्यित किया जा रहा है, ऐसी शोध का व्यापक सामाजिक महत्त्व है। आलोचक समाज को कैसे शिक्षित करता है, यह उसका एक उदाहरण है।

पाण्डेय जी ने अनुवाद भी किये हैं और संस्कृति चिन्तकों के निबन्धों का हिन्दी में रूपान्तरण भी किया है। हिन्दी में साहित्य के समाजशास्त्र के एक तरह से वे प्रस्तोता हैं। संसार में चल रहे और विकसित हो रहे बौद्धिक विमर्श से उनका गहरा परिचय रहता था।

दशकों तक जवाहरलाल नेहरू विश्वविद्यालय के भारतीय भाषा केन्द्र में पाण्डेय जी सक्रिय रहे और उनके अनेक सुदीक्षित छात्र इस समय कई जगहों पर काम कर रहे हैं। जहाँ तक मुझे याद आता है, इस विश्वविद्यालय में पहली बार मुझे पाण्डेय जी ने ही कुछ बोलने के लिए न्योता दिया था। मैं 'तार सप्तक' पर कुछ बोला था।

दिल्ली में पिछले तीन दशकों में रहते हुए उनसे कई आयोजनों में मुलाक़ात होती रहती थी। अगर उन्हें बोलना होता था तो वे हमेशा तैयारी से आते थे और अपने संरक्षक नामवर सिंह की तरफ़ अवसर के अनुकूल बहते या अपने सहयोगी केदारनाथ सिंह की तरह अधीर नहीं होते थे। उनके वक्तव्य हमेशा सुचिन्तित होते थे। उन पर एकाग्र एक आयोजन हैदराबाद के केन्द्रीय विश्वविद्यालय में हुआ था जिसमें मैं भी शामिल हुआ था।

70-80 के दशकों में वे मेरे घोर और मुखर विरोधी थे पर बाद में शायद उन्हें वैचारिक मतभेदों के बावजूद मैं सहनीय लगने लगा था। कई बार वह मेरी कोई टिप्पणी पढ़कर या कहीं प्रकाशित कविता देखकर फ़ोन करते थे। उनसे गपशप करने का अलग मज़ा था। एक बार हम साथ-साथ कथाकार मैत्री पुष्पा के गाँव भी गये थे। आते-जाते उनका सान्निध्य आत्मीय, पुरलुत्फ़ और बौद्धिक रूप से उत्तेजक था। उनका देहावसान लम्बी बीमारी के बाद हुआ। हिन्दी आलोचना और शोध का, हिन्दी विद्वता का एक उजला कोना अँधेरे में डूब गया।

'आलोचना का आलोक' के सहभागी लेखक

1. अशोक वाजपेयी

छह दशकों से कविता, आलोचना, अनुवाद, कला-संस्कृति और संस्था-निर्माण में सक्रिय अशोक वाजपेयी की पचास से अधिक पुस्तकें प्रकाशित हुई हैं। उन्हें साहित्य अकादेमी, दयावती मोदी कवि शेखर सम्मान, कबीर सम्मान के साथ ही फ्रांस और पोलैंड के सरकारी सम्मानों से सम्मानित किया जा चुका है।
ashokvajpeyi12@gmail.com

2. रविभूषण

2008 में राँची विश्वविद्यालय के हिन्दी विभागाध्यक्ष पद से सेवानिवृत्त वरिष्ठ आलोचक रविभूषण की *बुद्धिजीवियों की ज़िम्मेदारी, वैकल्पिक भारत की तलाश, कहाँ आ गये हम वोट देते-देते* और *रामविलास शर्मा का महत्त्व* आदि पुस्तकें प्रकाशित हैं।
ravibhushan1408@gmail.com

3. हितेन्द्र पटेल

हितेन्द्र पटेल इतिहास और साहित्य के गम्भीर अध्येता हैं। *Communalism and the Intelligentsia in Bihar, Khudiram Bose: A Revolutionary Extraordinaire, 1857 : भारत का प्रथम मुक्ति-संघर्ष, आधुनिक भारत का ऐतिहासिक यथार्थ* आदि पुस्तकें तथा *हारिल* और *चिरकुट* शीर्षक से उनके दो उपन्यास प्रकाशित हैं। सम्प्रति : रबीन्द्र भारती विश्वविद्यालय, कोलकाता में इतिहास विभाग के अध्यक्ष एवं प्रोफ़ेसर हैं।
hitenjee@gmail.com

4. प्रणय कृष्ण

आलोचक प्रणय कृष्ण की *उत्तर-औपनिवेशिकता के स्रोत*, शती स्मरण, *प्रसंगवश : साहित्य और समाज की चन्द बहसें, मैनेजर पाण्डेय का आलोचनात्मक संघर्ष, समकालीन कविता : एक साक्ष्य विमर्श और आलोचना* आदि पुस्तकें प्रकाशित हैं। उन्हें 'देवीशंकर अवस्थी सम्मान' से सम्मानित किया जा चुका है। सम्प्रति : इलाहाबाद विश्वविद्यालय के हिन्दी विभाग में प्रोफ़ेसर के पद पर कार्यरत हैं।

5. विनोद शाही

कविता, कथा, आलोचना के क्षेत्र में सक्रिय विनोद शाही की 40 से अधिक पुस्तकें प्रकाशित हैं। उन्हें 'रामविलास शर्मा आलोचना सम्मान', 'शिरोमणि साहित्यकार सम्मान', 'वनमाली कथा आलोचना सम्मान', राजस्थान राष्ट्रभाषा प्रचार समिति का 'समय माजरा आलोचना सम्मान' से उन्हें सम्मानित किया जा चुका है।
drvinodshahi@gmail.com

6. राजाराम भादू

लेखक-विचारक राजाराम भादू की *कविता के सन्दर्भ* (आलोचना), *स्वयं के विरुद्ध* (गद्य-कविता), *सृजन-प्रसंग* (निबन्ध), *धर्मसत्ता और प्रतिरोध की संस्कृति* आदि कृतियाँ प्रकाशित हैं।
rajar.bhadu@gmail.com

7. रवि रंजन

भक्तिकाव्य, आधुनिक हिन्दी कविता, आलोचना आदि में सक्रिय आलोचक रवि रंजन की कई पुस्तकें प्रकाशित हैं। सेंटर फ़ॉर इंडिया स्टडीज़, पेकिंग यूनिवर्सिटी एवं सेंटर फ़ॉर साउथ एशियन स्टडीज़, यूनिवर्सिटी ऑफ़ वारसा के विजिटिंग प्रोफ़ेसर रहे हैं। हैदराबाद विश्वविद्यालय के हिन्दी विभाग में प्रोफ़ेसर हैं।
raviranjan_hcu@yahoo.com

8. कमलानंद झा

हिन्दी और मैथिली आलोचना में गहरी अभिरुचि। *तुलसीदास का काव्य-विवेक और मर्यादाबोध, पाठ्यपुस्तक की राजनीति, मस्ती की पाठशाला, नागार्जुन : दबी-दूब का रूपक, राजाराधिकरमण प्रसाद सिंह की श्रेष्ठ कहानियाँ, होतीं बस आँखें ही आँखें*

(यात्री-नागार्जुन का रचना-कर्म) आदि पुस्तकें प्रकाशित हैं। *मैथिली उपन्यास : समय, सामाज आ सावाल* तथा नवमल्लिका मैथिली में प्रकाशित। रस्किन बांड की कहानियों का अनुवाद *देहरा मे आइयो उगैत अछि हमर गाछ* नाम से साहित्य अकादेमी से प्रकाशित। सम्प्रति : अलीगढ़ मुस्लिम विश्वविद्यालय, अलीगढ़ के हिन्दी विभाग में प्रोफ़ेसर के पद पर कार्यरत।
jhakn28@gmail.com

9. रणेन्द्र

ग्लोबल गाँव के देवता, गायब होता देश, *गूँगी रुलाई का कोरस* (उपन्यास); *रात बाक़ी एवं अन्य कहानियाँ, छप्पन छुरी बहत्तर पेंच* (कहानी-संग्रह) और *थोड़ा-सा स्त्री होना चाहता हूँ* (कविता-संग्रह) आदि पुस्तकें प्रकाशित हैं। रणेन्द्र भारतीय प्रशासनिक सेवा में हैं।
kumarranendra2009@gmail.com

10. प्रवीण कुमार

रुझान से इतिहास, अवधारणा और साहित्य के गम्भीर शोधार्थी प्रवीण कुमार की उच्च शिक्षा हिन्दू कॉलेज और दिल्ली विश्वविद्यालय से सम्पन्न हुई है। पहले कहानी-संग्रह *छबीला रंगबाज़ का शहर* से चर्चित, जिसे 2017 का 'डॉ. विजय मोहन सिंह युवा कथा-पुरस्कार' और 2018 का 'अमर उजाला शब्द-सम्मान (थाप) मिला है। दूसरा कहानी संग्रह—*वास्को-डी-गामा की साइकिल* 2020 में राजपाल से प्रकाशित हुआ है। हाल में ही में प्रकाशित उपन्यास *अमर देसवा* चर्चा में है।
pravinkumar94@yahoo.com

11. प्रज्ञा पाठक

सरला : एक विधवा की आत्मजीवनी तथा *उमा नेहरू और स्त्रियों के अधिकार* प्रज्ञा पाठक की प्रकाशित कृतियाँ हैं।
prajnanas@gmail.com

12. परितोष मणि

आलोचना में रुचि रखने वाले परितोष मणि की *अज्ञेय की काव्य-दृष्टि* प्रकाशित है।
dr.paritoshmani@gmail.com

13. अमरेन्द्र नाथ त्रिपाठी

बेचैन पत्तों का कोरस (कुँवर नारायण के कहानी-संग्रह का सम्पादन), *समकालीन अवधी साहित्य में प्रतिरोध, जनमत की राजनीति* और *जियौ बहादुर खद्दरधारी* (अवधी कवि रफ़ीक़ शादानी के कविता-संग्रह का सम्पादन) आदि पुस्तकें प्रकाशित हैं।
amrendratjnu@gmail.com

14. दयाशंकर शरण

मैनेजर पाण्डेय द्वारा सम्पादित *सीवान की कविता* में कविताएँ संकलित। एक दशक तक 'अद्यतन' पत्रिका में सक्रिय रचनात्मक सहयोग। *किराये का मकान* नाम से उनका कविता-संग्रह प्रकाशित हुआ है।
mukuldssharan@gmail.com

❑❑❑